荆其诚 傅小兰 主编

当代心理学大家（二）

北京大学出版社
PEKING UNIVERSITY PRESS

图书在版编目(CIP)数据

心·坐标:当代心理学大家.2/荆其诚,傅小兰主编.—北京:北京大学出版社,2009.9

ISBN 978-7-301-06324-8

Ⅰ.心… Ⅱ.①荆… ②傅… Ⅲ.心理学家-生平事迹-世界-通俗读物 Ⅳ.K815.1-49

中国版本图书馆 CIP 数据核字(2009)第163692号

书　　　　名:	心·坐标——当代心理学大家(二)
著作责任者:	荆其诚　傅小兰　主编
责 任 编 辑:	陈小红
封 面 设 计:	林胜利
标 准 书 号:	ISBN 978-7-301-06324-8 /B·0257
出 版 发 行:	北京大学出版社
地　　　　址:	北京市海淀区成府路205号　100871
网　　　　址:	http://www.pup.cn
电　　　　话:	邮购部 62752015　发行部 62750672　编辑部 62752021
	出版部 62754962
电 子 邮 箱:	zpup@pup.pku.edu.cn
印　　 刷 者:	北京大学印刷厂
经 　销 　者:	新华书店
	787mm×1092mm　16 开本　27.75 印张　433 千字
	2009年9月第1版　2009年9月第1次印刷
定　　　　价:	45.00 元

未经许可,不得以任何方式复制或抄袭本书之部分或全部内容。
版权所有,侵权必究
举报电话:010-62752024　电子邮箱:fd@pup.pku.edu.cn

编 写 者

主　编　荆其诚　傅小兰
编写者　任东宁（撰写"詹姆斯"一章）
　　　　卢秀玲（撰写"巴甫洛夫"一章）
　　　　张璇（撰写"苛勒"一章）
　　　　王腊梅（撰写"皮亚杰"一章）
　　　　王雯（撰写"维果茨基"一章）
　　　　陆丽萍、施建农（撰写"鲁利亚"一章）
　　　　宋胜尊（撰写"马斯洛"一章）
　　　　尚俊辰（撰写"陈大齐"一章）
　　　　王思睿（撰写"张耀翔"一章）
　　　　江新、张海威（撰写"陆志伟"一章）

前　言

本书介绍当代最具影响力的心理学大家，叙说心理学历史上一些重要人物的命运和贡献，阐述他们的主要研究发现与学术理论观点，旨在展示心理学大家的风范，反映心理学发展的历程。

时代造就人物，人物改变历史。在人类社会发展进步的历史长河中，每个时代都会产生一些才华出众的人物，他们或在政治舞台上叱咤风云，或在文学艺术上流芳百世，或在学科阵地上开拓创新，以其卓越贡献为世人书写下不朽篇章，成为后继者学习的榜样和参照的标杆。在心理学历史上也有一批这样的人物，我们称之为心理学大家。他们生活在不同的年代和国家，有着不同的经历和体验，但对心理学的发展都产生过重要的推动作用，是心理学发展历程中的闪亮坐标。一旦我们认识了这些心理学大家，也就粗略地领会了心理学发展的进程。

历史像面镜子，可资后人借鉴。心理学大家充分发挥自己的潜能，善于抓住那些稍纵即逝的机会，勇于克服现实环境中的障碍，攀登上了科学高峰，成为心理学发展史上的传奇人物。本书试图通过述说这些心理学大家的生平，向读者展示其名家风范。书中不仅会论及他们生活的时代背景、个人经历、挫折、发明和贡献，也会论及他们与同行之间的合作与竞争，以及由此产生的恩恩怨怨，使心理学历史成为可感知体验的真实故事。这些心理学大家曾身处不同的境遇，或家境贫寒，或身体欠佳，或饱受争议，等等。阅读本书，读者或许可以从中看到自己或身边其他人成长的身影。

历史是门艺术，可供后人鉴赏。这些心理学大家为什么从事心理学研究？答案迥然各异，既可能是出于好奇心，也可能是为了在同行之间弄清问题的是与非。本书试图从这些大家的生动的人生经历、突出的人格特性、活跃的思想历程，刻画出一个个栩栩如生的人物形象、精彩的人生故事，供读者去观赏和评说。

一门科学的进步既有赖于科学实验研究的新发现,也离不开理论上的创新。17世纪,英国哲学家弗朗西斯·培根(Francis Bacon)提出"知识就是力量"、"我们唯有尊崇自然,才能驾驭自然。"培根认为,科学的最终权威是经验观察,科学研究要建立在观察和科学实验的基础之上,观察是真知的基础。20世纪,卡儿·波普尔(Karl Popper)又提出,科学家不可能没有先入为主的理论,在进行科学实验之前科学家必定有一定的想法、提出了某种假设,这样才知道要去观察什么、证明什么。区分科学理论和非科学理论的标准是"可证伪"原则,即科学理论必须是可反驳的、能够被检验的。现在看来,无论培根还是波普尔都是从不同的角度揭示了发现科学真理的路线,我们要从不同的方面去检验科学真理。科学研究就是从某一学术观点出发,进行科学实验,取得重要发现,并提出科学理论的过程。读者通过了解不同时代、不同文化背景的心理学大家的这种科学实践,能更全面地感受心理学研究的意义,领悟心理科学的真谛。

当然,我们都十分清楚,虽然这些心理学大家在心理学历史上功不可没,但与其他学科一样,心理学也是在经济的、社会的、科学的各类历史事件交融的背景下逐步发展起来的。一个时代的物质生产、科学发现、文化思潮和价值取向,都直接影响着世人对心理学的看法,影响着心理学研究者的热情,影响着心理学概念框架和方法论原则的形成,由此决定了心理学的理论形式和内容,推进或阻碍了心理学的发展。因此,本书力图联系具体的社会环境、文化背景来展示心理学家的个人发展历程。

我们相信,科学家的多面形象能给读者以真实的启迪。科学家是活生生的人,有立场和观点,有成功和失败,甚至有不轨行为的记录。科学家在政治上、科研上、生活上犯些小错误也许在所难免,但一旦出现了重大的失误,后果就很严重且难以挽回了。历史的经验教训值得我们借鉴,那些不懂历史的人很可能会重蹈前人的覆辙。本书力求客观地介绍心理学大家的事迹,避免有意拔高一些人的长处,或掩盖某些人的缺点或错误,而是留其功过由读者自己去判断。

艾宾浩斯曾经说过:"心理学有很长的过去,但只有很短的历史。"本书编者精选了一些最具影响力的心理学家,以其个人的生命历程为主线,较为详细地讲述他们的学术经历及其在心理学发展史上所起的作用。我们在本书第一卷中先介绍了8位心理学大家,在第二卷中再介绍10位心理学大家。巴甫洛夫是国内读者早已熟知的俄国著名的生理学家和生理心理学家。皮亚杰被誉为20世纪最伟大的儿童心理学家,与巴甫洛夫和弗洛伊德齐名,被西方学者公认为当代心理学三大巨人之一。苛勒是格式塔心理学的创始人之一,为格式塔心理学的发展与推广作出了杰出的贡献。詹姆斯是美国第一代心理学家,被后人敬仰为"美国心理学之父"。马斯洛是美国著名社会心理学家、人格理论家和比较心理学家,被后人尊称为"人本主义心理学之父",其理论在众多领域产生了广泛影响。俄国著名心理学家维果茨基和鲁利亚享誉国际,但对他们的事迹进行系统介绍的文章国内并不多见,本书进行了重点介绍。本书还详细介绍了三位中国早期的著名心理学家陈大齐、张耀翔、陆志韦的生平事迹,他们都是中国心理学发展历史上里程碑式的人物:陈大齐创立了中国第一个心理学实验室,张耀翔创办了中国心理学第一刊《心理》,而陆志韦创立了中国第一个独立的心理学系,并任中国心理学会第一任主席和中国心理学会会刊第一任主编。

本书是集体创作。我们编者制订出详细的写作计划,明确写作宗旨,物色各章作者,并协助作者多方收集资料,对框架结构和文字表达都严格要求。各章作者在写作过程中,与编者进行了反复沟通与交流,作者之间也相互借鉴。作者精心收集心理学大家各个方面的资料,着力描写出其独具特色的个人世界。本书的叙述力求平妥准确,不仅科学性较强,而且资料新颖有趣,文字生动流畅。每篇文章插入了专栏,供读者了解相关的内容。对于需要解释的术语、典章、地名,则统一采用了页下注方式提供注释或参考文献,帮助读者理解,也使文章内容更畅达易懂。我们力求使本书成为一本可读性高的心理学史读物,但本书编者和作者的观点难免有偏颇之处,还请读者指正。

本书的出版,我们十分感谢北京大学出版社,特别是陈小红编辑的帮助。她对每章都提出具体意见,与编者和作者磋商交流。在本书版式设计、书稿审阅、图片选择等各个方面,陈小红编辑都付出了巨大的努力,保证了本书的顺利出版。

荆其诚 傅小兰
中国科学院心理研究所
2009年7月16日

目 录
CONTENTS

威廉·詹姆斯
WILLIAM JAMES
/ 1

亚历山大·R.鲁利亚
ALEXANDER ROMANOVICH LURIA
/ 231

伊万·彼得罗维奇·巴甫洛夫
I. P. PAVLOV
/ 39

亚伯拉罕·哈洛德·马斯洛
ABRAHAM HAROLD MASLOW
/ 263

沃尔夫冈·苛勒
WOLFGANG KÖHLER
/ 89

陈大齐
CHEN DA QI
/ 313

让·皮亚杰
JEAN PIAGET
/ 139

张耀翔
ZHANG YAO XIANG
/ 345

列夫·谢苗诺维奇·维果茨基
LEV SEMENOVICH VYGOTSKY
/ 191

陆志韦
CHIH WEI LUH
/ 375

后记 / 430

细 目 录

威廉·詹姆斯 / 1
    一、成长岁月 / 4
    二、哈佛时光 / 10
    三、詹姆斯的心理学思想 / 15
    四、海纳百川 / 27
    五、哲学大师詹姆斯 / 35
    六、结束语 / 36

伊万·彼得罗维奇·巴甫洛夫 / 39
    一、生平经历 / 42
    二、诺贝尔奖之路 / 50
    三、条件反射学说 / 56
    四、与心理学的不解之缘 / 75
    五、晚年 / 82

沃尔夫冈·苛勒 / 89
    一、生平经历 / 92
    二、创立格式塔心理学 / 101
    三、在德国的学术生涯 / 111
    四、在美国的学术发展 / 124
    五、格式塔心理学的贡献与影响 / 132
    六、结束语 / 135

让·皮亚杰 /139

一、皮亚杰生平 /142

二、理论思想背景 /148

三、守恒和客体永久性概念的提出 /155

四、思维可逆性与儿童感知能力发展研究 /167

五、发生认识论的创建和日内瓦学派的形成 /173

六、晚年对理论的总结与融合 /177

七、皮亚杰的性格和交往 /182

八、结束语 /187

列夫·谢苗诺维奇·维果茨基 /191

一、生平简介 /194

二、文化历史理论 /201

三、文化历史理论在教育心理学的应用 /211

四、被世人肯定的曲折之路 /226

五、结束语 /229

亚历山大·R.鲁利亚 /231

一、生平简介 /234

二、早期苏联心理学 /241

三、神经心理学 /246

四、神经语言学 /252

五、学术贡献及影响 /259

亚伯拉罕·哈洛德·马斯洛 /263

一、生平经历 /266

二、早期研究 /277

三、走向人本主义心理学 /284

四、独树一帜的自我实现心理学 /293

五、全方位的社会影响 /301

六、结束语 /311

陈大齐 /313

 一、生平经历 /316

 二、心理学先驱的学术与教学之路 /319

 三、清廉为政，笔耕不辍 /337

 四、结束语 /342

张耀翔 /345

 一、生平经历 /348

 二、科研生涯 /351

 三、教学岁月 /360

 四、结束语 /372

陆志韦 /375

 一、生平经历 /378

 二、业绩斐然的心理学家 /385

 三、功勋卓著的创始人 /398

 四、再创辉煌的语言学家 /405

 五、命运多舛的燕京大学校长 /416

 六、心灵自由的诗人 /424

 七、结束语 /427

后记 /430

威廉·詹姆斯

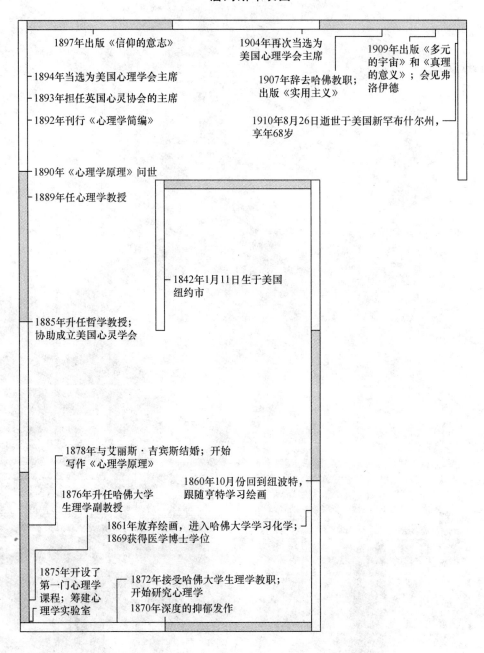

詹姆斯年表图

威廉·詹姆斯(William James,1842—1910)是美国心理学会和心灵学会的主要创始人,两次当选为美国心理学会主席,被后人敬仰为"美国心理学之父"。虽然詹姆斯的心理学思想缺乏体系,但其内容之丰富和影响之深远却甚于旗帜鲜明的冯特。詹姆斯同时也是美国哲学创始人、教育学家、实用主义的倡导者、机能主义心理学的先驱者。艾尔弗雷德·诺思·怀特海(A. N. Whitehead)将詹姆斯列为与柏拉图、亚里士多德、莱布尼茨齐名的西方历史上四大思想家之一。

18岁时,詹姆斯宣称艺术是他命定的职业;一年之后,他进入哈佛大学学习化学和生理学;26岁的詹姆斯获得的却是医学博士学位;接着他耗时12年写出《心理学原理》这样的传世巨著;生命的最后二十年间,他转而潜心哲学,成为享誉国际的哲学领袖。詹姆斯一生兴趣多变,博学多才,著作等身。他广阔的思维、开明的态度以及深刻的远见已使其他科学家望其项背;更难能可贵的是,他有着流畅风趣的文笔以及无与伦比的活跃魅力,把人们避而远之、枯燥晦涩的知识撰写得十分生动有趣。

一、成长岁月

1. 童年詹姆斯

1842年1月11日,在美国纽约市的阿斯特豪华酒店里,声名显赫、极其富有的詹姆斯家族的长子威廉·詹姆斯(William James)出生了。詹姆斯下面还有三个弟弟和一个妹妹。除了詹姆斯本人,这个家族还孕育了另外三位天才般的人物:父亲亨利·詹姆斯(Henry James)是一位学识渊博的神学家;与父亲同名的弟弟是著名的小说家和文学巨匠,被誉为西方现代心理分析小说的开拓者;其妹爱丽丝·詹姆斯(Alice James)辞世后,生前的日记被公开发表,从此在文学界也享有盛誉。

老亨利的父亲,也就是詹姆斯的祖父,是一名从爱尔兰来到美国的商人。他勤奋干练,不仅把自己从一个来自穷乡僻壤的孩子变成了一位地位显赫的商人、银行家和地主,也为后代留下了巨额遗产。虽然老亨利自小在一次事故中失去了一条腿,但他却从未消沉,而是热情地投身于神学研究和社会改革,并自诩为"哲学家和追求真理者"。与父亲44年的从商经历形成鲜明对照的是,老亨利一生衣食无忧,无须为生计奔波。他的妻子玛丽·罗伯逊·沃尔什(Mary Robertson Walsh)也同样家境殷实。这为老亨利潜心于哲学和宗教研究提供了牢靠的物质保障。

詹姆斯的父亲老亨利
资料来源:霍华德·马文·范斯坦(2001). 就这样,他成了威廉·詹姆斯. 季广茂,译. 北京:东方出版社,248.

老亨利交友广泛,和许多艺术家、作家私交颇深。这些朋友经常聚集到老亨利的家中高谈阔论。这其中就包括鼎鼎大名的沃尔多·爱默生[①](詹姆

---

① 沃尔多·爱默生(Ralph Waldo Emerson),美国思想家、文学家,是确立美国文化精神的代表人物,被称为"美国的孔子"、"美国文明之父"。

斯的教父)和亨利·梭罗①。此外,作为父亲的老亨利从不墨守成规,他鼓励孩子们在餐桌上随便谈论任何话题②,在家中营造出轻松自由的氛围。毫不夸张地说,老亨利对于五个孩子的性格和出色的素养都产生了深刻的影响。这一点在詹姆斯身上尤为明显。詹姆斯的思想异常开明,他的博闻强识以及后来在哲学和宗教领域的不凡造诣,似乎在幼年时期就打下了坚实的基础。

除了这些潜移默化的影响,老亨利也的确为孩子们的教育用心良苦。他坚持为孩子们提供最优越的教育环境,却又对美国学校的教育方式颇不放心。这位父亲独特的教育方式令人称奇:他多次聘请优秀的家庭教师;甚至为了孩子们求学的便利,从 1852 年到 1860 年间,带着家人频繁往返于欧洲各国和美国之间。他们很少在任何一个国家住够一个完整的学年,甚至在同一个国家,停留在一个住所也成了奢望。例如,詹姆斯家族停留在法国的两年内就搬了五次家;詹姆斯在 13 岁之前,就已经上过纽约州的十几所学校。尽管举家搬迁和终年游历令全家人牢骚满腹,但也丝毫不能动摇老亨利让孩子们见多识广、接受多种文化熏陶的意志。詹姆斯没有让父亲失望,19 岁时,他已经先后在美国、瑞士、法国、德国和英国接受多种专业教育,精通五种语言,并对所有欧洲的大型博物馆了如指掌。

16 岁的詹姆斯
资料来源:Robert D. Richardson(2006). William James: In the Maelstrom of American Modernism. New York: Houghton Mifflin, 174.

这种丰富多变的幼年生活使得詹姆斯拥有广泛兴趣的同时,也使其学习缺乏系统性:几乎所有的学科都是浅尝辄止。而对于老亨利来说,更为担忧的是,詹姆斯没有如他期望的那样愿意成为一名科学家,而是逐渐对绘画表现出浓厚的兴趣。

2. 艺术之梦

詹姆斯早年曾跟随两位颇有名望的家庭教师学习绘画,然而正如他接受的

---

① 亨利·梭罗(Henry Thoreau,1817—1862),美国作家、哲学家,著名散文集《瓦尔登湖》和论文《论公民的不服从权利》的作者。
② 墨顿·亨特(2002). 心理学的故事. 李斯,王月瑞,译. 海口:海南出版社,143.

其他教育一样，学习在不久之后就中断了。可以说，詹姆斯接受过的正式绘画训练微不足道。詹姆斯的艺术素养和浓厚的兴趣主要来源于老亨利的"无心之失"——他在詹姆斯的早期成长中营造了良好的艺术氛围。在詹姆斯的家里，客厅前面挂着一幅托马斯·科尔①的风景画，客厅的后面是出自朱尔斯-约瑟夫·勒菲弗尔②之手的一幅名画。屋里还放着一座经典的酒神巴克斯的女祭司的半身塑像③。老亨利也经常带着孩子们出入欧洲各大名城的博物馆、美术馆、画廊和剧院。无论是在美国的艺术中心纽约还是旅居欧洲期间，詹姆斯从不缺乏接触艺术的机会。事实上，在詹姆斯的早年时期，他常常花费很多个夜晚徜徉在绘画和雕塑作品之中，被艺术的魅力深深吸引着。

老亨利无疑是一位和蔼而慈爱的父亲，然而也有固执的一面。当他看到苦心培育的长子无意科学正途时，他坚决地站在了反对的立场上，力劝詹姆斯放弃绘画艺术。

老亨利给詹姆斯买过本杰明·罗伯特·海登(Benjamin Robert Haydon)的传记。据说，他的本意是警告詹姆斯远离艺术。因为在这部传记中，海登展示了他痛苦的艺术生涯："始于冠冕堂皇的自我放纵，终于极其夸张的自杀。他试图为公众服务却遭受公众蔑视，在由此导致的愤怒和失望中，他先是两次用剃刀猛割自己的喉咙，然后又向自己的头部开了致命的一枪。"④然而，詹姆斯非但没有因此对艺术望而却步，却借用海登的观点向父亲发起挑战，并从书中学到了如何抵御家庭阻力的伎俩——巧妙地利用生病。事实证明詹姆斯后来也是这样效仿的：当面临放弃艺术的压力时，他就大病一场。更有趣的巧合是，与海登一样，詹姆斯也患上了眼疾。

1858年夏季，詹姆斯一家结束了三年的欧洲旅行，回到美国罗得岛州的纽波特定居。在这里，詹姆斯结识了对艺术同样充满热情的志同道合的好友，并幸运地遇到了威廉·莫里斯·亨特(William Morris Hunt)。作为詹姆斯的绘画老

---

① 托马斯·科尔(Thomas Cole, 1801—1848)，美国画家，画风为浪漫主义的哈德逊河画派，以雄伟壮丽的风景画著称。
② 朱尔斯-约瑟夫·勒菲弗尔(Jules-Joseph Lefebvre, 1836—1911)，法国著名画家，19世纪学院派的领导人。
③ 霍华德·马文·范斯坦(2001). 就这样，他成了威廉·詹姆斯. 季广茂，译. 北京：东方出版社，129.
④ 同上，132.

师,亨特的多才多艺、对传统刻板教导方式的不屑以及在气质上的不谋而合,令詹姆斯对艺术的热情与日俱增。看到詹姆斯如此迷恋着艺术,老亨利惴惴不安。为了阻止詹姆斯继续沉迷于绘画,詹姆斯一家在1859年10月匆匆离开纽波特,来到日内瓦。尽管詹姆斯听从父亲的意见暂时远离了亨特和绘画,进入日内瓦学院学习科学,但是他对绘画的热情却丝毫不减。艺术之梦与父亲之命的冲突,更是成为他作画的情感来源。从幸存的詹姆斯的素描来看,大部分是信手涂鸦而来,有的是画来逗小孩玩的,而有些是上课之时画在笔记本纸上的。然而,这些看似不严肃的素描却有一个共同的主题——暴力。"食人恶魔"就是一个很好的例子。在这

食人恶魔

资料来源:霍华德·马文·范斯坦(2001). 就这样,他成了威廉·詹姆斯. 季广茂,译. 北京:东方出版社,162.

幅图中,一个粗壮丑陋的恶魔正在啃食着他的猎物。这只恶魔凌乱的头发、凶暴的长相和手中的断肢,都给人以不寒而栗的恐惧。詹姆斯通过画笔表达了他内心的激烈的冲突和愤怒的情感。不久之后,詹姆斯终于无法忍受将这些情感继续埋藏在心里,因而认真严肃地与父亲就艺术生涯进行了沟通。

1860年夏天,詹姆斯一家前往德国波恩,孩子们一起都被安置在当地人家中学习语言。8月15日,詹姆斯在给纽波特的朋友托马斯·萨金特佩里(Thomas Sergeant Perry)的信中宣称:"我得出了这样的结论:艺术是我命定的职业。"[1]四天后,他给父亲写了一封信表明立场。"我希望你像你承诺的那样,尽可能清晰地写下你对艺术本质的观点。"[2]老亨利的回信已经无从查证,但五天后詹姆斯的回信依然充斥着愤怒和不满:"我想问的是……为什么我不应该成为一名艺术家。

---

[1] Robert D. Richardson(2006). William James: In the Maelstrom of American Modernism. New York: Houghton Mifflin, 11.
[2] 同上.

从你的话里我不能完全明白你对我的决定的失望的原因何在,不明白你怎么看待艺术的本质,也不明白我献身艺术怎么就让你如此厌恶。"①

在这次论争之后,詹姆斯如愿以偿,于1860年10月回到纽波特,进入亨特的画室。除了星期天,他每天都在那里作画。然而,詹姆斯却不是这场父子之战的最终胜利者。在亨特的画室呆了不到六个月,詹姆斯就离开了画室,进入哈佛攻读科学。尽管对于发生如此突然转变的原因至今尚无定论,但是谁都无法否认这样的事实:在詹姆斯学习绘画期间,老亨利突然莫名其妙地晕倒了一次;之后他警告全家人说,他会很快死去。② 面对父亲这种以死相逼的坚决反对态度,詹姆斯的职业选择就显得性命攸关了。

<<< 专栏一

师徒:亨特与詹姆斯

在这位高个、满脸胡须的老师和他的新弟子之间,存在着许多令人称奇的不谋而合之处。他们都是家中五个孩子的老大。都有一个弟弟在艺术的道路中超越了自己——亨特的弟弟理查德是一位建筑师,他在纽约市和纽波特为许多富有的客户设计过官邸。他们都喜欢顽皮地大出风头。亨特的恶作剧之一是倒空葡萄酒杯,把它放在自己闪闪发光的秃头顶上,让开怀大笑的客人看,并听他领首侃侃而谈。他们都有易喜易悲的气质,都会瞬间从兴奋的顶点滑向痛苦的深渊。在心灰意懒的时候,都曾经严肃地考虑过自杀。亨特最终还是自杀了。在选择职业的问题上,都是通过生病找到了出路,实现了他们父辈没有实现的野心。

(资料来源:霍华德·马文·范斯坦(2001).就这样,他成了威廉·詹姆斯.季广茂译.北京:东方出版社,149.)

>>>

---

① Robert D. Richardson(2006). William James: In the Maelstrom of American Modernism. New York: Houghton Mifflin, 12.
② 霍华德·马文·范斯坦(2001).就这样,他成了威廉·詹姆斯.季广茂,译.北京:东方出版社,177.

《<< 专栏二

萦绕一生的画家情结

在离开亨特画室 20 年后,詹姆斯曾站在哈佛的讲台上,就自由选择回答过一位年轻听众的问题。

"一个年轻人无论是进入商界还是进入政界,都取决于在某天前所作出的决策。他占据了会计室中的一个位置,而且干了坏事。渐渐地,人们也不再计较有关其他职业的习惯、知识,即使还有诸多可能,也是如此。起先,他或许有时会怀疑,他在紧急关头所谋杀掉的自我(self),或许本来就不是两者中的较优者。但是许多年之后,这样的问题也不存在了,而那个过去的可供选择的本我(ego),虽然一度是那样的生动活泼,现在也渐渐淡入比梦幻还要虚幻的事物之中了。"①

然而,对于詹姆斯本人而言,上面一段话却远非是他真实体验的描述。詹姆斯多次写信给他的弟弟小亨利表达他对艺术生活的美慕和嫉妒。不仅他的笔记本上常常留下看似信手涂鸦实则含义深刻的图画,而且其心理学和哲学思想也显露出他对艺术念念不忘的端倪。

詹姆斯曾一度迷恋前拉斐尔画派②。他是在英国参观马尔伯勒大厦(Marlborough House)时第一次看到该学派的作品,当时他还是一个不满 16 岁的孩子。在他无法发展艺术自我时,他就把艺术自我带入了心理学自我和哲学自我之中:就像前拉斐尔派作品中颇具特色的硬边一样,人类的经验也被詹姆斯作了截然的划分③,即思想与意识是高度私人化的,具有明显的边界。

在詹姆斯给哈佛大学神学院的一次演讲中,我们可以看到另一个例子。詹姆斯借助于"巴尔克·德·但丁"(Barque de Dante)④向听众们描绘了善与恶的

---

① 霍华德·马文·范斯坦(2001). 就这样,他成了威廉·詹姆斯. 季广茂译. 北京:东方出版社,178.
② 前拉斐尔画派是 1848 年在英国兴起的美术改革运动,指主张回归到 15 世纪意大利文艺复兴初期,画出大量细节、并运用强烈色彩的画风;绘画边界明显而硬朗,如同许多彩色玻璃碎片。
③ 霍华德·马文·范斯坦(2001). 就这样,他成了威廉·詹姆斯. 季广茂,译. 北京:东方出版社,135.
④ "巴尔克·德·但丁"的作者德拉克鲁瓦(Delacroix)是詹姆斯十分钦佩的法国浪漫主义画家。这位画家在作品中描绘的是但丁和维吉尔正乘船穿过冥河沼泽地。

永恒斗争①。他认为,恶就像画中的冥河沼泽地,人们站在小船上漂浮其中,却永远无法接近遥远的地平线。

巴尔克·德·但丁

资料来源:http://uh.edu/engines/romanticism/visualart.html.

可以说,詹姆斯的艺术自我并没有被谋杀掉,而是以隐蔽的形式活跃着,伴其一生。

二、哈佛时光

1. 求学哈佛

1861年夏天,按照父亲规划的职业蓝图,詹姆斯放弃了艺术之梦,转而踏上科学征程。他先进入哈佛的劳伦斯里科学院(Lawrence Scientific School)学习化学,后改学比较解剖学和生理学。詹姆斯刚刚对科学表现出兴趣,威廉家族却在这时出现了经济危机。1864年1月,迫于金钱方面日益增长的压力,詹姆斯放弃了纯粹科学的"美味佳肴",被推入医学的"煮肉锅"。进入医学院后,他指

---

① 霍华德·马文·范斯坦(2001). 就这样,他成了威廉·詹姆斯. 季广茂,译. 北京:东方出版社,139.

出:"在那里,有许多欺骗行为……除外科有时完成一些有积极意义的事情外,医生所做的主要事情就是在精神方面对病人及其家属施加影响,而不是干些其他有意义的事情。他们也从病人那里榨取钱财。"①

不久,詹姆斯遇到了著名的博物学家阿加西斯(Louis Agassiz)。阿加西斯的演讲天赋和个人魅力令詹姆斯欣喜地认为:博物学家体验其职业的方式与一个艺术家的方式"毫无二致"。与其说对生物学兴趣盎然,不如说为躲避令人厌倦的医学院的学习生活,詹姆斯于1865年协助阿加西斯远征南非。然而起初的热情和对浪漫之旅的向往很快便在收集和分类的琐碎工作中消失殆尽:"我全部的工作都是机械性的……全部事物都归入了许多时光之中,而全部时光都花在了体力劳动上面。"在考察过程中他还不幸染上假性天花,身体的虚弱让他更加清楚地认识到:"我适宜于思辨性的工作而不适宜于实际的生活。"

探险归来,詹姆斯再次投入医学学习后不久,就又一次病倒了。体力上的落赢弱、精神上的抑郁、医学的枯燥以及来自家庭的压力令他痛苦不堪。这一时期詹姆斯画在笔记本上的素描以人物眼神的寒光逼人为特点,反映了他焦虑不安的情绪。

迫于精神的重压,詹姆斯在1867年4月突然中断了医学院的学习,远赴欧洲。他在德国的温泉中修养了近18个月。在大部分旅居德国的时光中,詹姆斯并未将学术放在心上,他沉浸于大量的文学和哲学著作中,过着令人艳羡的闲暇生活。疾病似乎成为詹姆斯心安理得地摆脱医学学习的护身符,成为调和自己的艺术之梦与父亲的期许之间矛盾的工具。

着道士服的修道士
资料来源:霍华德·马文·范斯坦(2001).就这样,他成了威廉·詹姆斯.季广茂,译.北京:东方出版社,270.

---

① 杜·舒尔茨(1981).现代心理学史.杨立能,等,译.北京:人民教育出版社,146.

然而，后来的事实表明，正是在德国的这一段悠闲时光，帮助詹姆斯找到了除艺术之外的兴趣所在：心理学与哲学。正如詹姆斯在他60岁那年写的那样："我当初学医，为的是成为一名生理学家，却因为某种天命卷进了心理学和哲学之中。"

从学医初期，詹姆斯就对精神病理学和精神病治疗法产生了浓厚的兴趣。精通德文的他，也对实验心理学方面的著作有所涉猎。在柏林修养期间，他参加了三个月的生理学系列讲座，并在给朋友的信中写道："在我看来，这样的时代或许已经到来了：心理学开始成为一门科学——某些测量已经出现在神经的生理变化与意识的显现这两个相互交叉的领域之中，更多的测量工作可能会接踵而至。"[1]詹姆斯表达了前往海德堡(Heidelberg)跟随威廉·冯特、赫尔姆霍尔茨(Hermann von Helmholtz)学习的意向，但最终却未能如愿成行。

1868年，詹姆斯从欧洲回到哈佛大学继续攻读医学，次年获得博士学位。毕业之后，他的健康状况进一步恶化。受到德国机械唯物主义哲学[2]的影响，"人没有能动性和创造性，只能被动接受注定的事实"这一想法令詹姆斯痛苦不堪，深陷抑郁。和老亨利如出一辙，詹姆斯遭遇了一次严重的抑郁发作。詹姆斯诉说他心中出现了一个癫痫症患者的形象："一个黑头发绿皮肤的年轻人，傻得一塌糊涂。"而

绝望中的詹姆斯
资料来源：霍华德·马文·范斯坦(2001). 就这样，他成了威廉·詹姆斯. 季广茂，译. 北京：东方出版社，333.

---

① Donald K. Freedheim(2003). Handbook of Psychology：History of Psychology. New Jersey：John Wiley & Sons, Inc., 6.
② 机械唯物主义虽然也认为物质第一性，精神第二性，但否认物质与精神间的辩证统一关系，否认物质与精神的联系和转化，否认人的精神的能动性、创造性。

这个"看起来绝对不像一个人"的东西,詹姆斯认为就是他自己。在几个月的时间里,詹姆斯都处于极大的恐惧和不安之中。在詹姆斯的笔记本上,有一幅自画像。画中的詹姆斯失魂落魄,垂头丧气。画的空白处写着"在这里,我和悲哀坐在一起。"

出于精神疾病的困扰和对生活的绝望,詹姆斯阅读了大量的哲学著作。从查尔斯·雷诺唯叶(Charles Renouvier)那里,詹姆斯读到了论自由意志的文章。他开始相信自由意志的存在:"现在我将依从我的意志继续前进,不但要根据意志来行动,而且信任意志;并相信我独特的存在和创造力。"[①]

个人信仰上的这一转变不仅将詹姆斯从深度抑郁中解救出来,更是他人生和事业上的重大转折。

2. 执教哈佛

1872 年,他在哈佛大学接受了一个生理学教职。备课和教学的工作令他的身体健康有所好转,同时詹姆斯以前所未有的热情投入到工作之中。当时神经系统生理学的飞速发展令詹姆斯对于心理相关的生理问题非常着迷。他寄希望于心理学能从更深的层面上探讨生理问题。这个想法促使他转而将目光投向了新兴的心理科学。1875 年,以斯宾塞(Herbert Spencer)撰写的《心理学原理》(1855)为教材,从未接受过正规心理学训练的詹姆斯开设了他的第一门心理学课程——"生理学和心理学的关系"。对詹姆斯本人而言,这是他第一次讲授心理学课程;对美国大学来说,这也是第一次开设新实验心理学课程。正是在这一年,詹姆斯从哈佛申请到 300 美元购置了用于教学的实验室和演示设备。而这比冯特在莱比锡大学建立心理学实验室还要早了四年。虽然他本人对于实验室的研究工作没有什么热情,这个实验室也并未投入研究之用,但这一举动堪称美国现代心理学史上的创举,其星星之火最终得以燎原。1883 年,他的学生霍尔(Stanley Hall)在约翰·霍普金斯大学建立了美国的第一个用于研究的心理学实验室。截止到 1893 年,20 个心理学实验室在美国投入使用,这个数字是欧洲的两倍之多。到 1904 年,这个数字再次攀升至 49 个。

---

① B.R.赫根汉(2004).心理学史导论.郭本禹,等,译.上海:华东师范大学出版社,500.

詹姆斯的妻子艾丽斯

资料来源：Robert D. Richardson（2006）. William James: In the Maelstrom of American Modernism. New York: Houghton Mifflin, 175.

1876年，詹姆斯被任命为哈佛大学生理学副教授。1878年，在他36岁时，他与波士顿的一位小学教师、小有成就的钢琴家艾丽斯·吉宾斯（Alice H. Gibbons）结婚了。虽然婚姻的对象是老亨利为詹姆斯选定的，但詹姆斯这次却非常欢欣地接受了父亲的安排——他一见到艾丽斯就疯狂地爱上了这位拥有乌黑眼眸和曼妙嗓音的女子。满意的婚姻生活减轻了詹姆斯身心的病症，增强了他的自信。他的工作状态和身体状况越来越好，地位也随之提升。1880年詹姆斯转任哲学副教授；1885年升任哲学教授；而到了1889年，他成为心理学教授。

<<< 专栏三

课堂上的詹姆斯博士

1874年的秋天，一位新老师来哈佛大学任教，为高年级学生讲授比较解剖学和生理学。他把胡须修理得整整齐齐，蓝色的眼睛热情地盯着学生，闪烁着生命的活力。对于一位刚刚30岁的教师而言，现在正处于生涯的新起点。他异乎寻常的博学，似乎读过万卷书，不仅通晓解剖学、生理学、医学，而且谙熟小说、莎士比亚和哲学——其中许多还是法文和德文版，他的法语和德语讲得都很流利。他似乎行过万里路，不仅去过德国、法国、英国、意大利，甚至还去过巴西。那些一心想掌握反射弧（reflex arc）的生理细节或急于了解低级动物前肢变化构造的学生，或许对这位教授感到不满，因为他并不按部就班地指导学生学习生理科学的基本知识……但是把科学当成一般学识来学习的大学生，却没有失望。课堂上的讨论范围广阔，并完全依照这位生气勃勃的新教师的情绪、心境而随心所欲地进行下去。这就是威廉·詹姆斯博士。

（资料来源：霍华德·马文·范斯坦（2001）. 就这样，他成了威廉·詹姆斯. 季广茂译. 北京：东方出版社, 开篇.）

三、詹姆斯的心理学思想

1878年,詹姆斯答应出版商亨利·霍尔特(Henry Holt)撰写一木心理学教科书。本来预计两年就完成的书稿,詹姆斯却花费了长达六倍的时间。1890年,詹姆斯写作历时十二年之久的《心理学原理》(The Principles of Psychology)终于出版。

詹姆斯凭借其对英文、法文、德文和意大利文等多国语言的精通,对当时心理学的文献和成果进行了最全面和系统的把握和总结,同时主张从意识的目的性和选择性理解人类心灵,体现了他实用主义心理学的思想。这个主张对美国机能主义心理学的发展有直接的影响。哲学式的诘问和生理学家的思考,是该书的一大特色。可以说,詹姆斯主要的心理学思想都是通过这本书表达出来的。此外,詹姆斯独特而迷人的个性在书中展露无遗,其幽默风趣、自然流畅的文风对于这本书的成功来说同样功不可没。1892年刊出了该书的缩本,作为大学标准教材,定名为《心理学简编》。两卷本被人们称为"詹姆斯",而缩本被亲切地唤作"吉米"。

这本恢宏巨作所传递的思想,是如此令后人敬慕,以致詹姆斯被称为"美国本土第一位心理学家"。在美国心理学会1967年的75周年纪念日开幕式上,讲演人戴卫·克莱奇(David Krech)宣称,威廉·詹姆斯是"培养我们的父亲"。詹姆斯为什么会享有如此盛誉?要理解这一点,就需要我们在研读这位心理学大师的思想之前,先来了解一下当时美国的心理学概况以及美国的民族精神。

1. 时代背景

现代心理学发祥于德国,法国、英国等西欧国家的心理学也相继得到发展。19世纪末期,在心理学起步较晚的美国,赴德留学几乎成了所有心理学者的必修课。他们远涉重洋,投身于莱比锡大学冯特教授门下,学成回国后则致力于将实验主义发扬光大。然而,这些"虔诚的追随者"却在无意之中将美国心理学打造成了另外一副样子,甚至走向了构造主义的对立面。

在美国本土心理学悄然孕育之时,詹姆斯就明确提出并详细阐述了他的实用主义思想。他的许多观点在当时都具有先驱性。他前瞻性的工作和深刻洞见激励并引领了一大批的美国心理学者，从而为美国机能主义心理学的诞生奠定了基础。

到1900年，美国心理学的与众不同已显露无遗：尽管心理学院系仍然按照冯特的模式教授各门心理学课程，尽管心理学实验室的数目与日俱增，但心理学关心的内容却在几无自觉的情况下发生了转变——不再是心理的结构和元素，而是心灵和行为的目的和功能。

美国心理学之所以具有浓重的机能主义的色彩，首先需要提到的就是达尔文（Charles Robert Darwin，1809—1882）的进化论。达尔文是英国博物学家和进化论的奠基人。他于1859年出版的《物种起源》一书，是享有盛誉的巨著之一。书中讲述的进化理论，主张物种是进化的，生存的需要决定了它的身体结构。这个机能主义的观点对美国心理学产生了巨大而深远的影响。杜·舒尔茨这样说道：

"达尔文的影响使心理学的目标发生了深刻的变化。我们知道，构造主义者的中心问题是对意识内容进行分析。而达尔文影响了某些心理学家，特别是美国心理学家，使他们来考虑意识可能具有的技能。对很多人来说，这似乎是比确定意识的要素重要得多的基本任务。因此，心理学愈来愈关心有机体对它的环境的适应，从而对心理要素的详细研究开始失去了它的吸引力。"[1]

有效地把进化论引入心理学的，是达尔文的表弟高尔顿（Sir Francis Galton，1822—1911）。他开创了关于个人能力的个体差异和心理遗传问题的研究。事实上，高尔顿涉足的研究领域非常广泛，而且他极富首创精神。他在适应、遗传与环境、物种的比较、儿童的发展、问卷方法、统计技术、个体差异和心理测验等诸多领域均作出了出色的贡献，并深刻地影响着心理学的发展。

家乡人对这两位英国科学家杰出贡献的热情程度远远比不上大洋彼岸的美国人。这种有趣的现象与美国人的精神气质和当时独特的社会经济政治特征不

---

[1] 杜·舒尔茨(1981). 现代心理学史. 杨立能，等，译. 北京：人民教育出版社，122—123.

无关系。在19世纪后期,美国仍然是一个开拓中的国家,积极进取的美国人在一片广阔的土地上不断地探索着。在那里,一个人的成功取决于他能否适应环境的要求。自然选择和适者生存的原理在日常生活中得到生动的证明。① 与此同时,一种把获得"效果"当作最高目的、以实际效用和利益为核心导向的哲学流派——实用主义应运而生。因此,美国心理学比欧洲心理学更容易接受进化论。詹姆斯的机能主义心理学的思想在这里具有其他地域无可比拟的稳固基础和无限的生命力。

波林对美国心理学做过精辟的概括:"对美国机能心理学来说,德国冯特的实验主义为'躯壳'或'装置';英国达尔文进化论和高尔顿的个别差异心理学为'精神';实用主义为'哲学';适者生存、追求适应为'美国国情'。"

<<< 专栏四

进化论的主要观点

达尔文从同一物种的个别部分中间变异的明显事实出发作出推论,认为这种自发的变异性是能遗传的。在自然界中存在着一种自然选择,选择的结果是那些最能适应其特殊环境的有机体生存下来了,而那些不能适应的有机体就灭绝了。达尔文指出,自然界存在着不断的生存斗争,幸存下来的是那些能成功地适应和调节它们所面临的环境困难的物种;那些不能成功地适应环境的就不能生存。

达尔文读了马尔萨斯(Thomas Malthus,1766—1834)于1789年写的《人口论》时就提出了"生存斗争"的概念。马尔萨斯曾认为世界粮食供应以算术级数增加,而人口则趋向于以几何级数增加。马尔萨斯描绘了"一种阴郁的色彩",认为不可避免的结果是大部分人总要生活在接近饥饿的状态之下。只有最强有力的和智巧的人才能够生存。

达尔文把这个观点扩大到一切活的有机体并发展了自然选择的概念。适于生存斗争和达到成熟的那些物种倾向于把那些使它们得以生存的特殊技能或优

---

① 杜·舒尔茨(1981). 现代心理学史. 杨立能,等,译. 北京:人民教育出版社,136.

点遗传给它们的后代。进一步说,既然变异是另一种一般的遗传规律,因此它们的后代将显示出一种变异,其中有些后代具有比其父母发展水平更高的优秀品质。

这些品质也将被保存下来,经过多代,可以发展出形态上的巨大变化。实际上这些变化如此之大,以致于可以说明今天存在的物种之间的差异。

(摘引自:杜·舒尔茨(1981).现代心理学史.杨立能等译.北京:人民教育出版社,120.)

>>>

2. 思想要义

《心理学原理》分为上下两卷,共28章,1993页。在这部大作中,詹姆斯以独特的方式解读了心理学的传统议题,例如神经系统的功能、感觉、时空与物体知觉、想象、概念、推理、记忆、联结、注意、情感和意志;同时,詹姆斯提出了一系列新颖的问题,例如习惯、意识流、自我意识、本能和催眠术。詹姆斯不仅从心理学的视角,更凭借其生理学和临床医学的深厚功底,试图探讨心理的神经生理机制。此外,他的实用主义哲学思想在文中已然崭露头角,对于心灵与身体的关系、自我的连续性、真理的本质等等问题的追问,更是在哲学层面上的深入思考。

《心理学原理》这本巨著即使在今天读来,仍然令人受益匪浅。书中的意识流、情感理论、本能与习惯以及自我和自尊的论述是最为著名的篇章。

(1)心理学的对象和方法

在第一章"心理学的范围"中,詹姆斯阐述了他关于心理学研究对象的观点。詹姆斯认为,心理学是关于心理生活的现象及其条件的科学。所谓现象,指的是情感、欲望、认知、推理、决定等的东西;所谓条件,指的是大脑的正常运作。正是考虑到大脑机能的重要作用,他指出,心理学家从某种程度上讲必须是"大脑主义者"[①],心理学的研究必须包括脑生理的研究。强调意识等心理现象的生理基础,作为该书的特色贯穿始终。

---

① 威廉·詹姆斯(2007).心理学原理.郭宾,译.北京:九州出版社,11.

那么,心理学怎样来研究这些"现象"和"条件"呢？第七章"心理学的方法与陷阱"是詹姆斯关于心理学方法的论述。詹姆斯认为,内省观察是心理学者首先采用的、主要采用的和始终依赖的研究方法；新兴的实验法通过大规模的操作和统计学的方法在测量的精确性上占优；比较的方法是上述两种方法的补充。这就要求心理学者"既要采用内省法,又要采用实验法,要研究动物、儿童、处在前文字时代的人和变态的人。总之,他鼓励采用任何能够阐明人类生活复杂性的方法；他认为,不应忽略任何有用的方法。"①

（2）意识流

1884年詹姆斯在《心灵》(Mind)杂志上发表了一篇文章,题名为"论内省心理学的一些遗漏之处"。《心理学原理》中的第九章"意识流"(The stream of thought),正是这篇文章的再版。在这一章中,詹姆斯明确反对冯特把心理现象分解为各种元素的作法。他不客气地将其称为"心理学家的谬误"。詹姆斯认为,意识是一个整体,如同河流健行不息,故而可称之为"思想流"、"意识流"或"主观生活流"。他依次阐述了意识的五个特征。

第一,意识是以个人形式存在的。即思想属于个人私有。他说："每一个心灵都将它的思想保留给自己。心灵之间不存在给予或交换……思想之间的这种差异是自然界中最绝对的差异。"因此,剥夺思想的个性化的做法在詹姆斯眼中就是"心理学做的最坏的事情"。

第二,意识在不断变化之中。他指出,对同一事物的感受是可以积累的,随着我们感受能力的变化,我们的感受也会不同,某个特定的心理状态一旦消失就不可能重现。知觉常性在詹姆斯看来是一种根深蒂固的"习惯",即我们倾向于认识事物的一致性,运用了之前的经验而不自知。他甚至说,我们根本"没有能力辨别出分别接受到的两个感觉是否完全相同"。他同时谈到了生理基础："当我们思考时,大脑也在发生变化……变化的原因很多,可能包括局部营养和供血的偶然状态……完全一模一样的大脑状态绝不可能再现。"詹姆斯此处对元素主

---

① B.R.赫根汉(2004).心理学史导论.郭本禹,等,译.上海:华东师范大学出版社,511.

义淋漓尽致的批判,预言了格式塔心理学派①的诞生。

第三,意识是连续不断的。詹姆斯认为,意识之流的速度缓慢时,我们以一种平静缓和的方式意识到我们思维的对象,这称为"实体性部分";速度快时,我们意识到一种转变或关系,这称为"过渡部分"。例如,"安静可以被雷鸣打断,并且我们会由于这种震颤而在一段时间里感到非常震惊和困惑,以至于我们自己不能立刻了解到发生了什么事情。但是那种混乱是一种心理状态,一种直接使我们从安静过渡到声响的状态。关于一个对象的思想和关于另一个对象的思想之间的转换,在思想中不是一种中断,就像竹子上的竹节并没有在竹子上产生中断一样。和竹节是竹子的一部分一样,它也是意识的一部分。"然而,这个"过渡状态"又难以通过内省测查。因为在"过渡状态"我们的意识之流是如此之快,使得我们在弄明白它之前就已经到达另一个"实体状态"。一旦我们停下来想要看个清楚,我们就已经不再处于"过渡状态"。这就好像无法"抓住一个旋转的陀螺去把握它的运动"或"打开燃气灯来观察黑暗的样子"。

第四,意识始终在处理独立于它本身的客体。詹姆斯指出,"知道一件事"和"知道我知道这件事"都是意识的内容,二者并没有什么本质上的区别,后者并无任何与众不同之处。对于一些哲学家所坚持的"反省式的自我意识才是思维认知功能的本质"②的观点,他说:"这是一个很荒唐的假定。"

第五,意识具有选择性。詹姆斯认为,意识通过注意力的强调和抑制作用,选择一些事物,并抑制剩余的事物。这种选择的标准是个人兴趣。因此每个人对外界的认识都是世界的一部分。

詹姆斯在这一章中针对冯特等人的元素主义进行了尖锐而机敏的批驳。他提出的"意识流"的概念引起了其他心理学家的极大重视。然而,对于冯特倡导的内省分析法,他既没有提供取而代之的可行之法,也没有给出改进的意见。因此,对于实验心理学来说,詹姆斯的观点又是具有消极作用的[3]。

---

① 格式塔心理学派,诞生于1912年,主张心理学研究现象的经验,也就是非心非物的中立经验。在观察现象的经验时要保持现象的本来面目,不能将它分析为感觉元素,并认为现象的经验是整体的或完形的(格式塔),所以称格式塔心理学。

② 康德首创了这种观点。持相同观点的还有 J. 费里尔,W. 汉密尔顿,L. 曼塞尔,T. H. 格林。他们主张,为了完全认识一个事物,思维必须清楚地区分那个事物和它的自我。

③ E. G. 波林(1982). 实验心理学史. 高觉敷,译. 北京:商务印书馆,585.

詹姆斯关于意识的观点不仅被心理学者津津乐道，更为文学研究者耳熟能详。20世纪，一种基于现代心理学的文学流派崭露头角——"意识流文学"。这种流派的作家吸收了詹姆斯关于心理学的观点，以独特的技巧注重描绘人物意识流动状态，更包括无意识、梦幻意识和语言前意识，在文学史上取得了非凡的成就。代表作家有詹姆斯·乔伊斯（James Joyce，1882—1941）和威廉·福克纳（William Faulkner，1897—1962）等。

（3）情绪理论

詹姆斯关于情绪的理论颠覆了人们的传统观点。通常，人们认为感知到的兴奋刺激产生情绪，进而引发身体行动。一个经典的例子是：我们看到一头熊，感到害怕，所以逃跑。而詹姆斯认为，我们不是由于害怕而逃跑，而是由于逃跑而害怕。换言之，生理反应先于情绪显露。人遇到某种情境，首先出现身体反应，例如发抖和逃跑；这些反应引起的内导冲动传到大脑皮质时所引起的感觉就是情绪，如恐惧。如果心率加快或肌肉紧张等身体变化没有发生，则情绪就不会出现。詹姆斯作出了如下阐述：

"我的理论是，有事实在产生刺激时，身体方面先直接发生变化，变化发生时，我们感觉到有这样的变化，就谓之情绪……我们哭泣所以我们感到悲伤，因为我们攻击所以我们感到愤怒，因为我们颤抖所以我们感到害怕，而不是因为我们感到悲伤、愤怒或恐惧所以我们哭泣、攻击或颤抖。没有由知觉而起的躯体状态，知觉就只是一种纯粹的、苍白黯淡的、没有情绪激动的认知。"[①]

这个令人称奇的理论最先是作为一篇题名为"什么是情绪"的论文发表于1884年。次年，丹麦生理学家卡尔·兰格（Carl Lange）发表了类似的见解，并且强调血管运动系统是情绪体验的原因。他说植物性神经系统的支配作用加强，血管扩张，结果便产生愉快的情绪；植物性神经系统活动减弱，血管收缩，器官痉挛，结果便产生恐怖的情绪。

詹姆斯和兰格都强调情绪与机体变化的关系，两个人的观点如此相似，以至

---

① B.R.赫根汉(2004). 心理学史导论. 郭本禹，等，译. 上海：华东师范大学出版社，509.

于后人将该情绪理论称为"詹姆斯-兰格情绪理论"。五年后,这个理论经过詹姆斯修改和扩充,复又编入《心理学原理》。但该理论招致了激烈的批评。作为回应,詹姆斯在1894年再次撰文,并在文中对该理论作出进一步修订。

该理论引起了大量的讨论和争论,推动了众多探究情绪生理基础的研究。英国生理学家谢灵顿(Charles Scott Sherrington)是用实验检验这个情绪假说的第一人。他观察到,被切断颈部和内脏之间神经联系的动物仍能表现出愤怒和厌恶等情绪。这与詹姆斯理论的预测相悖。著名生理心理学家坎农(Walter Bradford Cannon)在其《疼痛、饥饿、恐惧和愤怒时的身体变化》(1915)一书中指出:丘脑是情绪活动的中枢;控制情绪的是中枢神经而不是周围神经系统。坎农通过实验研究,证明了情绪不能使用生理变化的知觉来解释。一个有力的证据是,将一只猫的交感神经系统摘除后,它仍对狗张牙舞爪并发出威胁性的叫声。这表明没有体验到血管系统、呼吸和其他身体系统变化的动物仍然表现出恐惧的情绪。坎农的情绪论得到巴德(P. Bard)的支持和扩充,因此被后人称为坎农-巴德情绪说。

詹姆斯这个特立独行的情绪理论遭受诸多指摘,并被最终认定在许多方面都是错误的。但它作为现代情绪理论的出发点,几乎在每一本普通心理学教科书中都会被论及。它关于情绪有生理成因的假定是正确的,并且具有应用价值。我们通过控制对刺激的生理反应,也就可以在一定程度上控制我们的情绪。例如,在感到害怕时,可以通过吹口哨来增加勇气。詹姆斯曾忠告我们:"用吹口哨壮胆,绝不只是修辞手段。另一方面,如果整天愁眉苦脸、唉声叹气、对任何事情都用沮丧的声调来回答,你的忧郁就会持续下去。"这一点也得到了现代实验证据的支持:有意做出的表情会影响到心跳和皮肤温度,并诱发出一定的相应情绪[1]。

(4)本能与习惯

詹姆斯分别用了两章的篇幅来讨论"本能"与"习惯"。詹姆斯将本能定义为具有一定目的性的、自动的、与生俱来的行为能力。这种本能在动物界广泛地存在着:鸟儿天生就知道如何分泌油脂并涂抹在羽翼上;响尾蛇不学自会地利用利

---

[1] 墨顿·亨特(2002). 心理学的故事. 李斯,王月瑞,译. 海口:海南出版社,161.

牙和毒腺来抵御敌人；蚕儿不经训练就可以在适合的时间吐丝作茧；老鹰有效地使用锐爪捕猎是出于本能。詹姆斯认为，从生理学角度可以更清楚地解释这些行为：它们都遵守普通的反射类型，即感觉刺激引发了行为的发生。猫追逐老鼠，看到狗逃跑或争斗，避免从树和墙上掉下来，躲避水和火……这不是因为猫有任何关于生命或死亡的概念，而是因为它无法控制地就这样做了。它的神经系统在很大程度上是一个预先组织好的反应集。

但是詹姆斯并不认为本能是盲目和不可改变的。他认为，本能冲动会由于后天重复而形成的行为模式而发生改变；个体也会形成新的类似于本能的行为，这种行为被称之为"习惯"。

詹姆斯认为习惯的形成得益于大脑的可塑性。这种可塑性可以用一句话概括："从感觉器官流入大脑的神经流开辟出极为便捷且不易消失的路径。"[①] 在神经流首次穿过一条路径后，再次通过就显得更为容易，并且这种易化在每次的重复中得到不断加强。

那么习惯对于人类生活有什么实用的价值吗？詹姆斯指出了两点。第一，习惯使得动作更加精确并减少了疲劳；第二，习惯减少了个体执行动作所需要的有意识的注意力。对于整个社会而言，詹姆斯将习惯比作巨大的社会调速轮和社会最宝贵的守旧工具。他指出："大部分的人到了30岁，性格都会固定得像一块石膏，将永远不会变软了。"[②] 习惯促使我们所有人遵守风俗传统，让每个人在特定的阶层和范围内活动。

詹姆斯认为，在教育中，重要的事情是让神经系统成为我们的盟友而不是敌人，即尽可能早地将有利于自身的行为变成自动的习惯。他忠告我们，在获得习惯的开始要有强硬而明确的动机；在习惯尚未根植于生活之中时，绝不容忍任何一次的意外发生，"每一次的错误就像丢掉一个正在仔细缠绕的线团；一次滑落所放松的线，比缠绕好几次才能缠绕上的线还要多"[③]。此外，还要有强大的执行能力，因为习惯的形成不是在于决心和希望，而是在每一次的行动过程中得到强化。

---

① 威廉·詹姆斯(2007). 心理学原理. 郭宾，译. 北京：九州出版社，235.
② 同上，269.
③ 同上，273.

詹姆斯在"习惯"这一章的结尾处写道,从严格的科学意义上讲,我们所做的任何事情都会留下不灭的印记。他奉劝年轻人认真对待工作中的每个小时,这些细节可以帮助他建立积累一笔永不消失的财产。但凡在工作中尽心忙碌的人,"他可以完全肯定地期待,在某个晴朗的早晨醒来时,他发现,在他所挑选出来的不论哪一种追求中,他是他那一代人里最有能力的一位"[①]。

(5) 自我

自我是心理学的古老课题。詹姆斯是关注自我研究的最坚定的早期倡导者。在著作第十章中,他指出,自我区分为主我与客我。前者是"认知的主体",是主动的我;后者是"被认知的客体"或称"经验的我",它包括个体对自己的认识和信念。詹姆斯认为,凡是与自我有关的东西都是自我的一部分。

"对于我们每个人来说,经验的自我就是我们试图称之为'我'的东西。但是,'我'和'我的'又是难以区分的。我们对我们拥有的事物的感受和行为与对待我们自己的方式非常相似。我们的名声,我们的子女,我们创造的作品,对于我们来说就像我们的身体一样珍贵。如果它们受到攻击,同样激发我们报复的心理和行为。而我们的身体,它是'我们的',或者就是'我们'?在特定的情况下,人们认为身体不过是一具可以丢弃的皮囊,甚至认为它是牢狱——有朝一日得以逃离,是多么快乐。"

"由此看来,我们试图探讨的概念具有不稳定的属性。对于同样一个事物,我们有时把它看做我们自己,有时认为它是从属于我们的东西,而另一些时候我们认为它和我们毫不相关。从最广泛的意义上来说,一个人的自我就是一切他可以称为'他的'的东西:不仅是他的身体和他的心理能力,还有他的衣服和住所,他的妻子和孩子,他的祖先和朋友,他的名声和作品,他的土地和马群,他的游艇和银行账户。上述一切都给予他同样的情感。当这些东西繁荣发展时,他有胜利的喜悦;如果这些东西萎缩或消逝,他感到沮丧——不必对于每件东西都抱有相同程度的感情,但是感情的本质是大致相同的。"[②]

[①] 威廉·詹姆斯(2007). 心理学原理. 郭宾,译. 北京:九州出版社,283.
[②] William James (1890). Retrived from:www.Abika.com. [PDF]. 183.

詹姆斯把经验的我又划分为三种形式：物质的自我、社会的自我、精神的自我。

物质的自我指个体的身体、衣着、家人、居所和财产等。我们都有一种不为自知的冲动去保护我们的身体，挑选衣服和装饰品来打扮自己，珍爱我们的父母、妻子和孩子，找寻属于自己的住所并努力改善它。这一切都被看做是自我的一部分。

社会的自我来自于同伴认可，有多少同伴就有多少个社会的自我。这些自我有些是和谐一致的，而有些则存在着冲突。例如，许多年轻人在父母和长辈面前都表现得严肃认真，和同龄朋友在一起时却骂骂咧咧、大摇大摆。任何一个社会的自我受到了伤害，就相当于伤害本人。

精神的自我是监控内在思想和情感的自我，指一个人对自身意识状态、态度、气质、个人兴趣等内在精神生活的意识。

（6）自尊

詹姆斯谈到自我感觉时，指出"没有尝试就没有失败；没有失败便没有耻辱。所以自我感觉完全取决于我们想要自己成为怎样的人以及做了什么。它取决于我们的实际情况与我们假想的潜力之比，即以抱负为分母，成就为分子：因此，自尊 = 成就/抱负。"[①]

詹姆斯用自己作了比方。他说，作为一名不遗余力的心理学家，如果其他人比他更了解心理学，他会感到羞愧；但是对于自己对希腊语一无所知却会心安理得。然而，假若他对自己的期待是一名语言学家，那么情况就会恰恰相反了。

因此，要提高自尊，增大成就和减小抱负都是可行之道。而詹姆斯本人似乎更赞成后一种办法。

"当我们不再努力保持年轻和苗条，那该多么快乐啊！谢天谢地！那些妄想统统消失了。加于自我之上的一切，既是荣耀，也是负担。在内战时有一个人失去了他所有的财产，他反而在地上打滚并宣称，他自出生以来就没

[①] William James (1890). Retrived from: www.Abika.com. [PDF]. 193.

有如此自由和快乐过。"①

《心理学原理》出版后，多次重印，被译成法文、德文、意大利文、俄文和中文。该书取得了始料未及的巨大成功，被广泛认可为现代心理学历史上最重要的文献。在它出版80年后，一位心理学家写道："无疑，詹姆斯的《心理学原理》是英语或其他任何语言中最清晰流畅、最令人兴奋，同时也是最富有知识性的心理学著作。"②它不仅在心理学界享有盛誉，还有很多非心理学专业的读者也对这本书产生了浓厚的兴趣。法学家小奥利·弗温德尔·詹姆斯③曾写道："亲爱的威廉：我逐字逐句读完了你的大作，欣喜有加，更要击节称赞。"④

然而，这本书也得到了一些批评意见。其中一条就来自实验心理学创始人威廉·冯特。他不客气地指出："这是文学作品。文章写得很美，但这不是心理学。"

大概最严厉的指责来自于詹姆斯自己。他在将手稿寄给出版商时，附上了一封信："在看到这本书时，没有人会比我更感到厌恶的了。没有什么问题值得1000页来论述。如果我再有10年，我就能把它改写为500页。它的状况或是如下面所说的那样——一堆令人厌恶的、膨胀的、臃肿的、浮泛的资料，或是微不足道。它不过证明了两件事：第一，没有所谓的心理科学；第二，威廉·詹姆斯是个无能之辈。"⑤

当《心理学原理》问世时，詹姆斯已经在心理学领域工作了17个春秋。詹姆斯再一次对自己的专业产生了厌倦和不满：他称心理学为"令人作呕的小科学"和"显而易见的精致化"⑥。

在给哈佛校长的信中，他指责"心理学身为一门年轻的科学，却乏善可陈，尤其在创新方面更令人沮丧，毫无建树"⑦。晚年，他逐渐转向哲学研究。

事实上，詹姆斯始终没有完全脱离心理学。1899年标志教育心理学开端的《给教师的谈话》(Talks to Teachers)一书得以刊行，书中詹姆斯阐述了心理学

---

① William James (1890). Retrived from: www.Abika.com. [PDF]. 193.
② 杜·舒尔茨(2005). 现代心理学史. 叶浩生，译. 南京:江苏教育出版社, 149.
③ 美国法官，曾任美国高级法院法官。
④ 黛布拉·布鲁姆(2008). 猎魂者. 于是，译. 北京:人民文学出版社, 157.
⑤ B. R. 赫根汉(2004)心理学史导论. 郭本禹，等，译. 上海:华东师范大学出版社, 501.
⑥ 杜·舒尔茨(2005). 现代心理学史. 叶浩生，译. 南京:江苏教育出版社, 145.
⑦ 黛布拉·布鲁姆(2008). 猎魂者. 于是，译. 北京:人民文学出版社, 195.

在课堂学习中的应用。《宗教体验种种》(Varieties of Religious Experience)出版于1902年,是詹姆斯宗教心理学思想的代表作。詹姆斯还对超心理学(Parapsychology)颇感兴趣,曾作过关于灵媒及超意识的自动书写方面的研究。然而最后这一点是不被心理学界许多同行们接受的。

四、海纳百川

在给雨果·闽斯特伯格的信中,詹姆斯如是写道:"并非是我的信念冥顽不化,世界如此广博,足以包容并滋养各种思想,并互不伤扰,我相信,在我的理念和您那套顽固哲学之间存在的巨大分歧会让我深感痛惜,绝望……我满足于自由狂野的大自然;而您好像偏爱一方精致的意大利花园,并不懈追求之,万事万物在您那边都保持在孤立分格中,行走于其间的人也必需规规矩矩走直线。"[1]

这一段话是在闽斯特伯格撰文表达对詹姆斯这类德高望重的心理学家支持灵异研究自甘堕落的怜悯之情之后,詹姆斯的回复。正如詹姆斯所言,他对大自然具有自由的狂野的由衷的热爱。他的思想如同草原上奔驰的骏马,没有束缚,又绝非恣意妄为。

詹姆斯思想的广袤与前瞻性令人叹为观止。他是对宗教心理学进行系统研究的第一人。1896年,在他所作的一次演讲中,我们可以惊奇的发现他与现代学者对科学理性主义进行的研究如出一辙。詹姆斯在论述情绪时说道,情绪可以轻而易举的被回忆、幻想激起,恰如当初被那件事刺激一样。这个观点在几十年之后才被正式发展并定义为"创伤后应激障碍"。[2] 詹姆斯还对冥想颇感兴趣,他认为静坐能够增加人的活力和生命力。而在新近的心理学研究中,冥想对人们情感、认知方面的调节和改善作用已得到心理学界的肯定。如今,放松疗法和心理疗法已经为不少患者送去福音,而在詹姆斯生活的年代,这些还属于另类方法,不被医学界所接受。詹姆斯不仅支持使用这些非传统的方法,并且亲身实践,接受治疗。

---

[1] 黛布拉·布鲁姆(2008). 猎魂者. 于是,译. 北京:人民文学出版社,278.
[2] 同上,157.

这样的例子不胜枚举。他的异乎寻常的创新性、预见性和包容度，将随着时间的流逝，由历史提供更多的明证。本节所述，无非是管窥蠡测罢了。

1. 进化心理学

进化心理学是心理学的最新取向。它把人类的心理属性看做是进化的结果。也就是说，人类所拥有的许多心理属性是在漫长的岁月中被选择出来的，而最早形成的一些心理行为还会继续发挥着影响。根据达尔文的理论，人类祖先中具有适于生存特点的那一部分人拥有更多的可能性繁衍后代。久而久之，大部分的人类都具有了特定的行为倾向。

虽然大部分的人以为进化心理学只是20世纪末才出现的心理学名词，詹姆斯却在一个世纪之前，就在他的巨著中使用了这个术语。进化论对心理学的影响之深远，詹姆斯早已作出了断言。在《物种起源》出版31年后，当众多学者对进化论仍持怀疑甚至拒绝的态度时，詹姆斯就预言道："终有一天，心理学会建立在进化论的基础上。"[1]

詹姆斯思想的核心是由一系列本能所构建的系统。较之我们所熟知的弗洛伊德的理论，詹姆斯的本能论在很多方面都要复杂得多。[2] 如前文所述，詹姆斯认为本能是具有一定目的性的、自动的、与生俱来的行为能力。本能并不是盲目的。一种本能可以通过经验知识得以修正，也可能被另外一种本能所战胜。事实上，本能之间往往存在着冲突，所以并不是所有本能都可以表达出来。例如，我们有情欲，同样会怕羞；我们有好奇心，也有怯懦；我们具有攻击性，同时也有合作性。

詹姆斯理论中最具争议的部分莫过于本能的数量。在当时，许多心理学家包括弗洛伊德，认为本能的数量是非常有限的。然而，詹姆斯却主张除了通常谈到的性本能外，人类还有许多种本能。举例来说，2岁的幼儿就已经表现出大量的本能：从诞生起的哭泣、打喷嚏、抽动鼻子、打鼾、咳嗽、叹气、呜咽、呕吐、吞咽、打嗝、凝视、肢体被碰触时的移动、吮吸，以及稍后出现的啃咬与紧握物体、将物

---

[1] 杜·舒尔茨(2005). 现代心理学史. 叶浩生,译. 南京：江苏教育出版社，417.
[2] David M. Buss(2004). Evolutionary Psychology. Boston：Pearson Education, Inc., 27.

体送入口中、坐下、站立、爬行和走路。当孩子再大一些,另外一些本能继而发展出来:模仿、发声、效法、好斗、对特定物体的恐惧、害羞、社交性、喜欢玩耍、好奇心和占有欲。成人又表现出其他一些本能,例如狩猎、谦虚、爱和养育。在每种本能之下,又有更为细致的划分,例如恐惧本能包括对陌生人、陌生动物、噪声、蜘蛛、蛇、孤独、诸如洞穴的黑暗的地方、类似悬崖的高处。[1]

詹姆斯指出,这些本能的关键之处在于,本能是通过自然选择进化而来的,是为解决特定问题而出现的适应性,即它们的存在具有明显的生存价值。

2. 在功能磁共振技术问世百年前的探索

功能磁共振成像技术(functional Magnetic Resonance Imaging, fMRI)是一种非常有效的研究脑功能的非介入技术。美国麻省总医院(Massachusetts General Hospital)的磁共振研究中心于1991年春天首次利用磁共振成像反映脑血流变化的图像。尽管该技术成为脑功能研究手段之一的时日尚浅,但通过测量脑血流变化来推测脑活动的思想由来已久。

早在一百多年前,詹姆斯就指出,血液循环的变化伴随着大脑活动。他引用了意大利生理学家莫索(Angelo Mosso)的实验来支持他的观点。在莫索的实验中,被试平躺在一张平衡的桌子上。这张桌子是经过精细调节过的,一旦被试的头部端或脚部端的重量有轻微的增加,桌子的相应端便向下偏离一个小的角度。他发现,当被试的情感发生变化或进行思考时,被试头部端的桌子就向下移动一点。詹姆斯认为,这是血液重新分布的结果——脑部活动时,血液更多的流向头部,身体其他部位的血液量相应减少。

更为直接的证据来自莫索对三位开颅被试的观察。对被试说话时或被试积极思考时,被试的颅内血压迅速升高。导致血压变化的原因可能是外部的,例如接收声音信息;也有可能是内部的,例如思考一个数学问题。此外,内部的心理活动可以是智力活动,也可以是情感的变化。莫索曾发现一个女性被试在没有明显外部和内部原因时,颅内血压突然升高。随后这位被试坦白说,她在那一刻突然看到房间里家具上放着一颗头骨模型,这令她有些害怕。

---

[1] David M. Buss(2004). Evolutionary Psychology. Boston: Pearson Education, Inc., 28.

詹姆斯解释说,血液循环可以根据大脑活动的需求进行细微的调节。血液非常可能流向大脑皮层中最活跃的区域,但"对此我们一无所知"。詹姆斯强调人类神经活动和局部脑血流量的关系:"我几乎不能肯定地说,在大脑活动中,神经物质变化的现象是最为重要的,血液的流动只是次级结果。"①

然而,詹姆斯的开创性的见解却没有得到同时代人的重视和认同。脑血流代谢生理方面的研究甚至在近半个世纪无人问津。尽管后来罗易(Roy)和谢灵顿(Sherrington)也发现了相似的现象,但由于缺乏足够的实验技术以及其他思想观念方面的原因,真正探测脑血流变化的技术到20世纪后期才充分发展起来。

3. 弗洛伊德思想的宣讲者

精神分析大师西格蒙德·弗洛伊德(Sigmund Freud,1856—1939)在创立学说的初期还只是一位名不见经传的精神科医生。整个德国,乃至欧洲,对弗洛伊德的学说,罕有人重视,但又不乏攻击之词。然而,在那个时候,詹姆斯就已经敏锐地意识到这位德国医生工作的价值所在。1894年,慧眼独具的詹姆斯在首期《心理学综述》上发表了一篇摘要。这篇摘要概括性地介绍了弗洛伊德和约瑟夫·布洛伊尔②共同完成的一项工作"对歇斯底里现象本质的初步探讨"(Preliminary communication on the nature of hysterical phenomena)。此后,詹姆斯在哈佛任教期间讲授精神病理学这门研究生课程时,经常提到弗洛伊德和布洛伊尔,并将他们报告的案例作为教学内容。在《宗教经验种种》一书中,詹姆斯给予弗洛伊德和布洛伊尔的工作以高度评价,认为他们取得了显著的成就。③

詹姆斯不仅是唤起人们对弗洛伊德注意的第一个美国人,而且他在弗洛伊德建立国际学术声誉方面功不可没。

1905年,弗洛伊德发表了他的著作《性学三论》。在这本书中,弗洛伊德大胆挑战传统,表达了关于婴儿期性欲以及其与性倒错和神经症之间关系的观点。

---

① William James (1890). Retrived from: www.Abika.com. [PDF]. 57.
② 约瑟夫·布洛伊尔(Josef Breuer,1842—1925),奥地利医生,曾与弗洛伊德合作。他曾给一个女病人安娜·欧(Anna O.)治疗歇斯底里症。后来,在医学史上,这成为了划时代的著名病例。
③ Eugene Taylor (1999). William James and Sigmund Freud: The Future of Psychology Belongs to Your Work. Psychological Science, 10: 466.

这篇"异端邪说"使得弗洛伊德饱受学术界和普通大众的冷嘲热讽。医学机构联合起来抵制弗洛伊德的观点,弗洛伊德本人也成了当时德国科学界最不受欢迎的人。然而,弗洛伊德却得到了远在美国的詹姆斯的声援。1909 年,当弗洛伊德应邀访美时,詹姆斯带病去克拉克大学看望了他。他们和一些著名的心理学家进行了友好的会晤。弗洛伊德在回忆这次会面时写道:"在欧洲,我感觉自己就像是过街老鼠;但在那里(克拉克大学),我发现自己受到了一群重要人物的平等对待。"[①]在会面的第二天,弗洛伊德还将詹姆斯送到了火车站。

1910 年 3 月,詹姆斯专程前往维也纳会见弗洛伊德。这是他们最后一次见面。几个月之后,詹姆斯就与世长辞了。

4. 女性科学家的支持者

如果说詹姆斯在为心理学接受进化论的过程中起到了不可磨灭的积极作用,那他与达尔文在性别地位上的观点真可谓是背道而驰。

达尔文认为,从生物学上讲,女性不如男性;男性在智力上具有优越性。因此,他反对女性接受高等教育。达尔文发现,在许多种系中,雄性在生理特征和能力上都比雌性有更大的发展;相反,女性的生理特性和能力都趋向于平均水平。他推测说,男性可以适应多变的环境,并从中受益,而女性的大脑在进化上不如男性,她们不可能从教育中获益。

在 19 世纪,类似的观点大行其道,在欧洲和美国的大多数学术领域,女性都是被歧视和拒绝的对象。更有甚者宣称对女性实施教育会损害她们生物学方面的规律,因为过多的教育会扰乱她们的月经周期,遏制她们的女性冲动。[②]

在男女差异的问题上,詹姆斯再一次站到了与大多数人对立的立场上:性别从来不是他评判一个人能力的标准。他对男性优越论不以为然,并赞成女性接受高等教育。事实上,在他的所有学生之中,他认为最聪明的一个恰恰是一名女学生。[③] 他曾经热心帮助这名学生接受心理学教育,写信鼓励她冲破性别障碍,

---

[①] Ferris, P. (1998). Dr. Freud: A life. London: Sinclair-Stevenson, 260.
[②] 杜·舒尔茨(2005). 现代心理学史. 叶浩生,译. 南京:江苏教育出版社, 157.
[③] Spencer A. Rathus(2004). Psychology: Concepts and Connections. Belmont: Wadsworth, 20.

卡尔金斯

资料来源：杜·舒尔茨(2005). 现代心理学史. 叶浩生,译. 南京：江苏教育出版社, 156.

并在劝说校方接纳女学生上作出了很多努力。尽管哈佛大学从不承认正式接纳这位学生,詹姆斯仍然欢迎她参加他的学术研讨会并指导她完成博士论文。这位女学生正是后来受聘于韦尔斯利学院,创建该校心理学实验室,并成为美国心理学会第一位女性理事长的心理学家玛丽·惠顿·卡尔金斯(Mary Whiton Calkins)。

5. 幽灵猎人

19世纪末期,灵异研究在欧美日益风行。1882年2月20日,英国"灵魂与精神研究学会"(Society for Psychical Research, SPR)正式成立。同年深秋,哈佛大学批准了詹姆斯的带薪休假。他来到伦敦,并在一次哲学家俱乐部上,遇到了工作于SPR的埃德蒙·盖尼(Edmund Gurney)。盖尼是一位样貌英俊、修养出众的学者。更难得的是,他与詹姆斯有着对濒死体验、自动书写、亡灵沟通、心灵感应这类灵异事件进行实证研究的热望。这位志同道合、惺惺相惜的朋友令詹姆斯对灵异研究的兴趣日益增长。他认为,人的精神生活有传统科学不能解答的谜题。

1884年9月,詹姆斯邀请SPR主导"意念传送分会"的威廉·巴雷特(William Fletcher Barrett)来到美国讲学,号召美国加入灵异研究。次年,"美国心灵学会"(American Society for Psychical Research, ASPR)在纽约成立。作为奠基人之一的詹姆斯强调,灵异研究手段必须纯科学化,以获得确凿而充沛的证据。

詹姆斯多次参加降神会和灵媒座谈。此外,在学会开展的大规模关于死前幻影的幻觉调查中,詹姆斯担任美国方面普查工作的官方协调员。经过缓慢而庞杂的普查工作,他们共搜集到7123个案例。这个成绩在6个参与国(英国、法国、德国、俄国、巴西和美国)中位居第二。詹姆斯还对一个类似的案例进行过详细的调研。那则案例讲的是一个女人在桥上离奇失踪后,同一个镇上的一位妇女在梦中看到失踪过程和落水地点,并协助找到了失踪女人的尸体。詹姆斯详细审核了细节，如实记载了访谈结果，排除了欺骗与谎言的可能。文章取名"超自然视力一例"发表在《ASPR 辑刊》上。在詹姆斯从哈佛退休之后，他还抑制着对琐细工作的厌烦之情，拖着病体继承同事理查德·霍奇森的未竟事业，阅读对灵媒派普（Leonora Piper）通灵状态时的座谈记录，撰写分析报告呈交学会。

与其说詹姆斯是灵学研究的一员，不如说他是导航者、支持者与捍卫者。詹姆斯的哈佛大学知名教授的身份是支持灵学研究的高级平台。在内讧不断、危机四伏的关头，他曾出面力保学会的组织架构。1893 年詹姆斯还从繁忙的工作中抽身，答应担任 SPR 的主席，促进了灵异研究的国际交流与合作。

灵媒派普

资料来源：Robert D. Richardson (2006). William James: In the Maelstrom of American Modernism. New York: Houghton Mifflin, 334.

詹姆斯从不愿意把自己局限于狭小的领域中。对于灵魂一说的包容与热衷，正是又一个鲜明的例证。詹姆斯又绝非是盲目乐观的。他作为科学家的判断力并不因为开放的态度而打上折扣。他清楚地知道灵学研究推进的艰难以及可靠证据的严重不足，并反复劝诫同事要"冷静地探寻解谜的通途"[①]，莫要急于求成。关于死后灵魂或心灵感应的看法，詹姆斯也一向谨慎，并期待更多实证。在晚年，他遗憾地总结说："我发现自己相信在这些接连不断的灵魂现象报告中的'某种东西'，尽管我从未曾掌握到任何确切的证据……理论上讲，我跟开始的时候相比没有什么进步。"[②]他感知到在有生之年他无法等到真正的答案，甚至他的孩子们也不能。

然而，詹姆斯对于灵魂研究的兴趣并没有赢得同行和朋友的理解与赞赏。

[①] 黛布拉·布鲁姆(2008). 猎魂者. 于是，译. 北京：人民文学出版社，183.
[②] 墨顿·亨特(2002). 心理学的故事. 李斯，王月瑞，译. 海口：海南出版社，150.

相反,漠视、鄙夷、含沙射影与直白的攻击之词纷至沓来。科学界曾成立一个"思伯特委员会"。委员会打着戳穿灵异现象骗术的旗帜,实际上是代表主流科学打击灵异研究。他们讥讽詹姆斯应当去灵媒那里,向死去的富豪们请教生财之道。克拉克大学心理系主任斯坦利·霍尔曾是ASPR的会员,后因种种不满退出学会,多年来一直公开批判灵学研究。在灵媒派普进入通灵态后,他曾使用樟脑药剂涂满她的双唇和舌头,用触觉测量仪在派普身上留下累累伤痕。在这些冷酷的实验之后,他傲慢地宣称,所谓通灵根本是无稽之谈,派普需要的是一名精神治疗师;威廉·詹姆斯则是一个彻头彻尾的空想家。甚至与詹姆斯齐名的心理学翘楚铁钦纳(E. B. Titchener),也表达了对灵异研究的不屑一顾。他指责ASPR的成员总是摆出一副殉道者姿态;并指出智慧和才情理应被用于心理物理学研究。

詹姆斯也不是完全孤独的。一些对灵魂研究同样感兴趣的学者和詹姆斯站在了一起。在灵异研究的同事中,甚至还有两名诺贝尔奖获得者:汤普森(J. J. Thompson)与瑞利(Rayleigh Baron)。著名的美国作家马克·吐温(Mark Twain)也曾公开撰文赞扬SPR为灵异研究所做的工作和开创性精神。但是支持的力量在反对的浪潮之中微不足道。詹姆斯的处境尴尬,名誉岌岌可危。对此,他却从容写道:"在后代的眼中,我可能是自毁一生,因为他们将拥有更出色的判断力;但也有可能,我会博得他们所认可的尊荣;我很乐意冒这个风险,由是,我写下的正是我信的,且已看到的真相。"[1]

在詹姆斯逝后18年,美国杜克大学的莱恩博士(B. Rhine)成立了超心理学研究所,研究超自然现象。根据ASPR在1987年提出的统计资料,全世界共有美国、英国、法国、德国、澳大利亚、荷兰及日本等国的35所大学开设有超心理学课程[2]。然而,关于灵魂的真相,现在依然没有定论。

---

[1] 黛布拉·布鲁姆(2008). 猎魂者. 于是,译. 北京:人民文学出版社,282.
[2] 百度百科,http://baike.baidu.com/view/345898.htm.

五、哲学大师詹姆斯

詹姆斯在哲学上可谓大器晚成。他完成《心理学原理》之后,声称自己已经说完了他所知道的关于心理学的一切,从此逐渐转向哲学领域,潜心研究实用主义哲学。1897年,他请德国弗赖堡大学的闵斯特伯格(Hugo Munsterberg)主持哈佛的心理学实验室工作,而他自己转任哲学教授。1907年,詹姆斯辞去哈佛教职。他的哲学著作基本是在这一时期孕育及刊行出来的:《信仰的意志》(The Will to Believe)(1897)、《宗教经验种种》(The Varieties of Religious Experience)(1902)、《实用主义》(Pragmatism)(1907)、《多元的宇宙》(A Pluralistic Universe)(1909)、《真理的意义》(The Meaning of Truth)(1909)。这些成果奠定了他在美国哲学界的领袖地位。

19世纪70年代,詹姆斯曾参加"形而上学俱乐部",结识了皮尔斯(Charles Sander Peirce,1938—1914)。詹姆斯继承皮尔斯的实用主义哲学,并把他的抽象的实用主义方法论原则发展为系统的实用主义理论体系。这种反映美国精神和时代趋势的哲学是美国本土孕育的第一个哲学。在此之前,美国的哲学和文化还只是寄居于欧洲文化羽翼下的寄生性哲学和文化。[①] 因此,詹姆斯也被称为美国哲学的创始人和美国的"哲学爱国者"。

詹姆斯认为,哲学史上经验主义与理性主义之争在很大程度上是人类气质冲突造成的。历史上有成就的哲学家分为两类:"柔性"气质与"刚性"气质。前者根据原则而行,主张理智主义、唯心主义、乐观主义,有宗教信仰,是意志自由论、一元论和武断论的;后者根据事实而行,主张感觉主义、唯物主义、悲观主义,没有宗教信仰,是宿命论、多元论和怀疑论的。哲学家使用与他自身气质相适合的观点来解释宇宙,而这种气质所造成的偏见往往并不自知。詹姆斯把自己的哲学定位为"中间的,调和的路线",他试图超越气质的束缚,将理性主义和经验主义兼收并蓄。他在《实用主义》一书中表达了美好的愿望:"我希望我下次开始讲的实用主义哲学,对于事实要保持一种同样亲密的关系,而对于积极的宗教建

---

① 威廉·詹姆斯(2007).詹姆斯文选.万俊人,陈亚军,译.北京:社会科学文献出版社,编者前言.

设也要能亲切地对待。"[1]

詹姆斯哲学的核心是实用主义。他写道:"实用主义方法并不表示任何特别的结论,而只表示一种确立方向的态度。这种态度不理会第一事物、原则、'范畴'、想象的必然;而是看重最后的事物、结果、后果、事实。……观念(其本身正是我们经验的一部分),只要它能帮助我们和我们经验的其他部分之间建立其一种令人满意的关系,帮助我们借助于概念的捷径而不是特殊现象的无休止的连续去概括并处理那些经验,那么它就是真的。"[2]显然,从实用主义出发,一切的信念、行为、方法,是否被相信和被保留,标准只有一个,那就是它是否有助于创造"更有效的,更令人满意的生活"[3]。无论是逻辑的,还是经验的,只要能够带来令人愉悦的结果,那么实用主义就不会忽略它。接着,詹姆斯指出,真理就是那些有效的、起作用的观念。简言之,有用即真理。绝对的静止的真理是不存在的,因为"真"不过是人们思维方式中的一种方便,正如"对"不过是行动方式中的一种方便一样[4]。

正是基于这样的哲学思想,詹姆斯认为人类经验的全部内容都是值得研究的。甚至神秘的超自然现象也不应排除在外。他主张的心理学的多元方法论也同样具有哲学根源。

詹姆斯所倡导的实用主义在美国影响之深远,没有其他任何一个哲学流派可与之相提并论。在其之后的杜威(John Dewey,1859—1952)对詹姆斯的观点进行修正,继续发扬了实用主义哲学,并将其应用于教育领域,在国际上广为宣传。他的教育思想对现代中国教育的改革也有深刻影响。

六、结束语

晚年的詹姆斯健康状况不断恶化,疾病缠身。某次他去纽约州北部著名风景区阿狄龙达克登山,之后便渐渐出现了心脏病的症状。他向哈佛告假,去德国

---

[1] 威廉·詹姆斯(2007). 詹姆斯文选. 万俊人,陈亚军,译. 北京:社会科学文献出版社,19.
[2] 同上,224—225.
[3] B. R. 赫根汉(2004)心理学史导论. 郭本禹,等,译. 上海:华东师范大学出版社,511.
[4] 威廉·詹姆斯(2007). 詹姆斯文选. 万俊人,陈亚军,译. 北京:社会科学文献出版社,247.

疗养了一阵，后来又在弟弟亨利家卧床休养。但病情依然不见起色。1907年，他从哈佛退休。经历常年病痛的折磨，65岁的詹姆斯形容消瘦而疲惫。然而，在这样身心痛苦的三年里，詹姆斯仍笔耕不辍，坚持完成了两本哲学著作。

1910年，詹姆斯的病情进一步恶化。他几乎不能行走，就连呼吸也变得困难。8月26日午后，他的妻子艾丽斯走进詹姆斯的病房，发现他已经失去意识。艾丽斯爬上床去，紧紧抱着他，听着他痛苦不堪的喘息声，直到万籁俱寂。①

詹姆斯过世后，美国和欧洲的媒体都以大篇幅报道了詹姆斯的死讯，哀叹"美国当代最有影响力的杰出哲学家"仙去了。

晚年的詹姆斯
资料来源：Robert D. Richardson (2006). William James: In the Maelstrom of American Modernism. New York: Houghton Mifflin, 335.

詹姆斯最后的居所
资料来源：Robert D. Richardson(2006). William James: In the Maelstrom of American Modernism. New York: Houghton Mifflin, 335.

---

① 黛布拉·布鲁姆(2008). 猎魂者. 于是, 译. 北京: 人民文学出版社, 285.

亲友和同事纷纷撰文，以寄托哀思。亨利在给朋友的信中写道："他以惊人的慷慨，将其伟大的灵魂和美妙的才情奉献给人们，为人们带来光明。"① 弗洛伊德在回忆詹姆斯的时候说："我永远忘不了当我们一起散步时发生的一段小插曲：他突然停下来，把他携带的一个小包交给我，让我前面先走，说他心绞痛又发作了，等这阵子发作一过去，他马上就会赶上来。一年以后，他死于那种病。我常常想，我如果面对死亡来临之际也能够像他那样面无惧色，那该多好啊。"

回顾詹姆斯的一生，充满了常人难以理解的矛盾。他怀揣艺术之梦，却踏上了科学的征程；他获得医学博士学位，却从未悬壶济世；他用小说式的语言，却写出轰动世界的科学巨著；他亲手置办了第一个心理学实验室，却从不掩饰对实验室工作天生的厌恶……他兴趣多变，睿智而开明。似乎没有任何事物能够得到詹姆斯永久的青睐或独占他毕生的才华与热情。他以无与伦比的活力，不知疲倦、从不满足、持续探索着。无论是心理学，还是哲学、宗教研究、教育学、文学，他每涉足一个领域，便在其中留下深刻的烙印。

尽管詹姆斯没有建立起心理学的体系或形成自己的学派，在实验室研究方面也鲜有贡献，而且他从未致力于成为一名心理学家，甚至在晚年对心理学不以为然，但是任何一个人都无法否认他在心理学历史上举足轻重的地位。他是美国心理学会的创始人之一，并曾于1894年和1904年两度当选为该学会主席。作为美国心理学之父，他不仅促进了本国的心理学进展，更重要的是，他的许多观点对心理学思潮的发展起着不可估量的影响。他逝世80年后，对美国心理学史家的一次调查表明，在心理学的重要人物中，他仅次于冯特而排在第二位，并且被认为是美国最主要的心理学家之一[2]。

这个博学、智慧、多才多艺、兴趣广泛、不为偏见或成见所束缚的科学前辈以他传奇的人生和独特的人格魅力引领着一代又一代的青年学者在寻求真理的路上勇往直前。

---

[1] Robert D. Richardson (2006). William James: In the Maelstrom of American Modernism. New York: Houghton Mifflin, 521.
[2] 杜·舒尔茨 (2005). 现代心理学史. 叶浩生, 译. 南京: 江苏教育出版社, 145.

伊万·彼得罗维奇·巴甫洛夫

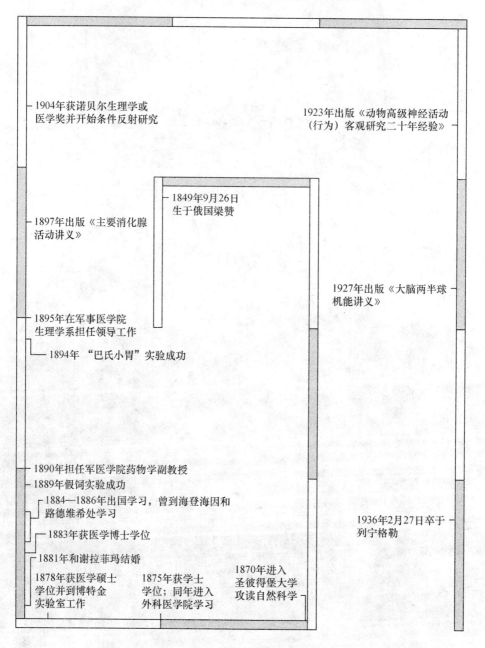

伊万·彼得罗维奇·巴甫洛夫（Иван Петрович Павлов，I. P. Pavlov，1849—1936），是俄国著名的生理学家和生理心理学家，苏联科学院院士。巴甫洛夫一生从事的研究主要有三方面：一是有关心脏的神经机能研究；二是有关消化生理的研究；三是有关条件反射的研究。巴甫洛夫因为在消化生理研究上取得的卓越成就，获得1904年的诺贝尔生理学或医学奖。在心理学方面，巴甫洛夫的重要贡献在于他建立了条件反射学说。基于巴甫洛夫的条件反射理论，华生在20世纪初创建了行为主义心理学，因而巴甫洛夫被尊称为"行为主义学派的先驱"。

一、生平经历

1. 青少年时期

1849年9月26日，巴甫洛夫出生于俄国中部一个名叫梁赞(Ryazan)的小城。巴甫洛夫的曾祖父和祖父都是当地的贫苦农民，父亲彼得·德米特利叶维奇·巴甫洛夫(Petr Dmitrievitch Pavlov, 1823—1899)则是一个贫穷教区的牧师。由于家境贫寒，父亲不得不自己种植瓜果蔬菜，母亲则到富人家里做仆人以贴补家用。巴甫洛夫从小就热爱劳动，经常帮助父亲在菜园和果园里干活。童年的这种锻炼，使巴甫洛夫一生都非常热爱体力劳动，体力劳动也成为他紧张脑力劳动中效果很不错的"调味剂"。彼得牧师虽然贫穷，却酷爱读书，常常省吃俭用，挤出钱来购买书籍。在父亲的影响下，巴甫洛夫也非常热爱读书，并喜欢独立思考。

巴甫洛夫10岁时，不慎从高墙上摔下来跌断了腿骨而无法上学，但他的一个亲戚——特洛茨基修道院院长接收他为教子并对他进行精心的治疗。这位教父是位见多识广的老人，不仅在饮食上给巴甫洛夫加强营养，而且还指导巴甫洛夫进行体育锻炼。每天清晨，他和巴甫洛夫一起做体操。夏天，他要巴甫洛夫去游泳、骑马和玩gorodki①；冬天，他则要巴甫洛夫去滑冰。巴甫洛夫热爱体育锻炼的习惯就是在这时候养成的。

在特洛茨基修道院院长的精心照料下，巴甫洛夫的腿伤不到一年就痊愈了。巴甫洛夫被父亲送到当地的教会学校去读书，因为父亲希望他将来也做一位牧师。当地的教会学校不仅教授神学、俄语等，还教授物理学、数学等自然科学。这些自然科学课程引起了巴甫洛夫浓厚的兴趣。另外，教会学校还特别注重锻炼学生的演讲能力。巴甫洛夫非常能言善辩，常常以父亲和弟弟为对手进行辩论。成年之后，无论是在生理学界的讨论中，还是在与心理学家的论战中，巴甫洛夫都充分展现了其雄辩的口才。

---

① Gorodki：一种俄罗斯传统民间体育项目，游戏规定从一定距离击中排列成一定形状的目标上，该游戏类似于保龄球。

19世纪中叶,俄国正处在农奴制改革的前夜,各种阶级矛盾、社会矛盾达到空前激烈的程度。在这种社会背景下,俄国涌现了大批革命民主主义思想家,其中以别林斯基[①]、车尔尼雪夫斯基[②]、杜勃罗留波[③]和皮萨列夫[④]等为主要代表人物。这些革命民主主义家不仅以卓越的政治哲学主张宣扬反对农奴制的思想,而且还积极宣传自然科学对人民的实际生活和建立正确世界观的意义。其中,尤以皮萨列夫对自然科学的宣传力度最大。他们的思想对俄国知识界产生了巨大的影响。大多数知识分子都阅读甚至研究了他们的科学书籍和论文,青年学生也踊跃报考自然科学。巴甫洛夫的兴趣也逐渐由神学转移到了自然科学。

皮萨列夫的文章中还提到达尔文的进化论观点,指出人类的起源与神无关,人类是由低等动物逐级进化而来的。对此,就读于教会学校的巴甫洛夫感到十分震惊:难道不是由上帝创造了人类吗?巴甫洛夫的心中充满了疑惑。他不断从书籍中寻找答案,他成了当地公共图书馆的常客。一次偶然间,巴甫洛夫读到谢切诺夫(И. М. Сеченов,1829—1905)1863年发表的"大脑的反射"一文,文中提到:"一切精神活动都是依靠反射发展起来的。"这个观点令巴甫洛夫非常着迷。日后,巴甫洛夫受谢切诺夫反射学说的影响提出了条件反射学说。

在学校组织的一次辩论赛上,巴甫洛夫公开宣讲了一些关于反射的观点,并宣称灵魂与身体是无关的。他的这一举动引起轩然大波。人们惊讶,未来的神职人员怎么能讲出这些东西呢?巴甫洛夫的父亲被叫到学校。对巴甫洛夫一直寄予厚望的彼得牧师,在和儿子详谈一番后,发现儿子已经立志离开宗教而想专攻自然科学了。开明的父亲尊重了儿子的这一选择。

---

① 别林斯基(Vissarion Grigoryevich Belinsky,1811—1848),俄国革命民主主义者、哲学家、文学评论家。代表作有:《论俄国中篇小说和果戈理君的中篇小说》《艺术的概念》《论普希金》《致果戈理的信》和《一八四七年俄国文学一瞥》等。
② 车尔尼雪夫斯基(Nikolay Gavrilovich Chernyshevsky,1828—1889),俄国革命家、哲学家、作家和批评家。最重要的著作有:《艺术对现实的审美关系》《俄国文学果戈理时期概观》《对反对公社所有制的哲学偏见的批判》《哲学中的人本主义原理》以及小说《怎么办?》等。
③ 杜勃罗留波(Nikolay Aleksandrovich Doborlyubov,1836—1861),俄国文学批评家。代表作有《论俄国文学发展中人民性渗透的程度》《什么是奥勃洛摩夫性格?》《黑暗王国》《黑暗王国的一线光明》等。
④ 皮萨列夫(Д. И. Писарев,1840—1868),俄国思想家、政治家和批评家,代表作有《现实主义者》等。

2. 圣彼得堡大学时代

1870年,当巴甫洛夫得知未修完中学最后一年课程的中学生也准予报考大学时,便报考了圣彼得堡①大学。虽然巴甫洛夫立志要攻读自然科学,但是巴甫洛夫却选择了法律系。因为他担心自己的数学考试可能会不及格,而报考法律系就不需要考数学了。在入学考试通过并到校注册后,他提交了早就准备好的转系申请。这是巴甫洛夫提前设计好的一个小花招。校长同意了他的申请,于是巴甫洛夫顺利地进入圣彼得堡大学物理数学系自然科学专业学习。第二年,他的弟弟季米特里也如法炮制地进入圣彼得堡大学攻读自然科学专业。兄弟二人的日子过得异常艰苦,靠给私人上课和翻译挣钱维持生活。

巴甫洛夫和弟弟——圣彼得堡大学在读期间
资料来源:巴甫洛夫全集·第二卷.上册.杏林,译.北京:人民卫生出版社.

巴甫洛夫不善于打理日常生活的琐事,以至于他的衣物都习惯于要弟弟季米特里来帮忙打理。有时,年轻的巴甫洛夫会出其不意地穿上一套令人发笑的衣服。但是,巴甫洛夫对待学习却非常用心。当时圣彼得堡大学的教师阵容可谓名家济济,不仅有著名化学家、元素周期律的发现者门捷列夫②,还有著名的生理学家谢切诺夫。但当时令巴甫洛夫受益最多的还是才华横溢的生理学家齐昂(Ilya Fadeyevich Tsyon, 1842—1912)。齐昂教授是血液循环方面的著名专家,他的解剖技术非

---

① 圣彼得堡(Saint Petersburg)是俄罗斯第二大城市,始建于1703年,因是俄国皇帝彼得大帝所建,故称圣彼得堡。1712年,圣彼得堡成为俄国首都,其后200余年,它始终是俄罗斯帝国的心脏。1914年第一次世界大战爆发后,改名为彼得格勒(Petergrad)。1924年1月列宁逝世后,该城又改称为列宁格勒(Leningrad)。1991年12月苏联解体后,这座城市恢复了它的原名圣彼得堡。圣彼得堡大学建于1724年,其名称也跟随圣彼得堡市的变化而不断变更,1924年改名国立列宁格勒大学,1991年改名为圣彼得堡国立大学,沿用至今。

② 门捷列夫(Dmitri Ivanovich Mendeleev, 1834—1907),19世纪俄国科学家,发现化学元素的周期性,依照原子量,制作出世界上第一张元素周期表。

常娴熟。令巴甫洛夫终生难忘的一件事是：一次，齐昂教授要在解剖完狗的脊髓神经后出席学校召集的教务会议。为了免去下课后回家换衣服的麻烦，他就穿着大礼服，戴上白手套，进入了实验室。他的手术过程十分准确和迅速，竟一点也没有让狗血弄脏衣服。巴甫洛夫对此非常佩服，也对生理学和实验课产生了浓厚兴趣。在巴甫洛夫看来，"如果生命是最高的艺术杰作，无疑，生理学是这份杰作的鉴赏方法"。而齐昂教授也非常赏识巴甫洛夫的实验才能，常让他做自己的实验助手。在齐昂教授那里，巴甫洛夫的手术技能得到了系统的训练，并终于成为一位一流的外科医生。而且，巴甫洛夫还是个左撇子，后来他做手术时左右开弓是常有的事。巴甫洛夫的手术动作非常迅速：他在切开皮肤后只要30秒就可以找到、系上和分开迷走神经或坐骨神经；而相同的手术，他的助手们最快的速度却是90秒。当周围的人们认为还在进行准备工作时，巴甫洛夫已经脱下了手术用的手套，洗手去了……

巴甫洛夫的大学时代几乎都是在生理学实验室里度过的。他的激情丝毫不亚于他的老师齐昂教授，齐昂教授也越来越多地委托他进行独立研究。这些研究不仅涉及心脏活动，而且也有与胃的功能相关的研究，很多研究都是这些领域里前人未曾涉足的空白点。对于心爱的生理学，巴甫洛夫投入了过多的精力和时间，以至于在毕业考试临近时，才突然意识到：剩下的时间无论如何也来不及准备考试了。于是，他在最后一学年主动申请留级。1875年，他终于通过了毕业考试，获得了自然科学学士学位。同时，在齐昂教授的指导下，巴甫洛夫与同学阿法纳希也夫（B. V. Afanasyev）合作，完成了自己的第一篇科学论文——"论支配胰腺的神经"。这篇论文获得1875年圣彼得堡大学金质奖章。这一研究也为巴甫洛夫日后关于消化系统的一系列研究奠定了基础。

3. 奠定生理学家之路

1875年，巴甫洛夫大学毕业后进入外科医学院（Medical Surgery Academy，后改名为军事医学院 Military Medical Academy）继续学习。他从大学三年级开始读起，四年后获得了医学院的硕士学位。另外他还获得了可以在医学院继续攻读博士学位的奖学金。1883年，巴甫洛夫完成了他的博士学位论文"心脏的离心神经"。这一论文使他获得了博士学位、讲师职称、一枚金质奖章和被选派出国考察两年的机会。

虽然医生这一职业的收入相当可观,但是"固执"的巴甫洛夫博士毕业后却没有选择当医生。他到医学院学习的目的是为了将来能够更好地从事生理学的研究。也正是由于他在医学院的学习中获得了系统扎实的医学知识,并练就了娴熟的手术技能,才使后来的"假饲实验"、"巴氏小胃"等实验得以顺利开展。但巴甫洛夫为这一目标,却经历了生活上极为艰苦的 8 年。在巴甫洛夫进入外科医学院时,他开始担任生理系主任齐昂教授的实验助手,并挣到一些生活费。但后来齐昂去了巴黎,其继任者邀请巴甫洛夫继续留任实验助手这一职位。尽管巴甫洛夫仍然需要这份工作来维持生活,但他还是坚决地拒绝了:因为新来的教授曾因为自己位高权重而侵犯别人,完全不顾及真理。在后来的岁月中,巴甫洛夫也不曾为了物质利益而牺牲对真理的追求,即便那些物质是他急需的。幸好,1878 年,崭露头角的巴甫洛夫被邀请到俄国著名临床医学家谢尔盖·波特金[①]的实验室进行研究工作。同时,他也通过讲课贴补家用。尽管如此,他的生活仍然常常入不敷出。然而,生活的窘迫并没有改变巴甫洛夫对金钱心不在焉的态度,他把全部心思都放在了科学研究上,朋友为资助他度过生活难关而筹集的讲课费常常被他用来购买科研用的狗。

1878 年,巴甫洛夫还在医学院学习期间,认识了谢拉菲玛(Vasilievna Seraphima)。对莎士比亚作品的共同爱好使他们彼此相爱。但是,巴甫洛夫却因为对科学实验极为投入而常常冷落了谢拉菲玛。一天晚上俩人刚见面,巴甫洛夫急迫地说:"快把你的手给我!"谢拉菲玛以为他要吻自己的手,便高兴地伸过手去。巴甫洛夫以医生的职业姿势拉住她的手,用手指压着她的脉搏,好一阵才说:"没有不正常的跳动。放心吧,你的心脏很好,会成为科学家的好妻子。"谢拉菲玛听了这出乎意料又毫无感情的话,伤心地走了。而巴甫洛夫丝毫没有觉察到谢拉菲玛的情绪变化,又去继续做他的血液循环生理学实验去了。但是后来,善解人意的谢拉菲玛,理解了巴甫洛夫对工作的投入和奉献,也原谅了他,而且给予他多方面的支持。

[①] 谢尔盖·波特金(Andre Botkin,1832—1889),内科学的创始人之一。研究过心脏、血管疾病和传染病。第一个在俄罗斯医院组建实验室,研究药物的生理和药理特征,确定了病毒性肝炎的传染性。

1881年5月,巴甫洛夫和谢拉菲玛结婚了。婚后的最初几年是他们生活最为艰难的时期。他们常常无钱租房子,妻子只好寄宿在亲戚家,巴甫洛夫也不得不留宿在实验室。因为贫困,他们体弱多病的长子也夭折了。在穷困的处境下,谢拉菲玛仍然精心安排着一家人的生活,使巴甫洛夫能够全心全意地工作。

巴甫洛夫的科研工作也并非一帆风顺。他当时正在从事博士学位论文研究工作,由于手术难度很大,研究进行得很不顺利。生活和科研上的双重压力使巴甫洛夫非常绝望。这时,谢拉菲玛不断地安慰并鼓舞巴甫洛夫,终于帮助他摆脱萎靡不振的困境并顺利完成了博士学位论文。

谢拉菲玛
资料来源:http://www.museum.infran.ru/.

正是由于谢拉菲玛对家庭的贡献和对丈夫的一贯支持,他们长达56年的婚姻生活非常幸福。巴甫洛夫曾给谢拉菲玛写了一份信表示感谢:"你总是令我觉得人生很有意思,你和我趣味相投,陪伴我、照顾我,让我毫无后顾之忧。对我而言,没有什么东西能比我们家的气氛更快乐、更有价值,这是你精心打造的,让我成天绕着科学打转的头脑能够休息片刻。"在一次公开演讲中,巴甫洛夫深情地赞美他的妻子:"我希望寻找一位中意的人做我的终生伴侣,我也找到了,那就是

巴甫洛夫和妻子
资料来源:http://www.iemrams.spb.ru/english/pav-photo.htm.

我的妻子,谢拉菲玛。在我没有当教授以前,她历尽艰辛但仍然支持我的科学事业,一生忠于我们的家庭,就像我忠于实验室一样。"[1]

1884至1886年,巴甫洛夫去了当时科学最为发达的德国,跟从两位当时最伟大的生理学家——莱比锡的路德维希[2]和布雷斯劳(Breslau)[3]的海登海因[4]一起工作。在此期间,巴甫洛夫学习掌握了外科无菌手术技术,并将此技术应用在实验动物身上。路德维希曾联合赫尔姆霍茨等人签署了一项声明:要放弃形而上学的思辨,献身于唯物主义科学。巴甫洛夫受这一实证主义运动的影响,认为"事实比理论更重要,因为事实能够因自身的价值而存在,但理论是很容易提出也很容易被抛弃的构想",并将这一思想贯穿到他毕生的研究中。

回国后,巴甫洛夫已经成为大家公认的俄国最年轻有为的生理学家了,但是他却没有顺利谋到职位。这是由于巴甫洛夫曾支持青年学生的革命活动,受到沙皇官吏的敌视。巴甫洛夫受到的不公平待遇激起了公愤,很多医学界进步人士联合抗议,在《医生》报公开谴责当时的官员。这一抗议并未能改变巴甫洛夫的境遇,他依然没有得到任何大学的聘用。幸好他能够继续在波特金的实验室工作,同时借助弟弟的资助才得以勉强度日。直到1890年,41岁的巴甫洛夫才终于获得了军事医学院的药物学(Pharmacology)副教授的职位,他在波特金实验室的工作也终告结束。

从1878年进入波特金的实验室到1890年离开,巴甫洛夫在这个实验室前后呆了11年之久。波特金是当时的科学医学派代表人物,他努力用生理学与病理学的精确知识来代替传统医学的经验主义,用科学实验的方法来解决临床医学上存在的许多问题。波特金的一个重要科学理论——神经系统在人体和动物

---

[1] 摘自《帝国军事外科学院1879年毕业生纪念册》,该纪念册于1904年巴甫洛夫医学院毕业25周年之际出版。其中登载了巴甫洛夫写的传记和工作简介。

[2] 路德维希(Carl Friedrich Wilhelm Ludwig, 1816—1895),德国生理学家。路德维希发明了医用描波器(Kymograph)、水银血压计等仪器,并对肾脏的功能和唾液的分泌功能有研究。

[3] 现为波兰的弗罗茨瓦夫(Wrocław),是波兰的第四大城市,同时也是波兰仅次于华沙的第二大金融中心,在经济、文化、交通等诸多方面都在波兰具有相当重要的地位。该市的德语名称布雷斯劳(Breslau)的知名度一直很高,二战以前该市曾是德国重要的工商业与文化名城之一,城市规模居德国第六位。1945年,根据《波茨坦协定》,布雷斯劳市被割让给波兰。

[4] 海登海因(Rudolf Peter Heidenhain, 1834—1897),德国生理学家。其主要研究工作是关于肌肉和神经生理学,他的工作揭示了肌肉能量的自我调节过程。在消化腺方面,海登海因也作出了伟大的贡献,他细致的研究了胃腺产生蛋白酶和盐酸的过程。

机体的正常活动和病理活动中起着主要的作用，后来被巴甫洛夫发展为"神经论"。巴甫洛夫对波特金教授给予的帮助是难以忘怀的，他经常带着感激的心情回忆波特金，认为"波特金是医学和生理学二者合理、有效结合的最优秀的体现者"。

波特金的实验室实际上是医院后花园的浴室改造而成的，实验设备极为简陋。尽管如此，巴甫洛夫专心致志地在这里进行他喜爱的生理学研究，这期间他主要进行的是研究血液循环。由于波特金工作繁忙，很少到实验室来，所以巴甫洛夫的研究工作几乎完全是自主的，这使他有机会充分展示他的才能，完全自由地发挥他的创造天分。他迅速成长为理论家和实验家，同时也成为大规模的、复杂的科学研究计划的组织者和领导者。这段岁月对巴甫洛夫而言，虽然生活上十分贫困、艰辛，但却是非常重要且富有成果的。巴甫洛夫常常满怀深情地回忆这段时光："虽然这个实验室有某些不利的方面，最主要的当然是经济上的不足，我却认为在那里度过的岁月，对于我在科学界的未来，很有益处。"正是这十多年富有成效的辛勤工作，为巴甫洛夫成为一名卓越生理学家奠定了坚实的基础。

4. 生理学家生涯

巴甫洛夫的科研条件逐渐得到改善。1891 年，帝国实验医学研究所[①]邀请巴甫洛夫组建生理学系。巴甫洛夫在这里担任生理学系领导工作直到他逝世，时间长达 45 年。帝国实验医学研究所拥有先进的实验设备，巴甫洛夫的大部分条件反射实验都是在这里完成的。甚至，他在军事医学院的学生们的研究多数也是在这里进行的。在巴甫洛夫的带领下，帝国实验医学研究所的生理学系成为最重要的研究中心之一。同年（1891 年），军事医学院给他配备了实验室，这样他有了真正意义上的他自己的第一个实验室。1895 年，巴甫洛夫由军事医学院的药物学系转到生理学系（Physiology），担任领导工作，直至 1925 年[②]。

巴甫洛夫在生理学方面的研究也越来越广泛。1889 年，巴甫洛夫的研究兴

---

① 帝国实验医学研究所（the Imperial Institute of Experimental Medicine），现在为实验医学研究所（the Institute of Experimental Medicine），由奥尔登堡大公（Prince Oldenburgsky）组建，是俄国第一个生理学和医学研究所。

② 当时苏联规定牧师的家属不得担任军事医学院教授，巴甫洛夫愤然辞职。

趣逐渐由血液循环转移到消化腺上。15年后,即1904年,因为在消化腺研究上的突出贡献,巴甫洛夫获得了诺贝尔生理学或医学奖。此时,正处于科学巅峰状态的巴甫洛夫却来个了急转弯:由消化腺的研究转向了条件反射的研究。自此,巴甫洛夫开始了长达30多年艰苦卓绝的研究探索,终于建立了完整的条件反射学说。

随着巴甫洛夫在俄国和世界上知名度越来越高,各种荣誉也接踵而至。1907年巴甫洛夫成为科学院正式院士。后来他先后被英、美、法、德等22个国家的科学院选为院士,他还是28个国家(包括中国)生理学会的名誉会员和11个国家的名誉教授。牛津大学和其他各国大学选派优秀学生,师从巴甫洛夫。在他主持的研究部门里,先后有300多位国内外的生理学家和医学家前来学习深造。1908年后,巴甫洛夫每讲授一小时课程,其讲义都当即被译成英、德、法等国文字,分发给各国学府。

二、诺贝尔奖之路

巴甫洛夫相继在生理学的三个领域内进行研究:血液循环系统、消化系统和条件反射。在血液循环系统的研究中,他开创的慢性实验法不仅令他在血液循环领域取得了重大的突破,而且将该方法应用于消化系统领域也使他获得前所未有的重大发现,从而赢得了诺贝尔奖。

1. 血液循环研究

在外科医学院上学期间,巴甫洛夫就开始进行血液循环方面的研究工作。当时他的兴趣主要是集中在血压的调控作用以及离心神经对心脏所起的作用这两个问题上。

在研究过程中,巴甫洛夫开创性地使用了一种崭新的生理学实验方法——慢性实验法。所谓慢性实验法,就是在正常完整的动物机体身上研究其生理活动的方法。使用这种研究方法,即使要对动物做手术,也一般不使用麻醉剂,并且要等动物从手术中恢复之后,才把它们作为实验的研究对象。慢性实验法的使用对生理学研究具有非常重要的意义,因为在这之前,生理学知识普遍是通过

"急性实验法"获得的,即从活着的或死去的动物身上取下研究对象,或用麻醉剂、破坏大脑等方法使动物失去知觉和生存能力,再进行实验,观察研究对象的机能。急性实验法中,实验对象简单、取材方便、可很快地获得实验结果。科学史上的许多科学知识都是通过这种方法获得的。例如经典的布洛卡区[①]就是通过对失语症患者进行尸解后发现的。但是不可回避的一个问题是,通过麻醉或尸解等手段获得的研究结果并不能如实地得到器官在动物体内正常的生理机能。早在巴甫洛夫完成"论支配胰腺的神经"论文时,他就意识到急性实验法存在的问题,提出将来要在活的没被损伤的机体上研究生理过程。在血液循环的研究中,巴甫洛夫终于将这一设想付诸实际。

慢性实验法需要非凡的毅力。实验者首先要面对的问题就是如何让实验动物安静地接受手术,尤其是在不能使用麻醉剂的情况下。巴甫洛夫采取循序渐进的方式对动物进行驯化,从而使得动物最终能够安静地躺在实验台上接受不经麻醉的手术。首先,每当他把狗放在手术台上时,他就给狗喂一块肉;几天之后,狗就自己跳上手术台了;在狗自己跳上手术台后,他又给狗喂肉,狗于是温顺地任他摆布;这样,经过一段时间的训练,即便是给狗做非常复杂的手术,只要能得到可口的肉,狗也会心甘情愿地接受手术了。

通过慢性实验法,巴甫洛夫在血液循环领域取得了一系列具有划时代意义的突破性进展。巴甫洛夫在狗的动脉中发现了一种感受器,这些感受器能够感受血压的改变和血液的化学成分的改变。这些信息通过传入神经到达中枢神经,中枢神经根据这些信息对心脏和血管进行调节,因此,在正常情况下动物的血压是相当稳定的,只是在一定范围内围绕平均值波动。巴甫洛夫关于动脉感受器的这一重要发现,为以后研究循环系统和其他内脏器官活动的生理学家们开拓了广阔的道路,使他们认识到内脏感受器的存在,以及这些感受器对于调节内脏活动具有的重大意义。

巴甫洛夫对心脏的传出神经进行了深入的研究,不仅发现心脏有四种离心神经(即传出神经),分别是减缓神经、加速神经、减弱神经、加强神经,而且还发

---

① 布洛卡区(Broca area),大脑左半球额叶掌管语言表达的区域,1861 年由法国解剖学家布洛卡(Pierre Paul Broca)发现。

现加强神经具有营养性作用①。加强神经通过神经末梢经常地释放某些营养性因子，持续地作用于所支配的组织，在组织的内在代谢活动中发挥作用。神经的营养性作用在正常情况下不易被觉察，但在神经损伤后，就能明显地表现出来。例如，实验中切断运动神经后，该神经所支配的肌肉就开始逐渐萎缩；脊髓灰质炎患者，由于脊髓前角运动神经元受损，所支配的肌肉也会发生萎缩。这种营养性神经被科学家们称为"巴甫洛夫神经"。巴甫洛夫是第一个提出神经系统对于有机体具有营养作用的生理学家，他自此开辟了生理学的一个新分支——神经营养学。

有关血液循环的研究使尚在攻读博士学位的巴甫洛夫开始在科学界崭露头角。他的博士学位论文"心脏的离心神经"荣获了金质奖章。

2. 获得诺贝尔奖

在进行血液循环系统的研究中，巴甫洛夫发现了迷走神经对消化腺功能的支配作用，他的研究兴趣也渐渐转移到对消化系统的研究。

消化生理学是生理学中一个相对落后的研究领域，主要原因在于研究者之前使用急性实验法根本就无法了解动物在正常的生活情境下器官的生理功能。巴甫洛夫抛弃急性实验，而改为采用慢性实验法，进而从根本上解决了这一难题。

但是，要在活体动物身上研究消化系统的活动是何其艰难！首先面临的问题就是如何分离各种消化液（如胃液、胰液、胆汁、肠液）。因为在消化过程中，大多数的消化液汁只在食物进入胃肠道时才分泌出来，而当食物移动时，这些消化液又互相混合，因此，研究者很难确定每种消化液的成分与作用。为了解决这个难题，1889 年，巴甫洛夫进行了著名的"假饲"实验。在这个实验中，巴甫洛夫不但要在动物的胃上做一个瘘孔，同时为了避免食物进入胃部影响观察胃的工作过程和提取胃液的样品，他还别出心裁地想到在动物的食道上也做一个瘘孔，这样动物吞咽下的食物会从食道瘘流出来，食物无法进入动物的胃部。"假饲"实验成功地解决了困扰消化生理学研究的难题，这种方法使动物在食物没有进入食

---

① 营养性作用（trophic action），通过神经末梢经常地释放某些营养性因子，持续地作用于所支配的组织，对它们的内在代谢活动发挥影响。功能性作用（functional action），传导神经冲动，释放神经递质，调节所支配组织的功能活动。

道、胃部等消化系统的情况下也能分泌消化液,并且避免了因为食物在体内移动引起的消化液"大拼盘",进而为研究不同消化液的成分和作用奠定了方法学基础。

假饲实验

资料来源:http://kx.pyjy.net/source/czsw/XHHXS/517_SR.asp.

"假饲"实验还可以收集到纯净的胃液。巴甫洛夫的实验室每天大约能收集到20公升的胃液。这些胃液经过过滤去除气味和杂质后,卖给医院用以治疗那些胃酸过低或胃液缺乏的病人;出售胃液得到的收入也可以用来购买实验用品和动物。当时,圣彼得堡一个大药房老板曾向巴甫洛夫提出购买制造胃液的专利权,企图高价出售牟取暴利,遭到巴甫洛夫的严词拒绝。实验室的胃液仍按原来的低价出售。

巴甫洛夫通过假饲实验观察到,虽然食物进入口腔而不进入胃部,但仍能引起胃液分泌。这个事实使巴甫洛夫意识到,食物入口和消化液分泌之间存在着一个"反射过程":消化液的分泌不单单是胃部的生理功能,它还受到神经活动的调节。他尝试将迷走神经切断,假饲便不再引起消化腺分泌增加。这个结果证实了消化系统受到神经系统的控制,其中迷走神经是重要的支配消化腺分泌的神经。

但是,巴甫洛夫的这个研究结论并没有被接受,许多权威专家都表示反对,其中也包括他一向敬重的海登海因教授。当时盛行的观点是,消化全都是化学作用,消化系统与神经系统无关。海登海因还特别设计了"海氏小胃"实验来证明这种观点。"海氏小胃"实验是将胃壁分成大小两个部分并切断小胃的迷走神经,食物只在大胃进行正常的消化而不进入小胃,从小胃可以得到纯净的胃液进行研究。海登海因认为,切断迷走神经后,小胃也能分泌胃液,从而否定了"消化系统受神经支配"的论点。不畏权威的巴甫洛夫在实验室仔细重复了海登海因的实验,他发现小胃的消化液和大胃的消化液成分并不完全相同,他敏感地意识到这是因为切断了神经联系的原因。为此,他决心保留迷走神经,证明自己的观点。这个手术需要在胃壁上作切口时,仅把粘膜层完全切开,而保留一部分完整的浆膜和肌肉层,这样,便有一部分迷走神经借着保留的浆膜和肌肉层通向小胃,而大胃和小胃的粘膜是彼此完全隔离的。这个手术难度非常大,经过半年多的努力,损失了三十多条狗后,手术终于在1894年获得成功,这种手术也被命名为"巴氏小胃"手术。通过"巴氏小胃"实验,巴甫洛夫成功地证明了自己的观点,即神经系统对消化系统有调节作用:当保留神经联系时,小胃的消化液和大胃的消化液成分完全相同;一旦切断神经联系,二者之间就有所不同了。

巴氏小胃和海氏小胃

资料来源:http://202.116.65.193/jinpinkc/shengli/physiologydisk/shenglx/bucht/6/6-10.htm.

利用"巴氏小胃",巴甫洛夫又做了大量的实验,进而发现了胃液分泌和食物性质之间的关系。巴甫洛夫发现,胃液分泌的数量、性质和时间,不但随食物的数量变动,而且随食物种类的不同表现出明显的差别。例如吃肉、面包和牛奶所引起的胃液分泌量高峰时间不同,分泌时间的长短不同,胃液消化能力的高峰期也不同。这些实验获得了关于消化腺分泌的全过程和消化液成分的基本材料,为搞清神经系统对整个消化过程的调节机制奠定了基础,在营养学和医学领域都具有重大价值。

从1895年起,巴甫洛夫的研究更多地集中于其他消化腺和消化过程的整体联系,证明了胰腺和胃腺等主要消化腺分泌都受神经的调节支配。巴甫洛夫在研究各种消化液的物理、化学性质及其消化酶作用方面,也做出了巨大的贡献。他发现了肠激酶,这是人类第一次发现能激活其他酶的酶,这一发现为其他科学家的研究工作铺平了道路,使他们得以继续发现和研究各种激酶①和辅酶②。

经过多年坚忍不拔的努力,巴甫洛夫终于揭示了消化生理的秘密,阐明了完整机体在正常生活条件下消化机能的内在规律。1897年,巴甫洛夫出版了《主要消化腺活动讲义》,将他在实验中得到的结果和结论作了完整的总结。在这本书中,他几乎把食物在各个不同器官的消化程序、消化腺体的分泌、神经系统的影响、不同器官间的协调,甚至养分的吸收机制,一一清楚地呈现出来。所有这些内容都是前人并不知晓的新发现。可以毫不夸张地说,近代消化生理学获得的主要且可靠的知识,大部分应归功于巴甫洛夫。

这本书一问世就引起了全世界科学家的极大关注,并被译成多国文字发行。这时,巴甫洛夫在消化系统方面的研究成就已经为世界所公认,世界各地的生理学家不远千里纷纷来到巴甫洛夫的实验室进行学习和访问。

1904年10月,诺贝尔奖评委会决定将诺贝尔生理学或医学奖授予巴甫洛夫③,以"表彰他在消化生理学上的贡献,其研究改变和扩展了该学科的主要认识"④。

1904年12月10日在瑞典首都斯德哥尔摩举行了盛大的颁奖典礼。瑞典国王亲自将这一崇高的奖项授予巴甫洛夫。同时,为了对来自俄国的科学家表示尊敬,他还专门学会了一句用俄文问候的话:"您身体好吗,伊凡·彼得罗维奇?"

巴甫洛夫获得了一枚金质奖章、诺贝尔生理学或医学奖证书和20万克朗现金⑤。巴甫洛夫对这一笔钱的分配方法还是同以往一样,平分给家庭的每个成员,分配完了也就安心了。当他童年时代的一位朋友提议将一部分奖金用于投

---

① 激酶(kinase):是一类从高能供体分子(如 ATP)转移磷酸基团到特定靶分子(底物)的酶;这一过程谓之磷酸化。

② 辅酶(coenzyme):某些为催化活性所必需的,与酶蛋白疏松结合的小分子量的有机物质。

③ 实际上,早在1901—1903年巴甫洛夫就已经被提名,被拒主要原因在于诺贝尔组委会认为巴甫洛夫从1891年开始担任导师,其取得的成果是团体共同取得的。1903年,Karl Mörner 指出,在研究中,巴甫洛夫是研究的设计者,学生只是执行者。1904年,在 Jöns E. Johansson 的支持下,诺贝尔生理学奖终于颁给了巴甫洛夫。

④ "in recognition of his work on the physiology of digestion, through which knowledge on vital aspects of the subject has been transformed and enlarged" 参见 http://nobelprize.org/nobel_prizes/medicine/laureates/1904/index.html.

⑤ 诺贝尔奖奖金丰厚,但是每年的奖金数目视基金会的收入而定。另外由于通货膨胀,奖金的面值也逐年有所提高,已经由最初的3万多美元涨到了2008年的168万美元(1千万瑞典克朗)。

1904 年诺贝尔生理学奖的证书和金质奖章
资料来源:http://pavlov.amr-museum.ru/engl/e_pavlov.htm.

资股票时,巴甫洛夫愤怒地表示:"这些钱是我用不懈的科研工作挣来的,科学过去不会、现在不会、将来也永远不会与交易有任何共同之处。"在这位科学家的眼里,科学研究永远是神圣不可侵犯的。

当时身居国外的齐昂给他发来了贺信与祝词:"老师对自己的学生很满意,为他而高兴。"谢切诺夫也亲自祝贺巴甫洛夫"辉煌的成就……25 年来卓有成效的事业给俄罗斯的名字增加了异彩。"

巴甫洛夫在颁奖典礼上的演讲中提到:"人生只有一件事是对于我们有实际兴趣的,那就是我们的心理经验。但是它的机制仍处于深奥的神秘之中。一切人类的智慧——艺术、宗教、文学、哲学、历史科学——所有这些联合起来使这个神秘的黑暗得到一线光明。人们还有一个强有力的同盟军——自然科学研究和它严格的客观方法。"[1]此时,他已经下定决心,利用客观方法全力以赴探索心灵的奥秘。

三、条件反射学说

巴甫洛夫在诺贝尔颁奖典礼上的演说并不是他第一次表露其探索心灵奥秘的

---

[1] 巴甫洛夫(1955).条件反射演讲集.北京:人民卫生出版社,33.

决心。在他获得诺贝尔奖的前一年,在西班牙马德里举行的国际医学会议上,巴甫洛夫就作了一个题为《动物实验心理学和精神病理学》的报告,公开宣布了自己的决心和企图:用生理学的科学实验方法,来研究心理现象和大脑两半球的活动规律。这个报告成为巴甫洛夫科学研究生涯的一个转折点。从此,巴甫洛夫就开始致力于研究反射和人的高级神经活动,一直到他生命的最后时刻。在长达35年的时间内,巴甫洛夫为了这个使命坚持不懈地努力,终于取得了重大的胜利。

1. 条件反射学说创立的背景

对人脑的认识与研究是一个古老、但也是争论最多的领域。早在几千年前,古希腊的希波克拉底、亚里士多德、盖伦等人就已经开始对脑的功能进行臆断。17世纪,英国的生理学家哈维(W. Harvey,1578—1657)创立了实验生理学,从而开始了脑与神经的实验性研究。英国医生、解剖学家威利斯(T. Willis)细致地追踪了通向脑的神经,成为最早的脑的现代研究者。与哈维同时代的法国著名哲学家、科学家笛卡儿①首先用物理学中的反射概念来解释人体的活动,创立了神经反射论。笛卡儿认为,反射是神经系统的活动,机体的活动就是神经系统对外界刺激的应答反应。笛卡儿之后,不断有生理学家研究神经系统的反射现象。18世纪中叶,对脑的解剖结构已有大体上的轮廓,但对脑的功能仍处于推测状态。19世纪,生理学家采用急性实验法,对大脑进行切除与刺激,基本上形成了大脑皮层的不同部位具有不同的功能的概念,但是这些功能只涉及动物的本能的、先天的反射活动。

俄国"生理学之父"谢切诺夫以当时的神经系统生理学为基础,作了一个大胆的尝试:他不仅发现了动物大脑的反射现象,而且又将反射推论到人类的大脑。谢切诺夫用食盐晶体刺激青蛙间脑的横断面,再用稀酸溶液刺激蛙的后肢,发现从青蛙的脚掌进入酸溶液到缩回的时间会延长,甚至还会出现不缩回的现

---

① 笛卡儿(Rene Descartes,1596—1650),法国哲学家、数学家、物理学家。他对现代数学的发展做出了重要的贡献,因将几何坐标体系公式化而被认为是解析几何之父。他还是西方现代哲学思想的奠基人,是近代唯物论的开拓者,提出了"普遍怀疑"的主张。他的哲学思想深深影响了之后的几代欧洲人,开拓了所谓"欧陆理性主义"哲学。

象。这一研究说明,神经系统的高级部位对脊髓的反射活动也有抑制作用①。这是第一次在中枢神经系统内发现抑制现象,这种中枢抑制被命名为谢切诺夫抑制。中枢抑制现象的发现使谢切诺夫意识到大脑的活动都是反射活动,并进一步断定可以基于生理学来研究心理学。1863年,谢切诺夫出版了《大脑的反射》一书,明确地提出了大脑反射学说:人脑的活动,不论是本能的、先天的"低级活动",还是有意识的"高级活动",都是单纯的反射活动,并且应当将心理过程建立在生理过程基础上。谢切诺夫的反射学说,消除了长久以来"低级活动"和"高级活动"之间的鸿沟,为生理学和心理学研究提供了新的理论基础和方法论基础。

谢切诺夫的大脑反射学说对巴甫洛夫产生了深远的影响。对此,巴甫洛夫曾这样写道:"我认为,这样决定的最重要的动机,虽然当时未意识到,却是由于我的年青时代,俄国生理学之父,И. М. 谢切诺夫,在1863年出版的专著《大脑的反射》所给我的印象而产生的。这种思想,由于其新奇性与真实性,特别对于青年人,其影响是深刻而永久的。……这本书里有一个光辉的尝试,要把我们的主观世界从纯粹生理观点表明出来。谢切诺夫在当时做了一个重要的生理发现(关于中枢性抑制作用)……"②

<<< 专栏一

俄国生理学之父——谢切诺夫

谢切诺夫(Иван Михайлович Сеченов,1829—1905)俄国自然科学家、哲学唯物主义者,俄国生理学派和心理学中自然科学流派的奠基人。曾任圣彼得堡

---

① 抑制现象最先是由 E. H. 韦伯(Ernst Heinrich Weber,1795—1878)和 E. F. 韦伯(Eduard Friedrich Weber,1806—1871年)发现的。1845年,韦伯兄弟二人发现了迷走神经的抑制现象(the inhibitory power of the vagus nerve),即如果刺激青蛙的迷走神经,青蛙的心跳会减慢。这是第一次观察到,加强神经肌肉系统某一部分的活动会导致另一部分活动的降低。韦伯兄弟还发现对于大脑皮质未受损的动物,其脊髓反射通常比切除大脑皮质的动物更迟钝一些。因此,他们推测皮质的功能之一可能是抑制反射行为。谢切诺夫正是在韦伯的抑制研究基础上发现中枢抑制现象。

E. H. 韦伯还提出了韦伯定律,是德国著名的生理学家和心理学家,是实验心理学及心理物理学的建立者;他的另外一位弟弟 W. E. 韦伯(Wilhelm Eduard Weber,1804—1891)是德国著名的物理学家,19世纪最重要的物理学家之一,国际单位制中磁通量的单位"韦伯"(缩写:Wb)是以他的名字命名的。

② 巴甫洛夫(1955).条件反射演讲集.北京:人民卫生出版社,3—4(序言).

科学院名誉院士,圣彼得堡大学和莫斯科大学生理学教授。研究和发现了"中枢抑制"现象;对过去的关于反射的概念进行了彻底的改造,提出了新的反射学说,把反射活动推广到大脑的活动。1863年发表《大脑反射》一书,认为一切有意识的和无意识的活动就其发生机制来说都是反射。指出心理活动是由作用于感觉器官的刺激物所引起的,大脑反射以感觉兴奋为始端,以一定的心理活动为中继部分,以肌肉运动为末端。大脑反射包含着心理的成分。反射的中间环节具有思维、思想的本质。全部心理活动毫无例外的都是接着反射发展起来的,心理成分调节着人的言行。他用新的反射学说解释各种心理现象。1872年发表了"评K.卡韦林的《心理学的任务》一书",1873年发表了"谁去研究和如何研究心理学"的论文,批判了俄国唯心主义心理学家卡韦林关于心理学的对象、任务和方法的错误观点,并根据新的反射图式提出了把心理学改造成为客观科学的纲领。强调指出,只要面向自然科学,首先是生理学,心理学就能够转变成为真正的科学。1878年发表了"思维要素"一文,系统的阐述了对个体智力发展的见解。

谢切诺夫学说的特点是坚持自然科学的唯物主义,揭示心理活动的生理机制,用以揭示心理学的问题。他的研究后来成为巴甫洛夫创立高级神经活动学说的思想背景,并为苏联心理学的自然科学流派所继承和发展。在1935年召开的第十五届国际生理学家大会,巴甫洛夫称谢切诺夫为"俄国生理学之父"。

(摘自:潘菽,荆其诚(1991).中国大百科全书·心理学卷.北京:中国大百科全书出版社,431.)

谢切诺夫的大脑反射说尽管指出了精神活动就是大脑的机能,但是这种见解基本上是直观性质的,并没有被直接可靠的实验研究所证实。究竟怎样去认识大脑的作用,大脑活动的规律是什么,大脑活动基于什么样的过程,这种过程是怎样发生的,这一系列问题都还没有真正的答案。许多科学家一旦面对这些问题就停步不前了。"从伽利略时代开始的势不可挡的自然科学进程,第一次在脑的高级部位面前,或者一般地说,在动物与外在世界发生极其复杂关系的那个器官面前,显著地停顿下来了。这并不是没有原因的,这是自然科学的真正危急的关头,因为创造过并正在创造着自然科学的那个发展到高级形态的脑——人脑本身也变成了这一自然科学的研究对象了。"①而这一困境的根本原因在于人们对心理活动这一高级活动能不能进行客观研究持迟疑态度。

  1890年,在进行消化腺的研究时,巴甫洛夫的助手吴尔富松(Stephan Vul'fson)注意到动物看到或嗅到食物时就会产生唾液和胃液的现象。这一现象就是我们平常所说的"馋得流口水"。"馋得流口水"这种现象在日常生活中很常见,但是在巴甫洛夫之前,由于采用急性实验法,这一现象并没有在实验室得到系统的研究。巴甫洛夫采用慢性实验法使狗的身体机能保持完整并能长期参与实验,这样狗在自然状态下出现的"馋得流口水"的现象也能够在实验室条件下出现。最初这种现象令巴甫洛夫非常恼火,因为它严重干扰了消化腺的量化研究。巴甫洛夫将这种现象称为"心理的分泌"②,即狗与人一样有思想,它想吃,它希望吃,所以流口水。但是这种解释太主观,以至于巴甫洛夫常常和助手发生分歧,他们都坚持己见,但又无法证明自己的观点。巴甫洛夫决心从纯客观的外部行为入手,即要精确地观察外部刺激和动物反应之间的关系。他开始反对采用心理学术语讨论这个现象,实验室里禁止说:"狗在想"、"狗不高兴"、"狗厌烦了"、"狗在等待",等等,而要求找到更加确切的概念来说明此刻在动物的神经系统中究竟出现了什么。每一个使用禁用词汇解释实验的助手们都被罚了款。有一次,巴甫洛夫自己也失言了,他一边骂自己,一边哈哈大笑,并立即掏出了罚款。

  巴甫洛夫甚至中止了实验室所有关于消化系统的研究,全部转为研究神经系统的功能。他出人意料的全面转向,令家人感到不安,朋友们觉得困惑。毕竟年过半百的人再去开创一个全新的研究领域不是太冒险了吗?尤其这个领域关心的是人的心理活动,面对的是千百年来一直悬而未决的科学难题。阻力源自四面八方,对巴甫洛夫的丑化和诽谤一时间铺天盖地。他的同事和助手也很难接受这种改变,连他最亲近的助手斯纳尔斯基也坚持认为,对人和高级动物的精神世界所具有的崇高和独特的东西进行研究,不仅不能取得成果,而且在生理实验室对它们进行研究本身就是对它们的亵渎。斯纳尔斯基顽固地坚持自己的主

---

① 巴甫洛夫(1955).条件反射演讲集.北京:人民卫生出版社,71.
② 同上,2(序言)脚注.

观看法,最后愤而离开巴甫洛夫的实验室。

但是任何阻力都不能改变巴甫洛夫的决心。对神经系统功能的沉醉早已成为他生命的意义。仔细观察巴甫洛夫的成长,我们不难看到这条线索:中学时代激昂的辩驳,研究生涯中证明神经系统调控机体的血液循环系统和消化系统。如今,当他直觉地意识到对"心理的分泌"的客观研究可以解开人类心灵的奥秘时,世上无人能够劝说他放弃。

2. 条件反射学说

巴甫洛夫在研究中发现,条件反射的形成与大脑两半球有关,于是采用"高级神经活动"来描述大脑两半球的这种活动,这是相对于中枢神经系统的低级部分而言的。他认为,高级神经活动的方式是条件反射,而低级神经活动的方式是无条件反射,因而,条件反射学说又称为高级神经活动学说。条件反射学说不仅包括条件反射形成的基本规律,还包括大脑皮层的活动规律。除此之外,高级神经活动学说还包括睡眠抑制、神经类型、精神异常和两个信号系统学说等内容。

(1) 条件反射的基本规律

食物放到嘴里直接刺激唾液腺引起唾液分泌是一种反射反应。但是,在"馋得流口水"现象中,食物的形状或气味并没有直接作用于动物的口腔,也能引起动物的唾液反应,这仍然是一种反射。如何区分这两种反射,成了巴甫洛夫苦苦思索的问题。根据长期不断的细致观察,他发现后者的唾液分泌反应是不恒定的,它的发生需要一定条件,如饲养员的脚步声可以引起狗的唾液分泌,只有在这个饲养员长期喂养之后才能发生,而非饲养员的脚步声并不能引起狗的唾液反应。于是巴甫洛夫明确提出了条件反射[①]和无条件反射的概念,并指出二者的区别。无条件反射是指动物与生俱来的反射,如瞳孔对光的反射、膝跳反射等;条件反射是指动物在与外界环境多次接触过程中逐渐形成的,在一定条件下才能产生的暂时性神经性过程。

巴甫洛夫不断思考的问题是:条件反射既然不是天生的,那么它们是怎样获

---

① 1903年4月巴甫洛夫到马德里参加第十四届国际医学代表大会,巴甫洛夫做了"实验心理学和动物精神病理学"的报告。在这个报告中首次公开提出了"条件反射"的概念。但是并没有引起大家的注意,因为人们还沉浸在他的消化系统的研究中。

得的呢?他提出了一套理论假设:给狗喂食之前,如果经常出现一种特定刺激,如铃声,在狗的大脑中,这种刺激就可能与食物建立起联系,使它成为食物即将到来的信号。铃声刺激,在与食物建立联系之前,并不能引起唾液分泌,此时它是一种中性刺激(neutral stimulus,NS);而食物是无条件刺激(unconditioned stimulus,UCS),它引起的唾液分泌反应为无条件反应(unconditioned response,UCR);在中性刺激铃声和食物建立联系后,铃声成为条件刺激(conditioned stimulus,CS),它引起的唾液分泌反应为条件反应(conditioned response,CR)。

阶段	序号	刺激	反应
条件作用前	1	UCS 无条件刺激(食物)	UCR 无条件反应(唾液分泌)
条件作用前	2	CS 条件刺激(铃声)	引起注意但无唾液分泌反应
条件作用中(多次重复)	3	CS 条件刺激(铃声) / UCS 无条件刺激(食物)	UCR 无条件反应(唾液分泌)
条件作用后	4	CS 条件刺激(铃声)	CR 条件反应(唾液分泌)

条件反射的实验程序

资料来源:张厚粲(2003).行为主义心理学.杭州:浙江教育出版社,14.

巴甫洛夫提出了条件反射建立的理论假设,接下来他要用实验来证明他的理论了。这些实验的要求非常严格,巴甫洛夫在实验医学研究所内专门建造了一座"静默之塔"来进行这些实验。静默之塔内有很多隔音实验室,可以将狗、实验者和实验过程中的所有额外刺激完全隔离,从而可以在排除所有可能干扰的条件下研究特定刺激所引起的反应。实验之前对狗进行了一个小手术,把唾液腺导管的末端经由脸颊上的切口移到皮肤外面,待伤口愈合后,狗被放在隔音室中,用绳子固定狗的位置,使狗不能随意转动。有一根管子接到狗脸颊外的唾液

静默之塔

资料来源:http://www.iemrams.spb.ru/english/pav-photo.htm.

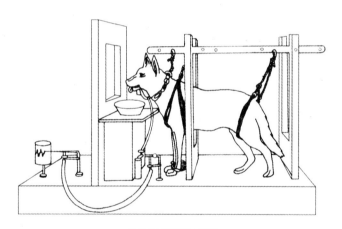

条件反射实验情境

资料来源:张厚粲(2003).行为主义心理学.杭州:浙江教育出版社,13.

腺导管用来收集狗分泌的唾液,并用液压计精确地测量唾液的分泌量。实验者在房间外可以看到狗的反应,但是狗看不到实验者,听不到外界的声音,也看不到屋外的光线。

巴甫洛夫实验室中的狗

资料来源：T. Tully(2003). Pavlov's dogs. Curr. Biol, 13：117—119.

巴甫洛夫首先选择食物作为无条件刺激，唾液分泌作为因变量，中性刺激是节拍器发出的声音。在给狗喂食之前，先呈现节拍音；这样重复了几次后，当单独呈现节拍音（条件刺激），狗也开始分泌唾液（条件反应）了。另外，他们还通过使用不同的无条件刺激和中性刺激进行实验，以详细地说明这种发现。例如，在把淡酸溶液（无条件刺激）倒入狗的嘴里之前，呈现香草的气味（中性刺激），淡酸溶液可以引起狗的唾液分泌（无条件反应）；这种组合重复 20 次之后，只呈现香草的气味（条件刺激），狗也会分泌唾液（条件反应）。

<<< 专栏二

巴甫洛夫和他忠实的"朋友"

在人类探索生命奥妙的历史中，登台了很多种实验生物，而巴甫洛夫的狗毫无疑问是最广为人知的一种。

"您的狗今天干得不错。"这是巴甫洛夫对同事们漂亮工作的常用赞语。

巴甫洛夫仔细照看狗的程度不亚于照看真正的病人。巴甫洛夫是世界上第一个在生理实验室内设立外科手术室的人，要求助手们按照无菌外科手术的一切规则严格地消毒，并有次序、有节奏地把所有器械、敷料和用具递给手术者。

他给动物进行手术时,好像躺在手术台上的是个人而非一般的动物。

根据巴甫洛夫的倡议,1935年在实验医学研究所的花园里建立了一个著名的狗的纪念碑,以表示向这些忠实的"朋友"、工作中的"助手"和享有充分权力的"战友"致敬。在一幅半浮雕的下面,有巴甫洛夫亲手撰写的题词:"让狗——它从史前时代起就成为人类的助手和朋友为科学作出牺牲。但是我们的尊严责成我们,这样做时一定,并且永远要减少不必要的痛苦。"

巴甫洛夫逝世后,在他创立的研究院所在的那个科学城里,给院士巴甫洛夫本人立了纪念碑。在这里他和狗还是形影不离:纪念碑上的形象是伟大的科学家和忠实地为他的事业服务的狗。

狗的纪念碑——位于实验医学研究所内
资料来源:http://www.iem-rams.spb.ru/english/pav-photo.htm.

>>>

条件反射建立起来了,很快巴甫洛夫就提出了新的问题:当条件反射建立后,只呈现条件刺激而不呈现无条件刺激,会发生什么情况?这个疑问很快就通过实验得到了确切的结论:在这种情况下,有机体原先建立起的条件反射会减弱甚至于消失,这被称为条件反射的消退。为什么会出现条件反射的消退呢?是不是因为唾液腺疲劳了呢?巴甫洛夫和同事在狗出现对食物的条件反射消退后,向狗的嘴里注入酸液,狗又开始大量分泌唾液,因而否定了唾液腺疲劳的假设。巴甫洛夫在谢切诺夫发现的大脑存在抑制现象的基础上,提出了条件反射的建立是兴奋的结果;而条件反射的减弱或消失是抑制的结果。抑制过程对神经系统具有保护机制,它可以防止神经系统过量消耗,保证神经系统得以休整。

<<< 专栏三

抑制的种类

基于对条件反射进行的大量研究,巴甫洛夫提出大脑中存在两种抑制:无条件抑制(又称为外抑制)和条件抑制(又称为内抑制)。

(1) 无条件抑制是所有中枢神经都存在的先天性抑制,所以称为无条件抑制。它又分为两种:负诱导抑制和超限抑制。负诱导抑制是指新异刺激对现有条件反射的抑制现象。超限抑制是指,条件反应的强度通常会随着条件刺激的强度升高而升高,但当条件刺激增强到一定强度时,条件反射量不再增加,甚至会下降,最后到0。巴甫洛夫认为,超限抑制的生理机制是神经细胞为避免刺激强度过高损伤细胞而出现的一种保护机制。

(2) 条件抑制是只存在于大脑皮质的抑制现象,它是在后天形成的,在一定条件下由兴奋转向抑制。条件抑制根据建立方式的不同,大概分为四种:

- 消退抑制:已经形成的条件反射,不经过无条件刺激的强化,这样重复几次后,条件反射消失。

- 延迟抑制:是指呈现条件刺激后1~3分钟才给予非条件刺激,在这段时间内,前半期没有唾液分泌现象,而在后半期才有唾液分泌。巴甫洛夫指出前半期出现的是抑制现象,并称其为延迟抑制。

- 条件性抑制:在实验时,单独呈现铃声时给予食物进行强化;但当铃声和另一中性刺激(如旋转的物体)结合时,不给予食物强化。这样单独呈现铃声时能引起唾液的分泌,但铃声和旋转物体的复合刺激并不能引起唾液的分泌。巴甫洛夫称这种现象为条件性抑制。

- 分化抑制:在条件反射建立的初期,不仅条件刺激可以引起条件反应,而且和它相似的刺激,也能引起条件反应,这种现象为泛化。但是当只对条件刺激进行食物强化,重复多次后,只有条件刺激能引起唾液分泌,而相似的刺激不再引起唾液分泌,这种现象为分化。此时相似刺激引起的是抑制,这种抑制为分化抑制。

无条件刺激对于条件反射具有巩固作用,这被称为强化作用。不仅所有的无条件刺激可作为强化刺激,条件刺激也可作为强化刺激。这些已经形成好的条件刺激作为强化刺激形成的反射叫做二级条件反射或高级条件反射(Second-order conditioning)。在二次条件反射的基础上还可以形成三次条件反射。下面举一个巴甫洛夫进行过的二级条件反射实验。首先将节拍器的滴答声与食物重复结合,节拍器的声音逐渐引起唾液分泌。由于节拍器的声音直接与无条件刺激食物相关联,它被称为一级条件刺激(CS1)。一旦滴答声可靠地引起唾液分泌,巴甫洛夫就将滴答声与一个黑方块的出现重复结合,最后黑色方块的出现就能引起唾液分泌。由于黑方块对条件反应的控制是通过与一级条件刺激结合而获得的,因此被称为二级条件刺激(CS2)。需要指出的是,二级条件刺激(黑方块)从未直接与食物结合过,仍然可以引起条件反应(唾液分泌)。对动物天生就具有重要性的无条件刺激(食物、呼吸、心跳、敌人等)数量很少,因此只有一小部分动物行为可以通过与这些刺激的直接联系形成的一级条件反射来解释。但是有了高级条件反射后,便大大扩展了构成无条件刺激的刺激种类,从而能够解释更加广泛的动物行为。

在进行条件反射的实验时,巴甫洛夫还发现条件刺激和无条件刺激的间隔时间需要特别注意控制。根据间隔时间的不同,可以将条件反射分为以下几种:

(1) 同时反射:首先给予中性刺激,中性刺激单独作用0.5～1秒后加入无条件刺激,同时条件刺激继续作用5～15秒。这种情况形成的条件反射为同时反射。

(2) 继时反射:首先给予中性刺激,中性刺激单独作用5～30秒后停止作用,0.5～1秒后再给予无条件刺激。这种情况形成的条件反射为继时反射。

(3) 延迟反射:首先给予中性刺激,中性刺激单独作用1～3分钟后停止作用,0.5～1秒后再给予无条件刺激。这种情况形成的条件反射为延迟反射。

(4) 痕迹反射:首先给予中性刺激,中性刺激单独作用10～60秒后停止作用,然后间隔2～3秒或者1～2分钟或者更长的时间,再给予无条件刺激。这种情况形成的条件反射为痕迹反射。

巴甫洛夫认为,条件反射对动物的生存有着极重大的意义。人和高等动物对内、外环境的适应,都是通过非条件反射和条件反射来实现的。非条件反射只能对恒定的环境变化进行适应,而条件反射可以随着环境的变化而不断地构建,使人和高等动物对于环境的变化能够更精确地适应。只有动物系统对外界刺激有一定的反应,动物和环境之间才能达到动态的平衡,动物才能在复杂的周围环境中生存。而高等动物对外界刺激的反应方式主要是在神经系统的帮助下以反射的方式实现的。一类是非条件反射,例如求食本能、防御本能、性本能等。但是,仅有非条件反射是远远不够的,一个动物必须能够根据各种偶然、暂时的指标找到食物,这些指标就是条件刺激,使动物朝着食物方向移动,也就是动物必须具备条件反射。再举一个例子,人处在复杂的自然和社会环境中,人们必须依据别人的气质、心境、环境来改变我们对他人的态度,即根据过去与他们接触的积极和消极经历来对他人反应。因此,条件反射是动物得以生存的基本条件。

(2)大脑皮层的活动规律

巴甫洛夫证明了形成条件反射的基础是大脑皮层。他发现丧失了大脑皮层的狗不会死亡,甚至还可以交配传代,但是它只能过着饭来张口的生活,无法形成条件反射,即便是已经拥有的条件发射也会全部消失,它的生活完全依靠饲养员的精心照料。巴甫洛夫以条件反射做指标,还探讨了高级神经活动基本的神经过程及其相互作用的规律,为解释心理现象的生理机制作出了重大贡献。

巴甫洛夫认为,大脑两半球皮质可以对外界进行分析与综合,这是大脑两半球皮质最重要的特殊性能之一。这种观点不同于当时认为分析机能的主要器官是感觉器官的普遍认识。巴甫洛夫认为"感觉器官"这一概念仍然是属于心理学术语,于是,他使用了"分析器"取而代之。"分析器"是由外周感受器、传入神经和大脑中枢分析器三部分组成的统一机能系统。这个"分析器"概念中的"外周感受器"就是我们通常所说的感受器。巴甫洛夫的助手采用损伤大脑皮层不同部位的方法,验证了大脑皮层的损伤程度和分析机能的障碍之间的关系,从而证明了分析器的分析功能在于大脑中枢部分。

当巴甫洛夫的实验室开始详细研究分析器的特性时,遇到了条件反射的泛化现象和分化现象。由于条件反射的建立是兴奋过程的作用,因此巴甫洛夫提出了兴奋过程存在扩散与集中的情况。后来,他们采用实验证明抑制过程也存在扩散与集中的情况。在一定条件下,兴奋与抑制在皮层某一部位产生后,并不停留在原发点,而向周围皮层漫延传播,使得周围部位也产生同样的神经过程,这种现象叫扩散。与扩散相反,兴奋与抑制过程从扩散开的皮层区域向原发部位靠拢集中的现象叫集中。刺激物所引起神经过程的强弱程度,是决定兴奋和抑制的扩散和集中的主要因素。当兴奋和抑制的强度过强或过弱时,都易于扩散;兴奋和抑制的强度中等时,则容易集中。很明显,集中的兴奋和抑制,感觉定位才准确。

巴甫洛夫还发现,大脑皮层的兴奋过程和抑制过程之间存在着相互作用。巴甫洛夫的助手通过实验发现,之前已经建立条件反射的弱阳性刺激(如灯光,它可以引起的唾液分泌是5滴),如果在强阳性刺激(如声音,它可以引起的唾液分泌是10滴)之后呈现,那么弱阳性刺激(灯火)引起的唾液分泌值会变为0。这是阳性刺激物之间相互作用的情况,那么阴性刺激物和阳性刺激物之间相互作用又会发生什么情况呢?结果也非常明确:如果先呈现阴性刺激物,再呈现阳性刺激物,此时阳性刺激物引起的唾液分泌量会远远大于单独呈现时的分泌量,这也被称为抑制诱导现象。

3. 条件反射学说的发展

(1) 睡眠性抑制

早在巴甫洛夫的实验室进行条件反射研究之初,就常常被一种现象所困扰,即狗常常在实验过程中进入睡眠状态。最初大家认为这和狗的个性有关,那些安静的狗容易入睡,而活泼好动的狗不容易入睡,于是他们就选择活泼好动的狗来做实验。但是,这些活泼好动的狗进入实验室后也很快就进入了睡眠状态。因此,狗的睡眠成为了巴甫洛夫实验室的一个研究问题。

很快他们发现,睡眠经常在以下两种情况下出现:第一种情况是长时间重复使用一种或少数几种刺激。这种情况在我们日常生活中十分常见,比如为了让小孩子睡觉,妈妈们通常都会轻轻地拍打孩子的背部,并低低哼唱单调的歌曲,在这些单调而微弱的刺激下,孩子很快就睡着了。巴甫洛夫对这一现象的解释是,大脑皮层重复接受一种刺激会发生疲劳,因而大脑皮层产生抑制,这样动物就会进入睡眠状态。

第二种情况是,如果条件刺激和无条件刺激的间隔时间超过30秒,狗比较容易进入睡眠;而如果将间隔时间缩短到5~10秒,狗就完全不会入睡,即使入睡也发生得很缓慢,可能要几个月甚至是几年后才会出现。巴甫洛夫认为,无论是条件刺激还是无条件刺激作用时,都会引起大脑皮层细胞的消耗,但消耗程度会受到刺激物的强度、作用时间的影响。当条件刺激和无条件刺激的间隔时间比较短时,条件刺激产生的兴奋灶的兴奋活动被无条件刺激的抑制作用控制,这样,细胞的消耗停止,从而能够很快从疲劳状态恢复,睡眠也就很难再发生了。这样看来,睡眠是由于抑制而产生的,抑制对大脑细胞具有保护作用。

巴甫洛夫将这一观点应用到对精神病的治疗上。1918年夏天起,巴甫洛夫就经常到精神病院去了解各种神经异常症的情况。精神病院里有一位名叫卡察尔金的病人,从前患过一种病,在1896年受过精神性创伤,从此进入嗜眠状态。他一直睡了22年,借助橡皮管灌流汁维持生命。巴甫洛夫对这位睡了22年的病人进行了长时间的观察和研究,认为卡察尔金实际上并没有病,他的嗜眠只不过是大脑处于深度抑制状态,就像某些动物的冬眠。这种深度的抑制对于机体是有益的,而且是必要的,因为他的大脑需要休息,这是一种保护性的反应。果然,有一天卡察尔金终于睡醒了,证实了巴甫洛夫的说法。后来,巴甫洛夫开创了睡眠疗法,使用药剂及其他办法促进和加深睡眠,并延长睡眠的时间,来治疗神经异常症的病人。这一疗法对那些在战争中因炮火受惊而患神经异常症的病人特别有效,经过睡眠疗法,这些病人大多数都痊愈了。巴甫洛夫在一次医学会议上宣布了长期睡眠能治愈神经异常症的原因:"睡眠具有保护能力,能使大脑细胞得到休息。对于因神经中枢过度紧张而得神经异常症的病人,人工引起沉睡,可以抑制脑细胞的活动,从而使患者恢复正常。"

(2)神经类型学说

在医学和心理学历史上,曾有许多学者,持不同的观点、按不同的标准(例如,脸型或颅骨的形状)对动物个体间的差异进行分类,建立了许多学说。但是,所有这些观点和学说并没有充分的科学根据。巴甫洛夫第一次采用科学的方法对动物的个体差异进行了研究。

是否可以根据动物的神经活动类型来区分动物呢?这个问题早在刚开始进行条件反射实验的时候就提出来了。而巴甫洛夫的实验室在研究过程中确实发现,不同的狗对于同一强度的条件刺激所发生的反应是不同的:例如,用铃声与食物配合进行训练,有的狗只训练一两次就形成了条件反射;有的狗则需要训练十几次才能达到预期的效果。巴甫洛夫认为，动物个体间的这些差异，主要受到大脑两半球兴奋与抑制两个过程的影响。通过大量实验，巴甫洛夫得到了划分神经类型的三个标准：神经过程的强度，即皮质神经细胞的工作能力和最高受限；神经过程的平衡，即兴奋过程的强度和抑制过程的强度是否相同，相同就平衡，不相同则不平衡；两个神经过程之间转换的活泼性，即两种神经过程互相转换的难易程度。

根据这三个标准可以将神经类型划分为四类：

第一种为强而不均衡型，或称兴奋型。这一类型的特点是兴奋和抑制都很强，比较起来兴奋常占优势。这类型的狗富有攻击性，不容易约束。

第二种为镇静的强而均衡型。这一类型的特点是镇静、有节制而且警惕性高。

第三种为活泼的强而均衡型。这一类型的特点是活泼好动，反应灵敏。

第四种为弱型，或称抑制型。这一类型的特点是无论兴奋和抑制都很弱，但一般容易表现为抑制，比较胆小畏缩。

在这四个基本类型之外，还存着许多不同程度的中间类型。

巴甫洛夫的助手通过实验还证明，神经活动类型的最后形成，不仅受先天特征的影响，而且在很大程度上也受动物生活环境的影响。不仅如此，外界环境还可以改变已经形成的神经类型。比如将刚生下来的小狗分为两组，一组放在笼子里饲养，一组则在完全自由的环境中生长。一段时间之后，前一组小狗变得非常胆小，抑制过程比较多；而后一组则相反。

巴甫洛夫认为人类也存在以上神经类型，并指出神经类型学说和希波克拉底的气质学说存在对应关系：胆汁质—兴奋型；多血质—活泼型；黏液质—镇静型；忧郁质—抑制型。

（3）精神异常

第一次世界大战造成许多精神异常的病人；同时1918年和1919年苏俄发生了大饥荒，实验动物也受到了物质匮乏的影响，一些动物甚至表现出反常行为，这些促使巴甫洛夫开始关注精神病和大脑生理学的研究。1924年9月23日列宁格勒发生的水灾促使巴甫洛夫开始系统地研究这一问题。当时，河水淹没了巴甫洛夫实验室的动物房，工作人员不得不用小船甚至靠游泳来救助实验动物。狂风大作、大雨倾盆,不时有树枝被摧倒发出巨大的声音,这些可怕的自然现象使有些动物出现神经异常症表现。

巴甫洛夫认为神经系统的活动,在本质上具有兴奋和抑制两种过程,有时兴奋占优势,有时抑制占优势。大脑皮层的不同部位的细胞其兴奋和抑制状态也不相等,某一部分的细胞处于兴奋时,另一部分的细胞也许正处于抑制中。但就整个大脑皮层总的情况来说,人和动物在醒着的时候,兴奋占优势,而在睡眠的时候,抑制占优势。如果兴奋与抑制在大脑皮层内能很好地平衡,那么,高级神经活动就会处于协调状态,这时人类和动物的行为完全正常,如果兴奋与抑制的平衡被破坏了,大脑皮层的协调活动也必然要受到破坏,具体就表现为人和动物行为的失常。因此,兴奋和抑制的过度紧张,或兴奋与抑制的直接冲突,都可导致神经异常的出现。

于是,巴甫洛夫就让他的助手们开始故意制造出这种失衡来验证他的这一假设。其中最有名的实验是这样做的:每次圆形光斑出现时就给狗吃食物,椭圆形光斑出现时不给它吃食物。如此反复出现,狗便对圆形光斑产生兴奋,对椭圆形光斑产生抑制。椭圆长轴与短轴之比最初为 2∶1,后来逐渐改为 3∶2,4∶3,最后为 9∶8,但是椭圆形的面积不变,并且和圆形的面积完全相等。由于差别越来越小,越来越不易分辨,所以其引起的抑制也就越来越强,狗因此变得越来越紧张。当椭圆长短轴之比达到 9∶8 时,有一天,这只狗的全部行为突然改变了:它开始嗥叫,并狂躁地咬架子,不仅圆形的光、连各种椭圆形的光都能引起它的唾液分泌反应。这就是著名的"实验性精神症"。在这个过程中,由于抑制的过度紧张,致使这只狗的大脑机能失调,产生了神经异常症。巴甫洛夫等人还通过实验证明,过度兴奋以及兴奋与抑制的直接冲突都能产生神经异常。

通过实验还发现,并不是所有神经类型的动物都会相同概率的产生神经异常症。不同神经类型的动物发生神经异常症的可能性有所不同:弱型也就是抑制型动物最容易得神经异常症,强而不均衡型,即兴奋型的动物也比较容易得神经异常症,而强而均衡型的动物则不容易发生神经异常症,但也不是完全不会发生。

巴甫洛夫在实验室中获得的"实验性精神症"是科学史上第一次不用任何手术及其他解剖方法,只用纯机能作用于神经系统,引起实验动物行为上的显著改变。

（4）两种信号系统学说

巴甫洛夫在研究中发现，人的高级神经活动比动物大大发展了一步。人和动物都可以用现实具体的信号如光、声、嗅、触等感觉刺激，来形成各种条件反射，这些信号直接作用于眼、耳、鼻、舌、身等感受器官。但是，只有人类对语言能产生条件反应，这是人类所特有的机能。例如，让小孩子吃糖，他一吃到糖就会有口水分泌，这是非条件反射。他吃过几次后，见到糖也会馋得流口水，这就是条件反射，属于对具体的信号的反应。当这个小孩子懂得语言后，听到别人议论糖时，他也会有口水流出来，这就是小孩子对语言产生的一种条件反射。

于是，巴甫洛夫提出了两个信号系统的学说。巴甫洛夫认为，大脑皮层最基本的活动是信号活动，即条件反射。信号的种类是很多的，但是从本质上可以将信号分为两大类：一类是具体信号。例如，食物的形状，灯光和铃声等等，这一类信号统称为第一信号。另一类是抽象信号，即语词。例如，"食物"这一个词语，它并不代表某一具体食物，而是一切具体食物（米、面、鱼、肉，等等）属性的概括，是更广泛、更深刻的抽象信号。抽象的信号是在具体信号的基础上建立起来的，是具体信号的信号，所以这一类信号统称为第二信号。对第一信号发生反应的皮层功能系统叫第一信号系统，这是动物和人类所共有的；对第二信号发生反应的皮层功能系统叫第二信号系统，这是人类所特有的。第二信号系统的活动是与人类的语言功能密切联系的神经活动。

第一信号系统和第二信号系统都和条件反射相联系。另外，大脑中还存在和非条件反射相联系的低级中枢系统。这样，第一信号系统、第二信号系统和低级中枢系统就构成了巴甫洛夫归纳的人脑神经活动的三个机能系统。

第一信号系统和第二信号系统是相互联系又相互独立的。人类所有认识过程是两个信号系统协同作用的结果。人类感受世界必须首先经过第一信号系统，在此基础上经过第二信号系统的抽象和概括，从而能够认识事物的本质。正常状态下，第二信号系统调节与控制着第一信号系统。巴甫洛夫指出第二信号对人类活动具有非常重要的意义。由于第二信号的出现，人类对世界的反映形式和动物比较起来有了质的发展。

巴甫洛夫的两个信号系统学说对教育心理学和语言产生与发展的研究具有

重要意义。他的两种信号系统学说,给教育心理学提供了新的理论根据,也给教育心理学找到了与自然科学相联系的纽带。第二信号系统学说的提出,使儿童言语与思维的问题成为教育心理学研究的主要对象。

1923 年,巴甫洛夫出版了《动物高级神经活动(行为)客观研究二十年经验》一书;他的《大脑两半球机能讲义》在 1927 年出版。这两部著作全面、系统地总结了巴甫洛夫及同事们 20 多年在高级神经活动方面的科学研究成果。其中,《大脑两半球机能讲义》是关于高级神经活动学说的第一次有系统的讲义,巴甫洛夫把《大脑两半球机能讲义》称作他"25 年不断思索所产生的作品"。

《动物高级神经活动(行为)
客观研究二十年经验》的内封
资料来源:巴甫洛夫全集·第三卷. 杏林,译. 北京:人民卫生出版社,前言部分.

巴甫洛夫是首先在神经科学领域内力图探索脑的复杂的高级机能的先驱者。他所创立的条件反射研究法,是一种客观的、精确的、定量的实验手段,通过这种手段揭示了脑的活动和客观外界的密切关系,较为完善的解释动物(包括人)是如何发展出适应生存的一系列能力;他用条件反射这种新概念来说明大脑反射的来源与本质。条件反射学说抛开了灵魂之类的形而上的抽象概念,第一次把心理意识活动纳入到客观研究的轨道,证明了意识是脑的功能或属性,揭开了意识与脑的内在联系,给我们提供了别具一格窥视心理活动的"窗口"。阿西摩夫认为条件反射学说"使他原来获得诺贝尔奖的成就相形见绌"[①]。

巴甫洛夫在当时的科学水平的条件下,只能从宏观水平上来揭示大脑的条件反射的规律,这不可避免的带来了局限性,拿现代术语来说,他采用的是"黑箱"方法,通过严格考察外界刺激与行为反应的客观指标的相关变化,推断大脑

---

① 阿西摩夫(1978).自然科学基础知识:人体和思维.阮芳赋,译. 北京:科学出版社,163.

内的心理生理活动机制。随着科学的发展,人类对神经系统的认识也不断发展。但条件反射学说仍是脑科学的基本理论和概念,是研究心理活动的有效方法之一。

四、与心理学的不解之缘

巴甫洛夫,这位以严谨固执著称的科学家,始终认为心理学不足以成为一门科学,并在致力于进行条件反射研究时就早早地完全抛弃了心理学的术语,并坚决反对心理学的研究方法。尽管如此,其条件反射学说在心理学界却影响深远。巴甫洛夫和心理学有着不解之缘。

1. 巴甫洛夫的心理学观点

20世纪之初,心理学还是一门非常年轻的科学。从1879年冯特在莱比锡建立心理学实验室算起,心理学成为一门科学仅仅有20多年的时间。当时的心理学界仍然是内省主义占主导地位,但已经开始对其进行反思。在俄国心理学界,内省主义和客观主义的斗争也非常激烈,但是占主导地位的是内省主义。切尔班诺夫(Georgii Ivanovich Chelpanov,1862—1936)是俄国内省主义的代表人物。他是冯特的学生,回国后他把冯特的内省心理学带回俄国,成为当时冯特和铁钦纳的心理学的主要阐释者。1912年,切尔班诺夫在莫斯科帝国大学创办了俄国第一个心理研究所,这个研究所后来成为俄罗斯教育科学院心理研究所,培养了大批俄国心理学家。

客观主义的主要代表有谢切诺夫、巴甫洛夫和别赫捷列夫(Vladimir Mikhailovich Bekhterev,1857—1927)。谢切诺夫的大脑反射学直接影响了巴甫洛夫的条件反射学说和别捷赫列夫的反射学说。别捷赫列夫虽然比巴甫洛夫要年轻8岁,但是他在学生时代看来比巴甫洛夫要顺利。别捷赫列夫1873年中学毕业后就进入外科医学院学习(两年后巴甫洛夫也来到了该校就读);1881年获得医学博士学位(两年后巴甫洛夫才获得了医学博士学位)。别捷赫列夫博士毕业后出国进修,师从J.M.沙可和E.杜布瓦-莱蒙学习神经学,还在莱比锡冯特的实验里当过一年研究生。1885年别捷赫列夫回国后在喀山建立了俄国第一个心理实验室。别捷赫列夫对反射学的研究和巴甫洛夫的条件反射学说大致是在同一时期开展的，但他在该领域所涉及的范围更广。1904年别捷赫列夫出版了《客观心理学及其对象》一书，阐述了反射学的理论提纲。

但是巴甫洛夫的知名度要远远高于别捷赫列夫，这不仅是因为他是诺贝尔奖获得者，更是因为他对心理学现象坚持使用客观方法研究的彻底性。巴甫洛夫认为，当时的心理学还不足以成为一门科学，"（心理学）虽然很古老，但是就连这门学问的工作者自己也承认，他们没有权利称它为一门科学。心理学作为人类内在世界的一门知识，关于它的方法还处于汪洋大海之中。"[1] 他努力建立"脑的纯粹生理学"，所谓"纯粹生理学"就是"能够不受心理学逐句授意便能为自己申辩的生理学"。

对于任何心理学常用的术语，巴甫洛夫都能用他的条件反射概念来进行阐释。他宣称，心理活动就是条件反射："以前曾经认为具有心理活动意义的一切这些现象，原来不是别的东西，而都是些条件反射。"[2]

在巴甫洛夫看来，"意识好像是大脑两半球某一部分的一种神经活动，在当时固定的时间，在现有情况之下，具有某种最优的（可能是中等的）兴奋性。"[3] 巴甫洛夫甚至用光点来形容大脑中的意识活动："假如我们可以看穿颅骨，而观察一个正在有意识的思考着的人脑，又假如适当兴奋性的地点是可以发光的话，那么，我们可以看到，在大脑表面上有一个光点在活跃着，它的边缘是奇幻的、波状的，它的大小与形状经常在变化着，而周围都是或深或浅的黑影，布满了两半球的其余部分。"[4]

对于联想，巴甫洛夫认为："所谓联想或习惯，就是在个体的生活中，由于大脑皮层的结合或组合机能而形成起来的联系。……我们有权利来把这些联想看成纯粹的反射。"[5]

思维"都是完全由一些联想而成立的，起初是由于初级的诸联想而成立的，但以后是由于诸初级联想的诸联系而成立的，也就是说，是由于复杂的诸联想而

---

[1] 巴甫洛夫(1955). 条件反射演讲集. 北京：人民卫生出版社, 65—66.
[2] 巴甫洛夫(1955). 高级神经活动研究论文集. 戈绍龙，译. 上海：上海医学出版社, 408.
[3] 巴甫洛夫(1955). 条件反射演讲集. 北京：人民卫生出版社, 165.
[4] 同上, 166.
[5] 同上, 237.

成立的"①。

"知觉如果分析起来就是条件反射,没有什么别的。"②

这样,心理学术语被巴甫洛夫用生理学的概念一一替代,他自豪不已:条件反射是客观研究心理现象的正确方法,并极力在心理学的国际会议上宣扬心理学现象的生理学研究方法。如在1914年原本计划在瑞士召开的精神病学家、神经学家和心理学家大会(这次大会最终因为一战爆发而延期)邀请巴甫洛夫在心理学组作报告,巴甫洛夫精心准备了《脑的纯粹生理学》的报告以坚持自己的生理学方向。后来可能他意识到这种努力是徒劳无功的,因此对参加心理学的国际会议抱有迟疑的态度。1929年9月,第9届国际心理学大会将在美国耶鲁大学召开,大会组委会盛情邀请巴甫洛夫做主题报告,巴甫洛夫在回信中这样写道③:"非常感谢您能邀请我参加这次国际心理学大会。但是我不是心理学家,我很难确定自己的研究是否能引起心理学家的兴趣并被他们接受。高级神经活动的机能是纯粹的生理学研究,不是心理学的研究。您能对我的处境给予明确的回答吗?"但最终巴甫洛夫还是出席了这次国际心理学大会并做了大会报告。随着巴甫洛夫和心理学家的交流越来越多,他对心理学的态度渐渐缓和,并提出了心理学可以和生理学联姻的观点,这在一定程度上承认了心理学研究的地位。尽管如此,巴甫洛夫至死也不愿承认自己是一名心理学家。

2. 行为主义的先驱

这位不愿做心理学家的科学家却对心理学产生了重要的影响。巴甫洛夫对心理学的最大功绩莫过于对行为主义的影响。

1909年,美国心理学家耶克斯(Robert Mearns Yerkes,1876—1956)等人在《心理学通报》(The Psychological Bulletin)上发表文章"巴甫洛夫在动物心理学上的研究方法"(The method of Pawlow④ in animal psychology),简短地描述了巴甫洛夫的条件反射方法。巴甫洛夫的研究引起了美国心理学家的广泛注

---

① 巴甫洛夫(1955).高级神经活动研究论文集.戈绍龙,译.上海:上海医学出版社,457.
② 巴甫洛夫(1955).条件反射演讲集.北京:人民卫生出版社,442.
③ Pare, W. P. (1990). Pavlov as a psychophysiological scientist. Brain Research Bulletin, 24, 643—649.
④ Pawlow 即 Pavlov.

意,其中包括行为主义的创始人华生。华生早在1908年就开始公开阐明他的行为主义观点,1913年的"行为主义者心目中的心理学"一文更是标志着行为主义的正式创立。华生一再强调客观的方法,而他却没有明确地指出什么才是客观的方法,实际上他也在为寻求客观的方法而苦恼。华生曾花了不少时间去研究如何记录思想的内隐行为,但却徒劳无功。后来,巴甫洛夫的条件反射研究助了他一臂之力。1915年,华生在美国心理学会的主席就职演说(1916年,以"条件反射在心理学中的地位"为题发表)中,把条件反射作为行为主义的一种客观研究方法。他提出巴甫洛夫关于条件反射的研究可以用来解释人和动物的行为,这样便可以利用生理学中的刺激、反应、肌肉收缩和腺体分泌等客观术语来取代主观的心理、意识等概念,为心理学走向自然科学的行列扫清了概念术语的障碍。同时,他主张所有的行为都可以分解为最基本的刺激-反应(S-R)联结单元。这就为在实验室内研究人的复杂行为提供了基础。华生使用条件反射的研究方法来研究婴儿情绪转移的行为,这就是著名的阿尔伯特实验。阿尔伯特本来很喜欢动物,但是每当他伸手要去玩弄白鼠时,华生就在他背后猛击铁棒。经过几次这样的结合之后,每当白鼠出现,这个男孩就会哭闹,出现紊乱的表现。此后阿尔伯特的恐惧反应又泛化到其他白色有毛的动物身上去了。巴甫洛夫的条件反射理论,被华生用来作为推动行为主义运动的方法论工具,可以说,如果没有巴甫洛夫的研究,华生的行为主义也许不可能取得如此大的成就。

但是,华生的行为主义与巴甫洛夫的基本理论观点还是有分歧的。第一,巴甫洛夫十分重视动物和人的行为同神经系统的关系,他通过条件反射的研究来探索大脑皮层和皮下的活动;而华生则仅仅注意腺体的生理学而完全忽视大脑皮层的生理学。第二,巴甫洛夫认为人的高级神经活动和动物的高级神经活动虽有联系,但彼此之间有着本质的差异,人与动物都拥有第一信号,但是人还拥有动物所不具有的第二信号-语言;而华生则混淆了人与动物的界限,抹杀了人类思维的特点。第三,巴甫洛夫并不否认意识;而华生则根本否认意识和主观世界的存在。

1930年以后,一些新行为主义者在新的形势下,把巴甫洛夫学说同操作主义观点相融合。他们一方面援用巴甫洛夫条件反射说的术语,另一方面把这些术语注入操作主义的内容,这就形成了关于条件作用的理论体系,而该体系构成了新行为主义的理论核心。这其中尤以赫尔(Clark Leonard Hull,1884—1952)和斯金纳为首。赫尔还在威斯康星大学时,就开始着手进行人类被试的条件反射研究;1929年到耶鲁大学之后,仍然继续条件反射的研究,只是实验被试换成了白鼠。赫尔在建立他的理论体系中深受巴甫洛夫学说的启发。20世纪30～40年代,赫尔以巴甫洛夫的条件反射学说为基础,借以研究和阐述更为复杂的行为,从而建立了假设-演绎行为主义(hypothetico-deductive behaviorism)。赫尔本人也认为,巴甫洛夫的客观研究方法、精密的实验设计以及那些关于条件反射概念的阐述,在他的理论观点的发展中起着非常重要的作用。

斯金纳最初借鉴了巴甫洛夫对实验条件严格控制的思想,"在把有机体作为一个整体来探究其行为的规律中……我从巴甫洛夫那里得到了启示:控制你的条件,你就能发现规律"①,他严格控制实验条件,尽可能地排除可能影响实验结果的干扰条件,逐渐地形成了自己独有的实验体系。之后,斯金纳在巴甫洛夫条件反射理论的基础上发现,动物还可以通过操作周围环境来进行学习,从而提出了操作性条件反射,并将巴甫洛夫的条件反射理论称为经典条件反射。

新行为主义者在采用巴甫洛夫的条件反射学说时也采用了"为我所用"的方式,我们知道巴甫洛夫高级神经活动学说的研究主要是在揭示大脑活动的规律性,而新行为主义却把巴甫洛夫的那些术语用来表示实验者在研究动物行为时各种不同的操作过程,或用来指明动物行为反应的总和。

纵观行为主义的发展过程,无论是华生借助条件反射形成了行为主义的客观研究方法,还是新行为主义者借助条件反射形成操作主义观点,我们都不难看到条件反射学说是行为主义建立的基础,因此可以说巴甫洛夫是行为主义的先驱。

3. 学习研究的经典之作

巴甫洛夫的条件反射学说对学习研究的贡献首先在于他揭示了条件反射是动物学习的三大方式之一:经典性条件反射,操作性条件反射、观察学习。但更重要的是条件反射的研究方法直接影响了学习研究的方法。

---

① 转引自:高觉敷(1982).西方近代心理学史.北京:人民教育出版社,304.

在巴甫洛夫的条件反射研究中,他采用了条件刺激和无条件刺激配对呈现的方法。这种配对刺激法被心理学家广泛用于各种被试群体,并进行了大量的实验研究。"从巴甫洛夫的工作中衍生出来的许多研究分支只不过是将条件反射范例延伸到新的反应、各种新的刺激物和动物的新品种而已。稍加构思,一个心理学家就能想象出数以千计的小问题需要研究,所有的研究结果可以整理成一种百科全书,这种百科全书则包括众所周知的有关这种或那种有机体的条件反射和学习的一切内容[1]。"仅就 1965 年的统计发现,到 1965 年为止,用巴甫洛夫严格标准的经典条件反射范例,做了大约六千个实验。

同时,条件反射也为学习理论提供了大量的术语。金布尔(G. A. Kimble) 1961 年编制的一张有关条件反射与学习的词汇表中,有 31 个术语归功于巴甫洛夫当年的工作,另外 21 个术语则是他与其他心理学家的共同贡献。因此,鲍尔(G. H. Bower)评论说:条件反射学说"仔细地探究了为数众多的经验关系,从而确定了一些主要的参数,并为无数成功的经验提供了背景和术语。"[2]

4. 其他领域

经典条件反射的实验范式不仅应用到学习的研究中,同时还广泛应用到心理治疗、健康等领域。

巴甫洛夫晚年对精神异常做了深入的研究,并提出了精神病、神经官能症是由于大脑皮层兴奋与抑制过程的平衡遭到破坏而引起的。但是,在心理治疗方面,心理学家广泛接受的还是他的经典条件反射的实验方法和理论。行为疗法的研究者认为,人们不适应的症状是由不合适的条件反射形成的,那么,通过建立合适的条件反射就能治疗人们的不良症状。行为疗法常用的方法如系统脱敏法和厌恶疗法等都是基于建立经典条件反射的原理。

在健康领域,经典条件反射被用于免疫系统中。如,当某一特殊气味与影响免疫反应的药片同时出现时,气味本身可能也会引发免疫系统作出反应。在比较心理学中,条件反射提供了一套实用的方法学。如可以用条件反射的技术去

---

[1] Gordon H. Bower & Ernest R. Hilgard (1979). 学习理论:学习活动的规律探索. 邵瑞珍,等,译. 台北:五南图书出版社,76—77.

[2] 同上,67.

研究某种有机体在规定的刺激范围内是否很灵敏（如看看白鼠是否是色盲），或者去研究动物对于某种复杂事物能否学会辨别等。

5. 对苏中心理学的影响

巴甫洛夫的条件反射学说世人共知，但是由于历史原因，对苏联和中国心理学界有着独特的影响。

十月革命后，巴甫洛夫学说的唯物主义性质和巴甫洛夫在国际科学上的地位引起了列宁的高度重视。列宁在1921年签署了旨在为巴甫洛夫创造工作条件的人民委员会命令，命令中称，巴甫洛夫的学说对于全世界的劳动人民具有伟大的意义。巴甫洛夫的条件反射学说也逐渐渗透到苏联的心理学研究中，并成为苏联心理学的一个学派。

但是，巴甫洛夫的条件反射学说对苏联心理学产生重大影响还是在于1950年两院会议的召开。1950年6月苏联科学院和苏联医学科学院召开了两院会议，主要是讨论如何用巴甫洛夫学说改造心理学的问题。会议批判了所有背离巴甫洛夫学说的观点，并强调指出：只有巴甫洛夫关于高级神经活动的学说，才是完全符合马克思列宁主义理论的心理学的唯一牢固的自然科学基础；只有正确地揭露脑的活动规律的巴甫洛夫学说，才能创造性地发展辩证唯物主义关于脑的机能的理解；只有用巴甫洛夫学说才能使我们揭露心理活动的人脑机制；只有这个学说才能指出心理活动研究的方向。两院会议的召开使巴甫洛夫学说成为苏联心理学的自然科学基础，巴甫洛夫学说在心理学中的运用也广为增加。这次会议的积极意义在于对推动心理学沿着唯物主义的方向开展研究起了重要的作用；但同时也产生了消极作用，具体表现在：把巴甫洛夫学说神化、教条化，束缚了科学家的主动性；心理学出现完全的生物学倾向，将心理学融入高级神经活动生理学中。

1962年5月，由苏联科学院、苏联医学科学院、苏联教育科学院和苏联教育部等单位在莫斯科召开了关于高级神经活动生理学和心理学哲学问题会议。三院一部会议纠正了两院会议对巴甫洛夫学说的歪曲和错误，对巴甫洛夫学说在苏联心理学的健康发展起到了重要作用。

巴甫洛夫学说在中国心理学界的发展也经历了曲折的历程。新中国成立前,中国心理学家就已经注意到巴甫洛夫的学说。1936年巴甫洛夫逝世后,时任中央研究院院长的蔡元培曾发去唁电。在此时期,纪念巴甫洛夫并介绍其生平、传略、年谱和学术贡献的文章就有十多篇。新中国成立初期,全国上下照搬苏联模式,心理学界自然也不例外。当时,在我国心理学界确立了"以马克思主义为指导,在巴甫洛夫学说的基础上改造心理学"的方针。自1952年,教育部先后聘请了4位苏联心理学家来华讲学。1953年,卫生部还举办了"巴甫洛夫学习会",进而在全国各地掀起了学习巴甫洛夫学说的高潮。在此基础上,在北京、上海、长沙等地先后创立了巴甫洛夫条件反射实验室,开展了一些主要属于验证性质的实验研究。同时在我国陆续翻译出版了一些巴甫洛夫著作和苏联心理学著作。在学习苏联心理学和巴甫洛夫学说的基础上,我国心理学工作者开展了关于心理学的对象、任务、方法和学科性质的讨论。讨论的核心问题是心理活动与高级神经活动、心理学与高级神经活动生理学的关系问题。对于是否要在巴甫洛夫学说基础上改造心理学,中国的心理学界存在着争议。尽管如此,我国心理学界确实出现了滥用巴甫洛夫学说解释一切的现象。20世纪80年代初,中国的心理学界开始重新审视巴甫洛夫学说,中国心理学家广泛开展了对苏联心理学以及巴甫洛夫学说的讨论。

五、晚年

20世纪初,俄罗斯处于革命不断的动荡时期[①]。街道上常常有枪击和战斗,去实验室往往要冒着生命危险,但是,什么也不能阻止年过半百的巴甫洛夫对科学工作的热情。巴甫洛夫依然是着迷地、甚至可以说是兴高采烈地研究科学,科学工作本身对他来说也不仅仅是一种必尽的义务,更是他的热情、爱好和终生的事业。在巴甫洛夫看来,劳动是生活的目的,而不是生存的手段。"我的信仰就

---

① 1904年,日俄战争的失败使俄国陷入严重的危机,并带来了1905—1907年的革命高潮。1914年,第一次世界大战爆发,俄国也卷入其中。但俄军屡战屡败,伤亡惨重。1917年11月7日(俄历10月25日),十月革命胜利,成立了俄罗斯苏维埃联邦社会主义共和国(简称苏俄)。而此时,14个帝国主义国家对苏维埃俄国进行武装干涉,企图把新生的无产阶级政权扼杀在摇篮里。经过三年的艰苦战争,苏维埃政权终于成功地粉碎了白匪军及外国武装干涉者的进攻。1921年,苏联开始全面恢复国民经济,开展社会主义建设。1922年,成立了苏维埃社会主义共和国联盟,简称苏联。

是相信科学的进步会给人类带来幸福。我相信人的智慧及其最高的体现——科学，能使人类避免疾病、饥饿和敌对，减少人们生活中的痛苦。这种信仰给了我，也将继续给我力量，并帮助我进行自己的研究工作。"他依然每天丝毫不差地按时到实验室。巴甫洛夫守时是出了名的。有一次，他的助手们在做一项实验，但大家的手表计时都不一样，有人便提出，巴甫洛夫教授进实验室门的时间，准是下午1点50分。话音才落，巴甫洛夫走进了实验室，大家按此对时，后经电台验证，果然一分不差。

苏俄时期（1917—1922）物质匮乏也到了极点，只能靠一份黑面包和半份发霉的土豆的配给来生活。没有粮食，巴甫洛夫就和同事在实验医学研究所拨给自己的小块土地上开荒自己种。没有木柴，实验室无法取暖，他就穿着大衣，戴着帽子工作。这些物质困难对巴甫洛夫来说都是可以忍受的，最令他痛心疾首的还是因为饥饿或是缺乏光和热，动物都死了，研究无法顺利进行。他强烈地谴责着苏维埃政权。

然而，包括列宁在内的各级苏维埃干部却都对巴甫洛夫毕恭毕敬。这一方面是由于巴甫洛夫在世界科学界的显赫地位，但更重要的是他的条件反射学说给了布尔什维克领袖重大的启发：环境可以改变人的生理和心理，创造出新的反应机制。通过重复的灌输和指令，人的大脑会对一定的术语和名词产生条件反射，自动地做出和灌输者或指令者的要求相一致的反应。苏维埃政权极尽所能给予巴甫洛夫特殊待遇。1921年，苏俄仍处于可怕的大饥荒时候，科学家们衣不蔽体食不果腹，就连高尔基烤火的木材都要列宁亲自过问才能解决时，列宁签署了一道政府命令：《科学家 I.P.巴甫洛夫的杰出成就对全世界工人阶级具有巨大的意义》，给巴甫洛夫院士享受"两份院士的口粮"，"责成彼得格勒苏维埃保证巴甫洛夫教授及其妻子所居住的住宅归他们终生使用"，并要求在巴甫洛夫的住宅、实验室里安装最好的设备，国家出版局要找最好的出版社用精装本出版巴甫洛夫的著作。1924年，苏联科学院建立了生理研究所，以庆祝巴甫洛夫的75岁寿辰。1929年，巴甫洛夫80岁时，在列宁格勒附近的科尔图什村为他建立了一座生物研究站。1930年以后，斯大林在进行"肃反运动"的大清洗活动时，也没忘了下命令要"巴甫洛夫阵线"和"科学家巴甫洛夫的生理学理论问题委员会"好好工作。

但是巴甫洛夫对政治始终保持着清醒的头脑。他曾说:"我一生从事动物生理的实验,在这过程中,我学习到一件很重要的事。科学界像是一个马戏团,而科学家像是驯兽师牵着马或大象绕圈跑步,观众的掌声常会乱了科学家的脚步,沉不住气的科学家为了更多的掌声,甚至自己也跳上马背,或像大象一样下场作秀,结果干扰了动物的真正反应。"他同时保持着正直与良知,他敢于对任何他认为不对的事情公开表示他的不满:当宗教被攻击时,他站出来说,宗教是所有条件反射中最高级的,尽管他早在上大学时候就已经不再信仰任何宗教;当奥尔登堡大公的肖像在他建立的研究所里被摘下来时,巴甫洛夫把肖像挂在了自己的办公室;当1925年政府下令神职人员的子女不得念军事医学院时,巴甫洛夫辞去了军事医学科学院主席一职以示抗议,并说他也是牧师的儿子。

战争一度中断了巴甫洛夫和国外的交流,但是国外对巴甫洛夫研究工作的兴趣从未减弱。1922年,苏俄国内局势刚一稳定,西方的学者即刻又来造访。美国青年学者根特(William Horsley Gantt,1892—1980)来到了巴甫洛夫的实验室,他原来只打算呆4个月,但是,他在这里整整呆了7年半才回国。1926年,根特将巴甫洛夫的《动物高级神经活动(行为)客观研究二十年经验》译成英文出版,这使得巴甫洛夫的条件反射学说在英语世界迅速发展起来。1929年,他回到美国后在约翰·霍普金斯大学(The Johns Hopkins University)组织了"巴甫洛夫实验室"(Pavlovian Laboratory);1952年,又组织了美国"巴甫洛夫学会"(Pavlovian Society),这个学会直到目前还定期举行学术讨论会,进一步探讨条件反射学说。在美国,根特成了一位巴甫洛夫思想的最积极的宣扬者。根特后来又两次去苏联,在科尔图什拜访了巴甫洛夫。根特是第一只春燕,接踵而来的有日本、荷兰、比利时、英国、瑞典、法国、保加利亚和其他一些国家的科学家。他们迫不及待地要向这位伟大的俄国生理学家巴甫洛夫学习。

1923年,巴甫洛夫也终于获得了出国的机会。他先和老朋友蒂赫施泰德教授通了封信,然后偕同谢拉菲玛来到他的住所。在这里,他整天埋头于大学图书馆查阅国外近年来问世的科学文献资料,不断地做着笔记。他非常满意地对蒂赫施泰德说:"不断地吸收新知识是多大的享受!"随后,他出国的次数越来越多,不断参加各种会议,到世界各国去讲学。他总是很乐意向广大的国外听众报告他在动物机体生理学方面的新发现并了解国外同行的工作进展。1929年,到美国参加第 8 届国际生理学家大会,并参加了第 9 届国际心理学大会。1932 年,参加在丹麦哥本哈根召开的第 10 届国际心理学大会,做了特邀报告"大脑皮层半球的动力定型"。

晚年的巴甫洛夫还是像年轻人一样,朝气蓬勃,精力旺盛。这得益于他长年规律的生活和丰富有趣的体育锻炼。他是个既善于工作又善于休息的人。他常说:"过度疲劳是工作无组织无秩序的结果"。他将生活安排得极有规律。他的作息表是:早 7 点起床,然后做操、洗冷水浴;8 点 50 分前做好一天的行动计划;9 点开始工作学习;下午 1 点 50 进实验室;6 点晚餐,餐后休息两小时,然后再工作。而每年夏天,他总是有两三个月到乡村别墅去度假。在这段时间,他不读任何生理学杂志或医学书籍,虔诚地避免日常脑力劳动,不过,他阅读诗歌,主要读的三位诗人是莎士比亚、歌德和普希金。他的大部分假期时间都在锻炼,骑自行车、玩 gorodki 或从事园艺。对

晚年的巴甫洛夫在从事园艺
资料来源:I. P. Pavlov his life and work page 28—29.

于体力劳动,他也有着特殊的热爱,"我一生中不论过去和现在都喜爱智力劳动和体力劳动,甚至还可以说更爱后者,而当我在体力劳动中找出什么窍门的时候,也就是说将头脑与双手结合起来的时候,我更特别感到满意。"他喜爱体育锻炼,他会像对科学工作一样去认真对待体育锻炼,一丝不苟。从童年起他就确信做体操对身体有益,于是他一辈子从未中断。后来,他当了体操宣传员,还成立了体操和自行车爱好者医生小组,他还被选为体育爱好者医生协会名誉理事。每天他都坚持锻炼身体,他规定了每周固定的体育锻炼日,无论积存了多少事,无论这些事情有多么紧急,到体育锻炼日这一天任何事都不能干。只要一临近这个日子,巴甫洛夫的心情就兴奋不已,这是他享受"肌肉乐趣"的时间。在这一天,巴甫洛夫会身穿白衬衣,系着黑色蝴蝶领结,兴致勃勃地在双杠、吊环和其他器械上闪转腾挪。就在他年近 70 时,还练吊环和鞍马。他在 75 岁的时候,作为他们研究所 gorodki 队的常任队长,他得到了"击木游戏健将"证书,这一证书现

仍保存在他在苏联科学院的纪念馆中。

晚年的巴甫洛夫在玩 gorodki 游戏
资料来源：I. P. Pavlov his life and work page 20—21.

晚年的巴甫洛夫在第 15 届国际生理学家大会上发言
资料来源：I. P. Pavlov his life and work page 48—49.

1935 年，巴甫洛夫已经是 86 岁高龄了，他还成功地主持了在苏联召开的第 15 届国际生理学大会。遗憾的是，第 15 届国际生理学大会后不到半年，巴甫洛夫不幸感染流感性肺炎。在生命的最后时期，这个非凡的人物仍然是一位科学家：他口述自己对大脑活动衰竭时的感受，并急不可待地和神经病理学家们讨论自己的感觉，他向走进来的护士喊到："请别打扰！巴甫洛夫已经没有时间啦！巴甫洛夫就要死啦！" 1936 年 2 月 27 日，这位伟大的科学家与世长辞，走完了他

87年充满艰辛但热情四射的人生岁月。

专栏四

给青年们的一封信

我对于我国献身科学的青年们的希望是什么呢？

首先，要循序渐进。你们从一开始工作起，就要在积累知识方面养成严格的循序渐进的习惯。

你们想要攀登科学的顶峰，应该先通晓科学的初步知识。前面的东西如果没有领会，就决不要动手去搞后面的。决不要企图掩饰自己知识上的缺陷，即使用最大胆的推测和假设去掩饰。不论这种肥皂泡的色彩看起来多么悦目，它是必然要破裂的，你们除了惭愧以外，将一无所得。

你们要养成严谨和忍耐的习惯。要学会做科学中的琐碎工作。要研究事实，对比事实，积累事实。

不管鸟的翅膀多么完美，如果不凭借空气，鸟就永远不能飞到高空。事实就是科学家的空气。你们如果不凭借事实，就永远也不能飞腾起来。没有事实，那你们的"理论"就是徒劳的。

但是在研究、实验和观察的时候，要力求不停留在事实的表面上。不要变成事实的保管人。要洞悉事实发生的奥秘。要坚持不懈地寻求那些支配事实的规律。

第二，要虚心。无论什么时候也不要以为自己已经知道了一切。不管人们把你们评价多么高，你们总要有勇气对自己说：我是个毫无所知的人。

不要让骄傲支配了你们。由于骄傲，你们会在应该同意的时候固执起来；由于骄傲，你们会拒绝有益的劝告和友好的帮助；而且，由于骄傲，你们会失掉客观的标准。

在我领导的这个集体里，互助气氛支配一切。我们大家为一种共同的事业而努力，每个人都凭他自己的力量和可能来推进这种共同事业。在我们这里，往往分辨不出哪是"我的"，哪是"你的"。这样，对于我们的共同事业只有好处。

第三，要有热情。要切记，科学需要一个人贡献出毕生的精力。就算是你们每个人能有两次生命,这对你们来说也还是不够的。科学要求人们非常紧张地工作,并且有高度的热情。希望你们热情地工作,热情地探讨。

我们的祖国给科学家开辟了广阔的前途,应该公正地说,在我国,科学正被广泛地应用到生活中去,广泛到了最大限度。

关于我国青年科学家的地位,还有什么可说的呢?这方面的情形已经很清楚了。给予他们的多,但是向他们要求的也多。不论是青年或是我们,都不要辜负我们祖国对于科学的厚望,这是有关荣誉的问题。

(引自沃罗宁(2001).巴甫洛夫传.郑宁,吴仁富,译.河南:海燕出版社,277—279.)

>>>

高尔基曾高度评价巴甫洛夫是"一位经过坚强锻炼的和精雕细琢的极其稀有的人物。这种人物的经常功用就在于探究有机生命的秘密。他好像是自然为了认识自己本身而特意创造出来的一个极其完善的生物"。英国科学家柏格在第15届国际生理学会议上代表外国代表团向巴甫洛夫致辞说:"在自然科学的任何一个部门中,我想没有一个人像您在生理学方面这样突出的。"就是在这次会议上,巴甫洛夫被宣布为"世界生理学家的领袖"。

铅华落尽见真淳。在巴甫洛夫看来,他只是"一个彻头彻尾的实验者",他用实验的方法不仅在血液循环、消化系统方面取得了卓越的贡献,而且,他用实验的方法探索了人类大脑的奥妙,创立了条件反射学说,成为人类科学史上的一座丰碑。

沃尔夫冈·苛勒

沃尔夫冈·苛勒年表图

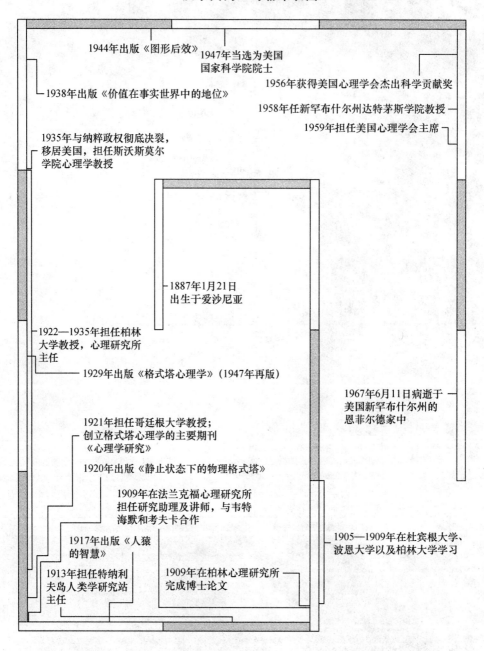

1944年出版《图形后效》
1947年当选为美国国家科学院院士
1956年获得美国心理学会杰出科学贡献奖
1938年出版《价值在事实世界中的地位》
1958年任新罕布什尔州达特茅斯学院教授
1959年担任美国心理学会主席
1935年与纳粹政权彻底决裂，移居美国，担任斯沃斯莫尔学院心理学教授
1887年1月21日出生于爱沙尼亚
1922—1935年担任柏林大学教授，心理研究所主任
1929年出版《格式塔心理学》（1947年再版）
1967年6月11日病逝于美国新罕布什尔州的恩菲尔德家中
1921年担任哥廷根大学教授；创立格式塔心理学的主要期刊《心理学研究》
1920年出版《静止状态下的物理格式塔》
1909年在法兰克福心理研究所担任研究助理及讲师，与韦特海默和考夫卡合作
1917年出版《人猿的智慧》
1905—1909年在杜宾根大学、波恩大学以及柏林大学学习
1913年担任特纳利夫岛人类学研究站主任
1909年在柏林心理研究所完成博士论文

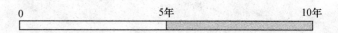

0　　　　　5年　　　　　10年

沃尔夫冈·苛勒(Wolfgang Kohler,1887—1967)是20世纪著名的心理学家,格式塔(Gestalt)心理学的创始人之一。他先后任普鲁士科学院类人猿研究站主任、柏林大学教授和心理研究所主任、美国国家科学院院士;1956年获得美国心理学会杰出科学贡献奖;1959年当选美国心理学会主席。苛勒认为一切现象经验都是有意义的整体,强调组织结构和关系在认知过程中的作用。他在1917年出版的《人猿的智慧》一书中,描述了自己关于动物解决问题的实验,提出了顿悟的学习理论,认为学习主要取决于对整个情境结构的突然知觉。在知觉方面,他对动物的结构知觉能力及图形后效的研究,有力地支持了格式塔的知觉理论。他的主要著作还有《价值在事实世界中的地位》(1938)、《心理学的动力学》(1940)和《图形后效》(1944)。苛勒撰写的《格式塔心理学》(1929)被公认为是对格式塔理论最好的系统说明,他为格式塔心理学的发展与推广做出了杰出的贡献。

一、生平经历

1. 令人嫉羡的成长之旅

1887年1月21日,在当时还在沙俄统治之下的爱沙尼亚(Estonia)的塔林(Tallinn),沃尔夫冈·苛勒(Wolfgang Kohler)出生了。他的父母都是德国人,父亲在一所学校担任校长,学校是由在当地居住和工作的德国人为了孩子的教育而建立的。在苛勒大约六岁的时候,全家迁回德国,定居在北部的沃芬巴特尔(Wolfenbuttell),之后苛勒就在那里长大。

苛勒一家非常重视对孩子的教育。苛勒的哥哥威廉(Wilhelm)成长为一位杰出的学者,姐妹们则都被培养为教师或护士。德国教育十分重视对文化底蕴的熏陶和培养,因此,苛勒除了对科学深感兴趣并在学业上一直表现得十分出色之外,还热爱自然、旅行和艺术,特别是音乐。小小年纪的苛勒已俨然成为一位古典音乐爱好者,不仅弹得一手好钢琴,而且他对音乐的理解早已超越其同龄人。

1905年完成高中学业后,苛勒曾先后求学于杜宾根(Tübingen)大学(1905—1906)、波恩(Bonn)大学(1906—1907)以及柏林(Berlin)大学(1907—1909),其学习的科目遍及哲学、历史、自然科学和心理学。当时的德国大学体系举世闻名,令人嫉妒,不但具有学术自由的优秀传统,还享有科研卓越和治学严谨的美誉。有一种关于德国大学生的说法:三分之一的学生会迫于课程的压力而精神崩溃;另外三分之一以逃避来应对压力而通常堕落;最后的三分之一坚持到底完成学业,最终统治了欧洲。而苛勒就属于这最后的三分之一。

苛勒在物理、化学和生物学方面接受了严格的科学训练,众多科学界的泰斗都曾给予苛勒以很多启发。物理科学家马克思·普朗克[①]关于熵定律以及物理系统的动态自动调节等概念的讲座给了苛勒很多启示,为他日后对似动等知觉

[①] 马克思·普朗克(Max Planck,1858—1947),德国物理学家,量子物理学的开创人和奠基人,1918年诺贝尔物理学奖的获得者。

现象的分析提供了很多灵感。也正是受到物理化学家能斯特①的启发,苛勒将现象学上的经验与大脑内部的电化学过程联系起来。由于他在物理学方面接受了相当深入的训练,苛勒在毕生的学术生涯中,都主张心理学应与物理学结盟。在几位与他共事多年的同事来看,"苛勒博士思考起来更像一位物理学家,而不像心理学家"②。

在柏林大学期间,苛勒师从卡尔·斯图夫③。斯图夫是与"现代心理学之父"冯特同时代的心理学家,是使格式塔心理学三位创始人苛勒、韦特海默以及考夫卡命运产生交汇的关键人物。1894年,斯图夫将艾宾浩斯④创建的柏林大学心理学实验室扩建为心理研究所,该所成为日后格式塔心理学发展的根据地。

正是由于冯特、艾宾浩斯、布伦塔诺和斯图夫这一代人的共同努力,使德国成为当时全世界心理学运动无可争辩的中心。在这样的氛围中,出于对心理学的好奇以及对音乐的热爱,苛勒最终选择进行听觉方面的心理学研究。在斯图夫的指导下,凭借自身深厚的物理学功底,苛勒将物理声学与心理声学相结合进行研究,于1909年完成了博士学位论文。研究结果同年发表在德国的《心理学期刊》(Zeitschrift für Psychologie)上,首次展露了他作为一名科学家的天分。苛勒的研究发现还迫使斯图夫对自己的心理声学理论加以修正,进而开展更深入的研究。

2. 成就卓著的探究之旅

1909年获得柏林大学的心理学哲学博士学位后,苛勒即前往法兰克福研究院(Frankfurt Academy),开始了他的学术生涯。起初,他的目的只不过是继续开展对听觉的心理学研究。在接下来的几年中,他也的确在该领域发表了几篇文

---

① 沃尔特·能斯特(Walter Nernst,1864—1941),德国物理学家、物理化学家和化学史家,热力学第三定律创始人,1920年化学诺贝尔奖获得者。
② Sherrill, R., Jr. (1991). Natural Wholes: Wolfgang Kohler and Gestalt Theory. In G. A. Kimble, M. Wetheimer, & C. White, Portraits of Pioneer in Psychology, Vol.1. Washington, DC: American Psychological Association; Hillsdale, NJ: L. Erlbaum Associates, 258.
③ 卡尔·斯图夫(Carl Stumpf,1848—1936),德国著名的哲学家、心理学家,尤其为音乐心理学的建立和发展作出了重要贡献。他的努力扩建使柏林大学心理研究所成为世界著名的大型心理学实验室之一。
④ 赫尔曼·艾宾浩斯(Hermann Ebbinghaus,1850—1909),德国实验心理学家,实验学习心理学的创始人,也是最早采用实验方法研究人类高级心理过程的心理学家。记忆曲线即为他所发现的。

章。但是很快,苛勒与考夫卡和韦特海默的汇合改变了他初始设想的研究方向。

在苛勒来到法兰克福研究院的次年,即 1910 年初,格式塔心理学的另一位奠基人——考夫卡加入了这个研究队伍,与苛勒成为了同事。紧接着,在 1910 年的夏天,已产生视觉研究新观点的韦特海默,为了获得将这些想法付之检验的实验条件,经昔日在柏林大学求学时期教授的介绍,也来到了法兰克福研究院。苛勒与考夫卡成为了韦特海默实验的第一批参与者,并协助他完成了似动现象的系列研究。这些研究日后成为了心理学中的经典实验。

<<< 专栏一

考 夫 卡

库尔特·考夫卡(Kurt Koffka,1886—1941)出生于德国柏林,早年对科学和哲学发生了强烈的兴趣,师从斯顿夫研究心理学,1909 年获得博士学位。1910 年,他同韦特海默和苛勒在法兰克福开始了长期的和创造性的合作,成为格式塔学派三人小组中最多产的一位。第一次世界大战期间,他在精神病医院从事脑损伤和失语症患者的研究工作。

考夫卡身材瘦小,性格内向古板。从 1911 年到 1927 年,考夫卡任教于吉森大学。他讲课枯燥无味,但是不断发表学术报告,如 1921 年发表了"思维的成长:儿童心理学导论";1922 年又在 Psychological Bulletin 上发表文章,向美国读者介绍格式塔心理学。考夫卡在格式塔心理学中提出了行为环境的理论,认为行为是心理学的研究对象、心理学要研究行为与物理场的因果关系,对后来勒温的心理学观点产生了影响。

考夫卡

资料来源:Carl Murchison(1928). The International University Series in Psychology, Psychologies of 1925. 3rd ed. Worcester, MA: Clark University Press.

1927 年以后,考夫卡任教于美国马塞诸塞州的女子大学史密斯学院(Smith

College),在那里发表了百科全书式的《格式塔心理学原理》(1935),对格式塔方法进行了十分全面的说明。晚年,考夫卡还研究过颜色视觉和知觉组织。他关于本性与教养问题的观点进一步发展了斯特恩理论,即心理发展是内部(遗传)和外部(学习)条件的配合。不过史密斯学院只重视本科教育,考夫卡在该校只指导过一名博士生。1941年,55岁的考夫卡突发心脏病去世。

<<< 专栏二

韦 特 海 默

马科斯·韦特海默(Max Wertheimer,1880—1943)出生于布拉格的一个犹太家庭,18岁进入布拉格大学准备攻读法律,1901年转到柏林大学学习哲学和心理学(当时是哲学的一个分支),师从于斯图姆夫。1904年又转到符茨堡(Wurzburg)大学,在屈尔佩的指导下获得博士学位,并被评为拉丁文学位荣誉最优等。1910年以后在法兰克福大学和柏林大学等校任教。1933年因为纳粹迫害而逃亡至美国,任教于纽约的社会研究新学院(New School for Social Research)。此后,韦特海默将格式塔心理学的原理应用于人类创造性思维的研究,并倡导在教育过程中培养学生创造性思维的重要性。

韦特海默
资料来源:http://arbeitsblaetter.stangl-taller. at/WISSENSCHAFTPSYCHOLOGIE/PSYCHOLOGEN/wertheimer.jpg.

韦特海默性格热情幽默,爱好作诗和作曲。他经常思如泉涌,又擅长演讲和热情的鼓动,但是著述极少。1943年9月末完成他一生唯一的著作《创造性思维》(Productive Thinking),三周后因心脏病突发而去世。该书于1945年正式出版,并在美国多次重印,中译本出版于1987年。

随着韦特海默、考夫卡和苛勒一起不断深入地探讨这些知觉运动实验的含义,他们一致认为,对心理现象的自然整体性(natural wholes)的研究将会使心理科学重新获得人性的意义(human meaningfulness)[1]。于是,他们开始了持续一生的事业——去证实这种概念重构(reconceptualization)如何应用到科学心理学的整个领域,乃至心理学领域之外。格式塔心理学三位奠基人的命运就这样交汇在一起。他们三人密切合作,开展研究,并独树一帜,建立了格式塔心理学派。1912年在德国《心理学期刊》上发表的"运动视觉的实验研究"(Experimentelle Studien über das Sehen von Bewegung)标志着格式塔心理学的正式建立。

在格式塔学派正式建立之后不久,苛勒接受普鲁士科学院的邀请,于1913年前往西非加那利群岛(Canary Island)的西班牙属地特纳利夫(Tenerife)岛担任类人猿研究站主任之职,这一去就是七年之久。普鲁士科学院在特纳利夫岛上养了一群黑猩猩,苛勒就在那里研究黑猩猩的智力和问题解决能力。他本来只计划在那里逗留几个月,结果由于第一次世界大战的爆发而被迫留在这个小岛上,一直到1917年才离开。也有心理学史学者认为,七年的滞留是由于一战爆发后,德国聘请苛勒密切观察英法联合军舰在特纳利夫岛附近的行动。事实上,在特纳利夫岛建立类人猿研究站确实有些令人费解,因为黑猩猩并非是那里土生土长的,若要对其进行研究,不如在黑猩猩原产地非洲大陆的德属领地内或者直接把黑猩猩运送到德国的某个大型动物园中去进行更为合情合理。另外,特纳利夫岛由于接近大西洋中主要航运线,在第一次世界大战期间具有重要的战略意义。也的确有德国和英国海军解密的相当多的档案表明,第一次世界大战期间,德国政府曾在加纳利群岛组织了一个非常活跃的间谍组织,而英国政府强烈怀疑苛勒是其中的一分子,曾多次向西班牙当局坚持要求对苛勒的住所进行反复的搜查。在特纳利夫岛协助苛勒工作的动物管理员以及苛勒的孩子们对这些士兵的搜查都印象很深刻。

尽管生活上遇到了困难,研究也受到了种种限制,苛勒却把这段时间很好地

---

[1] Sherrill, R., Jr. (1991). Natural Wholes: Wolfgang Kohler and Gestalt Theory. In G. A. Kimble, M. Wetheimer, & C. White, Portraits of Pioneer in Psychology, Vol. 1. Washington, DC: American Psychological Association, Hillsdale, NJ: L. Erlbaum Associates, 250—260.

利用起来，完成了他十分著名的有关顿悟学习（insight learning）的系列实验。这些研究主要是给黑猩猩等动物设置各种各样的问题，然后观察它们在解决这些问题过程中的表现。苛勒根据所获得的实验研究结果于1917年出版了《人猿的智慧》(Mentality of Apes)，它成为格式塔心理学的代表性著作。该书在1924年出了第二版，1925年被译成英文，1928年被译成法文，在世界范围内引起很大反响，但其中译本于2003年才正式出版[①]。在这本书中，苛勒将格式塔原理用于研究动物行为，集中阐释了动物解决问题的方法。他的实验超越了前人的设计，富有创造性。他仔细观察并详细记录黑猩猩在解决问题过程中的种种表现和动作，生动地描述了黑猩猩在各种迂回情境中解决问题的方式，并据此得出推论认为，黑猩猩能够考察情境中事物之间的关系，把握问题结构，从而导致学习的成功。苛勒把这种学习称为"顿悟"的学习，并根据心理场的知觉组织原则，提出了著名的学习理论——顿悟说。

七年的小岛岁月之后，苛勒于1920年回到德国，次年进入哥廷根（Goettingen）大学接替格奥尔格·埃利亚斯·缪勒[②]的教授职位。在此期间，苛勒以德文出版了《静止状态中的物理格式塔》(Die Physischen Gestalten in Ruhe und in Stationaren Zustand)。在这本书中苛勒主张，格式塔理论是自然的一个基本定律，应该被扩展到一切科学领域。该书一直被他视为自己最重要的成就之一，并因其很高的学术含量而获得广泛赞誉，还为苛勒后来担任柏林大学心理研究所主任奠定了基础。1921年，苛勒还与韦特海默和考夫卡等人共同创立了《心理学研究》杂志，它成为格式塔心理学派的主要刊物，一共发行了22卷，于1938年第二次世界大战爆发前暂行停刊。

1922年，苛勒接受了柏林大学哲学教授的学术任命，正式继任斯图夫的心理研究所主任职务并一直工作到1934年。这不仅标志着苛勒已确立了他的心理学学术地位，也标志着格式塔心理学思想已产生了重要的影响。当时，韦特海默已经在柏林大学任教，而考夫卡也在距离不远的吉森（Giessen）大学任教，三

[①] 苛勒(2003). 人猿的智慧. 陈汝懋，译. 杭州：浙江教育出版社.
[②] 缪勒(Georg Elias Müller, 1850—1934). 德国生理学家，心理物理学家，也是因研究视觉和记忆闻名的生理心理学家. 创立了德国实验心理学会，并担任主席.

人保持着紧密的联系,组成了一个人们称为"柏林学派"的核心团体①。苛勒不仅是三人当中最勤奋刻苦的实验者,同时也成为了强有力的管理者。他高傲、古板而且为人正派,与他结交10年以上的朋友才会用"你"来代替"您"来称呼他;而在他的作品中,他却令人意外地感到放松和着迷。波林对苛勒著作的评价是"措辞慎重,表达精确,文体优美",因此苛勒的书成为"格式塔心理学的权威的论断"。1929年出版的《格式塔心理学》(Gestalt Psychology)就是这样的一部权威著作,首次对格式塔运动进行了全面而系统的阐述。

在20世纪20~30年代初期这段时间,柏林大学心理研究所生气勃勃而且硕果累累。苛勒等人将格式塔原理广泛地应用于研究多种心理学问题,他们的工作吸引了来自世界各地的学生。研究所位于曾作为德国王室宫殿的一座侧楼里,研究者们在天花板很高的、顶篷布满精致壁画的房间里工作——可能再也没有比这更华丽的心理学实验室了。苛勒等人试图给学生逐渐灌输的,不仅仅是优秀科学的最高标准,还有对人文精神的感受与欣赏。曾有一次,当某人向苛勒介绍一个十分精妙的听觉实验时,苛勒评论说:"这简直是一个可与莫扎特相媲美的实验!"

1925—1926年的学术假期间,苛勒在美国的克拉克大学(Clark University)开设讲座,业余时间还教研究生跳探戈。有资料记载,20世纪20年代中期,苛勒同他的妻子离了婚,娶了一个年轻的瑞典学生。之后他没有再见过第一次婚姻的4个孩子,而且他的手臂开始颤抖,在他生气时则会颤抖得更加厉害。据说每天早晨,他的实验助手都会注意观察他颤抖的手臂,以猜测他的心境②。那段时间他对同事和学生的态度通常都很冷淡,有时甚至令人难堪。但是与他一起密切工作的学生们都很爱戴他,因为与他接触较多的人都知道:在他严峻的举止背后所隐藏的,其实是害羞与畏缩,这困扰了他所有的人际关系。在柏林这座城市的后几年里,这种潜隐的害羞虽然依旧存在,不过逐渐地显露出颇具魅力的温和天性。

---

① 曾宪源,等编译(1988). 世界著名心理学家辞典. 哈尔滨:黑龙江人民出版社,120.
② 杜·舒尔兹,西德尼·埃伦·舒尔兹(2005). 现代心理学史. 第八版. 叶浩生,译. 南京:江苏教育出版社,306.

3. 移居美国的新大陆之旅

苛勒不仅是一个哲学家、心理学家,还是一个关注公共事务的人。即使不那么情愿,但只要能对公共事务有所助益,他还是可以随时随地从象牙塔中走出来。平静的科研工作并没有持续很久,德国纳粹的独裁统治就开始扰乱经济与社会生活,学术界也深受其害。当代一位历史学家指出,苛勒是唯一一位对开除犹太教授提出公开抗议的非犹太心理学家。

希特勒掌权前后的一段时期,苛勒都在不停地警告民众,特别是他的同事,纳粹是多么的危险。苛勒通过任何一种可以实现的方法来传递他的警告,其中最著名的一个例子是1933年4月,他在柏林某报纸上公开发表文章,抨击纳粹政府解雇犹太教授的法令。文章一发表,立即引起了不小的社会反响,导致报社都不得不增加当日新闻版面的印刷量。苛勒的朋友非常钦佩他的勇气,同时也十分担心纳粹可能会在当晚就逮捕他。由于盖世太保通常在黎明初晓时分抓人,因而苛勒和朋友们都不敢入睡,欣赏了一整夜的室内音乐。幸运的是,他的住所始终未响起那招致死亡的敲门声。还有一次,警察在苛勒的研究院周围巡逻并且影响到了他的研究工作,他十分严厉地控诉当局,还在不久之后训斥了当时的教育部部长。他的训斥令教育部部长十分震惊和敬畏——区区一个教授竟然敢这样对我讲话!此外,苛勒还希望集合同事的力量在校园里采取一些行动,但是收获的却只有沮丧:纳粹仍然继续迫害那些反对他们的人,学术的自由遭到了严重的破坏。

1934年秋,苛勒接受了哈佛大学的邀请去作访问学者,并在第三届威廉·詹姆斯讲座(William James Lectures)上发表演讲,另外他还接受了1935年春季学期在芝加哥大学任客座教授的邀请。苛勒在美国的演讲很受欢迎,就此美国心理学家普瑞特(Carroll C. Pratt)曾这样描述:

"苛勒是一个非常出色的演说家,大量的学生涌向他的课堂。每次他的演讲都准备得很充分,学生们都为这样一个集如此多优点于一身的老师而着迷:英俊的外表,醒目的胡子,响亮的声音,流畅的语言,准确的措辞,语速恰当且抑扬顿挫,还有他发展主题的艺术性,仿佛一曲由丰富的哲学、艺术与科学同行而谱成的赋格曲,稳定而持续地奏向不可动摇的尾章。"①

然而,苛勒在美国讲学的这段时间,德国大学内的状况仍在持续恶化,种种坏消息让苛勒不得不承认,德国大学传统的学术自由和文化领导地位已经消失殆尽。1935年8月,苛勒终于下定决心从柏林大学辞职,移居美国。

1935年秋天,苛勒成为宾夕法尼亚州斯沃斯莫尔(Swarthmore)学院的心理学教授。斯沃斯莫尔学院是一个小型的精英学院。在这所坐落于风景优美、环境宜人的费城郊区的学院里,苛勒可以几乎不被打扰地安心研究和写作。1937年的整个夏天,苛勒一家在缅因州的一个小岛度过,期间苛勒在朋友的帮助下完成了《价值在事实世界中的地位》(The Place of Value in a World of Facts)的润色工作。这本书基于苛勒在哈佛大学所作的系列讲座编著而成,出版于1938年。几年后,苛勒买下了新罕布什尔州(New Hampshire)达特茅斯(Dartmouth)附近的一块田园土地,在退休后他每年都要在那住上一段日子。

虽然由于斯沃斯莫尔学院没有博士生培养项目,也缺少先进的设施,苛勒此时的研究范围与在德国那时相比小了许多,但是苛勒仍继续在实验可控的心理学领域(如感觉和认知)内对动态向量(dynamic vectors)进行着不懈的研究。另外,苛勒还与他的美国同事和学生一起,对图形后效及相关知觉现象进行了研究,引发了对此现象的深入探讨及争论,从而推动了美国的图形研究,并产生了几种新的知觉理论,如赫尔森(Harry Helson)的感觉紧张场理论(sensory tonic field),阿希(Asch)和威特金(Witkin)的水平垂直知觉研究等,其中最重要的是吉布森(J.J. Gibson)的直接知觉理论(direct perception)。苛勒在美国出版的著作有1940年的《心理学中的动力学》(Dynamics in Psychology),1944年的《图形后效》(Figural After-effects)。1955年,苛勒在普林斯顿大学做了一年的知觉研究工作,之后前往新罕布什尔州的同为常青藤院校的达特茅斯学院(Dartmouth College)任研究教授,直至退休。

苛勒对心理学作出了卓越贡献,他一生中也获得了很多荣誉与尊敬。在1946年获得美国国籍后,次年他即当选为美国国家科学院院士。1956年9月2

---

① Wolfgang Kohler(1969). The Task of Gestalt Psychology. Princeton, NJ: Princeton University Press,6.

日,美国心理学会将"杰出科学贡献奖"颁给了苛勒、罗杰斯(Carl R. Rogers)和斯彭斯(Kenneth W. Spence)三人。1958年,苛勒的名字荣幸地列入了著名的吉佛德讲座(Gifford Lectures)的长名单中,名单上都是爱丁堡大学多年来邀请过的众多杰出学者的名字。1959年,苛勒被推选为美国心理学会主席。几年后他被授予柏林名誉公民,在此之前,被授予这一荣誉的美国人仅有两位——肯尼迪总统和作曲家保罗·辛德米特。此外,苛勒在一生中还被授予过众多美国和欧洲大学的荣誉学位,在他去世前不久还曾前往瑞典接受了乌普萨拉(Uppsala)大学的荣誉学位。75岁生日的时候,苛勒的朋友们聚集在心理学家纽曼(Edwin B. Newman)的家中,献给苛勒一本文集,其中汇集了来自四五个国家的二十多位仰慕者所贡献的文章。

1967年6月11日,苛勒在美国恩菲尔德的家中去世,享年80岁。两年后,根据苛勒生前在普林斯顿大学的最后一次系列讲座——兰菲尔德[①]纪念讲座的手稿编著而成的《格式塔心理学的任务》(The Task of Gestalt Psychology)正式出版,为苛勒心理学的科研学术生涯画上了一个圆满的句号。苛勒所有的档案文件都存放在位于费城的美国哲学协会的档案中心。苛勒完整的著作书目《苛勒论文选》由亨利[②]编辑发表于1971年,记载了苛勒一生的学术成果,也间接反映了格式塔心理学的发展历程。

二、创立格式塔心理学

1. 时代与思想背景

苛勒是格式塔心理学的创始人之一,对其学术思想与理论的深入理解与认识,要从了解格式塔心理学派起源的时代背景开始。在心理学独立成为一门科学之后的相当长一段时间内,形成了众多的理论流派,而每一个流派的产生都有

[①] 赫伯特·兰菲尔德(Herbert S. Langfeld, 1879—1958),与苛勒是近半个世纪的挚友,他们同在柏林大学师从斯图夫获得心理学博士学位,共享许多学术与兴趣爱好。曾担任过美国心理学会主席(1930)和国际心理学大会秘书长。

[②] 玛丽·亨利(Mary Henle, 1913—2007),著名心理学史学家,格式塔心理学家,美国心理学会历史心理学分会第六届主席,曾受聘于斯沃斯莫尔学院,与苛勒成为同事并一直保持亲密的关系。

着深刻而特定的时代与思想背景。格式塔心理学产生的背景可以从社会历史条件、哲学根源、自然科学以及心理学背景这几方面来具体分析。

首先,从社会历史发展的角度来看,德国自从 1871 年实现统一后,资本主义工业迅速发展,到 20 世纪初已经一跃成为欧洲最强硬的政治帝国。统一的德意志帝国企图使欧洲各国乃至整个世界各国都臣服于普鲁士的统治。当时在德国,唯意志论、整体决定的动力观等社会意识形态日益显得重要起来,不仅在政治、经济以及文化科学等方面倾向于对整体的研究,而且心理学也受到了这一思潮的影响。例如,德国哲学家和心理学家狄尔泰(Wihelm Dilthey,1833—1911)倡导从研究经验的整体出发,认为只沉醉于分析要素和说明生理过程结构,根本不能揭示出各种心理现象之间的客观联系。又如,同为德国哲学家和心理学家的斯特恩(L. W. Stern,1871—1938)也从整体观的视角提倡人格心理学的研究,并反对传统的元素主义心理学。这种意识的整体观,也正是后来产生的格式塔心理学的核心思想。

其次,在哲学渊源上格式塔心理学对知觉整体的强调,最早可以追溯到德国哲学家康德(Immanuel Kant,1724—1804)的思想。康德认为知觉是一个积极的组织过程,它把元素组合成连贯的经验。而马赫(Ernst Mach,1838—1916)的《感觉的分析》(1885)一书则对格式塔思维产生了更为直接的影响。马赫把空间模式(如几何图形)和时间模式(如曲调)都看做是感觉,认为这种感觉与它们的个别元素无关,而且即使我们改变观察的角度,对物体的知觉也不会变化。此外,胡塞尔(E. Edmund Husserl,1859—1938)的现象学也影响了格式塔心理学,成为其主要的哲学基础。现象学主张对自然发生的直接经验进行无偏见的描述,反对把经验分析还原为元素或者进行人为的抽象,这些方法后来也被格式塔心理学所采纳。另外苛勒还曾公开承认,他的思想受到怀特海德(Alfred North Whitehead,1861—1947)的新实在论观点和摩尔根(Thomas Hunt Morgan,1866—1945)的突创进化论的影响。英国哲学家怀特海德主张有两个世界,一个是我们用常识去观察而在头脑中形成的即刻呈现的事件世界,另一个是物理学家所认识的因果效能的永恒世界,这两个世界并不是一回事。摩尔根的突创进化论则认为,在进化中产生的是一个全新的整体的组合,而不是现有的各种成分的机械的联合。

再次,自然科学的发展和进步极大地影响了心理学,而对格式塔心理学产生重要影响的,则是当时物理学中盛行的场论(field theory)思想。19世纪著名的物理学家法拉第、赫兹、赫尔姆霍茨等人提出了一个假设:在物理世界里存在着电场、磁场与重力场,场中的元素与元素间会彼此影响,不是互相吸引,就是互相排斥,而这种相互牵引的力量受制于元素的尺寸、质量、位置等因素。场论不仅是格式塔学派反对元素主义的理论武器,而且也被他们借用作为论证格式塔心理学理论的自然科学根据。格式塔心理学家把动物和人的心理,均描绘成为一个具有一定结构的完整的"现象场"(phenomenal field),这个结构的主要成分是图形。另外,物理学对格式塔心理学的影响也具有个人的原因。苛勒求学期间曾师从现代物理学的创建者之一马克斯·普朗克学习物理学,正是由于普朗克的影响,使他注意到场物理学与整体格式塔概念之间的联系。在1920年出版的《静止状态中的物理格式塔》一书的序言里,苛勒专门向普朗克致谢。书中苛勒采用了场论的思想,认为脑是具有场的特殊的物理系统。他试图说明物理学是理解生物学的关键,而对生物学的透彻理解又会影响到对心理学的理解。苛勒在生前最后一次讲座中指出:"格式塔心理学已经成为场物理学在心理学基本部分的应用。"[①]

最后,在心理学思想方面,关于形式(form)问题的长期探讨为格式塔心理学的产生奠定了基础。韦特海默曾经在布拉格大学跟从厄棱费尔(Christian von Ehrenfels,1859—1932)学习,他指出格式塔运动的最大激励来自于厄棱费尔的工作。德文格式塔(Gestalqualrtüt)一词实际上就是厄棱费尔在1890年论述音乐旋律知觉的著作《论形质》里首次提出的。厄棱费尔在马赫感觉理论的基础上进一步提出"形质学说"。他把空间形式和时间形式之类的形式称为格式塔质(Gestalt qualities)或形质(form qualities),认为一个正方形是由四条直线构成的,但正方形不是这四条直线的复合体,而是一种新的形质、性质或元素。形质学派一方面发展了马赫的感觉理论,另一方面又为格式塔心理学提供了一套完整的形质概念与理论根据。

[①] Wolfgang Kohler(1969). The Task of Gestalt Psychology. Princeton, NJ: Princeton University Press, 77.

2. 培育开创者的摇篮——柏林心理研究所

在20世纪20年代,可以说实验心理学在德语国家范围内已经成为了一个全面发展的科学学科——自从冯特在1879年建立了第一个实验心理学研究机构以来,到1914年为止已建成有14个实验室,出版发行了4本专业的学术期刊,还有其他在应用和教育心理学领域的著作。然而,包括冯特和缪勒在内的心理学科领袖们所任的教授之职,都是哲学教授职位。这种情况的出现是有其历史原因的。在德国,心理学在很长一段时间里都被视为哲学的一部分,哲学教授享有很高的社会地位和颇大的实际影响力。

很多实验心理学家相信他们的方法可以对解决重要的哲学问题有所贡献,尤其是在知识和逻辑理论方面。把格式塔心理学三位奠基人引入实验研究的人——卡尔·斯图夫也持有这样的信念。但他对心理研究的组织和取向与冯特持有不同的态度。在1893年,普鲁士教育部部长曾向斯图夫提供了一个哲学教授职位,以及在柏林建立一个与冯特规模相当、年预算更高、更多现代设备的心理学实验室的机会,最初却被斯图夫拒绝了。斯图夫提出建立一个"心理学研讨班(Psychological Seminar)",用适量的资金来"通过练习与演示,来支持并扩展讲座"。因为斯图夫相信,大规模的实验心理学研究存在着客观困难,而且他不确定是否应该学习冯特和美国人在这方面的先例。

不过仅仅几年后,因为加入研讨班的学生人数不断增加,而且出现了一些他希望予以支持的年轻学者,斯图夫改变了立场。他将研究班更名为"心理研究所",机构组织也搬迁到更大的处所,而且获得了一系列经费用于增购器材。到1914年,柏林心理研究所已经成为德国规模第二大、资金支持最雄厚的心理学研究机构。然而,斯图夫对心理学研究状态的基本态度及其研究所的目的并没有改变。他写道:

> 在一个如此年轻的研究"取向"(不是"科学"或"学科")之中,成熟的方法这么少,错误的来源这么多,而且在设计与实施实验中还有这么大的困难,因此是不大可能将主要目标定为尽可能多的产出论文。取而代之的,主要的目的应该是以下两点:第一,通过演示和练习的方式来支持课程的讲授;第二,为导师、助手以及少数特别优秀的工作者的实验工作提供必要的

协助。①

这些"特别优秀的工作者",后来几乎都成为格式塔心理学的奠基人或重要合作者:韦特海默、考夫卡、苛勒、阿莱施(Johannes von Allesch,1882—1967)、盖尔博(Adhemar Gelb,1887—1936)、勒温(Kurt Lewin,1890—1947)。他们先后于1906至1913年间在斯图夫的指导下,凭借在柏林所进行的实验工作而获得了博士学位。

由此可见,正是由于斯图夫对心理学的教授与传播,汇聚了格式塔心理学派的三位创始人;也正是由于他的不懈努力,创建了一个条件优越、资金雄厚的柏林心理研究所。曾先后求学于他的三位学生,共同创立了格式塔心理学派。十余年后,其中的一位学生苛勒,又回到了柏林,继任恩师的主任职位,并进一步将研究所的实力发展壮大,形成了当时在德国颇负盛名的"柏林学派",并使柏林心理研究所成为格式塔心理学发展推广的根据地。

3. 格式塔的实证——似动现象

1910至1912年间,在法兰克福研究所,苛勒和考夫卡一起担当韦特海默似动现象实验的助手和被试,三人合作研究的似动现象或 Φ 现象(apparent movement 或 phi phenomenon)成为了构建格式塔心理学思想的主要实验根据。该实验的完成也标志着格式塔心理学的诞生。

似动实验最初构思的产生颇具戏剧性。1910年的夏天,韦特海默从奥地利维也纳去德国莱茵河畔度假。旅途中凝望着火车窗外的韦特海默,突然发现电线杆、栅栏、房屋甚至远山似乎都在运动。这些静止的物体看起来似乎在与火车赛跑。他问自己:为什么这些物体仿佛在运动?于是他放弃了旅行计划,临时决定中途在法兰克福下车,立即到玩具店买了一个简单的玩具动景器②。他在旅馆中就开始着手设计实验,并初步验证了自己的想法。次年,韦特海默前往法兰克

---

① Claude E. Buxton(1985). Points of View in the Modern History of Psychology. Orlando, FL: Academic Press, 296—299.
② 动景器(stroboscope):从透镜中观察定速移动的静画,可以获得图像活动的知觉.

福大学心理研究院,使用改进的速示器①开始正式的实验研究,并以当时该校两位年轻的学者苛勒和考夫卡为助手和被试者,三人合作继续对似动现象进行了深入而细致的实验研究。他们相遇时,韦特海默30岁,考夫卡和苛勒分别只有24岁和22岁。

似动现象的典型实验是这样进行的。用速示器通过两条细长的裂缝,先后在幕布上投射出两条光线,一条是垂直线,另一条则同这条垂直线成20或30度角。如果先后投射这两条线间隔时间很长(超过200毫秒),那么被试看到的是两条先后出现的光线;如果两条线出现的时距很短(如30毫秒),那么被试看到的是两条同时出现的光线;但是,如果两条光线出现的时间间隔较为理想,即相距大约60毫秒,那么被试看到的就是一条单一的光线,这条单一的光线似乎从这个细缝向另一个细缝运动,然后又返回来。这种原来是静止的两条光线,能在一定条件下知觉为单线移动的现象,被称为似动现象。

似动现象实际上是一种很平常的现象,科学家们在许多年前就已经观察到了,而且对这种运动知觉的机制提出了许多不同的解释。主要的解释可分为三种:一是以冯特为代表的眼球运动说;二是以马尔比(Karl Marbe,1869—1953)为代表的后像混合说;三是以厄棱费尔为代表的感觉综合说(或联想说)。格式塔心理学的创始人对以上三种学说一一进行了反驳。

对眼球运动说的反驳实验是这样设计的:在幕布上先呈现出 A_1 和 B_1 两线,然后隔60毫秒再在它们的左右两方向各呈现出 A_2 和 B_2 两线。这时,被试可看到 A_1 和 B_1 同时各自向相反的 A_2 和 B_2 方向移动,而眼球不可能同时向相反的两种方向运动。要知道眼球运动至少需要130毫秒以上,60毫秒时间是不可能产生眼动的。因此,眼球运动和似动现象无关。既然证明眼球并未移动,那么后像混合说也就不能成立了。进一步地,韦特海默对感觉综合说也予以否定。他认为被试看到的好像就是单线移动,而不是先看到两条孤立的线,然后在这两条线的感觉基础上通过综合作用才产生运动的。

反驳完前人的解释之后,他们又是怎样解释似动现象的呢?其回答与其实

---

① 速示器(tachistoscope):在短暂的时间内呈现视觉刺激的仪器,由德国生理心理学家沃尔克曼(Volkmann)于1859年发明,是心理学实验中最早使用的仪器之一,后来被广泛地应用于各种心理学研究。

验一样的巧妙:"似动现象不需要解释,它就像你知觉到它那样存在着,不能被还原为任何更简单的东西。"[①]根据冯特的观点,对于刺激的内省将不会导致两条相继的光线产生任何更多的东西。但是不管人们如何严格地内省两条呈现出来的光线,运动中的单一光线的经验都持续存在着,任何更进一步的分析必然要失败。从这一条线到另一条线的似动现象是一个整体的经验,这个经验不同于其他部分(两条静止的线)的总和。因此,联想的、元素的心理学受到了严肃的挑战,而且是一个无法应对的挑战。

由此,韦特海默在苛勒与考夫卡的协助与共同探讨下,根据似动现象的实验研究,首次提出了格式塔心理学观点,并以题为"运动视觉的实验研究"(Experimentelle Studien über das Sehen von Bewegung)的论文于1912年发表在德国的《心理学期刊》。韦特海默在文中指出,似动自身是一种现象,是一个整体或格式塔(完形),而不是若干不同的感觉元素的集合。他进而推论,心理现象的整体是不可分析为元素的,因为整体并不等于部分之和,整体是先于部分而又决定各个部分的。这篇文章被公认为格式塔心理学建立的起点。

<<< 专栏三

格 式 塔

格式塔是德文 Gestalt 的音译,意思是有机而连贯的整体,英文常以 Configuration 或 Whole 等来表示。这个词最早由奥地利哲学家厄棱费尔于1890年提出,后来被用来命名由韦特海默、考夫卡和苛勒于1912年创立于德国的一种心理学,即格式塔心理学。

Gestalt 一词在英语中找不到精确的对应词,尽管它现在已经成为心理学日常语言的一个部分,其通常使用的同义词有形式、形状、结构等。而在中文,Gestalt 一般被音译为"格式塔"或意译为"完形",因此中文书籍与文章中出现的"格式塔心理学"与"完形心理学"是等同的。

具体来说,Gestalt 在德文中有两种含义:一是指形状(shape)或形式(form)

[①] 杜·舒尔兹,西德尼·埃伦·舒尔兹(2005). 现代心理学史. 第8版. 叶浩生,译. 南京:江苏教育出版社, 304.

的意思,也就是指物体的性质;另一种含义指的是一个整体或一个具体的实体,它具有一种特定形状或形式的性质。因此,格式塔既可以用来指物体,也可以用来指它们的独特形式。Gestalt 如果用在心理学上,它则代表所谓"整体"(the whole)的概念。

苛勒认为,Gestalt 其形式或形状上的意义在格式塔心理学中已退居次要地位,并非格式塔学派的主要研究中心。而第二种含义则使这一术语不仅仅限于视觉或整个感觉领域,同时也适用于学习、思维、情绪和行为。正是在这个词的这种一般的、机能的意义上,格式塔心理学家试图涉足心理学的整个领域。

4. 格式塔的知觉组织法则

韦特海默、考夫卡和苛勒一直在努力地寻觅着一个比冯特的结构主义更加新颖、充满活力的心理学,他们对那个年代的心理学并不满意。在他们看来"当代心理学"是呆板的、缺乏想象力而且僵硬做作的。后来苛勒对他们的观点进行了回忆:

> 他的(内省主义的)心理学长久以来就不能让人们信服。因为他忽视了日常生活的经验,而仅仅集中于在人为控制下才出现的罕见事实,这样迟早要使他的学术观众和外行观众失去耐心。而且还会发生一些其他的事情,比如会有心理学家相信他的话,认为这是对待经验唯一正确的处理方式;他们会说,如果真的是这样,那么我们对经验的研究不感兴趣。但是,我们要做更加生动的事情。我们要研究行为。[①]

为了做"更加生动的事情",韦特海默、苛勒和考夫卡确实建立起了一门新的、更有活力的、有重大意义的心理学。自从他们第一次提出格式塔心理学,他们就开始四处征召对新原则的支持。其中特别重要的支持来自丹麦现象学家鲁宾(Edgar Rubin,1886—1951)。他在 1915 年用两可图形(ambiguous figures)

---

① 转引自:David Hothersall(1984). History of Psychology. Philadelphia: Temple University Press,168.

对他的实验进行了描述。在左侧的图中,人们通常首先看到的是一个白色的桌子或花瓶,一段时间之后会看到黑色的两个人像。这个图因此而被称为"鲁宾的花瓶"(Rubin's vase)或"鲁宾的彼得和保罗人像"(Rubin's Peter and Paul profiles)。在图中,人们会看到一个白色的十字或黑色的十字。在这些图形中,不同的图形-背景关系导致了不同的知觉。图形比背景更明显,因为图形是更好的格式塔。鲁宾认为这些知觉的产生是整体的,这些图形证明了我们的知觉是主动的、生动的、有组织的。我们不仅仅是感觉刺激的被动接受者。这些观点也被格式塔心理学家所采纳。

"鲁宾的花瓶"
资料来源:David Hosthersall (1984). History of Psychology. Philadelphia: Temple University Press,168.

另外的支持来自于知觉恒常性(perceptual constancy)的经验。举例来说,当我们站在窗户的正前方,一个矩形就投射到我们眼睛的视网膜上;但是如果我们站在窗户的一边,视网膜的映像就变成了梯形,然而我们仍旧把窗户知觉为矩形。也就是说,即使感觉(投射在视网膜上的映像)变了,我们对窗户的知觉依然保持不变。同样的情形也适用于亮度和大小的恒常性。感觉元素可能产生变化,但是我们的知觉不变。在这些事例中,如同在似动现象中那样,知觉经验具有整体或完形的性质。这些整体或完形的性质在任何构成成分中都是没有的。因此,感觉刺激的特征与实际的知觉特征之间存在着差异。知觉不能被简单地解释为多种元素的集合或部分特征的综合。

根据格式塔心理学家的理论,我们对日常世界的知觉也同样是被积极主动地组织为连贯的整体。对这种知觉经验的组织法则在三个重要文章中有所论述:考夫卡的"知觉——格式塔理论介绍"(Perception—An Introduction to the Gestalt Theories,1922)、韦特海默的"格式塔定律的探求"(An Enquiry into the Laws of Gestalt,1922)以及苛勒的"格式塔心理学的观点"(An Aspect of Gestalt Psychology,1925)。这些定律包括:

(1) 图形和背景(figure-ground)。人们倾向于把知觉组织成被观察的对象(图形)和对象赖以产生的背景。图形似乎更加实在,从背景中凸现出来。一般来说,图形有形状,背景没有;图形看来离观察者近,而且有确定的空间位置,背景则比较远,好像没有确定的位置;图形比背景容易给人留下深刻的印象;图形看起来也比背景亮一些。图形与背景区别越大,图形则越突出而成为知觉的对象。在前面介绍的两可图形中,图形和背景是可以反转的。你可以看到两张面孔,或者一个花瓶,这依赖于你怎样组织你的知觉。

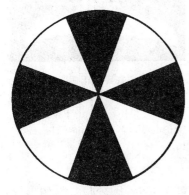

相似律

资料来源:David Hosthersall (1984). History of Psychology. Philadelphia: Temple University Press,169.

(2) 相似律(law of similarity):类似的部分,如形状、颜色和大小等,倾向于被统一知觉为一个整体。

(3) 接近律(law of proximity):在空间或时间彼此接近的刺激倾向于被知觉为一个整体。如桌子上散置很多筷子,其中两支较为接近者,倾向于被视为一双。

(4) 闭合律(law of closure):刺激的特征倾向于聚合成某一形状时,即使其间有断缺处,我们也倾向于当作闭合而完满的图形。如画一有缺口的圆圈,看的人往往忽略其缺口而仍视为封闭的整体。

(5) 连续律(law of continuity):我们的知觉有追随一个方向的倾向,以便把元素联接在一起,使他们看起来是连续的,或者向着一个特定的方向。

上述定律被称为格式塔组织定律(或完形组织法则)(Gestalt laws of organization)。这些定律并非都是崭新的,有些早已众所周知,有些则以过去实验所发现的事实为基础,或者本身就已成为过去实验的基础,但从格式塔的观点把它们系统化,就构成了全新的内容。它们说明知觉主体是按怎样的形式把经验材料组织成有意义的整体。在格式塔心理学家看来,完形趋向,即趋向于良好、完善或完形,是组织完形的一条总的法则,而其他法则都是这一总法则的不同表现形式。这些格式塔原理本质上是我们用以知觉世界的规则。这些法则既适用于空间也适用于时间,既适用于知觉也适用于其他心理现象。其中许多法则不仅适用于人类,而且也适用于动物。下文将要叙述的就是以苛勒为代表的格式塔心理学家,是如何不断把格式塔心理学的基本原理进行理论的深化以及应用领域的扩展。

三、在德国的学术生涯

苟勒于1909年在柏林师从斯图夫获得其博士学位之后，在法兰克福与考夫卡一同参与了韦特海默对似动现象的系列研究，初步提出了格式塔心理学派的基本观点和理论。1913年苟勒受命出任类人猿研究站主任，直至1920年。在加那利群岛特纳利夫岛上的七年时间中，苟勒对类人猿的问题解决能力和一般智力进行研究，提出了学习理论中著名的顿悟说，出版心理学经典著作《人猿的智慧》；另外他还对动物的辨别学习、记忆和情绪进行了观察，其中的小鸡啄米实验是苟勒为验证格式塔心理学提供的一个十分有力的实验证据。回到德国后，苟勒于1920年出版了《静止状态中的物理格式塔》，广受好评。1922年苟勒继任斯图夫柏林心理研究所主任一职，直至1935年受纳粹迫害而移居美国。任职期间，苟勒与韦特海默、考夫卡等人对格式塔理论进行不断的扩展与应用。苟勒在1929年以英文出版的《格式塔心理学》首次对格式塔理论进行了系统的说明，标志着格式塔心理学派获得世界范围的承认。格式塔心理学也在苟勒担任柏林研究所主任的这段时间中蓬勃发展，影响范围逐渐扩大。

1. 七年小岛之旅——人猿的智慧

（1）人猿的智慧——顿悟学习

20世纪初期，关于动物学习的流行观点是美国心理学家桑代克（Edward Lee Thorndike）的学说。在研究了小鸡、猴子、狗、尤其是猫的学习之后，桑代克总结认为，学习是一个依赖于奖励和惩罚的选择性行为的尝试错误（trial-and-error）过程。然而苟勒对桑代克的结论及其所采用的实验条件都不满意，尤其质疑桑代克的总结论——动物不会推理，而只能机械地通过选择性的奖励和惩罚来学习。苟勒认为桑代克的动物本来是有能力推理的，但却因为呈现给它们的问题情境类型而无法表现出这种能力。他认为桑代克设计的实验环境太复杂，动物难以观察到环境的全貌，只得依靠一次一次地尝试错误才偶然获得成功。苟勒认为，在对动物的较高水平推理的测验中，必须要呈现出一个智慧的解决途径所需要的全部元素。由此,桑代克所持有的联结主义、刺激反应的、尝试错误的动物学习观点,与苛勒所提出的场的、格式塔的、顿悟观点之间展开了争论①。为了证实自己观点的正确性,苛勒设计了多种问题解决任务,使动物可以感知到解决办法需要的所有元素,从而通过顿悟而非尝试错误以到达解决途径。

　　苛勒设计实验所依据的标准与他对智慧本质的看法有关。他认为,直接解决途径受到阻碍时转向寻找间接途径的这种能力,是智慧地解决问题的特征之一。用苛勒自己的语言来说,"如果人或动物采用由它本身的组织作用产生的活动方式,通过径直无碍的道路达到其目的,这种行为不能称作智慧行为。但是,如果环境中直接的通路为某些事故所堵塞,人或动物只能采取迂回的道路或其他间接的方法去适应这种情境,这种行为更可称为智慧行为了。"由此,苛勒设计实验所依据的标准是,"实验者设计这样一种情境,在此情境内直接通向目的物的道路已经堵塞了,可是有一条迂回的道路却敞开着,并使动物有可能全面地看清这一情境"②。除了让动物们观察到整个的问题情境,苛勒的实验还有其他一些特点。首先,实验是在动物的住所或笼子里完成的。其次,他通常是在其他动物在场的情况下进行实验的,因为他认为这样的情境最为自然,让动物单独测验在苛勒看来则是异常的。另外,这样的群体测验可以让苛勒观察到诸如观察学习和模仿这样的社会现象。最后,苛勒描述性地报告他的结果,很少用数字和统计的解释。他认为如果用抽象的、统计的形式加以处理,他观察中所有最有价值的内容就会消失。

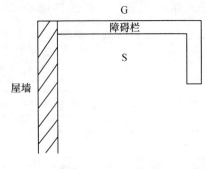

迂回实验

资料来源:David Hosthersall (1984). History of Psychology. Philadelphia: Temple University Press, 178.

　　苛勒的第一批实验是以狗、鸡和小孩作为被试来进行的。在他的第一个迂回实验中,一只狗被放在 S 处,而食物被放在 G 处。这只狗能够顺利且快速地跑过迂回物到达食物处。在下一个实验中,把一个一岁大的小女孩放在 S 处,让她看到她

---

① David Hosthersall(1984). History of Psychology. Philadelphia: Temple University Press, 178.
② 转引自:叶浩生(2000). 心理学理论精粹. 福州:福建教育出版社, 315.

的洋娃娃被放在了G处。她先是尝试推开障碍栏,然而之后如苛勒在报告中所描述的,"她突然开心地笑了,然后立马开始一路小跑,绕过了转角到达了目的地"。母鸡在迂回问题中的表现比较不同。它们在障碍栏之前胡乱冲撞,行为混乱且很不聪明,自始至终没有进行必要的迂回。因此狗和小孩能够进行这种情境所需要的推理,而母鸡不能。

在之后用类人猿进行的实验中,苛勒所设置的问题情境要复杂得多。例如,他会先把一串香蕉放入篮子里挂在猩猩所在笼子的顶部,使它们无法通过显而易见的直接方式,如跳跃来够到香蕉,从而被迫去寻找一种间接的方式。在笼内篮子摆动弧度的范围内放置一个台架,第一次进入场地的时候,猩猩们都无效地尝试跳起来够篮子,然而不久后,其中的一只名叫奇卡(Chica)的黑猩猩"……静静地观察着情境,突然转往台架,伸长胳膊等候篮子摆过来,然后抓到了它。这一过程持续了1分钟"。接下来撤掉台架,使问题情境变得更加困难,但是另一只黑猩猩苏丹(Sultan)接受了挑战,它爬到了顶部的一根横梁上,在篮子摇摆的范围之内成功够到了香蕉。

苛勒还设置了需要使用棍子或杆子作为工具的问题情境。首先把香蕉放在笼外够不到的地方,然后将一些棍子放在笼内。其中一只黑猩猩,先是不成功地尝试着用自己的手去够香蕉,但是半个小时之后它放弃了。它在笼子里静静地躺着,直到一群年轻的黑猩猩在外面向香蕉靠近,这时"它突然跳起来,抓住一根棍子,相当敏捷地把香蕉拖到可以抓到的地方"。显然,这只黑猩猩所需要的是

使用棍子

资料来源:http://www.bruehlmeier.info/Bilder/Image22.gif.

一点社会动机。

在这类实验的另一版本中,动物需要使用笼中的一个短杆来获取一个长杆,然后用这根长杆来获取香蕉,参与实验的黑猩猩再次成功了。在一个更加复杂的实验中,任何一根杆子的长度都无法够到笼外的香蕉,但两根杆子接在一起的长度则恰好可以够到香蕉。苏丹做了一个小时无效的尝试。苛勒曾将自己的一根手指插入杆子的一端,企图给苏丹示范解决方法,然而并没有帮到苏丹。苛勒把苏丹交给了管理员看管,管理员后来报告说:"苏丹先是漠不关心的蹲在离栏杆不远处的箱子上,然后站起来捡起两根竹竿,再次蹲在箱子上随便的摆弄着。在它摆弄的过程中偶然发现,一只手拿一根杆会使它们处于一条直线上,它把细杆稍微推向粗杆的开口处,跳起来立即跑向栏杆处,开始用连起来的双杆把香蕉拖向自己了。"这一实验后来被称为接杆实验,常作为经典实验写入心理学的教科书中。

接杆

资料来源:http://www.pigeon.psy.tufts.edu/psych26/images/kohler2.JPG.

另外一类经典的实验被称为叠木箱实验。实验情境是在屋顶悬挂一串香蕉,地面上放几个大小不同的箱子,猩猩无论是站在地上,还是坐在或站在一只木箱上都摘不到香蕉。经多次失败动作之后,猩猩悟出了应该把木箱叠放起来以增加高度,站上去把香蕉取下。苏丹和一些其他猩猩曾共同建起了多达四个箱子的"高塔"。苛勒还观察到一些有趣的现象,如在一次实验情境中,水果挂在屋顶,笼内没有箱子,结果苏丹把一个管理员拉到了水果下面,爬到他的肩膀上去够水果。猩猩们还会爬上同伴的肩膀,或是把一根结实的杆子放在水果下方试图攀上,直到杆子倒下,这种杆子后来被称为"跳杆"。在苛勒的一张照片中可以看到,奇卡在一根几乎垂直的杆上,距地面至少四五英尺,一手抓着悬挂着的香蕉,另一手抓着杆子的末端[①]。

---

① David Hosthersall(1984). History of Psychology. Philadelphia: Temple University Press, 182.

叠木箱

资料来源：http://pubpages.unh.edu/~jel/images/kohler_Grande.JPG.

跳杆

资料来源：http://www.pigeon.psy.tufts.edu/psych26/images/kohler1.JPG.

  以上介绍的几个实验只是苛勒的大量研究中的冰山一角。归纳起来，迂回道路的实验主要有三大类。第一大类是以自己的身体来做迂回的实验，前述苛勒所做的第一批实验就属于此类。此外还有以类人猿来做的实验，如把黑猩猩引入一间房屋，该屋前面有很高的百叶窗，旁边有一道门可通向窗外的场地，把香蕉从窗口抛掷到外边的场地，看它能否做 180 度的迂回，从门走向窗外的场地去取香蕉。第二大类是利用工具来做迂回的实验，包括利用单一的工具，如借助杆子来取得栏栅外不能以手取到的香蕉，或借助箱子或"跳杖"来取得高挂在屋顶上的香蕉；还有首先利用中介工具来获得最后的工具，然后利用最后的工具来获取目的物，如前述的用短杆——取得长杆——再取到香蕉的迂回实验，只有较聪明的猩猩才能做到。第三大类是制造工具来做迂回的实验，即通过某些辅助动作，使工具得到一定程度的改进，然后用以获取目的物。如上述的接杆实验和叠木箱实验，还有从枯树上折下枝条去获取目的物的折枝实验。

  通过一系列的实验观察，苛勒发现了这样一些规律与特点：一是在实验的过程中,猩猩常常出现很长的停顿,表现出迟疑不决,并环顾四周;二是这种停顿表现为它们前后行动的转折,停顿前的盲目行动、犹豫困惑,与停顿后的顺序进行、目的明确,形成了强烈的对比;三是停顿或转折后出现一个不间断的动作序列,形成了一个连续的完整体,从而正确解决问题并取得了目的物。这些特点充分表明猩猩在行动之前已经知道自己的动作为什么以及怎样进行,领会到自己的动作和情境,特别是和目的物之间的关系。[①] 由此苛勒认为,学习(即解决问题)并不是盲目试误的渐进过程,而是豁然贯通、突然领悟的结果。

苛勒将他观察到的认知活动定义为"顿悟学习(insight learning)"。所谓顿悟学习,就是通过重新组织知觉环境并突然领悟其中关系而发生的学习。这种顿悟不是对个别刺激物所产生的反应,而是对整个情境、目的和解决问题的方法之间相互关系的整体(完形)的理解。苛勒描述了顿悟学习的特点。首先,顿悟解决方案是基于对问题的知觉重构。动物"看到或知觉到"解决方案。其特征是一种"啊,我知道了"这样的感觉,如同阿基米得那次著名的洗澡一样的领悟。第二,顿悟学习不依赖于奖赏。苛勒在实验中使用的水果虽然提供了动机,但并不为学习负责。动物在吃到水果之前就已经解决了问题。最后,顿悟解决方案的特点是普遍化,或者从一个问题到另一个问题大量的正向迁移。苛勒的动物们面对测验变得老练而聪明——他们一旦解决了一种器具或某一层次的问题,就可以很快地解决类似的问题。

苛勒认为,这种学习方式不是靠偶然性和渐进性的过程,练习不是最重要的因素,如果不能把整个情景组成一个整体,即使长时间练习也是徒然无效的。虽然开始也有尝试的动作,但是到了某一机会就突然顿悟,由于顿悟也就突然地理解了。这个过程取决于三个因素:一是综合(例如把两根短竹竿接在一起);二是分析(例如从树上折取树枝作棍子);三是关联(例如把石头、木箱、香蕉之间的关系联系起来,洞悉其中奥秘)。

苛勒这些设计新颖、富有首创性的实验研究,支持了格式塔心理学家"总的",即整体行为的概念,而且强化了学习涉及心理环境重组或重构的格式塔观念。不仅为动物心理学的研究开辟了新的道路,而且成为现代学习心理学认知

---

① 车文博(1998). 西方心理学史. 杭州:浙江教育出版社,428.

学派实验研究的开端。

（2）小鸡啄米实验——变换论

根据行为主义刺激-反应心理学原理，个体在刺激情境中学到的反应是机械式的，相同刺激再出现时，个体即对之表现出相同反应。1918年苛勒的小鸡啄米实验，否定了此种学习理论。根据格式塔理论，动物所学到的是对整个的刺激情境——尤其是对刺激之间的关系进行反应。苛勒为了检验行为主义和格式塔这两种不同的理论，设计了一个涉及刺激迁移的巧妙实验。

他的实验是这样进行的。首先训练一只小鸡辨别两种灰色：当小鸡啄在深灰色的纸片（Ⅱ）上时总是奖励以食物，啄在浅灰色的纸片（Ⅰ）上则不给食物。虽然鸡并不是十分聪明的动物，但是在400到600次的试验之后，它们基本上都可以做到去啄卡片Ⅱ而很少啄卡片Ⅰ。但是小鸡们究竟学到的是什么呢？它们是学到应该去啄那张深灰色的卡片（刺激-反应观点），还是学到了要审视两张卡片之间的关系之后对更深的那张做出反应呢？

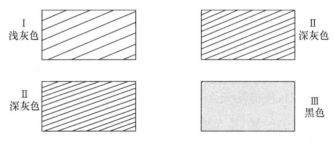

小鸡啄米

资料来源：David Hosthersall（1984）. History of Psychology. Philadelphia：Temple University Press，181.

为了回答这一问题，苛勒设计的实验是十分有独创性的。他变换了刺激，让小鸡必须在原来的深灰色卡片（Ⅱ）与一张新的黑色卡片（Ⅲ）之间选择。在这种情况下，刺激-反应理论的预期是，小鸡应该对早先的刺激卡片Ⅱ作出反应；格式塔理论的预期则是，小鸡应该会选择两个刺激中颜色更深的那张卡片，因此会啄卡片Ⅲ。实验得到的结果是，苛勒的绝大多数小鸡选择了啄新的黑色卡片Ⅲ，只有30%的小鸡还是啄原来那张深灰色纸。后来苛勒用类人猿和小孩做了类似的实验，使用了更加复杂的刺激维度，如颜色和形状，也获得了相似的结果。在所有的迁移实验中，被试总是选择新的刺激。苛勒认为，这表明他们是基于整个刺激情境中的相对关系对刺激作反应,而非向单一刺激特征作反应。这种解释后来被称为变换论(transposition theory),成为格式塔心理学的重要理论之一。

检验任何一个理论的方式之一,就是看其对关键性实验的预测能力。以小鸡啄米为典型代表的迁移实验,无疑是对格式塔理论这种能力的一次令人印象深刻的实证,也充分展示了苛勒实验研究工作中的独创性。

(3) 动物的记忆和情绪

苛勒还对动物的记忆进行了观察与思考。他深信,类人猿的记忆是有限的。在一个实验中,他将很大一块地覆盖上几英寸厚的沙子,在沙地中做了一些标记和线条,还做了一个小山丘作为地标。然后在一只活动受限制的黑猩猩看得到的范围内,苛勒把一些食物埋在沙子里。延迟很短一段时间之后,放开那只黑猩猩,它立即走向那个地方把食物挖了出来;然而当这一延迟延长到几分钟的时候,这只黑猩猩则搜寻遍了整个场地,才发现食物。这一观察让苛勒认为,类人猿的记忆仅限于近期的事件。

苛勒也反对情绪的经验主义学说。该学说认为,情绪反应是通过经验而获得的。苛勒提出了质疑:这样的学说如何解释在第一次看到某一奇特动物(如骆驼)经过围栏时,动物们(如苛勒的类人猿)突发的畏惧和恐怖?有一次,这种畏惧反应是如此之强烈,使得几天之内都无法继续进行实验。当面对机械玩具、假的动物、蛇以及面具的时候,类人猿也会产生强烈的畏惧反应。苛勒报告到:

> 有一天,我走到栅栏旁边,突然用一个厚纸板做成的锡兰人瘟神面具(的确是一个十分可怕的物体)遮住我的脸,顷刻之间除了格朗德(Grande),所有的猩猩都立即逃走了。它们发疯般地冲向笼中。而当我更加接近的时候,连勇敢的格朗德也消失了。[①]

苛勒认为,这样即刻产生并且强烈的反应是无从通过经验来学习的,因为面具从来没有与任何惩罚相匹配出现过。

就这样,无论是因为"一战"爆发被困小岛也好,还是受德国秘密委派去获取情报也好,苛勒并没有任光阴虚度。在这七年的小岛岁月中,苛勒精心设计而且

---

① David Hosthersall(1984). History of Psychology. Philadelphia: Temple University Press, 183.

出色完成了他一生中最为经典的系列实验研究,并对以类人猿为主的动物进行了许多细致有趣的观察与思考。从心理学的发展历程这一较广的范围来看,苛勒这七年的修行为后人留下了《人猿的智慧》这样出色的心理学著作,在西方心理学界产生了广泛而深远的影响——直到现在,都还有研究者引用苛勒当年所做的实验来展开其研究与理论阐述[①]。而就苛勒个人的学术生涯发展而言,这些精巧的实验与潜心的思考,切切实实地为苛勒积累了丰富的研究经验,也为他重返柏林乃至后来讲学美国的科研学术之路奠定了坚实的基础。

2. 重返柏林

七年的小岛岁月之后,苛勒于 1920 年终于又回到了德国,担任柏林大学心理研究所的代理主任,当时的主任是他的博士生导师斯图夫。1921 年前后,苛勒前往哥廷根大学,接替格奥尔格·埃利亚斯·缪勒的教授职位。在哥廷根大学短暂的任职之后,苛勒于 1922 年接受了柏林大学哲学教授的学术任职,正式继任恩师斯图夫的柏林大学心理研究所主任一职,并在柏林一直工作到 1934 年因不满纳粹逆行而离开德国。

在重返柏林后的这段岁月里,苛勒确立了他在心理学研究领域的学术地位。他在 1920 年以德文出版的《静止状态中的物理格式塔》,因其高学术水准而获得了广泛的赞誉,并于 1924 年出版了英译本。1929 年出版的《格式塔心理学》也标志着格式塔心理学派在德国心理学界得到了正式承认,其理论学说开始在全世界范围内发挥影响力。在这十余年中,苛勒与韦特海默以及考夫卡的联系十分密切,共同探讨,开展研究,不断地发展格式塔心理学的原理,并将其扩展到更广泛的研究与应用领域。

(1) 静止状态的物理格式塔

苛勒对大脑中物理过程的兴趣,可以追溯到他在特纳利夫岛甚至更早的岁月,而这一兴趣造就了一本关于知觉的心理神经学理论著作《静止状态中的物理格式塔》。这本书有两个序言,一个是写给物理学家的,另一个是写给哲学家和

---

① Daniel J. Povinelli & Jesse M. Bering(2002). The mentality of apes revisited. Current Directions in Psychological Science,11(4),115—119.

生物学家的。苛勒在书中主张,格式塔理论是自然的一个基本定律,应该被扩展到一切科学领域。他还证实了,知觉的格式塔以完整性和平衡性为特点,而对最终状态产生着作用——例如,人们会倾向于将一个不完整圆圈的视觉刺激感知为一个完整的圆。

这本书发展了韦特海默 1912 年提出的观点,即视知觉的格式塔特性必然是大脑深层加工过程中相似结构关系的反映。书中苛勒用详细的数学论证提出,心理现象的动态特征应该是脑内不同区域之间对与之类似动态事件的表达,这种表达超越了简单的突触冲动的传递,而服从自分配和平衡的物理法则。这种心理现象与大脑深层加工过程在结构上具有同一性,后来发展成为了格式塔理论中的同型论。苛勒认为,这一理论为科学作出了十分重大的贡献,它证实了"心理过程可以用场物理学的方法和术语来分析"[①]。

(2) 同型论

同型论(isomorphism),指一切经验现象中共同存在的"完形"特性,在物理、生理和心理现象之间具有对应的关系,所以三者彼此是同型的。这是格式塔心理学家提出的一种关于心物和心身关系的理论。

格式塔心理学家认为心理现象是完整的"格式塔",不能被人为地区分为元素。在确立了人类知觉到的是有组织的整体,而不是感觉元素的集合这一原理之后,格式塔心理学家就把关注的重心转到了知觉过程的大脑机制方面。从有关似动现象的研究出发,韦特海默认为大脑活动是结构的、整体的过程。由于似动和实际运动在经验上是同一的,那么似动和实际运动的皮层过程必然是类似的。由此可以推出这样的结论,即相应的大脑过程必然发挥作用。换言之,为了解释似动现象,心理或意识经验与作为其基础的大脑活动之间必然存在着一致性。格式塔心理学家把知觉比作地图,因为地图对于它表征的地区来说是同型的,但是又不是这一地区的完全的复写。然而,地图却可以为人们提供向导。知觉同样如此,它是通往真实世界的可靠向导[②]。

[①] Claude E. Buxton(1985). Points of View in the Modern History of Psychology. Orlando, FL: Academic Press, 298.

[②] 杜·舒尔兹,西德尼·埃伦·舒尔兹(2005). 现代心理学史. 第8版. 叶浩生,译. 南京:江苏教育出版社, 316.

受到物理化学家能斯特的启发,苛勒将现象学上的经验与大脑内部的电化学过程联系起来。他首先分析了意识经验,然后试图用脑内的化学物理过程来解释意识的特点,并尝试建立一种有关知觉格式塔的潜在的神经对应物的理论。大脑皮层被描述为一个动力系统,内部的元素在特定的时间相互作用。这一观念与那种把神经活动比作电话接线板,根据联想原理把感觉输入机械地联系在一起的那种机械观形成鲜明对照。根据联想主义的观点,大脑在运作时是被动的,是不能积极地组织或矫正所接收到的感觉元素的,也就是说,知觉和它的神经副本之间是直接对应的。

不论我们的空间知觉还是时间知觉,都是和大脑皮层内的同样过程相对等的。苛勒指出,如果一个人感知到灰色背景上的白色圆形,就意味着他的脑内也存在着一个具有圆形的有限区域,一些强有力的电荷沿着这个圆形的轮廓不断运动着,环绕着这个区域的是一个电荷较弱的场,它和灰色的背景相适应。后来有心理学史家评论认为,同型论其实不过是一种心身平行论而已[1]。

然而无论后人如何评论,苛勒大胆而精致的理论,在当时确实为德国实验心理学所面临的来自哲学和科学两方面的挑战,提供了条理清晰且具有挑衅性的回应。苛勒之所以被提名接任斯图夫的哲学教授之职以及柏林大学心理研究所主任,至少部分原因在于,除了能教授心理学,他还具有教授自然哲学的兴趣和能力。另外,虽然苛勒关于大脑过程的具体理论现在来看可以说早已过时——自从他写下自己的观点以来,脑科学领域中已经取得了很多进展,但即便在21世纪的今天,仍有研究者们认真地研读苛勒当年的理论取向[2],以现代最新的科学发现为支持证据,提出新的关于意识经验机制的格式塔观点[3]。

3. 魏玛时期的格式塔理论

魏玛共和国(Weimarer Republik)是形容1919至1933年期间统治德国的

---

[1] 车文博(1998). 西方心理学史. 杭州:浙江教育出版社,425.
[2] 参见:Steven Lehar(2003). The World in Your Head: a Gestalt View of the Mechanism of Conscious Experience. Mahwah, NJ: Lawrence Erlbaum.
[3] 参见:Stefan Wermter & Geert Jan Boudewijnse(2005). Review of the world in your head: a Gestalt view of the mechanism of conscious experience. Cognitive Systems Research, 6, 179—181.

共和政体的历史名词,它于德意志帝国崩溃、德国在第一次世界大战中战败后成立,因阿道夫·希特勒与纳粹党在 1933 年上台而瓦解。格式塔心理学发展的历程在某种程度上也受到国家局势等政治因素的影响,可以说魏玛时期是格式塔心理学发展最好、最快的一个阶段。在苛勒接任柏林心理研究所主任的两年前,也就是魏玛时期开始的那年,研究所搬到了前皇宫的侧楼,占地面积增加了一倍,资金扩大了四倍,就客观条件而言实力加强了很多。韦特海默也早已在 1916 年就从法兰克福来到柏林,为德国军方做声学方面的研究,1919 年回到研究所继续教学,1924 年任职副教授。勒温是从 1921 年开始在柏林大学心理研究所教授心理学和哲学,并在六年后升任副教授。拥有着这样的研究队伍和领导力量,占据着无论规模还是资金都在当时居世界首位的心理学实验室,倡导格式塔理论的"柏林学派"成为了魏玛时期德国理论心理学的主流学派之一。

在这样的机构背景之下,产生了许多具有历史意义的研究,其中的一些研究至今仍被援引。最重要的可能就是被称为格式塔法则(知觉组织法则)的理论,它由韦特海默在 1913 年提出,但直到 1923 年才发表,这在前一节中已有详细介绍。尽管缪勒曾认为这些法则仅仅使对刺激复合体的知觉更为容易,不过韦特海默却认为它们对图形的知觉总体上起决定性作用。在柏林,阿恩海姆(Rudolph Arnheim,1904—2007)在韦特海默的指导下对表达(expression)进行了研究,为格式塔理论在艺术心理学中的应用奠定了基础,后来阿恩海姆移民到美国,成为艺术心理学的大师。另外,与柏林学派相关的工作中,盖尔博(Adhemar Gelb)和戈德斯坦(Kurt Goldstein)为神经活动的可塑性、以及脑部受伤士兵知觉过程的退化和重建提供了证据。许多美国访问者也在 20 世纪 20 年代陆续来到柏林研究所,其中一些人还把格式塔法则应用到对学习和推理的研究之中。

在距离柏林不远的吉森大学,考夫卡在 1918 年被任命为副教授并担任实验室主任。在他的带领下,有学生尝试着把格式塔法则应用到记忆研究中。此外,考夫卡还指导了一系列对似动现象的进一步研究,其中最引人注目的是科特(Adolph Korte)对决定似动现象的定量参数的探究。在柏林,似动方面最著名的研究是登科尔(Karl Duncker)对诱导运动(induced motion)的证明。实验是这样进行的:把一个点固定,而让另一个点运动,在适当的条件下,被试会看到固定的点也在运动,或者甚至会感觉到自己在移动。这些发现引发了对知觉中参照系统所起作用的进一步研究,包括对视觉速度的研究以及变换效应(transposition effects)的研究。[1]

魏玛时期所见证的,不仅仅是格式塔理论在更多研究问题当中的应用,还有格式塔理论自身的发展。其中的两个例证,一是苛勒把自然哲学向生物学的拓展(同型论的前身),二是格式塔理论向知觉他人存在的延伸。在第二个问题上苛勒的观点是,在我们的体验中对自己和其他人的存在不需要通过类比或神秘的"移情"(empathy)来进行,而仅仅是凭借我们当下的感知。这一观点使得格式塔流派在社会心理学的发展初显端倪。

格式塔理论在魏玛共和国时期整个文化氛围中的地位,可以从韦特海默1925年的"格式塔理论"演讲结尾处体现出来。在强调格式塔的观点是基于具体的研究之后,他从哲学角度描绘了这样一个前景——"在那里,世界就像一曲贝多芬的交响乐,我们可以从整体的一部分中获得整体的结构性原则"。[2]

不过最终,格式塔理论在德国的命运并不是由学术思辨而决定的——德国纳粹政权的极端主义政治,使得格式塔心理学与德国其他心理学派之间的争论戛然而止。韦特海默是犹太人,与一些马克思主义和社会主义哲学家们联系紧密,而且还是爱因斯坦的朋友。韦特海默与爱因斯坦一起成为了1933年4月颁布新法后第一批被辞退的教授,稍后不久,韦特海默就离开了德国,前往纽约社会研究学院担任教研之职。苛勒虽然不是犹太人,并没有受到这次辞退的直接影响,但他确实是组织公开抗议德国新法这一政策的极少数教授之一。大多数的教授要么把纳粹当成一撮不能控制进步社会政权的恐怖分子,要么作为学者拒绝卷入与他们自身无关或者超过他们影响力的事情,甚至还有一些支持纳粹的学生和教授控诉苛勒的助手们进行"共产主义活动"。

之后,在苛勒应邀去哈佛、芝加哥大学讲座与授课的一年左右时间里,德国国内情况持续恶化,苛勒在柏林大学心理研究所的领导权力逐渐被削弱剥夺。1934年秋,他被哈佛大学邀请赴美做学术报告;然而也就是在访美期间,苛勒收

---

[1] 详细内容可参见:Koffka (1935). Principles of Gestalt Psychology. London: Kegan Paul, Trench, Trubner & Co., Ltd., 284.

[2] 转引自:Claude E. Buxton(1985). Points of view in the modern history of psychology. Orlando, FL: Academic Press, 322.

到了从德国邮寄过来的书面要求,让他签署"誓死效忠于阿道夫·希特勒"的"决心书"。1935年1月,柏林大学心理研究所在未通知他的情况下指派了新人入职。同年5月,他曾经悉心指导训练出来的研究助手全部被解聘。尽管苛勒努力去维系他在柏林的权力,并要求使他的助理重新复职,但事实却让他终于意识到这一切已经超出他所能控制的范围。那个时候的德国大学,其传统的学术自由和文化领导地位已经消失殆尽。

就这样,苛勒走到了他事业的转折点。苛勒知道,他无法再在这种充满敌意和不利的环境里继续工作了。在1935年春季学期的芝加哥大学讲学结束之后,苛勒回到柏林用一小段时间安排了琐事,然后在1935年的秋天离开德国,正式移居美国。至此,格式塔心理学的三位创始人都离开了学派创立的源地,开始在另一片国土上继续他们的研究事业,扩展他们的学术疆域。

四、在美国的学术发展

1. 苛勒在美国的科研与任职

1935年,苛勒成为费城附近一所规模虽小、却颇负盛名的大学——斯沃斯莫尔学院的心理学教授,并在那里继续开展他的研究,完成了许多著名的知觉研究。不过由于缺少先进的设施,而且该学院没有博士生培养项目,苛勒此时的研究范围受到了限制,与在德国时期相比缩小了许多。尽管如此,苛勒与他的美国同事和学生一起,发表了他们在图形后效及相关知觉现象方面的重要新发现。他还研究了与模式视觉相关的大脑活动,并用英文撰写了三本关于格式塔心理学的著作。

在"二战"后,苛勒的研究工作得到了来自世界范围的认可,若干美国和欧洲大学给他颁发了荣誉博士学位。他获得了美国心理学会的杰出科学贡献奖,并被选举为美国国家科学院的院士。苛勒还被提名为柏林自由大学的"荣誉成员",并作为访问教授在那里先后几次讲学。1958年,他被选为美国心理学会主席,这是一项对于一位成名后移民到美国的科学家来说罕有的荣誉。

(1)心理需求与价值

苛勒移居美国后于1938年出版第一本书,名为《价值在事实世界中的地位》

(The Place of Value in a World of Facts)。这本书是根据1934年他在哈佛大学的威廉·詹姆斯讲座中所作的演讲整理编辑、修改润色而成的。基于他称为"需求"的一种现象上客观存在的格式塔质,苛勒试图提出一种关于价值的理论。苛勒将他对人类生活中矢量(vector)重要性的研究延伸到了心理学的另一个方面,即人们对于道德规范和美学的感知。在这本书中,苛勒详细描述了人们经历的道德或伦理情景下的"需求",是如何在心理和神经上施加给人们一个矢量力的,而且这种力的产生和施加方式,与视知觉中趋于完形的心理压力是完全一样的。这种需求总是产生于其他因素或人类行为的背景之中。它所产生的作用相当于对人类提出了很强的要求,甚至当个人的需要与这一道德或伦理需求毫不相关时也是如此。事实上,人类对这一道德或伦理需求的回应,有时可能会将自己置于生理上的危险之中。苛勒将这一需求视为价值的客观基础,进而也是人类道德的基础。进一步的,苛勒认为这样一来,格式塔理论对动力学和矢量的强调,不仅将心理学重新纳入现代哲学的范畴,而且还恢复了对人类经历中最有意义的一些部分(如道德规范)进行科学性分析的可能性。

对于苛勒而言,一直以来很重要的一点是,格式塔理论不仅要能够忠实于人类经历的原貌,而且可以忠实于人类生命统一性的整体。他的一位同事曾经写过一篇文章"感觉的整合"(The Unity of the Senses),间接地反映了苛勒的观点及为此所作的努力。苛勒希望并且坚信,心理学可以成为一门既严谨又富有人性意义的学科;而且他认为,格式塔心理学家是证明了这一点的第一批研究者,并为此深感自豪。

(2)场力与图形后效

为了科学地定义一切心理过程背后的大脑加工过程,苛勒在斯沃斯莫尔学院展开了一系列的心理实验,来证明他所认为知觉产生的机制——场力(field forces)的存在。在他的学生以及同事们的协助下,苛勒从猫脑的视觉皮层中记录到了电势能,并观测到与改变方向相同的电流产生,而且发现其产生是与知觉现象相对应的。举例来说,当把一个运动的物体呈现在猫面前的时候,大脑皮层的电流会朝着一个方向改变,而这个方向是可以根据研究者对视野内不同部位的皮层表征的了解而预测出来的。这些电流是无法由神经冲动的突触传递这一"原子性(atomistic)"理论来预测的。相反,苛勒认为这些电流是由皮层内突触之间所保持的相对稳定的电势能引发的。1940年出版的《心理学中的动力学》一书就论述了苛勒对知觉和记忆中场论的观点。1944年刊登在《美国哲学会刊》上苛勒与瓦拉赫(Wallach)合著的"图形后效",对于苛勒的关于知觉场和伴生的脑场之间的关系的论点,给予了有力的支持,进一步发展了物理场概念并应用于知觉,从而也进一步发展了同型论的概念。

图形后效(figural after-effect)指的是,连续注视一个图形会影响感知随后图形的一类知觉现象。研究图形后效主要的实验范式是,让被试先注视一个注视图形(I图形,inspection figure)一至几分钟,然后将其撤走,立即呈现一个测验图形(T图形,test figure)。如果对测验图形的知觉在形状或空间特点上发生了变化,那么这种变化则是由于注视图形的后效造成的。图形后效的作用一般很短暂,只有在个别情况下,后效可以维持几天至几周。

这种现象是在1925年首先由维尔霍夫发现,不过直到30~40年代,吉布森[1]、苛勒和瓦拉赫等人才对这一现象进行了系统的研究。吉布森在1933年发现并报告了直线倾斜后效——如果让被试先注视一条倾斜的直线,再看一条垂直或水平的直线,被试便认为后一条直线倾斜了。1944年苛勒和瓦拉赫通过实验发现了图形的位移后效,见下一页的图。图中三个黑长方形是I图形,X是注释点;被试注视X大约一分钟,然后撤走I图形,再观察T图形的注释点X。这时被试看到的T图形右侧的两个方形的距离会比左侧的两个方形靠得近些。一般来讲,预先观察一个I对象之后,再观察T对象时,T对象倾向于在空间上向原先观察对象的相反方向移位。图中,T图形右侧的两个方形看来彼此靠近,是由于看了I图形右侧两个相距较远的方形的结果;而左侧的两个T方形看起来距离变远,也是由于I图形左侧方形影响的结果。

苛勒和瓦拉赫还研究了影响图形后效的因素。例如,在研究了注视图形与测验图形的距离对位移后效的影响之后,他们提出,位移是两种图形距离的函数。在中等距离时,位移数值最大,在距离过小或过大时,位移数值最小。后来哈默在1949年研究了图形后效的时间因素,发现在看注视图形后紧接着看测验

---

[1] 吉布森(James J. Gibson, 1904—1979),美国实验心理学家,创立了生态光学理论。他反对知觉的认知加工理论,认为知觉是一种直接经验,它的一切信息都由外界物体的光学特性所提供。1961年获美国心理学会颁发的杰出科学贡献奖,1967年当选为美国国家科学院院士。

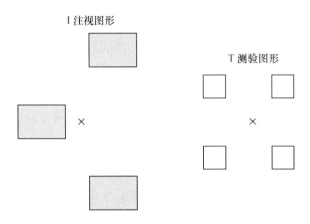

图形的位移后效

资料来源：http://a2.att.hudong.com/63/07/01000000000000119080720023763_s.jpg。

图形，位移最大；随着注视后时间的增加，位移渐减。位移大小还依赖注视时间的长短。注视时间超过5秒已有后效产生；注视时间为60秒时，位移的数值最大。此外，注视图形与测验图形的相对大小，被试的注意状态对图形后效也有明显影响。

根据上述发现，结合场力的观点，苛勒等人提出了对图形后效的生理学解释，认为图形后效是由大脑皮层电活动的变化引起的。他们指出，当视网膜一定部位的神经冲动传递到视觉皮层的一定区域时，皮层细胞便产生一个直流电场。这个电场的电位是不均衡的。图形边界或轮廓内部的电流密度较大，使细胞产生极化状态，增加了阻抗，并向周围皮层组织阻力较小的部位传导。因此皮层组织的图形投射区的电位和传导性都发生了改变。当后来的刺激再作用到这个皮层区的时候，由于相应部位的电场已经饱和，这就会使新刺激的视觉出现歪曲或者从原来地方移开的现象。苛勒假设，知觉现象与脑中的电场是同形态的，皮层电场的变化伴随着知觉现象的变化，所以就产生了图形后效。

但是这一理论受到各方面的批评，没能经受住进一步的实验检验。拉什利（K. S. Lashley）、周昊良（Chow）等人在1951的文章中报告了这样的实验研究结果。他们用猫和猿猴对图形建立分化条件反射，然后把金箔片放置在动物枕叶表面或插入视觉皮层组织中。如果确实有图形电场存在的话，那么皮层表面的这些导体就会造成电流的短路而破坏了原来的电场，造成图形视觉的扰乱。但是经过这种手术处理后，动物的分化反应并未受到影响。后来有研究者甚至用电流通过人脑的枕叶皮层,也未见对视觉产生显著影响[①]。从而否定了苛勒关于图形后效生理机制的假说。

(3) 担任美国心理学会主席

1958年至1959年间,苛勒以一名德裔心理学家的身份,被推举为美国心理学会的主席。1959年9月6日,在美国心理学会第67届年会上,苛勒作为心理学会主席发表了"今日的格式塔心理学"(Gestalt Psychology Today)的演讲。在演说中,苛勒首先回顾了格式塔心理学的历史根源,与韦特海默等人一同创立该学派的思考历程,然后概述了格式塔心理学在美国的发展,以及来自自然科学,尤其是物理学方面的支持。接下来,苛勒评论了美国心理学界的研究方法取向以及当时的一些研究趋势,并对此发表了自己的看法。

<<< 专栏四

苛勒在心理学年会上的演讲

在美国的心理学界,一个研究者对方法和谨慎的无比尊重被视为一种美德。然而,如果这种美德被过分看重,它可能会带来一种怀疑精神,从而阻碍新的研究。在我看来,太多年轻的心理学者,不是去反对他人所做的研究,就是略微地改动前人所做的实验设计。换言之,先前成型的实验方法可能限制住我们研究的范围。当然,我们要去寻求清晰的证据。不过此类证据并非在心理学的所有领域都可以马上获得的。在一些领域中,我们甚至不能使用最为精确的方法。一旦出现这种情况,我们就会犹豫不前。尤其是实验心理学者,会倾向于避免使用新的研究材料,因为新的材料不适用于先前被认可的方法,也不利于迅速应用已经十分清晰的概念。可是,一个新的领域中的概念只能用该领域中的研究工作才能阐释清楚。我们应该把自己的研究局限在先前研究已经熟悉的领域么?显然,如果这么做,意味着心理学将走上了保守主义的道路。当我还是一个学生的时候,普朗克就曾经一次又一次地在他的授课中重复这一警告。

我们由于仅仅使用完美方法和清晰概念的这一愿望,导致了方法上的行为

[①] 荆其诚,焦书兰,纪桂萍(1987). 人类的视觉. 北京:科学出版社,73.

主义。在现象学意义上的人类经历与体验,还无法用我们最可靠的方法来处理;而且,当尝试测量这些经历的时候,我们可能会被迫形成一些新的概念,而这些概念起初往往是有些模糊的。因此,大部分实验学者避免观察,或甚至避免提及这样的现象场景。然而我们要知道,正是在这种场景中,普通人生活的一幕幕剧情在不断的上演。如果我们永远不研究这种场景,而只是坚持使用"在场景之外"发展形成的方法和概念,那么在生活于"场景之内"的人们看来,我们所获得的结果很可能颇为奇怪。

(译自:Wolfgang Kohler (1959). Gestalt psychology today. American Psychologist,14,730.)

苟勒的这段演讲,鲜明地显露出他对心理学研究方法的观点与态度。他强调要重视观察、无畏于初始概念的模糊、勇于探索现实生活中真实场景背后的心理学意义。这对我们今天的科研依然具有指导作用。此外,苟勒还呼吁行为主义学者与格式塔心理学者应该相互合作。在心理学大会发言的尾声,苟勒慷慨陈词:"我提议,在这种情况下,让我们忘记学派的存在吧。……我们为什么要相互斗争呢?在我看来行为主义学者做的许多实验是非常好的。现在容我请求行为主义学者,可否考虑使用一些现象学上的以及一些场物理学中的事实。如果我们在这些问题上达成共识,我相信,我们可以一同做出杰出的研究。这将会是一种非比寻常的经历,而获益者则是心理学。"[1]

2. 格式塔心理学在美国的发展

(1) 发展阶段的划分

格式塔心理学创始人移居美国这一举动所带来的问题是,如何跨国界跨文化地转化他们看待心理学的方式以及研究心理学的方法。幸运的是,在他们到来之前就已经有所铺垫。因此有研究者将格式塔心理学在美国的历史划分为时

---

[1] Wolfgang Kohler(1959). Gestalt psychology today. American Psychologist,14, 727—734.

间上略有重叠的三个时期①：

① 初步接纳时期(1921—1930年)。在这一时期格式塔心理学家及其理论观点初步为美国心理学界所接受。早在1921年考夫卡和苛勒就先后前往美国许多大学讲学，并且考夫卡于1922年在美国《心理学评论》杂志上发表文章阐述格式塔心理学理论，苛勒的《格式塔心理学》也于1929年用英文出版，他们对行为主义的批评也得到不少心理学工作者的赞同。

② 转化迁移时期(1927—1945年)。在这一时期三位格式塔学派的创立者和他们的一些学生相继移居美国，都在美国的一些大学担任教职并从事科研工作。然而，由于三人所在的大学都没有博士学位授予权，因此无法培养自己的接班人。同时又因为格式塔学派的著作多为德文版，这无形之中阻碍了其理论的传播，削弱了他们的影响。

③ 艰难的融合阶段(1945年后)。尽管美国心理学家对格式塔学派的接纳是很缓慢的，不过格式塔心理学最终还是赢得了众多的美国追随者，他们发展着这一理论并把它运用到了一些新的研究领域，不仅表明了这一学派的蓬勃生命力，并且在美国心理学界确立了自己的地位。50年代由于航空运输的普及，美国科学家为了发展飞航技术，开始研究人类的视觉与环境的关系，过去格式塔心理学派研究发展的许多视觉理论，又重新受到科学家的重视。70年代随着计算机科技的昌盛，人工智能研究的需求增加，关于人类大脑、神经的视觉生理及心理学的研究有了十分重大的突破与成就，在科学家渐渐揭开人类视觉生理之谜的同时，也开始重新检视并肯定过去格式塔心理学派对于人类视觉认知所作的贡献。

(2) 在美学者的后继研究

美国著名的心理学史家墨菲曾指出："到30年代中期，格式塔心理学已经变成一个完善的体系，心理学的一切重要领域和问题都要根据格式塔概念重下定义。特别是在美国东部滨海区，可以遇到成打的青年心理学研究者，他们已学会用格式塔概念进行思考，并能就这一研究法的前景进行引人入胜的谈论，不论是

---

① Claude E. Buxton(1985). Points of View in the Modern History of Psychology. Orlando, FL: Academic Press, 324.

在学术界以内还是以外；同样地，有些心理诊所工作者已经把格式塔研究方法同心理分析概念结合起来。于是，格式塔心理学开始成为美国心理学的一个英气勃发的新阶段。"①

在这些"成打的青年心理研究者"中，有一些人所作的不仅仅是思考与谈论，还在实验中检验与发展格式塔心理学，并将其应用到各种领域之中。例如，赫尔森（Harry Helson）通过自己的一些实验研究支持了格式塔理论，还发表了一系列阐述格式塔理论的文章，在使美国心理学界了解格式塔学派方面起到了很重要的作用。另外，考夫卡的学生哈洛（Harry F. Harlow）关于母爱和同伴对幼猴影响的著名研究，吉布森关于视知觉的生态学研究，都在一定程度上发展了格式塔理论。谢里夫（Muzafer Sherif）在 1935 年发表了一篇重要的研究报告，这是由美国心理学家运用格式塔的方法和观点撰写的第一篇有分量的论文②。他利用"游动错觉"现象设计的一个研究个人反应如何受其他多数人反应的影响的实验，开了从众（conformity）心理研究的先河。

之后，曾经师从韦特海默的阿希③（Solomon E. Asch）继承了谢里夫的研究思路，设计出更为精密的实验来研究从众心理和首因效应问题，并出版了一本重要的社会心理学教科书，发展了格式塔理论。阿希 1907 年生于波兰华沙，1920 年来到美国，并于 1932 年在哥伦比亚大学获得博士学位，之后加入了斯沃斯莫尔学院，与苛勒一同工作了 19 年。曾经在阿希的从众研究中担任助手的米尔格兰姆（Stanley Milgram），后来以其对顺从和权力的研究而世界闻名。1967 年，米尔格兰姆在哈佛大学设计的连锁信件实验中，他将一套连锁信件随机发送给居住在内布拉斯加州奥马哈的 160 个人，信中放了一个波士顿股票经纪人的名字，信中要求每个收信人将这套信寄给自己认为是比较接近那个股票经纪人的朋友。朋友收信后照此办理。最终，大部分信在经过五六个步骤后都抵达了该

---

① 转引自：http://vod.bjut.edu.cn/lesson/04/01/01/xdjyjs1/xuexilun/charpt4/lesson1/material/xxl_04_01_8.htm.

② 详见：Muzafer Sherif(1935). A study of some social factors in perception：Chapter 2. Archives of Psychology, 27, 187, 17—22. 可参见网页：http://www.brocku.ca/MeadProject/Sherif/Sherif_1935a/Sherif_1935a_2.html.

③ 所罗门·阿希（Solomon Asch, 1907—1996），美国格式塔心理学家和社会心理学的先驱，其研究工作主要集中于特质的因素分析、测验编制以及文化因素和团体差异对测验分数的影响等方面。最著名的研究是群体中的从众行为，后被称为阿希效应（Asch situation）。

股票经纪人。当前网络社交所推崇的六度空间的概念其实就是由此而来。

另外，格式塔原理以其强大的生命力，还渗透到艺术、计算机等众多领域之中。在艺术领域，虽然格式塔心理学的三位创始人中没有人专门详细地撰写这方面的哲学或心理学论文，但是他们任何一个人都可以完成这方面的大部头著作，因为从他们的对话和讲演中可以看出，他们都很热爱并且精通艺术。他们创造的格式塔心理学的概念，稍加强调与证实，就可以直接使用在美学理论的一些重要问题上[1]。而这一任务最终是由韦特海默任教于柏林大学时期的受业弟子阿恩海姆完成的。阿恩海姆移居美国纽约后，从事将艺术与视觉心理学（尤其是格式塔心理学）沟通搭桥的工作，曾先后在哈佛大学、密西根大学等处教授艺术心理学。他特别着重于研究空间、形式、色彩、律动等在视觉上的作用，以及这些作用与艺术作品之关系，先后创作了《艺术与视觉感知》（*Art and Visual Perception*）（1954）、《视觉思维》（*Visual Thinking*）（1969）、《中心的力量》（*The Power of the Center*）（1982）等著作。其中《艺术与视觉感知》一书在艺术领域备受推崇，1974年增修再版后并被译成14种语言的版本，成为20世纪阅读最广、影响最大的艺术书籍之一。

在计算机领域，西蒙（Herbert A. Simon）曾在1986年发表的一篇文章中开篇写道，"格式塔心理学证实了在人类思维和问题解决中直觉、顿悟和理解的重要性。而计算机程序，正是试图模拟这些类型的行为。在顿悟名下讨论的许多内容，都可以通过已经模拟实现的再认过程来解释。计算机模拟被证实是一种强有力的工具，可以来解释和说明很广泛的现象——与思维和理解之类相关联的、在格式塔心理学文献中十分有效地强调了的一些现象。"[2]

五、格式塔心理学的贡献与影响

苛勒与韦特海默、考夫卡一同发起的格式塔运动在心理学历史上留下了不

---

[1] Wolfgang Köhler(1969). The Task of Gestalt Psychology. Princeton, NJ: Princeton University Press, 19.

[2] Herbert A. Simon (1986). The information processing explanation of Gestalt phenomena. Computers in Human Behavor, 2(4), 241.

可磨灭的印记,其影响遍及知觉、学习、思维、人格、动机和社会心理学等领域。与当时的主要竞争者——行为主义——不同,格式塔心理学保持着自己独立的身份,它的主要目标并不是全面融入主流心理学。在行为主义占统治地位的时期,格式塔心理学维系着人们对意识经验的兴趣,使意识经验成为心理学的合法研究领域[①]。基于后期心理学史学者的分析评论,我们可以从以下几方面来看待格式塔心理学为心理学发展作出的贡献以及产生的影响。

首先,格式塔心理学的整体观具有重要的方法论意义。格式塔心理学坚持心理的整体观(holism),认为每一种心理现象都是一个完形,都是一个"分离的整体"。在他们看来,部分相加不等于整体,整体也不等于部分的总和,整体决定着部分的性质和意义。整体观的心理学方法论是符合客观实际的,也是符合科学系统论的。格式塔心理学重视整体、重视部分之间的交互作用,这对反对构造心理学的元素主义和行为心理学的机械主义、确立心理的整体观具有科学方法论的意义。

其次,格式塔心理学在知觉研究领域中取得丰硕的成果。知觉是格式塔心理学科学研究的起点和重点,也是最富有成果的研究领域。韦特海默、苛勒与考夫卡的研究,使得知觉心理学由感觉心理学的附庸变成一个独立的分支,并在短时期内就取得了一系列突破。在似动现象上,其贡献不在于发现,而在于独到的研究和整体观的解释。通过小鸡啄米的实验,正确指出知觉不是遵循科学上的相加原理,而是制约于事物的整体及其内在关系的发展规律。此外,对知觉组织法则的深入研究与归纳,不仅使格式塔心理学家在心理学史上的众多学派中对知觉的贡献居于首位,而且格式塔心理学派关于知觉研究的成果至今仍然被纳入现代心理学的教科书中。

第三,格式塔心理学的学习理论独具特色,开创了认知学习理论的先河。顿悟说及对迁移、创造性思维的研究,冲击了联结主义和行为主义的框架,不论在理论创建还是在教育实践中都具有独到的价值和意义。格式塔心理学关于人类学习的观点,在70年代初逐渐得到了学术界的认同。事实上,反对尝试错误的

---

① 杜·舒尔兹,西德尼·埃伦·舒尔兹(2005). 现代心理学史. 第8版. 叶浩生,译. 南京:江苏教育出版社, 323.

机械主义学习理论、重视学习中的顿悟活动和创造性思维的格式塔心理学,已成为当代认知学习理论的重要来源之一。顿悟说也成为西方学习理论中最重要的理论之一。

第四,格式塔心理学对人本主义心理学影响较大,而且对现代认知心理学的产生起了推动作用。人本主义心理学的创建人马斯洛(Abraham H Maslow)曾在他最崇敬的两位老师之一的韦特海默指导下,研究整体论,形成了自己的整体分析的方法论,主张以此来研究人的经验;罗杰斯也主张对人的心理事件或直接经验进行现象描述和整体研究;罗洛·梅(Rollo May,1909—1994)强调对主观意识经验的整体体验和描述,主张存在分析的心理学,这些都表明了格式塔心理学对人本主义心理学的潜在影响。此外,格式塔学派强调整体、模式、组织作用、结构等在研究知觉的认识过程及高级心理过程中的作用,并注重人们对感觉信息输入的组织和解释的主动性,这些都成了现代认知心理学的基本观点。在方法论上,格式塔学派强调研究直接经验,并主张用现象学的方法来研究直接经验,这也成了现代认知心理学的基础。可见,格式塔学派对认知心理学的影响和促进也是极大的。

最后,格式塔心理学还推动了应用心理学的发展。早期曾与韦特海默、苛勒同在柏林大学研究格式塔理论的勒温,首次将实验方法应用于团体行为的研究,不仅弥补了格式塔心理学以往忽视团体心理研究的不足,而且也开创了实验社会心理学的新领域。勒温坚持整体动力观的视角,强调民主领导的重要性,强调团体成员参与团体决策以及团体内合作气氛的意义,将团体动力学广泛应用于解决社会现实问题,促进了社会心理学、工业心理学、职业心理学、心理治疗、教育心理学以及行为科学的发展。

当然,作为心理学历史中较早时期发展形成的一个理论学派,格式塔心理学的理论与研究也存在着一定的局限性,并引来了一些批评的声音。例如,有些批评者指出,对于似动现象中知觉组织作用的简单接受,有点像用否定问题的存在来解决问题。格式塔心理学家认为知觉自身具有完形性质,不受过去经验的影响,这的确夸大了心理的能动性。对顿悟的过分强调,而全面否定尝试错误,难免有些以偏概全。其实,试误与顿悟两者并不是相互排斥的过程,而是相互补充的过程。试误是一种分析性的对新经验的获得,而顿悟则是一种综合性的对以往经验的运用或升华。

另有一些心理学家认为,格式塔的倡导者们过于关注理论,因而牺牲了研究和经验数据。在研究方法上,格式塔心理学强调质的观察而忽视量的研究,如统计分析,认为由统计的平均值所得的事实存在以抽象抹杀具体的错误。而从现在的心理研究来看,定性分析和定量分析是相互依存、不可分割的。

还有些实验心理学家认为,格式塔的某些观点模糊,基本概念的定义不够严格,其定义概念的方式不具有科学意义。格式塔心理学家对此的反驳是,在年轻的科学中解释和定义或许是不完善的,但是不完善并不等同于模糊。

再有,某些心理学家认为,格式塔心理学家使用了定义不完备的生理学假设,使其在理论上仍有不够严谨和片面之处,影响了格式塔心理学派实现学科建设的梦想。格式塔心理学家承认他们在这一领域的理论观点是尝试性的,但是他们认为这些假设是对其体系的有效补充。

六、结束语

苛勒始终致力于将心理学作为一门科学,进行整合性、多领域的发展。而他不懈的努力,也的确使格式塔心理学的影响力曾在一段时间之内遍及世界。早在1929年,美国心理学家波林(Edwin G. Boring)曾评论,"很少有哪些视野宽广的研究工作是未受到格式塔心理学影响的,也几乎没有实验心理学中的哪一个问题不是在这一观点的范围内提出的"。而1949年兰菲尔德在欧洲的一次演讲中也曾说过,格式塔心理学主要的观察、问题和原则已经成为每一个美国心理学家智力装备的一部分。

1959年,在当选美国心理学会主席的演说中,苛勒指出了当前心理学研究的一些趋势,认为格式塔心理学并没有在其中发挥应有的作用。他在演说的结尾处向美国心理学家发出呼吁:是时候放弃心理学的学派纷争了。而且他还描绘出这样一幅前景:持有不同信念的人逐渐开始共同合作。这其实是自从苛勒来到美国就开始努力宣扬与传播的一个观点①。

苛勒及其后继者的研究工作逐渐影响了现代心理学的方向和内容。在动物问题解决以及人类知觉和认知领域,他的工作被视为理论性和实验性的重要突破。而当今的神经生物学理论,正被用于对经典格式塔问题进行重新检验,包括大脑完成的一些涉及将被编码的分离刺激特征整合为连贯而有意义的物体表征的重要任务,如图形——背景编码、知觉的组织、物体识别以及物体记忆的形成。这些对解释知觉和认知机制十分关键的基本问题,至今仍未解决。而现在的心理物理学、神经生物学、神经计算学等不同的学科,都在共同努力地探索着这些问题[2]。可以说时至今日,苛勒的研究为主流心理学所广泛认可,并被认为对心理学的科学性进展做出了重要的贡献。

在伦理价值和艺术领域,苛勒的著作和观点也产生了较为持久而广泛的影响。基于伦理学角度的认识,苛勒预见了心理学作为一个正在扩张的科学领域亟待发展。通过对价值和伦理的分析,苛勒反对"价值是纯粹主观的"这一普遍持有的假定。他的观点在科学和生命价值的讨论中,成为主流观点"相对主义"(relativism)之外的另一备择。关于苛勒的学术思想对于艺术的影响,后人有着这样评价,"苛勒的著作中涉及艺术本质的内容是如此之多,以致一些哲学家和心理学家可以轻而易举地以格式塔心理学为根据,为艺术理论指引一个新方向。尽管这一点并不为一般实验心理学领域的学生所知,然而若想要理解苛勒著作的影响之广泛,则是必须要了解的。在这个国家(美国)对各种艺术的兴趣飞速增长的时候,苛勒的思想为美学、艺术史、音乐理论、艺术评论以及其他学术副产品,带来了全新而生动的参考。"[3]

为了纪念苛勒对心理学的杰出贡献,德国心理学会每两年举办一次"沃尔夫冈·苛勒纪念讲座"。1992年,在西班牙特纳利夫岛上还成立了"沃尔夫冈·苛勒协会"。尤其为了纪念苛勒在类人猿智慧方面的开创性研究,德国著名的马普

---

① Wolfgang Köhler(1969). The Task of Gestalt Psychology. Princeton, NJ: Princeton University Press, 28.

② V. Sarris(2004). Köhler, Wolfgang (1887—1967). International Encyclopedia of the Social & Behavioral Sciences, 8158.

③ Wolfgang Köhler(1969). The Task of Gestalt Psychology. Princeton, NJ: Princeton University Press, 20.

研究所(Max Planck Institute)在莱比锡建立了"沃尔夫冈·苛勒灵长类研究中心"(Wolfgang Köhler Primate Research Center,WKPRC)[1],以作为研究进化人类学的基地。来自莱比锡大学以及世界各地的研究者和学生们聚集在此,集中研究四类大猩猩的行为和认知方面的内容,尤其关注黑猩猩的认知本体论。在这里,苛勒的研究方法与思想精髓延续着,影响着一代又一代的后继者。

---

[1] 沃尔夫冈·苛勒灵长类研究中心网址:http://wkprc.eva.mpg.de.

让·皮亚杰

让·皮亚杰年表图

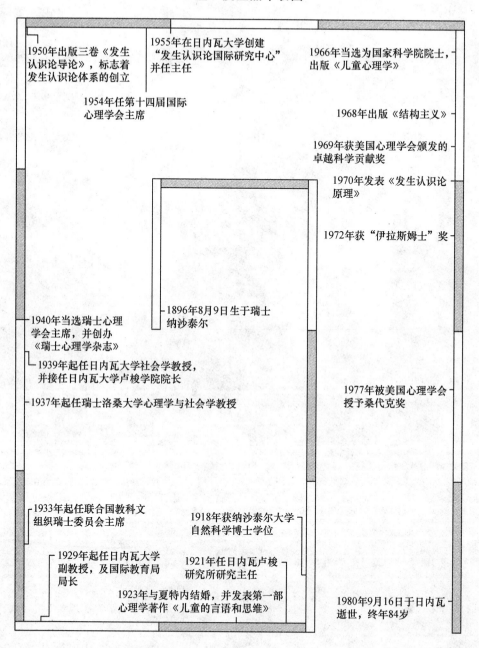

- 1950年出版三卷《发生认识论导论》，标志着发生认识论体系的创立
- 1955年在日内瓦大学创建"发生认识论国际研究中心"并任主任
- 1966年当选为国家科学院院士，出版《儿童心理学》
- 1954年任第十四届国际心理学会主席
- 1968年出版《结构主义》
- 1969年获美国心理学会颁发的卓越科学贡献奖
- 1970年发表《发生认识论原理》
- 1972年获"伊拉斯姆士"奖
- 1896年8月9日生于瑞士纳沙泰尔
- 1940年当选瑞士心理学会主席，并创办《瑞士心理学杂志》
- 1939年起任日内瓦大学社会学教授，并接任日内瓦大学卢梭学院院长
- 1937年起任瑞士洛桑大学心理学与社会学教授
- 1977年被美国心理学会授予桑代克奖
- 1933年起任联合国教科文组织瑞士委员会主席
- 1918年获纳沙泰尔大学自然科学博士学位
- 1929年起任日内瓦大学副教授，及国际教育局局长
- 1921年任日内瓦卢梭研究所研究主任
- 1923年与夏特内结婚，并发表第一部心理学著作《儿童的言语和思维》
- 1980年9月16日于日内瓦逝世，终年84岁

0   5年   10年

让·皮亚杰(Jean Piaget，1896—1980)被誉为20世纪最伟大的儿童心理学家。他与巴甫洛夫和弗洛伊德齐名，被西方学者公认为当代心理学三大巨人之一，但他却自称"认识论者"和"建构主义者"，认为"我们的研究包含有心理学的方面，但这方面是作为一种副产品出现的，研究目的在本质上是认识论的"。皮亚杰最大的成就是创建了发生认识论，通过儿童心理学把生物学与认识论、逻辑学结合起来，从而将传统的认识论改造成为一门实证的实验科学。但皮亚杰在儿童心理学方面的影响却最令人瞩目。他是对儿童的认知进行系统研究的第一人，撰写了大量关于儿童认知方面的文章，提供了关于儿童认知的很多重要发现，用临床访谈等方法搜集了价值连城的翔实数据。皮亚杰的儿童认知发展理论使得儿童心理研究从一个小的领域变成了一门学科——发展心理学。正如英国著名的发展心理学家彼特·布莱安特所言："没有皮亚杰，儿童心理学将是微不足道的。"

一、皮亚杰生平

1. 在纳沙泰尔的岁月

1896年8月9日皮亚杰出生于瑞士法语区纳沙泰尔(Neuchâtel)。纳沙泰尔是一座拥有浓厚文化氛围的大学城。皮亚杰是一个知识分子家庭的长子,有两个妹妹。父亲亚瑟·皮亚杰(Arthur Piaget,1865—1952)是大学教授,主要致力于研究中世纪文学史,也涉猎纳沙泰尔的地方史。亚瑟是一个勤奋、富于批判性的学者,他常常对小皮亚杰强调系统研究的重要价值,即便在小事上也是如此。早慧的皮亚杰从小就和父亲进行各种理性探讨。亚瑟并不希望皮亚杰"子承父业",反而劝他不要从事历史研究。亚瑟认为,历史学的断言是无法证实的,有"证伪主义"的味道,不是真正的科学。父亲严谨的科学态度对皮亚杰影响很大,使他很早就形成了勤奋、严谨和现实主义的态度。皮亚杰"厌恶任何对现实的违背",一直偏爱实证主义的实验研究。

童年皮亚杰和家人

资料来源:www.fondationjeanpiaget.ch.

母亲丽贝卡·杰克逊(Rebecca Jackson,1872—1942)是一个虔诚的新教[①]徒,她本性善良、聪明能干、精力过人。然而,她相当神经质的性格,甚至可以说

[①] 新教(Protestantism),在中国通称基督教。基督教新教以因信称义、推崇《圣经》权威、认为信徒皆可直接与上帝相通为特点。与天主教、东正教共为基督教三大分支。

某种程度的精神问题,这给皮亚杰的童年蒙上了一层阴影。皮亚杰回忆说,母亲精神状况不佳,给家庭生活带来了一定麻烦,这也是影响他早年生活的一个重要因素。

皮亚杰的父亲是理性的,常拘泥于实际证据,一丝不苟、爱挑剔;而母亲则是非理性的,常沉溺于"想象性沉思"。家庭环境对童年皮亚杰的直接影响就是,他过早放弃了儿童的游戏而开始致力于严肃的工作。

当皮亚杰还只有7岁时,就开始对结构、鸟类、古化石以及海洋贝类产生了兴趣。不到10岁,他就写作了一本有关当地鸟类的书,可惜被父亲讽刺为七拼八凑的东西。10岁时他在公园里看见一只部分白化的麻雀,就写了篇一页纸的论文,被纳沙泰尔的一家自然科学杂志发表。这篇科学处女作给皮亚杰带来了令人羡慕的际遇:纳沙泰尔自然博物馆馆长保罗·高戴特(Paul Godet)不仅允许他在闭馆后研究博物馆的鸟类、化石和贝类收藏,还邀请皮亚杰做他的助手,每周两次帮助他为陆上动物标本和淡水贝类贴标签。

保罗·高戴特
资料来源:http://www.museum-neuchatel.ch/collections/images/godet.jpg.

皮亚杰为这位勤奋博学的博物学家工作了四年。高戴特教给他有关软体动物的知识,并每学期赠予皮亚杰一定数量的稀有标本作为个人收藏,还特别为皮亚杰收集的标本做了精确归类。在高戴特的鼓励下,皮亚杰把所有的业余时间都用来收集软体动物。四年的"生物学学徒"生涯,使皮亚杰不仅学会了如何从事自然科学研究,还养成了严谨的治学态度。当1911年高戴特先生去世的时候,皮亚杰已经成为当时寥寥无几的软体动物专家之一,在《瑞士软体动物》等杂志上发表了一系列论文,论述瑞士、法国萨瓦省和哥伦比亚等地的软体动物标本及化石。此后皮亚杰一生都未能忘怀这位收他为"生物学学徒"的老师,是他向皮杰亚初次展现了自然科学研究的魅力。

在15岁至20岁期间,皮亚杰曾经历一系列的哲学"危机"。起因是皮亚杰在母亲的坚持下每周去上"宗教指导"课,但他发现自己无法从认知上把宗教教义与生物学协调起来。他甚至对"上帝存在的五大证据"做了实验,看到其逻辑论证的脆弱性。这让皮亚杰备受困扰。那时皮亚杰从父亲的书房里发现了奥古斯丁·萨巴蒂埃①写的《基于心理学和历史的宗教哲学》(La philosophie de la religion fondee sur la psychologie et l'histoire)一书。这本书认为教义只是宗教情感的象征,而其关于"教义革新"的内容对皮亚杰来说远比那些宗教教义更容易被理解和接受。皮亚杰从此对哲学产生了极大的热情。

就在他对哲学产生兴趣的时候,他的教父塞缪尔·考纳特②带他去安纳西(Annecy)湖度假,向他介绍了伯格森(Bergson)的"创造进化论"(creative evolution)。这一理论对皮亚杰的震动非常大,他由此领悟到在生物学中有对所有事物的解释。认识论问题突然以一个全新的视角,并且作为一个吸引人的研究课题呈现在他面前。就在这次假期结束时,皮亚杰决定,"把自己的一生献给对知识进行生物学解释的事业中"。事实的确如此,"对知识的生物学解释"成为皮亚杰的毕生追求。而皮亚杰后来还公开表示,教父塞缪尔·考纳特是他的三位老师之一。

1915 年大学期间的皮亚杰
资料来源:www.fondationjean-piaget.ch.

高中毕业之后,皮亚杰进入纳沙泰尔大学学习自然科学,于 1915 年 18 岁时获得学士学位,并于 21 岁时以"瓦莱州的软体动物"论文获得自然科学博士学位。

---

① 奥古斯丁·萨巴蒂埃(Auguste Sabatier, 1839—19010),法国基督教新教神学家和教育家。运用历史考证法促进经学的革新,将基督教教义解释为宗教情感的象征,从而增进自由主义神学和天主教现代主义运动的发展。

② 塞缪尔·考纳特(Samuel Cornut, 1861—1918),瑞士法语作家,与好友 édouard Rod 一起作为现代文学的先驱。他的小说 La Trompette de Marengo 获得了 1909 年的 Prix Rambert 奖,此奖每三年一次颁发给瑞士的法语作品。主要作品有 La Trompette de Marengo (1908), Roman L'Inquiet (1900), Roman Le Testament de ma jeunesse (1903)等。

2. 成名于日内瓦卢梭研究所

在纳沙泰尔大学学习期间,皮亚杰阅读了大量的哲学和心理学著作,坚持不懈地进行思考和写作。他意识到,要在生物学和知识分析之间架起桥梁,仅靠哲学是不够的,还需要心理学的知识。因此他一直渴望能到一个有心理实验室的大学去,通过实验来证实他早期的理论。

获得博士学位后,皮亚杰先后到苏黎世大学和巴黎索邦大学(Sorbonne)游学,在一些心理实验室和精神病诊所学习心理学。期间皮亚杰曾对精神分析感兴趣,但最终还是放弃了这个与他的"实证主义"信念有一定距离的心理学新流派。

在巴黎的时候,皮亚杰得到一个机会,帮西蒙①博士管理比奈在巴黎建立的实验室,在巴黎孩子中进行伯特(Burt)推理测验标准化的工作。在这个过程中,皮亚杰对儿童推理错误的原因产生了浓厚的兴趣,并创造性地开始用"临床访谈"的方法进行儿童推理研究。直到这时,他才进入自己真正感兴趣的领域。

<<< 专栏一

比　奈

比奈(Alfred Binet,1857—1911),法国心理学家。在法国实验心理学的发展中起了决定性的作用,对智力测量作出了重大贡献。1878年,为夏尔科(Jean Charcot)关于催眠术的工作所吸引,放弃了法律生涯,转而从事医学科学研究,1891年后在巴黎大学任职。他认为德国实验室所做的感觉和知觉研究的价值不大,试图用实验技术来测量推理能力和其他"高级心理过程",设计了用纸、笔、图画和其他便携物品为工具的测量方法。1895年创办了第一份法文心理学杂志《心理学年鉴》(L'Annee Psychologique)。同时在巴黎创建了一个实验室,进行儿童研究和实验教学。英国心理学家高尔顿(Francis Galton)通过标准化测验记录个体差异,比奈用这种方法研究了杰出作家、艺术家、数学家和棋手,并经

---

① 西蒙(Théodore Simon,1872—1961),是比奈的助手,1905年与比奈合作编制了历史上第一个智力测验量表——比奈-西蒙量表。

常观察体型、书法等特征,以补充正式实验。他调查了自己两个女儿的心理特征,写成重要著作《智力的实验研究》(L'Etude experimentale de l'intelligence, 1903)。1905~1911年与西蒙设计出很有影响的儿童智力测验量表。比奈还出版了关于暗示感受性(1900)和癔病(1910)的著作,临终前还在修订他的量表。

(资料来源:大英百科在线(Britannica Online),http://www.wordpedia.eb.com/tbol/article? i=008682&db=big5&q=Binet.)

>>>

皮亚杰在比奈实验室进行儿童研究的成果包括"关于儿童的部分概念发展的一些方面"、"儿童乘法逻辑和形式思维的开端"、"儿童的思想和象征性思维"。他把其中第三篇文章投给了日内瓦卢梭研究所的所长克拉帕雷德(Ed. Claparède),被推荐发表在《心理学档案》上。此外,克拉帕雷德还邀请皮亚杰担任日内瓦卢梭研究所"研究主任"的职务。皮亚杰于1921年开始就职于卢梭研究所,年纪轻轻就担任重要职务。当时皮亚杰计划花五年时间来研究儿童心理学,但他后来却在儿童心理研究领域投入了整整四十年。

1923年皮亚杰与他在卢梭研究所的学生瓦伦蒂娜·夏特内(Valentine Chatenay)结婚,婚后两人生了三个孩子,女儿杰奎琳(Jacqueline)、露西安娜(Lucienne)和儿子劳伦特(Laurent)。在妻子的协助下,皮亚杰对自己的孩子进行了仔细的观察与详细的记录,这使得皮亚杰对从婴儿期起儿童语言和智力的发展有了更加深入的了解。皮亚杰的三个孩子也因此成为儿童发展心理学文献上不朽的婴儿案例的主角。

1922至1932年间,皮亚杰在卢梭研究所的研究成果相继问世:《儿童的言语和思维》、《儿童的判断和推理》、《儿童的世界观》、《儿童的物理因果论》,以及《儿童的道德判断》。这些作品在欧洲心理学界引起了很大的反响,使得皮亚杰声名鹊起。他随后被邀请到法国、比利时、新西兰、英国、苏格兰、美国、西班牙、波兰等很多国家演讲。这大大出乎皮亚杰的意料,他甚至为这些还不够成熟的作品感到遗憾,认为自己的这些观点还只是初步的,并没有经过精心的组织,而人们却往往根据最初的作品来判断一个作者。

3. 创立发生认识论

1925年起，皮亚杰开始兼任纳沙泰尔大学心理学教授，他与纳沙泰尔和日内瓦的学生们合作，对12岁以下的儿童进行实验研究。同时，他还通过对自己孩子的观察和实验，研究儿童逻辑思维结构的起源与演变，相继发表了"儿童智慧的起源"、"儿童对现实的建构"以及"儿童象征的形成"，提出了重要的守恒和客体永久性概念。

1929年，皮亚杰被日内瓦大学聘为科学思想史教授，同年开始担任卢梭研究所的主任助理。此外，从1929年起皮亚杰还担任了国际教育局局长的职务。1932年他成为卢梭研究所的副主任，与克拉帕雷德和博韦一起主持卢梭研究所的工作。这期间卢梭研究所被重组为日内瓦大学卢梭学院。

繁重的教学和行政工作并未使皮亚杰停止学术研究。他持续十年集中研究了关于儿童的数学、物理和生物主要概念的产生和历史。与此同时，他发现让儿童进行实际操作是比仅用临床谈话更有效的研究方法。于是皮亚杰在卢梭学院更大规模地开展了儿童心理学研究，与兹明斯卡（A. Szeminska）和英海尔德（Barbel Inhlder）等合作，进行了一系列行为操作的新实验，针对儿童操作过程中的问题进行谈话。并由此提出了运算的整体结构以及思维可逆性等重要理论。1937年至1954年皮亚杰还在洛桑大学兼任心理学与社会学教授。

1939年起皮亚杰任日内瓦大学社会学教授，并在克拉帕雷德生病后接管了日内瓦大学卢梭研究院院长一职。20世纪40年代，瑞士心理学会成立，皮亚杰任首届主席，还负责编辑新刊物《瑞士心理学杂志》。由于二战期间瑞士没有受到太大冲击，皮亚杰得以继续开展研究，他与伦堡希（Marc Lambercier）合作，对儿童直至成年的感知能力发展进行了长期研究。还通过运用具体实验技术和程序分析方法，开展了关于时间、运动、速度及包含这些概念的行为研究。

第二次世界大战以后，皮亚杰的学术成就受到全世界的推崇，各国纷纷授予他荣誉博士学位。1946年，索邦大学授予他荣誉学位；1949年，布鲁塞尔大学授予他荣誉博士学位；同年，巴西大学授予他教授头衔；之后不久他还成为纽约科学院院士。而在此前的1936年哈佛大学三百周年庆典上，皮亚杰也被授予荣誉博士学位。此外，皮亚杰还陆续担任过联合国教科文组织瑞士委员会主席、联合国教科文组织教育部助理部长等职务。

1949~1950年,皮亚杰陆续发表《发生认识论导论》前三卷:"Ⅰ数学思想","Ⅱ物理思想","Ⅲ生物学思想、心理学思想和社会学思想"。这是涵盖数学、物理学、社会学、生物学、心理学和逻辑学等领域的浩瀚巨著。皮亚杰认为对这些领域的认识是个人和环境相互作用的产物,个人的思想存在着与科学思想史同样的发展过程。

1955年,皮亚杰终于实现了他长久以来的构想,那就是从各种学术领域的科学立场出发来研究认识论这一共同问题。他在日内瓦大学创建了"发生认识论国际研究中心",把各国著名生物学家、哲学家、心理学家、教育家、逻辑学家、数学家、语言学家和控制论学者集合在一起,共同研究发生认识论。发生认识论国际研究中心每年举行一次研讨会,经过相互讨论把各领域学者的研究结果加以整理,研究成果和讨论结果以《发生认识论研究报告》的形式发表。在1957年至1971年的15年间,以皮亚杰为首的研究者们以每年1~4卷的速度相继发表了26卷《发生认识论研究报告》。皮亚杰还于1970年出版了《发生认识论原理》,对发生认识论的理论纲领进行了总结。

1971年,皮亚杰在75岁高龄时才退休,辞去了日内瓦大学卢梭学院院长职务及其他行政工作,到瑞士的山中静养。但他并没有放弃研究工作,而是保留了发生认识论国际研究中心主任的职务,继续从事发生认识论研究。1980年9月16日,皮亚杰在日内瓦与世长辞,享年84岁。

二、理论思想背景

1. 生物学与哲学、逻辑学、心理学的融合

获得博士学位之前,皮亚杰一直是被当作生物学家来培养的。到获得博士学位时,皮亚杰已经发表了25篇关于软体动物的专业论文,并被认为是为数不多的研究软体动物的专家之一。生物学研究使皮亚杰获得了这样的思维习惯:在没有精确实验控制的情况下,他从不相信任何理论。

但求学期间皮亚杰除了进行生物学研究之外,还潜心阅读了大量的哲学和

心理学著作,选修了逻辑学课程,最终把生物学与哲学、逻辑学和心理学理论结合起来进行思考,形成了自己独特的理论思想背景。

而皮亚杰最初能把兴趣从生物学拓展开来,还得益于他的教父推荐的伯格森的作品。在阅读伯格森作品之后皮亚杰就产生了一个独特的想法:要在生物学和知识分析之间架起一座桥梁,而这仅靠哲学是不够的,还需要其他的东西。当时他相信,只有心理学才能满足这种需要。

<<< 专栏二

伯 格 森

伯格森(Henri Louis Bergson,1859—1941),20世纪初法国著名哲学家,首倡"演进"哲学而摒弃"静止"的哲学理论。早年就读于巴黎高等师范学校。1881—1888年在巴黎郊外昂热、克莱蒙费朗执教。1889年《时间与自由意志:论知觉的直接数据》问世,同年获博士学位。此书出版后,伯格森回到巴黎执教,开始研究身心关系,于1896年发表了《物质与记忆》。伯格森采用独特的研究哲学的方法,从特殊问题入手,根据最新科学数据,分析记忆及失语的心理现象。他认为失语症的出现并非如心理生物学心身平行论所称的那样,实际上大脑中的损伤也影响心理能力的基础;因为失语者的说话器官并未瘫痪,因此失语者丧失的是表达记忆的身体结构,而非记忆本身。伯格森从而得出结论:记忆及心灵独立于身体,利用身体达到其目的。1897年,伯格森回母校任哲学教授。1900年,他受聘于法国最高学府法兰西学院,蜚声讲坛。此后到第一次大战爆发,出现伯格森热,对其哲学的解释和评论比比皆是,其影响遍及文学(普鲁斯特、萧伯纳)、政治学(索雷尔)、绘画(莫奈)、音乐(德彪西)、宗教等方面。1907年"演进哲学"的代表作《创造进化论》问世。伯格森在考察生命概念时承认进化是被科学证明的事实,认为整个进化过程是"生命冲动"的绵延,不断发展,不断产生新形式。总之,进化是创造性的,而非机械的。其发展过程有两条主线:一由本能,导致昆虫的生命;另一通过智力进化而产生人;二者都是生命冲动的结果。该书最后一章评论哲学思想史,表明思想史未能正确评价自然界与生成的重要性,因而歪曲了实在的本性。1915年,伯格森被选为法兰西学院院士;1927年,获诺贝尔文学奖;1932年,发表另一名著《道德和宗教的两个泉源》。伯格森认为有两种道德或两个泉源:其一来源于智力,导致科学及其静止的、机械的理想;其二基于直觉,表现为艺术与哲学的自由创造力,及基督教徒的直觉经验。

(资料来源:大英百科在线(Britannica Online):http://www.wordpedia.eb.com/tbol/article? i=008094&db=big5&q=Bergson.)

>>>

在接触伯格森哲学之后,皮亚杰又研读了康德①、斯宾塞②、孔德③、傅立叶④和居约⑤、拉切利尔⑥、布特鲁⑦、拉朗德⑧、涂尔干⑨、塔尔德⑩、邓泰克⑪等人的哲学著作;在心理学方面,读威廉·詹姆士、里博⑫和让内⑬的著作,并做了许多本笔记,记录自己的随想与看法。其间他还写过一篇以"新实用主义纲领"命名的散文,表达了"行动自身具有逻辑"的观点,而此后它也一直是皮亚杰的核心观点之一。他认为逻辑起源于行动的自发组织,这与詹姆士和伯格森的反智主义⑭相

---

① 康德(Immanuel Kant,1724—1804),启蒙运动最重要的思想家,历史上最伟大的哲学家之一。由笛卡儿开创的唯理主义和由培根开创的经验主义的新思潮,集中体现到他身上。他开创了哲学思想发展的新时代。他在认识论、伦理学和美学方面的全面、系统性的工作对后起的一切哲学,尤其是对德国的康德主义和唯心主义的各神学派,产生巨大影响。

② 斯宾塞(Herbert Spencer,1820—1903),英国哲学家和社会学家,早期的进化论者。强调用科学方式来研究社会现象。认为哲学是各专门学科基本原理的综合,试图将自然科学及社会科学知识总结为一个综合哲学体系。

③ 孔德(Auguste Comte,1798—1857),法国哲学家,实证主义的创始人。主张人类智慧的发展从神学阶段经过形而上学阶段,到现代实证阶段。着重把人类德性和道德进步当做知识的中心课题。

④ 傅立叶(Alfred Fouillée,1772—1837),法国哲学家、经济学家、空想社会主义者。

⑤ 居约(Jean-Marie Guyau,1854—1888),法国哲学家和伦理学家。

⑥ 拉切利尔(Jules Lachelier,1832—1918),形而上学家、法国新唯灵论者创始人。

⑦ 布特鲁(Emile Boutroux,1845—1921),法国科学哲学家,新康德主义者。

⑧ 拉朗德(André Lalande,1867—1963),法国哲学家,曾主编巨著《哲学技术与批评词汇》。

⑨ 涂尔干(Emile Durkheim,1858—1917),法国社会科学家,社会学派之父,曾结合实验法研究与社会学理论发展出一套富有活力的方法论。

⑩ 塔尔德(Jean-Gabriel de Tarde,1843—1904),法国社会学家和犯罪学家,强调个人在集体中的地位,认为发明是一切进步的源泉。

⑪ 邓泰克(Le Dantec),法国哲学家,认为世界上一切不是同化就是被同化。

⑫ 里博(Theodule-Armand Ribot,1839—1916),法国心理学家,研究个体记忆功能演化的原理,认为记忆丧失是一种进行性脑疾病的症状,提出"情感性记忆"概念。

⑬ 让内(Pierre Janet,1859—1947),法国心理学家、神经病学家,主张经院心理学应同精神病的临床治疗联系起来,强调催眠中的心理因素,著作范围包括独立行动能力的损害、歇斯底里症、强迫症、失忆症和人格。

⑭ 反智主义(anti-intellectualism),又称作反智论或反智识主义,是一种存在于文化或思想中的态度,而不是一套思想理论。反智主义可分为两大类:一是对于智性(intellect)、知识的反对或怀疑,认为智性或知识对人生有害而无益。另一种则是对于知识分子的怀疑和鄙视。这里指前者。

反,但是他当时尚未能找到其与生物学的联系。本科末期皮亚杰修了逻辑学家雷蒙德[①]讲授的心理学、逻辑学和科学方法论课程。雷蒙德在"普遍性"问题领域内关于实在论[②]和唯名论[③]的一节课使他恍然大悟。皮亚杰在自传中写道:

> 我曾经深入思考动物学的物种问题,在这方面完全选择了唯名论的观点。"物种"本身没有现实性,仅靠更强的稳定性而与简单的"变种"区别开。但是这一由拉马克主义所启迪的理论观点,在我进行经验主义工作(即软体动物分类)时却令我困惑。涂尔干和塔尔德关于作为有组织整体的社会是现实性的或非现实性的争论,使我陷入了相似的不确定状态,起初我看不到它与物种问题的相关性。而实在论和唯名论的普遍问题为我提供了一个全面的观点,我突然理解了,在所有层次上(活细胞、有机物、物种、社会,以及心智状态、观念、逻辑准则等),部分和整体之间存在着相同的关系问题。因此我确信我发现了解决方案。至少在生物学和哲学之间存在着我所梦想的紧密联系,这是接近那时在我看来是真正科学的认识论的机会。

<<< 专栏三

拉马克主义

拉马克主义(Lamarckism),一种生物进化理论,其基本原理是:生物体生命过程中出现的身体变化(如某一器官或身体某一部分由于不断使用而发育得较大)能传递给后代。这个学说由拉马克于1809年提出,对19世纪的进化理论有过很大的影响。拉马克认为,新的环境会引起新的需要,动物努力满足这种需要,新的需要使动物产生新的习性,这种习性逐渐地使机体各部分发生一些永久性的变化,例如:长颈鹿为取食树叶,就要将颈伸得越来越长,需要达到的高度越

---

① 雷蒙德(Arnold Reymond),法国逻辑学家,著有《逻辑原理及现代各派之评述》《希腊罗马古迹中的科学史》等。

② 实在论(realism)哲学用语。把任何一种不依人的观察和思考为转移的存在作为人的知识对象的观点都可称为实在论。与唯心主义者相反,实在论者认为对象是独立于精神的一种存在。然而对实在论的解释却有显著差异:它的对象可以是个别事物,可以仅仅是事物的特殊性质,也可以是事物的属和种。

③ 唯名论(nominalism)哲学中,在关于共相争论中所持的一种观点。共相即可用于具有某些共同点的个别事物的词。唯名论在中世纪晚期特别盛行。它否认共相的存在,理由是一个普通的词的运用并不表示被它所命名的那个普通的东西真正存在。

来越增加，久之，其四肢及颈便越来越长。20世纪初，新拉马克主义将达尔文的自然选择理论加入其基本理论：自然选择对获得性状的作用引起生物进化。30年代后，拉马克主义受到大多数遗传学家的怀疑。

1979年83岁的皮亚杰还在读拉马克的《动物学哲学》
资料来源:www.fondationjeanpiaget.ch.

（资料来源：大英百科在线（Britannica Online）http://www.wordpedia.eb.com/tbol/article? i=042723&db=big5&q=Lamarckism.）

但由于纳沙泰尔大学没有实验心理学课，也缺乏实验室和实验方面的指导，当时皮亚杰唯一能做的就是理论研究和写作。他有个习惯，"不写就不能思考"，但即使只是为自己写，他也会以要发表的文章那样系统的方式来写作。

皮亚杰尽可能地利用所有时间来写下自己的体系，"尤其是在无聊的课堂上"。他在生物学和哲学之间找到了解决方案：在所有生命领域（有机体的、心理的、社会的）都存在着性质上与部分截然不同，并把"组织"加于部分之上的"全体"。因此不存在独立的"元素"，元素的现实性必须依赖于凌驾于它之上的整体。但是整体与部分的关系因结构而异，因为必须要区别四种作用：整体自身的作用（保持），所有部分的作用（改变或保持），部分作用于自身（保持）以及部分作用于整体（改变或保持）。这四种作用在整体结构中相互制约，形成三种形式的平衡：(1) 整体主导，改变部分；(2) 部分主导，改变整体；(3) 部分和整体相互守恒。最终的基本定律是：只有第三种形式的平衡是稳定的；而其他两种是较不稳定的,虽然趋向稳定,但还依赖于需要克服的障碍,由障碍的性质决定(1)和(2)接近稳定状态的程度。这些思想与当时在国际心理学界流行的格式塔心理学中的很多观点颇有相似之处,皮亚杰后来指出:

> 如果我那时(1913—1915年)了解韦特海默和苛勒的工作,我可能会变成一个格式塔主义者。但当时我只熟悉法语作品,还不能设计实验来证实这些假说,因此只能把自己局限于系统结构上。

皮亚杰后来认为,自己在纳沙泰尔的那些年中写给自己看的文章不值得发表,因为它们还只停留在理论层面;但这些文章的真正价值在于激励了后来的实验。不过,这些皮亚杰早期的论文,可以说已经先行描绘了他后来部分研究工作的提纲。他当时已经认识到,整体和部分第三种形式的稳定平衡,符合标准天性的心智状态——逻辑必然性或道德约束,这与具有非标准心智状态特征的次级平衡如直觉或机体事件等相对。

2. "平衡"理论的雏形

大量的阅读与写作造成的超负荷脑力劳动严重影响了皮亚杰的健康,在获得学士学位之后他不得不山里休养了一年多。这一年中他仍被创作的欲望所驱使,就利用这些被迫空出的时间写作一本哲学体小说《探索》,并于1917年"非常轻率"地发表了。

这是一本写给大众而非专业人士看的、带自传性质的哲学体小说。小说从有关物种适应的生物学问题开始,描述一位青年在追求科学与道德真知的过程里,所遭遇到的迷惘与危机,这也反映了青年皮亚杰在感性和理性之间的两难抉择。一边是酒神的狂欢和激情,另一边是日神的审慎和理性,这或许源于皮亚杰的父母两种截然对立的性格原型。文中饱含着他对科学和信仰、和平与战争(当时正值第一次世界大战)、传统的基督教和当时正在兴起的社会主义等重大现实问题的思考。可以看出,年轻时代的皮亚杰也像每个有志的热血青年一样,极为关心政治问题和人类的前途与命运。在作品的最后,主人公以投身于处理种族变异工作这一方式解决了情感的困扰,从"平衡"和"科学圈"中得到了理想的解答和精神的拯救。这是对皮亚杰自己的危机和解决过程的记载,也是对皮亚杰未来生活的写照——投身到科学研究中,以工作支配情感,解决了二者间的矛盾,而他一生也从中获益匪浅。

书中的最后一部分包含了皮亚杰"平衡"(equilibrium)理论的雏形,展现了一些基本观念的萌芽,如同化(assimilation)、顺应(accommodation)等。但据说这本书在当时除了一两个愤慨的哲学家外,并没有人谈论它。55岁的皮亚杰为写自传而重读这本他自己早已彻底遗忘的作品时,"惊奇地发现,其中仍然有一两个想法让我感兴趣,且从未停止引导我进行各种各样的努力。"皮亚杰很看重这本标志着他"青春期危机以及尾声"的作品,在写自传时还从中摘引了部分。

3. 精神分析掠影

1918年获得博士学位后,皮亚杰启程到苏黎世,打算在某个心理实验室工作。他在苏黎世大学度过了一个学期,参与了利普斯①和韦切纳②的实验室,以及布鲁勒③的精神病诊所的工作。

在开始阶段,皮亚杰感到有些迷失。利普斯和韦切纳的实验在他看来与他关心的基本原理问题几乎没有关系。皮亚杰一面阅读弗洛伊德的作品和 Imago 期刊,听普菲斯特④和荣格的讲座,一面在临床上接受布鲁勒指点,学习精神分析。在学习过程中他意识到独自沉思的危险性,所以"决定忘掉我的体系,以免陷入孤独症"。

皮亚杰并不打算进一步深入到精神分析和病理心理学这一特定领域方向中去。虽然精神分析扩展了他的视野,他对研究无意识的奥秘也有着强烈的兴趣,但他却更喜欢研究常态心理和人的智力活动方式。他感觉到自己的研究道路将会是"通过把在动物学中获得的思维习惯用于心理学实验,我可能在解决由我的

---

① 利普斯(Theodor Lipps, 1851—1941),德国心理学家、哲学家、美学家。他支持潜意识,核心观点是移情和审美共鸣。
② 韦切纳(Arthur Wreschner, 1866—1931),德国实验心理学家和心理医生,1906年后在苏黎士大学和苏黎士理工学院工作。
③ 布鲁勒(Eugen Bleuler, 1857—1939),当时最有影响的精神病学者之一,因采用"精神分裂症"(schizophrenia)一词描述以前称为早发性失智的疾病,并因对精神分裂症患者的研究而享有盛名。1898—1927年间任苏黎世布尔格赫尔茨利(Burghölzli)精神病院院长。
④ 普菲斯特(Oskar Robert Pfister, 1873—1956),瑞士的新教神学家和早期精神分析学家。

哲学思考所引导出的整体结构问题上获得成功"。

1919年秋天,皮亚杰乘火车到了巴黎,在索邦大学度过了两年。他听杜马(Duma)的病理心理学课程,学习诊断圣安妮(Sainte Anne)精神病院的病人;听皮埃龙(Piéron)和德拉克洛瓦(Delacroix)的课程;还跟拉朗德(Lalande)和布兰斯维克(Brunschvicg)学习逻辑和科学哲学课程。布兰斯维克的历史批判方法和对心理学的涉及对皮亚杰影响很大。不过当时皮亚杰仍然为如何选择合适的实验研究领域而困惑。

但很快皮亚杰又遇到一个特别幸运的机会——他被推荐给西蒙博士。当时西蒙住在鲁昂(Rouen),但负责比奈在巴黎建立的"美丽农庄小学"(the Ecole de la rue de la Grange-aux-Belles)的实验室。因为当时西蒙在巴黎没有开课,所以这个实验室还没有被使用。西蒙非常友好地接待了皮亚杰,并建议他在巴黎孩子中进行伯特推理测验标准化的工作。

起初皮亚杰对这份工作并不热情,只是抱着试试看的心理。但很快他的情绪就发生了改变,因为工作环境实在是太理想了:在这里他能完全自己做主,而且还有整个学校可供他使用。于是,皮亚杰在这里开展了他关于儿童智力的第一个实验研究。

三、守恒和客体永久性概念的提出

1. 儿童思维研究的开端

在对巴黎儿童进行推理测验的过程中,皮亚杰发现,虽然基于回答正确率的比奈测验有其诊断价值,但儿童在测验中常常犯同样类型的错误,这一问题引起了他更大的兴趣。因此,在进行标准化测验之后,皮亚杰开始以对话模式开展自己的研究,目的是发现儿童在各种回答(正确的,但尤其是错误的回答)背后的推理过程。他惊讶地发现,涉及部分包含于整体,或者是关系的调和,以及类包含(两个整体共用一个部分)的最简单的推理任务,对11—12岁以下的正常孩子来说却无疑是难题。

皮亚杰通过提出各种问题,以及给孩子们一些简单、具体的因果关系任务,来分析正常孩子的言语推理过程,这一研究持续了大概两年。此外,皮亚杰还获得了萨伯特医院①的许可,开展对不正常孩子的研究。在萨伯特医院,他开始着手研究数字,之后他与兹明斯卡合作继续开展这项工作。

那段时间,皮亚杰每天下午都亲自与7~12岁的儿童谈话,试图了解儿童本来的面目。在交谈过程中,他十分尊重儿童,向他们提出有关周围世界的一些问题,仔细听他们的解释,并请他们解答一些谜题。皮亚杰首创的这种"临床访谈法"不仅成为他自己终生使用的调查研究方法,而且也成为普遍应用的进行儿童心理研究的一种方法。这种方法的特点是通过灵活的访谈程序,使研究者了解儿童对某一问题认识的复杂思维活动。②

皮亚杰最著名的实验之一,是问孩子"什么产生了风"。下面是皮亚杰谈话法的典型实例:

> 皮亚杰:什么产生了风?
>
> 朱利亚:树。
>
> 皮亚杰:你怎么知道?
>
> 朱利亚:我看到它们挥手臂。
>
> 皮亚杰:那怎么能产生风呢?
>
> 朱利亚(在面前挥动手):像这样。只不过它们更大。并且有很多树。
>
> 皮亚杰:什么产生了海上的风?
>
> 朱利亚:从陆地上吹过去的。不,是波浪……

皮亚杰意识到,当不用成人的标准去评判孩子时,5岁的朱利亚的信念,也不是"不正确"的。它们完全合情合理,并且与儿童的知识框架相一致。如果只把答案分为"正确"和"错误",就会不得要领,而且缺乏对孩子的尊重。皮亚杰寻找的是,能在关于风的对话中发现的,具一致性、独创性和实践性的解释原则的理论,当儿童不知道或者没有足够的能力用成人倾向的方式来解释时,儿童可以

---

① 萨伯特医院(Pitie-Salpetriere),附属于法国巴黎第六大学,是世界闻名的教学医院,始建于1613年,是欧洲最大的医院之一。
② 方富熹,方格(2004).儿童发展心理学.北京:人民教育出版社.

用这个解释原则很好地给出替代的解释。①

皮亚杰注意到隐藏在儿童错误回答背后的逻辑，或者儿童为他们的答案所做辩护的推理过程中存在的系统性，因此他有意地引导儿童说出他们的思考过程，特别是在回答错误的情况下。皮亚杰由此发现，很多错误的回答并不是由于儿童的无知而造成的，而是反映了儿童所拥有的潜在逻辑结构根本不同于成人的逻辑结构。皮亚杰由此认为，研究儿童的逻辑，是了解人类心智发展的基础。

直到这时，皮亚杰才进入了自己真正感兴趣的课题。开展儿童推理研究令皮亚杰兴奋异常，"我终于找到我的研究领域了"。在儿童思维研究中，皮亚杰证实了通过分析逻辑运算背后的心理过程，可以对整体和部分之间关系的理论进行实验研究。这标志着他的"理论"阶段的结束，以及他在心理学领域归纳、实验时代的开始。虽然心理学领域是他一直想要进入的，但直到那时他才找到了合适的研究问题。

通过对儿童进行实验研究，皮亚杰发现"儿童的逻辑思维也不是先天的"，正好印证了他几年前的猜测——逻辑非天生的而是逐渐发展的，这就与他关于"智力结构进化趋向平衡"的观点相一致。此外，直接研究逻辑问题的可能性也与皮亚杰之前所有的哲学兴趣相合。而在这时，他又有了新的学术目标——"发现一种智力胚胎学"，这是基于他坚实的生物学基础提出来的目标。

获得第一阶段的研究结果之后，皮亚杰写了三篇文章。他的第一篇文章"关于儿童的部分概念发展的一些方面"②投给《心理学期刊》，不仅被接受了，而且他由此得知该杂志主编梅耶尔森③跟他有非常相似的兴趣方向，从此二人成了朋友。梅耶尔森推荐皮亚杰读列维-鲁赫④的书，经常鼓励和督促他并提出一些建

---

① Seymour Papert, Child Psychologist Jean Piaget, 100 Most Important People of the 20th Century, TIME 100: Heroes & Icons of the 20th Century, Time Magazine, 14.07.1999.
② Essai sur quelques aspects du développement de la notion de partie chez l'enfant, J. de Psychol., 1921, 38, 449—480.
③ 梅耶尔森(Ignace Meyerson, 1888—1983)，法国医生和心理学家，做了30年雅内和杜马主办的《正常和病理心理学杂志》(Journal de psychologie normale et pathologique)主编，使它成为两次世界大战之间最好的心理学交流论坛之一。
④ 列维-鲁赫(Lucien Levy-Bruhl, 1857—1939)，法国哲学家，他对原始民族心理状态的研究，为人类学在理解社会思想中的不合理因素方面提供了一个新的方法。著有《伦理学和道德科学》、《原始社会的心理作用》等。

议,之后还接受了皮亚杰的第二篇文章"儿童乘法逻辑和形式思维的开端"。皮亚杰把第三篇文章"儿童的思想和象征性思维"给了曾见过一面的日内瓦卢梭研究所的所长克拉帕雷德,经他推荐发表在《心理学档案》上。

此外,克拉帕雷还给皮亚杰提供了日内瓦卢梭研究所"研究主任"的工作,让他去日内瓦试作一个月。这份工作的前景令皮亚杰欢欣鼓舞,一方面是因为克拉帕雷德的名望,以及这个岗位能够提供的良好研究资源;另一方面,这也是他学习如何开展正式研究的好机会。于是皮亚杰接受了这份工作,于1921年离开巴黎来到日内瓦。在这里他再次得到了自主工作的机会,克拉帕雷德和博韦是理想的同事,让他完全按照自己的意愿工作。皮亚杰当时的工作内容也很简单,包括承担儿童心理学研究工作,以及指导学生,与学生合作进行儿童研究等。

1925年,皮亚杰(右一)和克拉帕雷德(右三)在卢梭研究所门口
资料来源:www.fondationjeanpiaget.ch.

2. 儿童"自我中心论"的提出

卢梭研究所是当时一所新兴的研究机构与师范学院,致力于研究儿童发展以及训练教师。皮亚杰年仅25岁就担任这一杰出的法语教育研究组织的研究主任,足见他早期的儿童心理研究工作在瑞士心理学界的影响。

由于皮亚杰那时的"思想发生了系统的转变,并伴随着它意味的所有危险",他拟定了一个当时认为不会改变的计划:先花两到三年的时间研究儿童思维,然后就转向智力生活的起源,即研究在生命的前两年中智慧的出现问题。这样,在客观地归纳出关于智力基本结构的知识后,开始研究基本的思维问题,并构建心理学的和生物学的认识论。最重要的是,一定要远离所有非心理的事务,对思维自身的发展进行实验研究,"无论这将把我引向何方"。结果,如皮亚杰在自传中所说:"我本来打算花五年时间研究儿童心理学,1921年我是这么期望的,结果我却花费了大约三十年①;但这是一项令人兴奋的工作,我丝毫不后悔。"

根据当时的"五年计划",皮亚杰在卢梭研究所组织了他的研究,虽然从比较外围的因素如社会环境和语言开始,但主要目标仍然是了解逻辑运算以及因果推理的心理机制。为此,他运用与在巴黎研究儿童时同样的"临床谈话法"对日内瓦的小学生进行了实验研究。

在1922至1932年的十年间,使皮亚杰名声大噪的五本儿童心理学著作相继问世:《儿童的言语和思维》(1923)、《儿童的判断和推理》(1924)、《儿童的世界表象》(1926)、《儿童的物理因果概念》(1927)以及《儿童的道德判断》(1932)。

《儿童的言语和思维》一书论述了皮亚杰通过对4~7岁的儿童的口头语言能力进行观察,分析儿童之间和儿童与成人之间的言语交流情景以及提问、解释等。他认为,儿童的言语区分为几种功能,独白与对话等。值得注意的是儿童

1924年卢梭研究所工作时的皮亚杰
资料来源:www.fondationjean-piaget.ch.

的独白语言(自我中心的语言),儿童自己对自己高声说话,不求对象也不期望回答。他也研究了儿童各种不同形式的"对话",对话双方(儿童和儿童之间或儿童与成人之间)的相互关系或多或少是有秩序的或经过安排的。还涉及其他方面的研究,如在特定的环境下研究儿童应变的理解能力和语言传叙某件事情的能力。

《儿童的判断和推理》论述了皮亚杰通过用"所以"、"因为"、"于是"、"但是"等语法关系词对儿童进行提问,来研究儿童对因果关系和逻辑联结关系的理解与运用程度,从而分析儿童的推理能力。皮亚杰企图建立一个关于儿童的推理

---

① 指到他写自传时的1952年。

与判断的一般理论，尤其是儿童推理的前逻辑或前运算形式。

《儿童的世界表象》着重描述和论证了皮亚杰研究发生心理学所使用的"临床访谈法"，以及他进一步对儿童关于自然现象的解释开展的研究。

《儿童的物理因果概念》总结了皮亚杰研究儿童对自然的物理现象（运动、力、固体、液体等）的理解能力的发展的成果。在结论部分，皮亚杰将此项研究与他在《儿童的判断与推理》中所描述的推理能力的形成联系起来，指出儿童逻辑思维能力的发展与他对于现实的概念是紧密相连的。

在《儿童的道德判断》一书中，皮亚杰分析在游戏中儿童对游戏规则的理解与掌握过程，观察儿童对成人的正义与道德行为的态度，研究儿童将自身社会化的情形。[1]

这些研究产生了一些新的突破，它们明确地指出了儿童心智结构的最重要的方面，提出了儿童的"自我中心论"(ego centrism)这个基本概念，还指出了儿童从独有的、不可交流的思想向寻找对象的、社会化了的思想的过渡。皮亚杰认为"自我中心论"是二至三岁到七至八岁的儿童思维的主要方面。所谓"自我中心论"就是儿童认为自己的身体是世界的中心，其他事物都是以自己为转移的，因而这里"同化作用"占主导地位。如果你听过一个两岁的孩子与其他孩子的对话，你就可能已经注意到这种自我中心，这个年龄的儿童经常似乎是在与自己说话，而不是与他人交流。

皮亚杰还有一个著名的"三山实验"，是证明儿童"自我中心"特点的绝佳证据。实验材料是一个包含三座高低、大小和颜色不同的假山的模型，皮亚杰首先让儿童从模型的四个角度观察这三座山，再让儿童面对模型坐好，然后放一个玩具娃娃在儿童的对面，要求儿童从呈现的四张图片中指出哪一张是玩具娃娃看到的"山"。结果发现幼童会选择自己所看到的情景的图片，认为其他人看到的都与自己看到的一样。

---

[1] 杜声锋(1988). 皮亚杰及其思想. 香港：三联书店有限公司.

皮亚杰三山实验的图示

资料来源：http://media.openonline.com.cn/media_file/200708/dongshi/youerxlx/web/z8/02.htm.

对于自己这一阶段的作品，皮亚杰认为还不够成熟，存在着很大的缺点，"我没有对结论的表达进行足够谨慎的考虑就发表了，认为很少人会读到它们，主要想作为我以后向更多读者综合介绍我的观点时的参考"。但与皮亚杰的预期相反，这些书被广泛阅读和讨论，如皮亚杰所言，"似乎被看做是我关于这一主题的定论那样"。这些预料之外的追捧让皮亚杰感到有些不安，皮亚杰甚至对人们过度关注他最初阶段的作品，而不太关注他后期真正成熟的作品表示了遗憾：

> 但是你不能对评论家说"等等——你还没有看到后面的作品"——特别是这个人自己都还不知道后面的作品时。此外，年轻的时候你意识不到，很长一段时间人们将根据你最初的作品来判断你，只有非常负责任的人才会阅读你后来的作品。

这五本引起广泛关注的关于儿童思维研究的作品，皮亚杰称"是持续共同努力的结果，研究院的所有学生都参与了"。瓦伦蒂娜·夏特内（Valentine Chatenay）正是这些学生中的一员，她在1923年与皮亚杰结婚，成为他的"妻子和永久的合作伙伴"。

1922 年,皮亚杰和瓦伦蒂娜·夏特内

资料来源:www.fondationjeanpiaget.ch.

在卢梭研究所的这几年中,皮亚杰发现了格式塔心理学的存在。一方面,由于皮亚杰的整体结构观念与韦特海默和苛勒非常接近,他很高兴地看到,他"之前的研究并不是毫无意义的",因为人们在这样一个"部分附属于有组织的整体"的核心假设上,不仅能够设计坚实的理论,还可以设计极好的系列实验。另一方面,皮亚杰并不完全认同格式塔的观点,在他看来,虽然格式塔概念完全适合次级形式的平衡,即部分被整体改变的平衡,或者用这个理论的术语,没有"附加成分"的平衡;但并没有解释逻辑或者理性的运算所特有的结构。例如,数字序列 1,2,3……是一个显著的整体结构运算,因为数字并不能单独存在而是由其所形成的规律自身产生($1+1=2, 2+1=3$ 等)。可是其形成的规律就构成了"附加成分"。因此格式塔无法解释皮亚杰认为的高级平衡形式,即整体与部分的相互守恒。由此皮亚杰断定,必须区分平衡的连续阶段,使对结构类型的寻找更多地与发生论方法相结合。

3. 对三个孩子的观察和研究

1925 年,皮亚杰的第一个女儿出生了;1927 年,他的第二个女儿出生;1931 年,他的儿子出生。这三个孩子不仅给家庭带来了欢乐,也成了皮亚杰观察和研究的对象。皮亚杰在妻子的协助下,花费了相当多的时间观察三个孩子的反应,作详细编目记录,做各种实验,系统地研究了儿童的逻辑思维结构的起源与演变问题。皮亚杰出版了三本新书,总结了这项新研究的成果,其中的《儿童智慧的起源》(1937)讨论的是智力行为的产生,《儿童对现实的建构》(1937)阐述了客体永久性和因果关系问题,而《儿童象征的形成》(1945)关注的是模仿和游戏等象征行为的萌芽表现。在观察研究自己三个孩子的同时,皮亚杰还与纳沙泰尔和日内瓦的学生们合作,对12岁以下的儿童进行实验研究。

皮亚杰夫妇和三个孩子

资料来源:www.fondationjeanpiaget.ch.

在这些研究中,皮亚杰以最直接的方式探究感觉运动行为如何为智力运算做准备,并发现儿童的这种智力运算甚至早在他们的语言出现之前就开始了。皮亚杰认识到,为了在儿童逻辑研究中取得新的进展,他必须改变方法,把谈话方式调整为让儿童操作物体。

由于意识到研究儿童动作和行为模式的重要性,皮亚杰把这四年时间大多都花在观察儿童玩耍并参与游戏的活动上。通过观察这些活动,皮亚杰取得了大量的科学发现,这些成果被哈佛教授杰罗姆·卡根[1]视为"令人惊讶的发现……大量有趣的、触手可及的现象,这些现象司空见惯,就在每个人的鼻子底下,可并非每个人都具有发现这些现象的天分"。

皮亚杰发现,7岁以下的儿童不相信物质的各种特性,如数量、质量和容积等的守恒。在数量守恒实验中,皮亚杰将7个鸡蛋与7个玻璃杯一一对应排列,

---

[1] 杰罗姆·卡根(Jerome Kagan),1929年生,美国发展心理学家,主要贡献在于对儿童气质类型的研究。

问儿童鸡蛋和杯子是否一样多,儿童回答"一样多"。然后,当着儿童的面将杯子间距离拉开,使杯子的排列在空间上延长,这时年幼儿童就会认为杯子比鸡蛋多。

再如,皮亚杰把一团橡皮泥先搓成圆球形,然后当着儿童的面将圆球形搓成"香肠",问儿童圆球和香肠哪一个橡皮泥多。一部分儿童认为圆球的多,因为圆球大,而另一部分儿童认为香肠的多,因为它长。

此外,皮亚杰常常让孩子看两个一模一样的杯子,然后把同样多的柠檬汁倒进去,5岁和7岁的儿童都认为杯中有同样多的柠檬汁。当把其中一只杯子里面的柠檬汁全部倒入另一个细长的杯子里时,这两组儿童的看法产生了分歧,5岁的儿童知道高杯中的柠檬汁还是原来的柠檬汁,但还是认为现在的柠檬汁多了;7岁的孩子则正确地肯定说,里面装的柠檬汁的量并没有变化。

皮亚杰还在自己的孩子身上观察到,6~10个月大的儿童尚未掌握从视野中消失的客体的永久性。皮亚杰曾观察当时只有7个月的女儿杰奎琳,看到她把一只塑料鸭子掉在被子上,然后被被子盖住了,尽管杰奎琳清楚地看到她把鸭子掉到什么地方,而且也能够着,但她一点试着去捡起鸭子的意思都没有。皮亚杰觉得很好奇,于是把鸭子又放到了她可以看到的地方,然后当她就要抓住鸭子的时候,他又慢慢地、清清楚楚地把鸭子藏到了被单下面。杰奎琳却好像以为鸭子消失了,就像之前一样,没有试着在被单下面找一找。对皮亚杰来说,这个行为很奇怪——因为当杰奎琳看得到鸭子时,明明对那个鸭子很感兴趣;但只要从她视野里消失,她就好像完全忘记了一样。

守恒实验和客体永久性实验

资料来源:student.zjzk.cn/.../zjxlx/experiment/Piaget.htm.

皮亚杰从这个观察以及其他很多实验中得到结论：儿童并不是天生就了解，当我们看不见物体的时候，它还继续存在。他认为，客体永久性的概念需要孩子自己通过接触和探索这个世界而慢慢掌握。直到9~10个月大，皮亚杰才看到他的孩子开始寻找那些藏起来的东西。

皮亚杰的很多这样的发现，尽管后来在年龄上被做了一些修正，但基本上都是正确的。卡根称儿童心理学"从来没有拥有过如此坚实的一些事实"。

皮亚杰提出了"守恒"(conservation)和"客体永久性"(object permanence)等概念来解释这些发现。皮亚杰还意识到，在守恒概念的发展过程中，即在儿童从最初获得具体物体守恒或永久性概念，到他们最终掌握物理特性守恒（如重量、质量等守恒概念）之间，必定存在着连续的阶段。他认为，可以通过让儿童进行实物操作而不仅仅是运用语言对这些阶段进行研究。于是在1929年离开纳沙泰尔重返日内瓦之后，皮亚杰就与兹明斯卡和英海德尔合作，进行儿童思维发展阶段性的实验。

4. 动物学新发现：有机体对环境的主动适应

皮亚杰在1929年离开纳沙泰尔之前，搞清楚了一个多年来盘踞在他脑海中的问题，对多年的软体动物研究涉及的遗传结构和环境关系的基本问题做出结论。在皮亚杰看来，不论是研究有机体形态的遗传（如形态发生），还是阐述心理学学习理论（如成熟与学习），以及认识论，遗传和环境的关系都一直是其中的核心问题。因此皮亚杰决心把他在生物学上的发现用于研究形态发生。

在纳沙泰尔湖中盛产一种贝类软体动物，它们对环境的适应现象引起了皮亚杰的注意。他发现其中有一种球形贝，只生活在大湖中并且在湖水中波浪较大的地方；而生活在静水中的这一贝类呈修长形。皮亚杰认为，由于受到波浪拍击岩石的影响，波浪中的贝壳必须紧贴在岩石上，每当波浪冲击贝壳时，壳内的软体便紧缩在一起，久而久之，幼小的软体动物形状起了变化，成长中的贝壳变短，不再是修长状，而成为球形。显然这一软体动物终于适应汹涌的波浪，而产生了新的形态。

为了研究球形贝的这一特征是否可以遗传，皮亚杰曾观察了8万个生活在自然环境中以及数千个生长在水族馆中的个体，发现它的球形特征在水族馆中经过五至六代之后依然保存。皮亚杰还曾将一部分球形贝移到小型安静的池塘中,发现20年之后这个池塘中的球形贝仍然很兴盛。结果证明这一特征是遗传的,已形成的球形贝无论在任何环境中都保持球形的遗传,不再回复修长状。独立于环境刺激的偶然变异的假设,在这个案例中看起来是不可能的。

若干年后皮亚杰还对植物做过类似的研究。他曾将一对景天属植物(sedum),由地中海沿岸移植到阿尔卑斯山1600公尺高的地方,以观察它如何适应寒冷的环境。结果那些景天属长得较小,而且叶子变厚,以减少受冻面积,但叶绿素产量及光合作用的能力却增强了。此后皮亚杰又将它们移植到日内瓦家里的后花园,虽然它们又逐渐改变了形状,但却明显保留其较娇小的特性。

1973年77岁的皮亚杰观察景天属植物
资料来源:www.fondationjeanpiaget.ch.

皮亚杰深受球形贝研究发现的启发,明确提出"不能只用成熟来解释整个智力生活"。皮亚杰发现,有机体在适应新环境方面,是主动而自我调节的。在这点上,他与主张进化论的达尔文不同,达尔文认为有机体是被动适应环境,所以有物竞天择、自然淘汰的原则。但皮亚杰认为事实正好相反,适应是动态的,而且是前进的,在适应的过程中,有机体会主动与外界环境产生交互作用,而且重新塑造自己,以维持较好的生存条件。

皮亚杰把这一生物学适应的发现,用于研究人类的思维及知识。他认为人类特别是儿童,在适应环境的过程中,也会重组自己的观念及行动,进而主动去进行学习。在这一点上,有人认为皮亚杰深受克拉帕雷德机能主义观点的影响。

皮亚杰始终认为心理的机能是适应，智慧是对环境的适应。[①] 他所谓的同化和顺应都源于生物学，作为有机体适应环境的两种机能。

四、思维可逆性与儿童感知能力发展研究

1. 儿童研究的新进展：思维可逆性

1929—1939年对皮亚杰来说是非常忙碌的十年。这期间皮亚杰身兼数职：任日内瓦大学科学思想史教授，从卢梭研究所的主任助理升任卢梭研究所的副主任；1936年始在洛桑大学开设一周一次的实验心理学课程；此外，1929年皮亚杰在时任国际教育局局长助理的朋友佩德罗（Pedro Rossello）的坚持下，还接受了国际教育局局长的职务。

更愿意从事学术研究而不是行政工作的皮亚杰称，自己担任这一职务是"很不明智的"，但当时有两个原因使他对这个后来与联合国教科文组织（UNESCO）紧密合作的国际教育局感兴趣。首先，他们能够通过政府间组织致力于教育方式的改进，选择更适合儿童智力发展的教育方法，这有利于对学术界儿童研究成果的应用和推广。其次，皮亚杰在自传中自嘲"可以这样说，在那次贸然尝试中有消遣的成分"。

1929年，皮亚杰在耶鲁大学

资料来源：www.fondationjeanpiaget.ch.

[①] 高觉敷(1982).西方近代心理学史.北京：人民教育出版社.

不过初始阶段困难重重，在国际教育章程签署当天，只有三个政府部门参与：瑞士日内瓦州（瑞士政府本身有代表参加但未表决）、波兰和厄瓜多尔。对此，皮亚杰自述，"心理学家没有什么政治地位，只有迅速行动并且使用外交手段"。几年后当瑞士政府主办由联合国教科文组织和国际教育局共同赞助的年会时，就有35～45个政府代表出席。国际教育局的工作取得如此成效，皮亚杰自然功不可没。

当然这份工作也花费了皮亚杰很多时间。在总结这份工作时，皮亚杰幽默地说"本来我可以更有效地把这些时间花在研究儿童心理学上——但至少我从中学到了很多成人心理学！"

皮亚杰与国际教育局成员合影

资料来源：http://archivespiaget.ch/.

此外，皮亚杰还肩负着重组卢梭研究所的行政职责，自此它不再是私人的机构，而开始附属于日内瓦大学，变成了日内瓦大学卢梭学院。

在这忙碌的十年中，皮亚杰却从未停止学术研究。他在日内瓦大学科学系开设的科学思想史课程使他更有力地推进了他基于心理发展的科学认识论研究，尤其是对儿童智力的"个体发生"和"种族发生"等问题的研究。皮亚杰持续十年集中研究了关于数学、物理和生物的主要概念的产生和历史。

与此同时，皮亚杰在卢梭学院比以前更大规模地进行儿童心理学研究，他与能力很强的助手们，特别是兹明斯卡和英海尔德合作，开展了一系列实验，针对包含在儿童操作过程中的问题进行谈话研究。在这些研究中，皮亚杰终于发现了他寻找了很久的运算的整体结构——分类、序列和对应等。

在分类研究中,皮亚杰给儿童呈现一定数量的小木球,其中一大部分是棕色的,一小部分是白色的,然后问儿童是棕色的球多还是木球多。他发现在6岁之前,大多儿童是不能完全掌握类别的等级概念的,他们往往回答说棕色的球多。而在研究序列化的实验里,皮亚杰要求儿童按顺序排列一组长短相差不多的棍子。他发现只有7岁左右的儿童才会使用系统的方法,先找出一个最短的,然后再从剩下的棍子中找最短的,一直这样做下去,直到把所有棍子都按长短次序排列好;而年龄更小的儿童往往只会进行随机的两两比较。

在研究"对应"时,皮亚杰进行了有趣的"放珠子"实验:让一些儿童先用一只手把一个珠子放进一个透明的容器里,同时用另一只手把另一个珠子放进一个盖着布的容器里,重复若干次,结果发现只有5.5岁以上儿童能够领会这两个容器里的珠子数量相等,而5.5岁以下的儿童却往往不能领会。

这些研究使皮亚杰理解了为何儿童不能独立掌握逻辑和数学运算:只有当儿童能够掌握相关的操作时,例如,通过把操作更改为不同的方式——倒转过来(可逆)等,他们才能掌握某种运算。在液体守恒实验中,同样大小的A杯和B杯中的水一样多,如果要理解把B杯里的水全部倒入另一个较矮且粗的空杯子C中后,A杯和C杯中的水一样多,就可以通过在思维中将C杯的水倒回与A杯一样大的B杯中而实现。正如任何基本智力行为一样,这些运算假定了制造"可逆性(reversibility)"的可能。其实,1924年皮亚杰在《儿童的判断和推理》中就已经意识到思维可逆性的重要性。根据幼儿在理解智力的和社会的互惠性上的困难,他注意到幼儿存在某种程度的操作不可逆性。但当时为了在更坚实的基础上提出这一假设,他认为首先必须研究具体运算。

皮亚杰在1937年巴黎召开的国际心理学大会上介绍了关于这一主题的第一篇文章。1939年皮亚杰写了"思维可逆性"和"类、关系和数量",发表在纪尧姆(P. Guillaume)和梅耶尔森的《心理学和哲学文集》(1942)中。

不幸的是,当时正值第二次世界大战爆发前夕,各国政府通过宣扬国家面临所谓的潜在"外来敌人"的威胁,对学术自由进行限制。皮亚杰遗憾地表示,这些他关于儿童研究的成熟作品因受到当时国际局势的影响,而未受到关注。"那段时间心理学家不再有机会跨越国界交流看法,甚至常常没有机会做研究。因此这些书在法语地区之外很少有人阅读,虽然它们首次彻底详尽地阐述了很多问题,而这些问题是我以前的作品几乎没有触及的。"

2. 儿童感知能力发展研究

幸运的是,"二战"期间皮亚杰的祖国瑞士没有受到太大冲击。皮亚杰在自传中不无庆幸地谈到这一点:"尽管我们不确切知道为什么,但战争放过了瑞士。无论多么担心,像我这个年龄(43岁)的知识分子都不会再服兵役(1916年我就彻底解放了),只能交叉双臂或者继续工作。"

1939年,日内瓦大学的一个社会学教授退休,而皮亚杰在不知道的情况下被提名接替这一职位,他接受了。几个月以后,原卢梭研究所所长克拉帕雷德得了绝症,皮亚杰又接替了日内瓦大学卢梭学院院长一职。1940年,皮亚杰担任实验心理学教授,并被任命为心理实验室主任,他在这里找到了一个杰出的合作者——伦堡希。

皮亚杰与伦堡希(右)一起讨论
资料来源:www.fondationjeanpiaget.ch.

皮亚杰还继续负责《心理学档案》杂志的编辑工作,开始与雷伊(Rey)共事,后来伦堡希也成为编委之一。不久瑞士心理学会成立,最初的三年皮亚杰任主席,与莫根塔勒(Morgenthaler)合作编辑一本新的刊物《瑞士心理学杂志》。

1942年皮埃龙邀请皮亚杰到法国大学作了一系列演讲。那是在德国占领期间,热情的皮亚杰写道"这个机会使我能够把国外朋友不可动摇的感情带给我们的法国同事"。这些演讲的主要内容在战后不久发表,后被翻译成英语、德语、瑞典语等。

在1939至1945年的战争期间,皮亚杰开展了两方面的研究。一方面,在负责因弗洛诺伊(Flournoy)和克拉帕雷德而出名的心理实验室期间,他与伦堡希合作,开展了关于从儿童直至成年的感知能力发展的长期研究。

值得一提的是皮亚杰关于物体大小恒常性和形状恒常性的研究。皮亚杰指出,大小恒常性出现在客体永久性的形成之前,而在视觉和抓握的协调之后。大小恒常性是指尽管把一个客体放在远处后视网膜成像明显变小,但在知觉中仍然保持原有大小的知觉特性。大小恒常性约在婴儿6个月时出现。皮亚杰在训练儿童从两个匣子中选择较大的一个之后,把较大的匣子移到稍远处,发现儿童仍能正确地选择。皮亚杰认为,大小恒常性虽具有知觉的性质,但它依赖于感知—运动图式,一个客体的大小在视觉中是有变化的,但在触觉中则保持着常性。整个感知—运动的发展包含着视觉和触觉、动觉间的相互协调。

而形状恒常性是指尽管一个客体因远近不同而引起透视上的差异,但人们仍能保持对该客体常见形状的知觉,即从正面的平行面所看到的形状。如把一只奶瓶倒过来递给一个七八个月大的婴儿,皮亚杰观察到,倘若婴儿注意到红色橡皮奶头在背后时,婴儿就很容易地把奶瓶倒转过来。但是倘若婴儿看不到奶头的任何部分,只能看到盛满牛奶的白色奶瓶底时,婴儿就不会把奶瓶倒转过来。此时婴儿对奶瓶还没有形成形状恒常性。但是,当9个月的婴儿开始能从幕后面寻找物体时,不管把奶瓶以怎样的方式递给婴儿,他都能很容易地把它转过来,皮亚杰认为物体形状恒常性与客体永久性是有关联的。这两种知觉恒常性在婴儿出生第一年的下半年以一种近似常性的形式出现,直到10~12岁甚至更晚时期才逐渐趋于完善。

皮亚杰对感知能力发展长期研究的目的是为了更好地理解感知能力和智力的关系,也为了检验格式塔理论的主张——在智力问题方面,皮亚杰并不认同格式塔理论的观点。这些年研究的成果,发表在《心理学档案》上,并在结构理论方面对皮亚杰相当有启发。

逻辑结构仅仅处理物体多种性质中的一种(类、数字、尺寸、重量等),但只要被考察,这一性质一定是完整的;而感知的结构大部分是不完整的,因为它们是以数据表示的或仅仅是大概的。由于可能性的特点,感知结构不是附加的,但遵循格式塔规律。这些结构并非终生保持不变,而是成年以后比儿童时代更加活跃,并且逐渐更加接近于智力。这也就是年龄造成几何视错觉程度、知觉恒常性程度不同的原因。

另一方面,通过运用具体实验技术和程序分析方法,在很多合作者的帮助下,皮亚杰开始了关于时间、运动、速度及体现这些概念的行为研究。

皮亚杰曾设计过一个实验,给学龄前儿童看桌子上放着两个机械蜗牛,使两个蜗牛同时开始爬行,其中一个蜗牛爬得快,另一个爬得慢。当快的蜗牛已经停止时,慢的蜗牛还在爬,可是最终仍未赶上快蜗牛。皮亚杰发现,儿童不能正确再现究竟是哪个蜗牛先停下。大部分儿童都说慢蜗牛先停下,因为它走的路程比较短。通过实验研究,皮亚杰认为,儿童时间、速度和距离概念的发展一般要经历三个阶段:第一阶段,儿童仅以物体在空间停顿点的长短来定义时间、速度和距离。儿童认为蜗牛停在离起点较远的地方,它花的时间较长,速度较快,因而走的距离也更长,处于这一阶段的儿童一般是四五岁。第二阶段,儿童开始考虑到诸如蜗牛起点一类的因素,皮亚杰总结到,这一阶段是一个逐渐脱离以终点为基础的直觉去中心阶段。大约到七八岁左右,儿童进入第三阶段,即概念阶段,此时儿童才最后把时间和空间区分开来。

基于这一时期的研究,皮亚杰在1946年完成了《儿童的时间概念》、《儿童运动与速度概念》两本书。皮亚杰称这些研究是根据物理学家爱因斯坦的建议而开展的。

战争结束后,国际社会交往得以再次蓬勃开展。即使在战争期间,皮亚杰领导的国际教育局的职能也从未彻底停止,而是作为给战犯发送教育书籍的清算机构发挥着作用。当1946年联合国教科文组织成立时,国际教育局参与了筹备会议,后来又参加了决定组织纲领的年度会议。在瑞士加入联合国教科文组织后,皮亚杰被瑞士政府提名为联合国教科文组织瑞士委员会的主席,并先后带领瑞士代表团参加在德国拜罗伊特、法国巴黎和意大利佛罗伦萨举行的会议。联合国教科文组织还派皮亚杰作为代表,参加在法国塞弗尔和巴西里约热内卢举行的会议,委托他编辑《教育的权利》手册。此外,皮亚杰还担任过几个月的联合国教科文组织教育部助理部长。皮亚杰称,当托雷斯-保戴(M. Torrès-Bodet)邀请他担任这一职务时,"他在某种程度上把我置于尴尬的境地;实际上,在国际职务和我未完成的研究之间,我并没有花费很长时间就做出了决定:我接受了,但只担任了一段时间。"几年后皮亚杰还在佛罗伦萨的会议上当选为联合国教科文组织执行委员会的委员。

五、发生认识论的创建和日内瓦学派的形成

1. 创建发生认识论

"二战"后的社会活动并没有让皮亚杰忽略学术研究工作。相反,他加快了工作节奏,担心如果世界局势再次变糟,他将不能及时完成自己的研究。在"二战"后,皮亚杰的学术作品出版进入"井喷"阶段,这恐怕是"战争后遗症"中最好的一种了。皮亚杰说起这一阶段的创作时称,"不过我作品量的增加,并不是出于匆忙的即兴创作;我为每一部作品都工作了很长时间。"

首先,在英海尔德的帮助下,皮亚杰开展了大约 30 个实验,研究两三岁至十一二岁之间的儿童的空间关系的发展。感知和动作因素之间连续的相互干扰,使空间关系成为一个更加复杂的问题。皮亚杰指出儿童空间概念的发展是按拓扑→欧氏几何和投射几何→度量结构的顺序进行的。儿童最初对生活于其中的空间或世界的印象是一片混沌、毫无组织的。对于三四岁的儿童来说,形状不是严格不变的刚性东西,而是可在他们的操作下改变的。年龄很小的儿童就有拓扑学的直觉,他们已能够领会拓扑学上邻近、分离、包围、封闭等关系。七八岁的儿童开始出现了投射直觉和欧几里得几何学概念。另一方面,与对单向的感知、运动操作等的研究不同,对唯一可逆的心理机制——智力运算的研究,使皮亚杰有机会考察年幼儿童对不可逆物理现象的反应。他还与英海德尔一起完成了关于概率产生的研究,其研究进而扩展到包括归纳等更广泛的问题。

其次,皮亚杰终于实现了他写作发生认识论的计划。1949 至 1950 年,他陆续发表《发生认识论导论》前三卷。在克拉帕雷德去世时,皮亚杰因为要接替实验心理学课程而放弃了科学史课程。这时,他在逻辑、数学和物理操作背后的心

理过程方面已经收集了足够的实验数据,看起来是综合写作的恰当时机了——而这一时机是皮亚杰自开始研究以来一直梦想的。皮亚杰指出,"发生认识论基本上是一个关于学习机制的分析,不是静态的,而是从成长和发展的观点进行的分析。"

此外,皮亚杰把之前对逻辑学和数学的研究也引入发生认识论,用逻辑和数学概念来分析说明思维的发展过程。皮亚杰认为,"每种心理学的解释都迟早要依赖生物学和逻辑学"[1]。

当时科林(Colin)出版社曾向皮亚杰约稿,要他写一篇《逻辑论》,简要地介绍逻辑运算方法(或现代代数逻辑),并在这方面表达他自己的观点。最初皮亚杰很犹豫,因为他不是专业的逻辑学家,不过后来受到"建立一个逻辑图解提纲"的诱惑,他还是答应下来了。这个提纲一方面可以与皮亚杰关于儿童智力发展过程中几种运算的形成步骤对应,从具体的类和关系运算到形式运算或者命题逻辑;另一方面,也可以与皮亚杰之前发现的对基础心理学具有重要意义的结构的种类相对应。

50 多岁的皮亚杰
资料来源:www.fondationjean-piaget.ch.

直至 1952 年皮亚杰写作自传时,对自己几十年的学术研究总结道:"我的一个想法,即按照整体结构进行的智力运算,以 22 卷作品(天哪!)在不同的方面展开。这些结构指出了进化所力求达到的平衡的种类,有机体的、心理的和社会的,直至生物学的形态发生本身。"[2]

在对这一进化的高级方面进行 30 多年的研究之后,我希望回归到更初级的机制,这也是我对婴儿的感知感兴趣的原因之一。逻辑智力运算可逆的特点不是天生就获得的,而是在一系列连续的过程中形成的:基本规律,越来越复杂的规则(半可逆结构),以及最终可逆的运算结构。如今主导所

---

[1] 皮亚杰(1992).智慧心理学.北京:中国社会科学出版社,1.

[2] Piaget, J. (1952). Jean Piaget. In E. Boring (ed). History of Psychology in Autobiography. Vol. 4. Worcester, MA: Clark University Press, 237—256.

有智力发展的这一进化定律,无疑与神经系统结构化定律相对应,如果试图把定性的数学结构公式化(群、格等)可能会有趣。至于格式塔结构,他们在所有结构中仅构建了一种特殊类型,这些属于规则,而不是可逆的操作。我希望有一天能够证明智力结构和神经发展阶段之间的关系,因此形成关于结构的总的理论,对这一理论我较早的研究只构成了一个导论。

2. 日内瓦学派

1954年在加拿大举行的第十四届国际心理学会议上,皮亚杰被选为国际心理学会主席。1953—1956年在日内瓦先后举行四届儿童发展问题国际讨论会,到会的有英、美、德、瑞典、瑞士等国的代表,皮亚杰和英海尔德应邀参加会议,并提交了关于儿童心理发展的论文。

为了致力于研究发生认识论,皮亚杰于1955年起创建"发生认识论国际研究中心",并任该中心主任。该中心以清晰的思维和严明的纪律而闻名遐迩,不仅吸引了从事心理学研究的学者,还集合了各国赞同皮亚杰理论的哲学家、教育家、逻辑学家、数学家、语言学家和控制论学者,如加西亚、格里兹、巴贝尔、亨里

1957年皮亚杰与皮埃龙(左一)和科勒(右一)在布鲁塞尔举行的大会上
资料来源:www.fondationjeanpiaget.ch.

克等人,对于儿童各类概念以及知识的形成过程和发展进行多学科的剖析研究。

至1970年,发生认识论国际研究中心已出版22卷专著。1971年皮亚杰退休,辞去日内瓦大学卢梭学院院长职务,但仍保留发生认识论国际研究中心主任,足见他对这个研究机构的重视。此中心在皮亚杰逝世后两年停办。

发生认识论国际研究中心的成立被认为是以皮亚杰为代表的"日内瓦学派"的鼎盛期。日内瓦学派的形成以皮亚杰1950年发表的三卷《发生认识论导论》为标志。皮亚杰在任教于日内瓦大学的卢梭学院(后改为教育学院),并相继就任该院心理实验室主任及院长期间,他和同事英海尔德、辛克莱(Sinclair)、伦堡希、兹明斯卡等人形成了日内瓦学派的基本队伍。现在日内瓦学派的主要基地为日内瓦大学的皮亚杰文献档案馆(The Jean Piaget Archives)。

日内瓦学派以皮亚杰的发生认识论为理论基础,沿用皮亚杰的临床法或临床叙述技术(Clinical descriptive technique),基于整体结构理论观察和研究儿童。在实验中强调实验的自然性质,让儿童自由谈话,叙述活动的过程。为了避免儿童的谈话偏离主题,主试可作必要的提问,并详细记录,以便分析和判断。在研究儿童的数、空间、几何等概念时,一般采用谈话和操作相结合的方法。

晚年皮亚杰和同事进行儿童操作实验

资料来源:www.fondationjeanpiaget.ch.

六、晚年对理论的总结与融合

在四十余年的研究工作之后,皮亚杰晚年对自己的几大理论体系——儿童心理学、发生认识论、结构主义等进行了总结。他的结构主义是发生认识论的结构主义,认识论是建构主义的发生认识论,而心理学只是他以结构主义研究发生认识论的手段和副产品[①]。皮亚杰在晚年完成了发生认识论、结构主义和儿童心理学三大理论体系的融合。

1. 发生认识论

1970年,皮亚杰发表了《发生认识论原理》,对过去的认识研究进行了总结。《发生认识论原理》以儿童认识的心理发生为范例,对比人类种系的认识发生,以及几种主要学科(如逻辑、数学和物理学)概念的形式发展,实际上阐明了人类在这些科学领域的认识发展史。皮亚杰说:"发生认识论试图根据认识的历史、认识的社会根源、认识所依据的概念和'运算'的心理起源来解释认识,特别是科学认识。"

皮亚杰用进化论的观点发展了康德的"先验范畴"思想,提出了"图式(schema)"说,科学地解释了人的认识的先天前提问题;用活动(实践)将认识的主体与客体统一了起来;用同化、顺应解释了主体与客体之间的相互作用方式;用建构解释认识形成的机制;用发生学解释了认识发展的过程和规律;形成了一种主客统一的真理观。

至此,皮亚杰把以前提出的适应、同化、顺应、平衡等概念结合起来,指出通过同化和顺应,个体把新的刺激纳入原有的图式(同化),或者改变原有的图式以适应新环境(顺应),从而达到相对的平衡。平衡既是一种状态,又是一种过程,平衡状态不是绝对静止的,一个较低水平的平衡,通过有机体对环境的同化或顺应作用,过渡到一个较高水平的平衡状态,从而使认识结构不断发展。

(1) 认识起源于动作

认识既不是来自客体,也不是来自主体,而是来自主体与客体的相互作用。

---

① 李汉松(1988).西方心理学史.北京:北京师范大学出版社,389.

主体与客体的相互作用是通过动作（活动）这一中介而实现的，儿童通过动作形成对客观环境的认识。动作的本质是主体对客体的适应，因此，认识（包括智力）的本质也是对环境的适应。

（2）认识的内在基础是图式

认识不能凭空产生，它需要一个内在的结构基础，皮亚杰称之为图式。先天的图式成为儿童探索后天环境的手段，动作图式经内化形成较高级的表象图式和概念图式（以表象与概念形式存在的图式也叫认知结构），这些图式在后天的认识过程中通过不断地吸收环境信息从而不断地丰富和发展，图式的发展也就是认识的发展。

（3）认识的心理机制是同化与顺应

主体与客体之间的相互作用方式是"同化"和"顺应"，它们是一种双向关系。同化是指将环境信息转换、整合到图式中的过程。如果环境信息与图式中已有的信息相一致，主体会直接将信息整合到图式中去。如果环境信息与图式信息不一致，主体往往是首先通过"调整"环境信息从而使之与图式信息相一致。如果环境信息与图式的冲突大到不可调和的程度，则会迫使主体顺应环境信息。顺应即主体调整图式以适应环境信息的过程。同化与顺应往往是交织在一起共同发生的。

（4）认识发展过程是一个动态平衡的过程

认识的发展实质上是图式的发展，图式在不断地同化或顺应环境信息的过程中不断地发展着，从而使主体的认识能力不断地提高。其中，同化使图式发生量变，顺应则使图式发生质变。同化与顺应之间保持着相对的平衡（协调）的关系，从而使主体与客体之间保持着相对平衡（协调）关系。这是有机体适应环境的重要方式。但由于环境的变化或新的环境信息的出现，已有的平衡总是不断被打破，主体会通过新的认识力图达到与环境新的平衡。认识总是以平衡→失衡→平衡这种动态的、螺旋式上升的方式发展着。

（5）认识是一个建构的过程

由于认识是主客体之间相互作用的产物，因此，认识及其产物（知识或真理）既不是纯客观的，也不是纯主观的。认识并不是主体对客体属性的简单、被动的反映（或称"摹写"）过程，而是主体根据已有图式对环境信息进行能动的选择、转换、重组与整合的过程。也就是主体建构事物意义的过程。建构是通过同化与顺应的双向过程完成的,其中同化过程更多地导致认识上的主观性,而顺应过程又可以保持认识上一定的客观性。同化与顺应之间保持着动态的平衡关系,因而,认识也是主观与客观的平衡与统一。"建构"意味着"创造",皮亚杰的一句名言就是"理解就是创造"。不同人有着不同的图式(或认知结构),因而对同一事物会产生不同的理解。但这不是任意主观的创造,而是主体在受客体一定制约下的创造,它是机体与环境相互作用达到某种平衡的结果。

2. 儿童心理学

1966年,皮亚杰出版了《儿童心理学》,对花费他大半生的儿童思维研究进行了总结。他认为儿童心理既不是起源于先天的成熟,也不是起源于后天的经验,而是起源于主体的动作(活动),这种动作的本质是主体对客体的适应,人的心理是生物适应的延伸和特殊表现形式,心理及智力都是一种适应环境的手段。适应的本质在于取得与环境的平衡。适应是通过"同化"和"顺应"两种途径实现的。

皮亚杰认为,儿童心理发展具有一定的规律性。首先,心理发展可分为几个具有质的差异而又连续的阶段。其次,这些阶段的顺序是固定不变的,认识结构的发展是一个连续建构的过程。最后,各发展阶段之间不是阶梯式的,而是具有一定的交叉和重叠。

皮亚杰用运算(operation)这一术语来说明儿童的活动类型,认为动作既是感知的源泉,又是思维发展的基础,而运算则是内化了的动作,是可逆的,也是守恒的。他把儿童的思维发展过程分为四个顺序不可逆的阶段:

(1) 感知运动阶段,大约跨越从出生到两岁左右。此时婴儿只能感知自己的运动,因为身体产生的各种新奇感受而惊奇。他们通过吮吸、观看、抓握或叫喊、倾听、敲打来尝试所有新鲜事物,随着他们发现自己的行动对外界有影响,他们的行为就变得更为丰富多彩。到这个阶段的末尾,儿童开始思考可能发生的情况,而不再是盲目摆弄物体。

皮亚杰曾报告过对女儿露西安娜思维过程的观察,当时,她还只有16个月大。他跟女儿一起玩耍的时候,把一根手表链带放在一只空火柴盒里,很小心地只露出一点缝：

露西安娜不知道火柴盒子开合的作用，也没有看到我进行这项实验的准备工作。她只知道前面的两个办法（学会了处理一些情形的办法）：把火柴盒子推翻，以倒出里面的东西，或者把手指伸进去，以便把手链弄出来。当然，她首先试的正是这最后一个步骤：她想把手指伸进去摸手链，但完全不行。

接着是一阵停顿，这期间，露西安娜表现出了一个令人奇怪的反应。她仔细看着这条小缝，接着，一连好几次张开并合拢自己的嘴巴，起先是轻轻张开，接着嘴张得越来越大……（然后）她毫不犹豫地把手伸进盒子上的窄缝，不是像刚才那样想摸手链，而是用力拉盒子，以便把盒子口开得更大些。她成功地抓住了手链。

（2）前运算阶段，两岁左右到六七岁左右。在这个阶段，儿童可以接受图像、文字和简单概念，但是他们还不能进行变化，不能对它们进行操作。就好像他们拥有了思维的工具，但是还不知道如何使用这些工具。比如说，他们不知道 2×3 和 3×2 是一样的；认为展开的 6 粒扣子比串在一起的 6 粒扣子多些。这个阶段的儿童开始了捉迷藏或"装睡"等象征性的游戏。

（3）具体运算阶段，约从六七岁到十一二岁左右。在这个阶段，儿童掌握了操作符号和逻辑运算的能力，不过对象必须是具体事物，对他们来说，对抽象的概念进行操作还是个难题。这时儿童的思维已具有了可逆性和补偿性，而"守恒"是这个阶段的一个主要标志。在儿童眼前把球形的粘土拉成细长状，七八岁以后的儿童知道球形和细长形状的粘土分量相同。但如果把三段式推理的前两项给他们，他们并不知道推出最后的结论；如果出现好几个变量，他们也不知道运用一些方法系统地解决问题。

（4）形式运算阶段，十一二岁左右到十四五岁左右。这一阶段儿童开始明白像未来、价值、正义这些抽象的概念，也差不多从这时候，他们的思维开始接近成人的思维。

在皮亚杰最有创见的一些实验中，钟摆实验是其中的一项经典实验。他让孩子看一个挂在绳子上的重物，然后让他看看怎样更改绳子的长度、重物的重量、在不同的高度松开重物和怎样用不同的力量推动重物。然后,他会请孩子检验哪个因素或者哪些因素(长度、重量、高度和力量)单独地或者共同地影响钟摆晃动的频率。前运算阶段的儿童没有行动方案,他们随意地尝试不同的东西,经常一次更改好几个变量,出现很多观察错误,结论也不正确。而具体运算阶段的儿童尽管更有方法也更准确,但也经常犯一些错误,不能在检验某一因素的时候,控制住其他的相关因素。例如,当摆绳短,重物重的时候,摆速则快,因此就错误地认为摆速是由摆长和所拴重物的重量共同决定的。只有到了形式运算阶段,青少年才能像科学家一样地检验假设,最终获得关于问题的唯一可能的、具严格的逻辑意义的解释。

"儿童并非缩小了的成人"这句口号由来已久,可是真正以实验与实证的方式去阐明儿童的独特思维的,皮亚杰是第一位。由于皮亚杰对儿童心理学的全面、系统和开创性的研究,直到今天,凡是有关儿童认知发展的研究,无论对皮亚杰的理论持赞成和反对意见的人都要提到皮亚杰的名字。世界各国的儿童心理学和教育方面的学术研究以及实践,仍然延续着以皮亚杰理论为核心的态势,对皮亚杰理论的验证或批判性的实验层出不穷。

皮亚杰认为儿童是客观世界的积极探索者、主动学习者、"思想家",这已成为现代发展心理学家的共识。由此教育思想开始提倡尊重儿童,发挥儿童的主观能动性和首创性,调动儿童的内因去汲取知识,而不是片面夸大环境的作用去"塑造"和"灌输"。根据皮亚杰的发展阶段理论,儿童教育家已开始按照各阶段的特点来组织课程。因为如果年龄不同从而认知结构也不同的话,教材与教法也必须适合特定发展阶段儿童的认知发展水平,既不要错过教育时机,也不拔苗助长,这样才能促进儿童的认知发展。

1967年,皮亚杰出版的《生物学与认识论》融合了他一生对生物学与认识论的研究;1968年,发表了《结构主义》,提出了结构主义整体性、变换形式和自身调节三大特征,全面总结了自己"辩证的,没有开端结构的结构主义思想体系"。

晚年的皮亚杰还弥补了前期研究中实验对象取样过少的缺憾,在实验中增加被试数量。1958年,他发表了《从儿童期到青年期逻辑思维的成长》一书,其中被试达1500人;1969年,在他出版的《知觉的机制》一书中,也大量增加了实验取样,并运用了统计资料。

七、皮亚杰的性格和交往

1. 严肃的性格和规律的生活

回顾皮亚杰的一生,会发现他几乎没有真正的童年生活——这也可能就是他为什么会在成年期花费大量时间与儿童在一起的原因吧。父亲和母亲两种完全不同的个性可能影响了皮亚杰的一生,他一直把"理性的验证和想象性沉思"作为重要的思考和研究工具。英国心理学家 J. 桑特斯认为,"皮亚杰毕生从事于用科学方法为想象服务,就是源于这些早期的样板"。

皮亚杰说自己是个"不写作就无法思考的人"。他在繁忙的教学、行政工作和国际事务之外,之所以能写作那么多作品,一方面要归功于合作者的非凡素质,很重要的另一方面就要归之于他性格的特定倾向了。

> 根本上,我是一个爱担心的人,只有工作才能减轻忧虑。虽然我确实是一个爱交际的人,喜欢教学或者参加各种会议,但我对孤独和接触自然感到同样的需要。在上午与其他人一起度过之后,每个下午我都以散步开始,在散步时我静静地收集、整理我的想法,然后回到郊外家里的书桌旁。一旦假期到来,我就退居 Valais 野外的山里,数周待在临时的书桌旁,在愉快的散步后写作。正是这种我作为社会人和"自然人"(其狂欢的兴奋结束于智力活动)之间的分裂,使我能够克服忧虑的永久蕴藏,使它转变成工作的需要。[1]

1964 至 1965 年间曾以美国国家科学基金高级博士后学者身份,在日内瓦的发生认识论国际研究中心访问的儿童心理学家戴维·艾尔金德(David Elkind)对皮亚杰的工作和生活作了更加详细的描写[2]:

皮亚杰的生活很有规律。他每天早起,有时候早晨四点钟就起床,然后写上

---

[1] Piaget, J (1952). Jean Piaget. In E. Boring (ed). History of Psychology in Autobiography, Vol 4. Worcester, MA: Clark University Press, 237—256.

[2] Elkind, D (1970). Children and Adolescents: Interpretive Essays on Jean Piaget. New York: Oxford Univ. Press.

四、五页要出版的书。上午有时候会教书或参加聚会。下午则有漫长的散步,去推敲他所面对的问题。晚上看看书,很早就寝。即使到国外旅行,其日程仍然不变。

夏季,学期结束以后,他就把助教们所搜集的研究上的发现带到阿尔卑斯去,在那里他就独自躲在农家的一间废屋里。他在何处,始终是保密的。只有他的家属、师从他很久的英海德尔以及可以信赖的秘书知道而已。到了秋季,他就拿着"假期"所撰写的一些书和论文下山。

"这是怎样的一个人呢?他可以与孩子们坐在一起玩,听孩子们讲话,六十年如一日,但仍然具有那份天赋,使一门重要的心理学分支产生了革命性的变化。有一个不太可能的回答:温文尔雅、威严、慈祥、友善而且热情。他的同事和伙伴们都亲切地称他为'老板',可他却从没有招惹恶意的诽谤。对他工作上的批评,他总是从善如流,他的至亲好友从来没有跟他翻过脸。皮亚杰晚年的一些照片可以真实地反映他的为人:一脸和善,角质眼镜底下透出威严,飘逸的白发从终生不离的贝雷帽两侧拂过,微笑的嘴角含着一只烟斗,这一切都使人感觉到这个人的平易可亲。他唯一可以找出来的缺点是,他是这样严肃的一个人,竟然对孩子们的玩笑和大笑完全没有半点兴趣。"对于皮亚杰的性格,墨顿·亨特则在《心理学的故事》①中有这样生动的描述。

1979 年皮亚杰一家

资料来源:www.fondationjeanpiaget.ch.

---

① 墨顿·亨特(1999).心理学的故事.李斯,译.海口:海南出版社.

2. 与爱因斯坦的交往及与弗洛伊德的交集

皮亚杰和同时代的大科学家爱因斯坦曾有过两次重要会面。第一次是在 1928 年,当时皮亚杰 32 岁,在日内瓦卢梭研究所做研究,时年 49 岁的爱因斯坦到瑞士的达沃斯(Davos)主持关于哲学和心理学的第一个国际讲座课程。爱因斯坦很欣赏皮亚杰的研究,他建议皮亚杰研究儿童的速度和时间的概念。

皮亚杰接受了他的建议,进行了这方面的研究,在 1946 年完成《儿童的时间概念》《儿童运动与速度概念》两本书,1948 年又与英海尔德等合作出版《儿童的空间概念》和《儿童的几何概念》。在《儿童的时间概念》一书的序言中,皮亚杰写道:"这项工作是在 15 年前由爱因斯坦友好地提出的许多问题所促成的:我们对时间的知觉是天生的还是后天获得的?它与我们对速度的知觉一致吗?这些问题与儿童时间概念的产生和发展有关系吗?"

爱因斯坦为何会对儿童的速度和时间概念感兴趣呢?了解一下爱因斯坦的相对论就不难发现其中的缘由。相对论中假定光速是一个常数,而速度等于距离除以时间。爱因斯坦在没有光运行的时间、空间的概念以前,凭什么认为光速是常数呢?这可能就是困扰爱因斯坦的问题。因此他才会请皮亚杰研究:到底儿童是如何判断事物快慢,如何建立时间、空间的概念的。皮亚杰研究发现,儿童是先发展快慢的观念,然后才有时间、空间的观念。这和相对论的知识体系是一样的。

1953 至 1954 年间,皮亚杰到普林斯顿大学做研究,又遇到了爱因斯坦[①]。当时皮亚杰 57 岁,爱因斯坦已 74 岁。这一次爱因斯坦对儿童的守恒概念发生了浓厚的兴趣。法国著名记者布格林(Jean-Claude Bringuier)曾就皮亚杰和爱因斯坦的这次会面采访过皮亚杰。

  布格林:你曾在美国普林斯顿大学作研究,和爱因斯坦见过面吗?
  皮亚杰:是的,之后我们仍然保持通信。他最与众不同的地方是心智上的年轻。凡事他都有兴趣,任何事他都想听——譬如儿童心理学。

---

① 1933 年 10 月爱因斯坦 54 岁时到达美国,应聘为普林斯顿高级研究所教授,一直到 1955 年 4 月 18 日病逝于普林斯顿医院。

布格林：他是不是认为儿童心理学还蛮吸引人的？

皮亚杰：我才刚开始谈，他就被吸引上了。不过一旦他了解了问题所在——这只在我说了几句话之后——就立刻掌握到整体。他说："这是你正在探讨的东西。"

布格林：如此敏捷……

皮亚杰：简直不可思议！他能立刻看出背后的含意。

布格林：他对你工作中的哪一点特别感兴趣？

皮亚杰：关于速度与时间的问题——他早就建议我从事这方面的研究；我们想了解儿童是不是保有速度上的原始直觉力。不过我在普林斯顿再次碰到他的时候，他最有兴趣的是守恒的问题。

布格林：哪一方面的守恒问题？是粘土吗？

皮亚杰：特别是液体在不同形状的容器内的守恒观念。将水倒入某形状的杯子内，然后，整杯再倒入另一形状的杯子内。爱因斯坦最感兴趣的是：即使是最单纯的知识，儿童也要历经如此错综复杂的过程才能获得。他曾说："这远比物理学复杂得多！"①

此外，说起皮亚杰和弗洛伊德这两位心理学大师，他们之间也有过交集。1919年，皮亚杰在苏黎世游学时接触了精神分析与临床精神医学，研读过弗洛伊德的理论。当时皮亚杰按照精神分析理论，发表了一篇关于《儿童的梦》的文章，据说就连弗洛伊德本人都对这篇文章表示了关注。皮亚杰24岁时，还曾在西蒙博士的建议下为当时对弗洛伊德知之甚少的法国教师做了一次关于精神分析的演讲。虽然皮亚杰曾与弗洛伊德的精神分析相遇相识，但是他与之并不合拍，没有融入其中成为一分子，而是沿着自己的路自成一派，从而成就了一个与弗洛伊德并驾齐驱的心理学大师。

3. 皮亚杰的中国学生

皮亚杰曾有过一些中国学生，这里要提到的是其中两位，他们在中国延续了皮亚杰的事业：一位是西北的教育学名家李秉德；另一位是云南的发展心理学家

---

① Bringuier, J. C. (1996). 皮亚杰访谈录. 刘玉燕，译. 台北：书泉出版社，218—219.

卢浚。1947 至 1949 年他们两位都成为抗日战争胜利后的首批公费出国留学生，李秉德曾在日内瓦大学卢梭学院师从皮亚杰；而卢浚则在洛桑大学跟皮亚杰学习过儿童心理学。

李秉德

资料来源：http://home.htu.cn/yuwen/xsjl_9.htm.

李秉德，1912 年 7 月出生，卒于 2005 年 5 月，是当代著名教育家，原西北师院院长。1947 年，李秉德公费前往当时教育科研较为兴盛的瑞士和法国留学。在 3 年多的留学生涯中，他先后在比利时大学、瑞士的洛桑大学、日内瓦大学的卢梭学院和法国巴黎大学等校学习，有幸成为皮亚杰的首批中国学生。同时，他还先后前往英国、荷兰、比利时等国，考察了欧洲国家的教育状况，参观了当时十分有名的德可乐利教育实验。他于 1949 年回国，1950 年到西北师范大学任教。

李秉德多年来一直致力于教学论的研究，是新中国教学论、教育科学研究方法、小学语文教育等学科领域的开拓者和奠基人之一。他在长达 70 年的学术生涯中，完成了大量著述，形成了较为系统的教育思想。李秉德主要著作有：《小学语文教学方法》、《教育科学研究方法》、《教学论》、《我国社会经济和科技发展战略问题》（与钱伟长、费孝通、季羡林等合著）、《李秉德教育文选》等。他提出了中小学教学中的发现法（也称探索法或研究法）：以引导探索为主，让学生尽可能地发挥自己在学习中的自主作用，帮助学生形成"发现"的结论或结果。从中不难看出皮亚杰儿童教育思想的影响。

卢浚，1915 年 10 月出生，卒于 2009 年 7 月 5 日，是我国著名教育家、中国心理学会常务理事、皮亚杰研究组组长。

卢浚

资料来源：http://www.xn-ld.cn/Article/ShowArticle.asp?ArticleID=433.

卢浚长期从事心理学教学工作,研究专长是儿童心理学,专于"皮亚杰学派"的研究,是国内研究皮亚杰的专家。他长期致力于皮亚杰教育理论的研究、翻译、介绍和评价,科研成果丰硕。出版了《皮亚杰教育论著选》、《皮亚杰认知发展理论》、《皮亚杰著作精华》、《儿童认知发展的跨文化研究》等十余部著作;撰写和发表研究论文40多篇,近期发表的10多篇评价皮亚杰理论的文章被一些学术专著引用,如"皮亚杰认知发展理论对教育的影响"等;另外还参加翻译出版过多部心理学教材,如《发展心理学》、《教育心理学》等。1997年卢浚应中国心理学会邀请撰写了"皮亚杰的研究与评价"专题论文,刊载于大型学术专著《中国心理科学》一书中。

八、结束语

1971年皮亚杰退休,只保留了发生认识论国际研究中心主任的职务。1972年皮亚杰撰写了"教育的权利"一文,对自己的教育理念进行了总结,主张教育学的根本任务在于让儿童得到全面的发展,使每个儿童都能有完善的人格。皮亚杰退休之后的作品还包括:1972年《从青少年到成年期的智力进化》,1974年《意

1971年皮亚杰最后一次在日内瓦大学

资料来源:www.fondationjeanpiaget.ch.

识的掌握：幼儿的动作与观念》、《生命的适应与智慧心理学》、《成功与理解》，1975 年《思维的发展：平衡认识结构》，1976 年《行为，发展的动力》，1978 年《什么是心理学》。

因其学识渊博和贡献卓越，皮亚杰一生荣获了 30 多个全球各地的大学及学术团体所颁发的荣誉博士学位，所得到的大大小小奖项不计其数，更于 1969 年获得美国心理学会的卓越科学贡献奖，成为第一个被美国心理学协会授予该奖项的欧洲人；1972 年获得荷兰王子颁给的荣誉地位相当于诺贝尔奖的"伊拉斯姆士"奖；1977 年又获得美国心理学协会授予的心理学界殊荣——桑代克奖。

皮亚杰在他山里的办公室中
资料来源：www.fondationjeanpiaget.ch.

1980 年 9 月 16 日，皮亚杰在日内瓦与世长辞，享年 84 岁。为了纪念皮亚杰，日内瓦大学建立了"皮亚杰文献档案馆"，该档案馆由英海尔德筹建，搜集了皮亚杰从 1917 年开始的专著、论文、报告、实验研究，还收藏有皮亚杰的照片、手稿和书信等。

皮亚杰的一生，可以说是在学术领域内刻苦钻研、勤奋著述的一生。如果从他 10 岁时发表的关于白化病麻雀的短文算起，直到逝世，他一生有 74 个春秋是在学术研究中度过的。他在学术生涯中始终坚持自己最初的志向——研究科学认识的起源，把后来选定的儿童心理学作为主要研究途径，最终完成了儿童从出生第一周到青春期之间认识发展历程的完整描述。

他著作等身，一生中共出版了 70 多部著作，发表了 1500 多篇文章[1]。据不

---

[1] 杨鑫辉(2000). 心理学通史(第五卷). 济南：山东教育出版社, 83.

完全统计,到 1966 年底,皮亚杰已发表的著作和论文就已达到了两万多页![1] 他的卓越成就使他声名显赫,文献的引用率超过了除弗洛伊德以外的其他任何学者。

皮亚杰因其涉猎的领域异乎寻常的广泛,被誉为"20 世纪难得一见的百科全书式的人物",尽管他自称"孤陋寡闻"[2]。他通过几十年的实验研究,在生物学、逻辑学、心理学、哲学、认识论、科学史等方面都有较深造诣,特别是在认识发展和儿童思维研究上吸取各派心理学的特点,综合成比较完整的体系。

虽然日内瓦学派的理论与实验也受到了一些批评,例如认为他们只专注于儿童认知一般规律的研究而忽视个体差别,对心理运算的结构化过于武断,发展阶段的划分有些绝对化,自动调节和平衡化概念缺乏严格的解释等,但迄今为止,日内瓦学派仍是发展心理学中最富成果的学派。皮亚杰的理论仍影响着当代发展心理学的研究内容和思考范式,皮亚杰本人也被誉为 20 世纪最伟大的学者之一。

---

[1] 杜声锋(1988).皮亚杰及其思想.香港:三联书店有限公司,10.
[2] 墨顿.亨特(1999).心理学的故事.李斯,译.海口:海南出版社.

列夫·谢苗诺维奇·维果茨基

列夫·谢苗诺维奇·维果茨基年表图

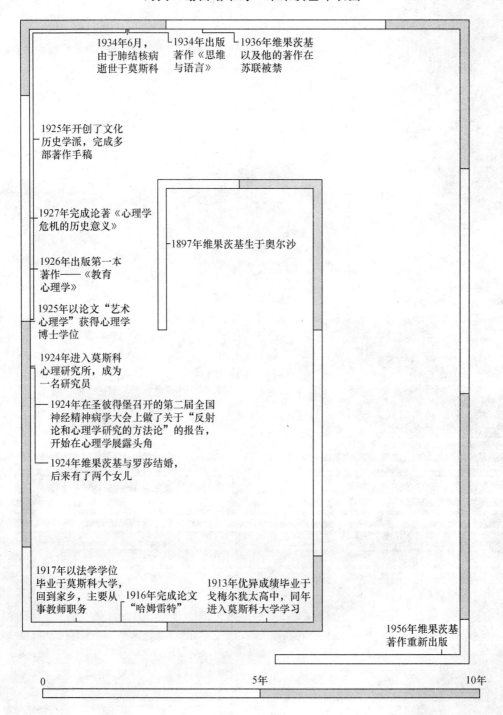

列夫·谢苗诺维奇·维果茨基（Lev Semenovich Vygotsky，1896—1934）是前苏联时期卓越的心理学家。他毕生致力于用马克思主义哲学建立完整的心理学体系，从辩证唯物主义的方法论出发，研究人的高级心理机能的产生和发展，创立了文化历史理论。20世纪30年代以维果茨基为中心形成了当时颇具影响力的文化历史学派。维果茨基将文化历史理论应用于教育心理学、神经心理学等研究领域，提出了"教育要走在发展的前面"、"最近发展区"等至今仍具有广泛影响力的观点。他英年早逝，在世短短38年，却给世人留下了极为丰硕宝贵的精神财富。但由于历史和政治原因，他历经曲折，大部分著作在他去世二三十年后才正式发表出版，其思想也才被世人认识和接受。毕生钟爱文学的他，善于演讲，并用其富有激情的语言赋予心理学著作以美学价值，因而被誉为"心理学的莫扎特"。苏联著名心理学家M.T.雅罗舍夫斯基说过："假如弗洛伊德在这个年龄死去，那么科学界就不知道精神分析；假如巴甫洛夫在这个年龄去世，那么科学界就不知道条件反射。"而年轻的维果茨基却留给世人一个马克思主义心理学。这是心理学思想的奇葩和瑰宝，在心理学基本理论、发展心理学、教育心理学、缺陷心理学、文艺心理学、社会心理学等多个领域都起了很大作用。

一、生平简介

1. 美好童年

1896年11月5日,列夫·谢苗诺维奇·维果茨基(Lev Semenovich Vygotsky)出生在明斯克(Minsk)东北方小镇奥尔沙市(Orsha)(现在位于白俄罗斯)的一个中产阶级犹太家庭。在他不满1岁时,父亲被调往戈梅尔市任联合银行的部门经理,举家迁往戈梅尔居住。维果茨基在那里一直生活到17岁,度过了自己的美好的童年和青少年时代。

维果茨基出身书香门第。在戈梅尔当地,他的家庭是受教育水平最高的。父亲谢苗·勒夫维奇(Semion L'vovich)毕业于商业研究所;母亲塞西莉亚(Cecilia)受过良好的教育,精通几门语言,曾取得教师的资格,但却从未去学校教过书,而是终生在家操劳家务,照顾孩子们。维果茨基的父母共有8个孩子,每个孩子都相差1岁半。维果茨基排行老二,他有一个姐姐。姐姐总是帮妈妈分担家务,照顾弟弟妹妹。

父亲勒夫维奇对维果茨基的成长影响很大。他兴趣广泛,曾为全镇居民建了一个非常好的图书馆,在当地小有名气。这位既严厉又慈爱的父亲,是维果茨基成长中的榜样。众所周知,犹太民族是个崇拜知识和真理的民族。犹太人非常重视孩子的家庭教育,维果茨基的父母也不例外。家里有个传统,就是每天晚茶后,一家人聚在一间屋子里,每个人做些自己的事情,还会彼此交流思想,相互讨论,或者大声诵读经典文学和那些刚刚出版的小说。孩子们从小就成长在历史、文学、戏剧、艺术的氛围中,整个家庭的气氛和谐而美好。维果茨基的文学和戏剧兴趣也深受其表兄大卫·I. 维果茨基(David Isaakovich Vygodsy)的影响,后来大卫成为了苏联文学评论家、翻译家、诗人和教师。

在良好的家庭氛围熏陶下,维果茨基从小就是一个性格活泼、深受同伴欢迎的孩子,兴趣爱好极其广泛:集邮、象棋、阅读冒险小说等。当时戈梅尔也是个十分活跃的小镇,经常有许多知名的戏剧演员来这里演出。维果茨基和家里的其他孩子也因此受到文学和表演艺术方面的熏陶。这样的童年生活经历对维果茨基影响深远,文学和戏剧从此成为维果茨基一生的钟爱。

在家庭教师和母亲的教育下完成初等教育后,维果茨基进入戈梅尔犹太高中学习,自此就开始显露出其过人的才华和能力。他每门功课都很优秀,且广泛涉猎文学、诗歌、戏剧等,深得老师欣赏。少年的维果茨基有"小教授"的称号,因为他经常组织同学讨论历史和哲学问题。

2. 求学之路

1913年,维果茨基获得戈梅尔犹太高中的毕业金质奖章。虽然当时沙俄规定犹太人的大学入学率不能超过3%,但凭借着在高中的优异成绩,维果茨基对进入大学自信满满。然而就在他考学期间,大学录取不再以成绩为标准,而改成了抽签制,这一不合理的制度令维果茨基心情沮丧万分。也许是上天的眷顾,他很幸运地被抽中了!他有惊无险地进入莫斯科大学学习。

在专业选择上维果茨基也痛苦纠结了一番。那时,犹太人不能自由选择自己的居住地,其居住地是被分配好的,只有律师和医生才可以在规定的聚集地以外的地方定居。因此,维果茨基不得不放弃了他最爱的哲学和语言学,听从了父母的建议去学习医学,以便日后在犹太聚集地以外的地方也能自食其力。就这样,17岁的维果茨基进入莫斯科大学学习医药学。但他对文学和哲学的喜爱和研究兴趣深植于心,终于他遵循着内心的渴望,在入学一个月之后做出了影响他人生的决定:放弃医学学习,转到了同校的法律系,以便学习更多的社会学科。不久,他在学习法律的同时,又在沙尼雅夫斯基大学[①]的历史—语言学系学习。正是在那里,维果茨基如饥似渴地学习哲学、政治经济学、逻辑学、法学、美学、德国古典哲学,并且通过地下出版物开始研读马克思、恩格斯和列宁的著作,也开始涉猎心理学,轻轻地叩响了心理学的大门。

在莫斯科的大学生活给维果茨基带来很大的心灵成长,这段经历不仅为他的心理学事业打下坚实的基础,成就了后来的维果茨基,也就此改变了整个心理学的发展轨迹。

[①] 这所大学是由一个进步的俄国企业家和社会活动家沙尼雅夫斯基创建。他在戈梅尔采矿致富后,建立这所用自己名字命名的开放性大学,对学生没有民族、宗教或者政治限制。"十月革命"后这所大学一度停办,现已恢复并改为俄罗斯国立人文大学。

在莫斯科学习期间，维果茨基还观看了著名演员卡恰洛夫出演的莎剧《哈姆雷特》，并深深被它吸引住了。在1915年夏至1916年冬，他写了一篇关于"哈姆雷特"的文学论文，后来收录在他1968年出版的《艺术心理学》(The Psychology of Art) 一书中，之后被翻译成多种文字，受到许多莎剧研究家的高度评价。维果茨基在文学上的造诣使他的心理学研究闪耀着独特的光芒。后人研读他的著作都有一个共同的深刻感触：维果茨基是一个非常有感染力和富于激情的作家，他将科学著作提升为艺术的作品。

1917年底，维果茨基得到了莫斯科大学的法学学位，同时也结束了在沙尼雅夫斯基大学的学习，回到了阔别五年的家乡戈梅尔。然而，童年的美好已不再：第一次世界大战已进入白热化阶段，整个戈梅尔镇都处在德军的控制下，生活变得异常艰难。维果茨基的母亲和弟弟又都感染了肺结核，这更让日子雪上加霜。在这一年中，维果茨基照顾着自己的母亲和弟弟，但两个弟弟还是非常不幸地因肺结核和伤寒热相继去世。

1919年1月，第一次世界大战基本结束，维果茨基这才在一个新成立的职业学校找到一份教师的职务，教授文学和哲学。"十月革命"的胜利给维果茨基带来了巨大的影响，从此他在思想上更加接近马克思主义，并在不断学习的过程中确定了自己的方法论和世界观，即在未来的研究生涯中，将自己毕生精力献给马克思主义心理学。

随后，维果茨基开始在戈梅尔教师学院教授心理学和逻辑学。在教学期间，他除了继续发表关于文学的评论和演讲以外，还在学院建立了心理学实验室，正是从那时起维果茨基真正走进了心理学的殿堂，开始了心理学的科学研究，与心理学结下不解之缘。在那里，他深入研究了巴甫洛夫和别赫捷列夫的著作之后，撰写了"反射论和心理学研究的方法论"一文。这就是后来在1924年的第二届全国神经精神病学大会上使维果茨基一鸣惊人的报告。此外，他还从事教育教学研究，这些研究工作成就了他后来的《教育心理学》(Pedagogical Psychology) 一书。在戈梅尔心理实验室的工作是维果茨基从一个心理学爱好者逐步转变为一位成熟的心理学家的起点。

3. 家庭幸福

1924 年,维果茨基与罗莎(Roza Smekhova)结婚。罗莎一生追随着她的丈夫,直至陪他走完人生最艰难的岁月。

他们很快就有了两个女儿。维果茨基是一位温和慈爱的父亲,他给自己的孩子提供了积极向上且温馨的家庭氛围,延续了自己小时候所受到的良好的家庭教育。他的家庭也像他小时候那样,每天晚上大家聚在一间屋子里,他与孩子们讨论文学和戏剧。但与传统犹太家庭不同的是,由于维果茨基忠于马克思主义,他的孩子是在无宗教信仰的教育环境下长大的。

维果茨基对于孩子们是非常慈爱的。据维果茨基的大女儿吉塔(Gita L. Vygoskaya)回忆[1],由于维果茨基的母亲信仰上帝,奶奶经常会在孩子们面前提到上帝和圣母玛利亚,也偷偷带着吉塔去教堂。维果茨基知道后并没有生气,因为对孩子来说,去教堂玩耍是一件很开心的事。长大一些的时候,吉塔非常困惑:到底有没有上帝?维果茨基将她抱在怀里,温柔地说:"有一些人像奶奶一样相信上帝是存在的,但也有人不相信,这要取决于他们自己的决定。等你长大了,你也会在这件事上做出你自己的决定。"

维果茨基从来不严厉地斥责孩子们,或者把自己的观点强加给他们。他总是想让孩子们自己找到问题的答案。维果茨基在去世之前的几年开始吸烟。吉塔和他的表兄列昂诺夫(当时与维果茨基一家住在一起)曾不服气地问维果茨基,为什么他自己可以吸烟,却不允许孩子们吸烟。维果茨基听到这个问题先是一怔,然后告诉他们:"好吧,那我们今晚一起吸烟。"这把孩子们惊呆了。晚茶过后,全家人聚在一起,惊讶地看着维果茨基仔细地教给孩子们怎么卷烟、吸烟。但两个孩子在吸完第一口之后就差一点呛昏过去。这次不愉快的体验使得吉塔一生没有吸烟,列昂诺夫在 18 岁前也没有再吸过烟。

---

[1] Vygodskaya, G. L. (1995). His Life. School Psychology International, 16, 105—116.

维果茨基一家

资料来源:http://marxists.anu.edu.au/archive/vygotsky/images/index.htm

维果茨基在教育子女方面非常用心。有时孩子们做错了事情,他不仅告诉他们哪里错了,还要告诉他们怎样才能做得更好。一次吉塔在某个重要考试中取得了好成绩,在跟父亲汇报喜讯的时候,还特别开心地说到,考试时旁边女生因为没有能够抄到自己的答案而考得很差。就在吉塔为自己的"正义"举动沾沾自喜的时候,竟然发现父亲的脸上露出失望的表情。维果茨基告诉她,只有自私的人才会在别人遇到不幸的时候感到很开心,并且让吉塔在学习上帮助那个女孩,给她答疑解惑,重新建立真正的友谊。吉塔也永远铭记父亲的教诲:要认真地帮助身边的人;而且在帮助一个人的时候要出于真心,这样才不会让他人感到不舒服。从维果茨基教育孩子的过程中我们也可以看出他本人的做人准则和人格魅力。这件事也深深烙印在女儿心上,成为她一生受益的精神财富。

4. 事业顶峰

1924 年对于维果茨基来讲是意义重大的一年,除了婚姻大事外,更重要的是,在这一年维果茨基心理学职业生涯也有了一个重要转变。1924 年 1 月,第二届苏联神经精神病学大会在圣彼得堡召开。在众多著名专家面前,维果茨基作了关于"反射论和心理学研究的方法论"的报告,对当时广泛被人接受的巴甫洛夫和别赫捷列夫的反射学说提出了自己的不同观点和精辟见解。这样的论述和观点是非常具有挑战性的,对于维果茨基这样一个在当时还名不见经传的初出茅庐的学者来说就更是如此。根据他的同事也是挚友鲁利亚回忆,当维果茨基走向讲台发表演讲时,手里拿着一小张纸,在讲演过程中还时不时地瞄一眼这张纸,鲁利亚觉得那上面肯定是演讲内容的要点。休息间隙他走到维果茨基跟前,吃惊地发现他手中的纸条上什么字都没有,完全是空白的!或许是因为在大会上做如此重要的报告使得维果茨基非常紧张,所以手中拿着一张"安慰性"的小纸片来充当讲稿。在这次大会之后,人们开始注意这位才智过人的年轻学者。

维果茨基的报告热情生动,十分精彩,感染了很多同行,同样引起了惜才如金、纳贤若渴的苏联心理学研究所所长科尔尼洛夫的注意。会议结束后不久,科尔尼洛夫就邀请维果茨基到莫斯科工作。维果茨基从此开始崭露头角,在通过了一系列考试之后,他成为心理学研究所里一名初级研究员。1925年,维果茨基干脆搬进莫斯科心理研究所地下室居住,以便于大量阅读存放在那里的著作。此后十年,是维果茨基事业的黄金年代。

在1927年发表的"心理学危机的历史意义"一文中,维果茨基深刻分析了自冯特以来现代心理学的发展现状和存在的危机。维果茨基毕生致力于"从马克思主义哲学中学习怎么建筑一门学科和怎样探知人类心理的方法",在心理学的基本理论与方法论方面给现代心理学提出了一系列开创性的思想。他从辩证唯物主义的方法论出发,研究人的高级心理机能的产生和发展,提出了文化历史理论。他的理论对解决心理学危机有重要意义,也对后来的心理学研究产生了深远影响。

维果茨基为人十分和善,加上他过人的才智和独特的人格魅力,在研究所期间,迅速吸引了一批年轻有为的学者加入到他的研究中。他们经常举行讨论会,彼此交流思想,研讨问题。维果茨基还经常将同事带回家,用晚饭后的时间在书房讨论学术问题。维果茨基的文化历史理论也在许多学者的共同努力下得到发展和完善,最终形成了苏联最具影响力的心理学派。

维果茨基对心理学的各个领域都有极浓厚的研究兴趣,他以文化历史理论为根基,将自己的研究延伸到教育心理学、儿童心理学以及人体缺陷学等领域。

在教育心理学和儿童心理学方面,维果茨基深入研究了思维和语言的关系,并认为语言是思维的工具。1934年出版的《思维与语言》是维果茨基最受欢迎的一本书（其中部分书稿是维果茨基在病榻上口述而成的）。许多人了解维果茨基，就是从他的这本书和著名的"最近发展区"的概念开始的。维果茨基创造性地指出教育要走在发展前面，向人们提供了一个全新的视角去看待学习和教学的关系。

特殊儿童的心理问题也是维果茨基倾尽毕生心血关注的问题。他认为特殊儿童与正常儿童的心理发展机制是一样的，特殊教育的关键就是促进他们高级心理机能的发展。他的某些思想至今被人们反复锤炼，用来指导特殊教育的实践。

5. 抗争疾病

在维果茨基心理学生涯最辉煌的年代，他一直在同病魔作斗争。

早在1924年9月，维果茨基开始在人民教育委员会工作，主要负责特殊儿童的教育工作。次年夏天，他参加了在伦敦召开的国际聋哑儿童大会，却在回国的路上感染了肺结核。此后，维果茨基终生与此疾病抗争，直到逝世。在医生的建议下，维果茨基隔离休息，但他丝毫没有停止在心理学这片土地上的耕耘，他开始整理并完成了专著《艺术心理学》，其中收录了一部分他自己早些年的研究。1925年秋天由于病情加重，他不得不辞去委员会的工作住院治疗。就在住院期间，他完成了他那篇著名的论文"心理学危机的历史意义"，从"社会取向"的新视角深刻独到地分析了当代心理学存在的问题。1926年，他出版了自己的第一部重要的学术著作《教育心理学》。

这次生病使他险些丧命，可当身体稍稍恢复后，他没有半刻停歇地就又立即投入了工作，不仅在各种医学心理学所和教育所中执教，同时写作《思维和语言》、《高级心理功能发展的历史》、《心理迟滞问题》等著作，而且还编辑许多国内外书的手稿，写序言、评论……让人不禁疑惑：如此一个温和羸弱之人，怎么会如三头六臂的金刚一般，释放如此巨大的能量和光芒。

1934年，他的肺结核病再次复发。当妻子劝说他听从医生的建议住院治疗时，他斩钉截铁地说："我不能让学生们这学期的学习因我中断，这学期结束后我就住院……"但命运却不如此安排，在五月初，他喉咙开始出血。6月2日，这位心理学大师与世长辞,随后安葬于莫斯科的新圣母公墓①,享年 38 岁。

新圣母公墓内维果茨基与罗莎的墓碑
资料来源:http://faculty.ucmo.edu/drobbins/html/vygotsky_photo_tour19.html.

二、文化历史理论

1. 学术思想背景

在维果茨基求学期间,他主要的研究兴趣并不是心理学,而是文学、法学和戏剧。他一生都对文学和戏剧有浓厚的兴趣,然而后来他的心理学著作被译成多国文字,在他逝世几十年后仍能掀起一波又一波的维果茨基研究热潮,他的思想至今还对教育教学有指导意义,最终成为在世界有重大影响的心理学大师。这一切的产生并非偶然。

维果茨基早期发表的文学评论很多涉及"意识"一词。他于 1916 年完成的"哈姆雷特"(由于种种历史原因,直到 20 世纪 60 年代它才被世界广泛关注),并

---

① 新圣母公墓(Novodevichy Cemetery),位于莫斯科城的西南部,它始建于 16 世纪,19 世纪时,已经成为著名的知识分子和富商大亨的最后归宿。占地总面积为 7.5 公顷,埋葬着 2 万 6 千多个灵魂,是闻名遐迩的欧洲三大公墓之一。一个个长久镌刻在人们记忆中的名字——备受争议的前苏联领导人赫鲁晓夫、著名作家马雅可夫斯基、法捷耶夫、阿·托尔斯泰,作曲家肖斯塔科维奇,戏剧理论家斯坦尼斯拉夫,舞蹈家乌兰诺娃,大画家列维坦,科学家图波列夫、瓦维洛夫,政治家米高扬、莫洛托夫、波德戈尔内等,都在此长眠。维果茨基生前深受斯大林迫害,死后却与其同葬于此公墓。

不仅仅是一篇美学论文,文中分析了人物心理环境,渗透了文化决定论的思想。这些是维果茨基心理学研究取向的萌芽。在沙尼雅夫斯基大学求学期间,在历史、哲学和心理学方面,维果茨基都有广泛的涉猎和深入的学习,为以后心理学研究以及研究方法的确立奠定了坚实的基础。当时的政治社会环境以及自身的成长经历都是维果茨基的心理学思想产生的土壤。

维果茨基生活的年代正是俄国时局动荡、战争频繁的年代,"十月革命"时期,正值青年的维果茨基是革命的坚决拥护者。他有坚定的政治信仰:社会主义能够为人民带来利益,无阶级社会能够消灭社会矛盾和阶级剥削。他的政治立场影响了他的心理学研究。他认为,社会变革对于社会关系的改善、物质条件和教育条件的提高都是必要的。既然劳动分工、社会制度的变化等社会因素会通过生活的方方面面影响到人的心理机能,使人们减少敌对、偏见和冲突,那么人的心理过程一定有其社会性的一面,因此对心理机能的研究离不开对其社会性的研究。

在当时复杂纠结的心理学思想中,维果茨基的心理学思想是独树一帜的。

十月革命前俄国的意识形态呈现唯心主义和唯物主义的斗争,心理学界也不例外。当时心理学领域主要存在两个心理学派。一个是以俄国心理学家格罗特和切尔班诺夫[①]为代表的内省心理学派。在冯特实验室工作和学习过的切尔班诺夫是格罗特的得意门生,他深受冯特身心平行论思想的影响,将低级心理机能与高级心理机能对立开来。切尔班诺夫主张采用冯特的内省法来研究一切心理活动;主张将低级的心理机能(例如感知觉、不随意注意和机械记忆)作为研究对象;认为随意注意、逻辑思维、高级情感等高级心理机能是完全不可知的、无法捉摸的,只能用内省法进行描述。切尔班诺夫的心理学思想对当时俄国心理学产生了很大的影响。他所创建的莫斯科实验心理学研究所以此理论为纲,站在唯心主义的立场上开始了苏联的实验心理学研究。甚至在十月革命之后切尔班诺夫仍然坚决反对某些心理学研究者用马克思主义对心理学进行彻底改造的主

---

① 格奥尔吉·伊万诺维奇·切尔班诺夫(Georgii Ivanovich Chelpanov 1862—1936),前苏联哲学家,心理学家,出生于乌克兰的马里乌波里市。1912年,他创建莫斯科实验心理学研究所。1917年,他创办《俄罗斯心理学评论》杂志。虽然该杂志在"十月革命"后不久即遭停刊,但通过该杂志,切尔班诺夫成为苏联实验心理学的主要奠基人。他1915年出版了俄国第一本实验心理学教材《实验心理学导论》。

张。另外一个学派是以谢切诺夫、别赫捷列夫等人为代表的反射学派。他们以神经反射学说为基础,主张用自然实证的方法来研究心理学,后来发展到巴甫洛夫的高级神经活动学说。这种生物取向的学派将人的所有的意识、心理机能、情感都看成生物体的反射活动和内脏肌肉活动的结果,完全否认高级心理机能和意识的存在。

可以看出,这两个学派在当时的历史背景下都有其存在的积极意义,但是两者在对待高级心理机能的问题上都存在问题,不是将其完全神化就是完全否认其存在,都将意识完全排斥在科学研究的大门之外。前者,对人的内在精神生活进行描述,却不能进行科学的探究;后者,则是将心理学完全生物化,忽略了人与动物的心理机能的区别。20 世纪 20 年代的苏联心理学的这种状况反映了世界上自冯特开始的现代心理学所存在的深刻危机——"生物学取向的'科学'心理学和哲学取向的描述心理学之间对峙"。

正当身处危机中的心理学工作者苦苦探索无果的时候,维果茨基理论的独特见解让人眼前一亮。他彻底地跳出了 20 世纪 20 年代盛行的反射论和行为主义的框框,不再将心理分解成生物元素来研究,而是认为人的心理机能是以心理工具为中介的复杂的整体,人类实践活动(即使用工具的活动)既是心理学研究的对象也是心理学研究的方法。

维果茨基在塔什干讲课

资料来源:http://marxists.anu.edu.au/archive/vygotsky/images/index.htm.

2. 维果茨基的文化历史理论

维果茨基提出的文化历史理论内涵丰富，博大精深，是关于人类意识发展的理论。他从发生学的角度研究人类高级心理机能的社会起源，提出高级心理机能的发展过程就是以符号工具为中介对文化和社会关系的内化过程。维果茨基的理论是文化历史学派的理论基石，后来鲁利亚和列昂捷夫从不同方面进行研究，继承和丰富了该理论。

围绕"高级心理机能的发生发展"问题，可以从以下两个方面来阐述维果茨基的理论。

（1）人的心理是如何产生和发展的？

正在一些心理学家对这个问题唯恐避之不及的时候，维果茨基对其进行深刻而全面的阐述。他认为，人的心理发展分为两个独立的过程，对应着人类所具备的两种心理机能。一种是"自然"的发展过程，在种系从单细胞动物进化到复杂的哺乳动物的过程中，伴随生物神经系统的不断进化和完善，心理也随之发展。体现在个体身上，也就是儿童心理的"成熟"过程。在此过程中出现的心理机能为低级心理机能，它包括感知觉、不随意注意、机械记忆、情绪、动作思维等。这些心理机能非常感性、具体、形象；它可以直接实现，不需要中介；是消极适应自然的心理形式。另外一种心理发展是文化历史的发展过程，是心理"人化"的过程，这个过程产生了"高级心理机能"。高级心理机能是人区别于一切动物的本质特征，它包括观察（有目的的知觉）、随意注意、逻辑记忆、抽象思维、高级情感、意志等。这些概括的、抽象的高级心理机能在人际交往和其他文化社会历史因素的作用下发展起来，它的发展依赖于特定文化中符号工具的使用。高级心理机能的发生和发展是维果茨基理论的核心。

虽然两种心理机能有不同的发展过程（种系发展和历史发展），但是在个体心理发展过程中两者却相互交融，不能完全隔离开来，也就是说在儿童的个体发展过程中既有自然成熟过程也有社会化的过程。

维果茨基让当代西方心理学者感到震撼的就是他理论中的"人的高级心理机能的社会起源"思想，这种思想颠覆了西方心理学中的个人主义取向。维果茨基的文化历史理论强调，高级心理机能并非产生于个体自身，而是通过掌握和内化社会活动得来,是派生出来的。举一个儿童随意注意的例子,开始婴儿的不随意注意仅仅是生物学基础上的反射动作,后来妈妈说"帽帽",这时"帽帽"成为婴儿注意中心。逐渐地,妈妈说"拿帽帽",儿童伸手摸帽子。这是一个质的飞跃,标志着新的注意形式产生了:由妈妈发出语言指令,最终儿童注意到物体,做出动作反应,而不再是简单的刺激——反应的反射弧形式。最后儿童将外部言语内化为内部言语,自己给自己发出语言指令"拿帽帽",然后做出动作。这样由自己一个人完成了整个随意注意的活动。维果茨基明确地指出了外部社会因素的关键作用,"从发生学的角度去了解随意注意,关键在于:这种行为的形式的根子不应从儿童个性的内部去寻找,而要到儿童个性的外部去寻找。"[1]

(2) 高级心理机能的发生和发展的具体机制是怎样的呢?

也就是说,文化和社会关系的内化是怎样发生的呢?维果茨基认为这一机制需要三大要素:社会活动、在活动中使用的心理工具以及高级心理机能所具有的中介性。也就是维果茨基的活动理论、工具理论和中介理论。

首先,维果茨基根据马克思的活动观,通过对人的实践活动的深入分析后指出,人的心理是在活动中发展起来的,人际交往活动是高级心理机能的社会基础。随着儿童社会活动越来越复杂,高级心理机能也随之发展,形成了自我控制系统,也就是"意识"。这样,面对意识,维果茨基既不用漫无边际的内省法来测量,也不用难以捉摸的投射法和精神分析法来追溯,而是强调人的社会属性,指出"活动"在心理发展中的重大意义。这就是维果茨基的活动理论。

人类的活动是创造文明、传承文明的活动。这种活动与动物的活动本质区别就在于人的活动中有工具的使用。同样,人类社会有物质生产工具,人类的心理上也有"精神生产工具",也就是"心理工具",包括信号(sign)、符号(symbol)、口头或书面语言、公式、图像信号等。不论社会活动还是人类的精神活动都以工具和符号为中介。产生工具和符号的过程中凝结着人类的间接经验,即社会文化历史经验,因此,人类心理发展的规律不再受生物进化规律制约而受社会历史发展的制约。维果茨基认为儿童发展的过程就是儿童通过使用符号化的"心理工具"逐步掌握他们自己的"固有的"心理机能的过程。心理工具为人类社会所

---

[1] 龚浩然(1985). 维果茨基关于高级心理机能的理论. 心理学报, 1, 15—22.

特有。生产工具和语言符号的相似之处就在于它们使人类各种心理活动得以产生和发展。所不同的是，生产工具指向外部，引起客体的变化；符号指向内部，影响人的行为。对于人类来讲，控制外部自然和控制自身行为是相互联系的，因为人在改造自然时也改变着自身。这就是维果茨基的工具理论。

"心理工具"是怎样影响人的行为，使得高级心理机能不断发展的呢？在前面的例子中，婴儿的心理机能从低级的不随意注意到高级的随意注意转化时，语言(这种人类的最重要的精神工具)的内化起了关键性作用。个体将外部的社会语言内化为自身的内部语言，使得儿童低级心理机能转化为高级心理机能。维果茨基由此推论：首先，高级心理机能是派生出来的，它的起源是建筑在中介性的基础之上的；其次，高级心理机能的发展也依赖语言。以记忆为例，机械记忆无需任何中介，而意义记忆显然需要以词的概括和理解为前提，反过来，对词的理解和对语言的掌握又可以影响个体的记忆这种高级心理机能的发展。高级心理机能具有中介性，这是高级心理机能发生发展的根本原因，也是其区别于低级心理机能的本质特点。而且，可以看出在人的心理工具中，语言的核心地位不可撼动。在《思维与语言》一书中，维果茨基强调语言表达在儿童思维、语言转换和问题解决的转换中所起的中介作用。布鲁纳在介绍这本书时，曾这样总结维果茨基的符号中介思想[1]："他相信，在掌握自然的过程中我们掌握了自己。因为，正是外部活动的内化产生了思维，尤其是外部对话的内化使语言这一有力工具负荷了思维。人是由他使用的工具塑造的。"

活动理论、工具理论和中介理论三者相互渗透，相互支撑，构成了文化历史理论的基本框架。

3. 文化历史理论的方法论

维果茨基在不断地探索和历练中坚定了自己的研究方向和指导思想，将马克思主义作为自己研究事业的信仰，将马克思主义哲学作为建立心理学的理论基石。在十月革命后，以列宁为首的布尔什维克党领导苏联人民进入了和平经济建设时期。为了巩固社会主义制度，就必须将马克思主义作为思想意识的主

---

[1] 麻彦坤(2005).维果茨基与现代西方心理学.哈尔滨：黑龙江人民出版社.

导,来改造一切意识形态。在这样的政治背景下,深受马克思主义哲学影响的维果茨基提出了文化历史理论。他认为,心理学应该关注"人类"行为的独特之处,使人类心理区别于动物的关键因素是它的社会和文化属性。维果茨基顺应了历史的潮流;他的深刻见地为解决现代心理学危机提供了可能的方案。

在某种程度上可以说,维果茨基是马克思主义的狂热追随者。他曾说过:"马克思主义心理学是唯一真正意义上的科学心理学,而并不是众多心理学流派中的一种,除此之外,心理学就不存在。从另一个角度说,一切真正科学的事物都属于马克思主义心理学。"

维果茨基信仰马克思主义,但他反对将马克思主义具体的原理生硬地应用到心理学研究中,而主张学习马克思主义哲学方法论,来建立一门探究人的心理的系统科学体系。维果茨基用马克思主义哲学的观点将方法论原则区分为三种层次:第一,一切科学包括心理学在内的一般性方法论,即唯物主义辩证法。历史唯物主义辩证法是维果茨基心理学方法论的核心,人类发展关系的各个范畴,例如,心理和物质、语言和思维、外部语言和内部语言、自然和文化等,在其他人的理论中可能是二元对立关系,而在维果茨基的理论中却都能辩证统一地被描述、分析和解释。第二,具体到心理学的方法论,即文化历史理论;第三,心理学的具体分支的方法论,例如神经心理学的方法论就是高级心理机能的系统动力定位理论。[1]

心理学方法论的研究是维果茨基早期关注的焦点。他曾说过,"在我们试图理解人类独特的心理活动形式的整个研究活动中,方法论的研究是最重要的问题之一。方法既是研究的必要条件也是产物;既是研究的工具也是结果。"[2]

4. 维果茨基与文化历史学派

维果茨基提出的文化历史发展理论备受年轻心理学家的推崇。维果茨基才华横溢,具有独特的人格魅力,因而其周围集聚了一大批学者。在思想的交流与磨合中,维果茨基渐渐与已经在莫斯科心理研究所工作一段时间的亚历山

---

[1] Newman, F. & Holzman, L. (1993). Lev Vygotsky: Revolutionary Scientist. London: Routledge Press.
[2] Vygotsky, L. S. (1978). Mind and Society. Cambridge, MA: Harvard University Press, 65.

大·鲁利亚（Alexander Romanovich Luria）和阿列克谢·列昂捷夫（Aleksei Hikolaevich Leontiev）二人有了共同的研究取向。在此后的十年里，三人共同努力，丰富和完善维果茨基的文化历史理论，最终形成了以他们三个人为核心的文化历史学派。该学派也被称为维果茨基学派或"维列鲁"学派，这也是苏联当时人数最多的学派。文化历史学派涌现出一大批后来在心理学界颇有成就的学者，例如达维多夫、加里培林、赞可夫、艾里康宁等[①]。

维果茨基是文化历史学派的创立者、组织者和领导者。他的方法论是学派的理论基石，他引导着学派的研究方向。鲁利亚回忆在研究所与维果茨基共事的感受："我和列昂捷夫都认为维果茨基是个非常有天赋的人，能与他在一个团队工作非常开心，我们称为'三人组'（troika），维果茨基是我们公认的领导者，在他的领导下我们重新审视当代的心理学。"

与所有的新生事物一样，维果茨基的文化历史理论在提出之初，虽然受到一些年轻学者的肯定，但也受到了强烈的抨击。针对这些批评，文化历史学派成员在维果茨基的带领下，以文化历史理论为出发点，从多个方面进一步完善该理论，包括列昂捷夫的活动理论、鲁利亚的神经心理学、加里培林的智力形成的阶段理论、艾里康宁和赞可夫进行的"教学与发展"的理论与实践研究（这一研究还引发了苏联小学的教学改革）。针对当时对维果茨基的质疑，下面简要介绍列昂捷夫和鲁利亚的工作。

第一，维果茨基的理论认为"社会实践"、"交往"和"活动"在高级心理机能产生和发展中的重要作用，但是这一观点缺乏实证研究的支持。在维果茨基的引导下，列昂捷夫[②]对"活动"论展开了系统的研究。20 世纪 30 年代末，列昂捷夫从活动理论的观点出发研究心理反应的产生，探讨由动物行为向人的社会劳动过渡而产生人的意识的问题。列昂捷夫以活动理论为中心形成了一个较为完整的心理学研究体系，发展和充实了文化历史理论。

---

① 王光荣（2004）.心理学家维果茨基的生平与事业.四川心理科学，93，1—3.
② 列昂捷夫（Aleksei Hikolaevich Leontiev，1903—1979），维果茨基的同事和助手，列昂捷夫也是社会文化历史学派的创始人之一，与鲁利亚一起在维果茨基的带领下进行实验研究工作。是 20 世纪饮誉世界的苏联心理学家。1903 年 2 月 5 日生于莫斯科，1924 年毕业于莫斯科大学，1941 年任莫斯科大学教授，后荣升为莫斯科大学心理学系主任。1968 年成为苏联教育科学院院士。1966—1969 年任国际心理科学联合会副主席。1977 年获匈牙利科学院名誉院士。1979 年 1 月 22 日于莫斯科逝世，享年 76 岁。他一生出版了 200 多种著作，主要有：《心理发展问题》（1959），《活动、意识、个性》（1975）等。

<<< 专栏一

列昂捷夫的活动观

列昂捷夫的活动观认为,意识和人的个性都是在社会活动中产生的,所以研究外部社会活动过程是我们探究人的心理活动和意识的途径。他将传统的"刺激-反应"公式中间加上一个中间环节,即活动。这里的活动主要指人类所特有的社会活动。列昂捷夫认为,活动在各种心理过程中都起很大作用。这种活动是一个系统,具有自己的结构、内部的转化和发展。他还提出个体心理发展年龄阶段要根据主导活动形式来划分。

活动的对象既包括客观事物,也包括个体对这些客观事物属性的心理反应。所以活动既依赖于外部客观世界,也依赖于主体自身的动机、情绪等心理活动。相对应地,活动可以分为外部的实践活动和内部的实践活动。客观世界可以通过内化转化为人的内部活动,内部活动也可通过外化转化为外部活动。"任何一种活动都是适合于主体一定的需要,具有一定的动机,由一定的目的的动作所组成,而动作又由客观对象条件所决定的操作来完成,这就是活动的共同结构。"[①]

虽然列昂捷夫将活动作为心理学研究的中心这一做法的正确性还有待于进一步探讨,而且其理论也缺乏实证性研究,但他的理论仍不失为马克思主义心理学的一个比较完整的理论体系分支,极大地丰富了文化历史学派的理论内涵,并且他的活动理论对苏联教育心理学和社会心理学的理论建设和实践都产生了很大影响。

列昂捷夫
资料来源:http://www.psy.msu.ru/people/leontiev/.

第二,除了活动论受到置疑外,在维果茨基提出文化历史理论的早期,缺乏对高级心理机能的生理基础的研究和证据。在此后相当长的时间里,维果茨基

---

① 张世英(1985). 关于 A. H. 列昂捷夫活动理论的历史形成、基本思想和对它的评价. 心理学报, 1, 15—22.

与鲁利亚一道,对于理论中的一些基本观点进行了大量的临床研究。维果茨基试图研究高级心理机能的脑机制问题,将文化历史观扩展到心理生理学的研究中。在维果茨基的引导和鼓励下,鲁利亚用心理生理的方法研究情感过程,主要从神经生理学的角度对文化历史学派作出贡献。

20世纪20年代后期,维果茨基曾与鲁利亚一起在E.M.罗萨里莫神经病院进行了脑机制的研究。30年代初,在维果茨基的支持和鼓动下,鲁利亚又在哈尔科夫乌克兰精神神经病研究所附属医院继续进行这方面的研究[①]。维果茨基曾鼓励鲁利亚考察乌兹别克斯坦不同文化中人们认知和思维的差异,以此来作为文化历史理论中一些基本原理的实证。后来,维果茨基与鲁利亚共同将研究成果写成著作,来论证文化和教育在人的高级心理机能的形成和发展中的作用。维果茨基曾计划在1934年的第一届乌克兰精神神经病学代表大会上作一个题为"心理学与关于心理机能的定位学说"的报告。报告手稿已经完成,但还没有等到大会召开,维果茨基便英年早逝。

维果茨基认为高级心理机能是大脑皮层各部位之间相互作用、复杂的神经系统活动的结果。他发现大脑某一特定部位的损伤在儿童和成人身上所引起的心理机能的缺陷是有区别的。儿童的某脑区损伤导致基于此区域的高级心理机能的发展缺陷;而对于已经形成高级心理机能的成人而言,该部位的损伤会导致与之相关的低级心理机能的损伤。

在维果茨基提出的高级心理机能的系统动力定位的理论的基础上,鲁利亚创立了一门新的系统科学——神经心理学。鲁利亚的工作对于文化历史学派来说意义重大,它们不仅使得该学派的观点进一步完善,而且使得西方学者开始关注并接受文化历史学派的思想和研究。在将文化历史学派的影响力从苏联推向世界的过程中,鲁利亚功不可没。

维果茨基对鲁利亚的工作的影响是巨大的。鲁利亚在他晚年曾这样评价维果茨基:"维果茨基是个天才。我从事科研工作半个世纪以来,没有遇到第二个像维果茨基这样有惊人的分析能力和超前眼光的人。我的所有工作都没有超出他所建立的文化历史理论的范畴。"

---

① 来自心理学名人词典,http://www.whpsy.com/person/l/Luria.A.R.htm.

三、文化历史理论在教育心理学的应用

维果茨基十分重视心理学的基础理论研究与应用研究相结合,认为理论只有在实践中才能体现其价值。他将自己的历史文化发展观应用到发展与教育领域。维果茨基也常常观察自己的孩子,有时还让她们作为自己实验中的被试,尝试着验证他的各种各样的推论。为此,维果茨基的小女儿曾经对爸爸发出抗议:"为什么总反反复复问我们一些很傻的问题!"在这些简单的问题背后,蕴涵着维果茨基震撼世界的伟大理论。他用全新的文化历史发展观的视角解读儿童的认知发展、思维与语言的关系以及教育与学习的辩证关系等问题。他被认为是苏联儿童心理学的创始人之一。

1. 思维与语言的关系

在研究儿童发展过程时,思维和语言的关系经常是一个纠结不清的问题。维果茨基在这一问题上有自己独到的见解。他在《思维与语言》一书中深刻地阐述了言语与心理概念及认知之间的关系:思维和语言活动是复杂心理过程中的一个整体,两者既不是并列关系,也不能相互分离。两者的关系是一个动态的过程:一方面,思维可以向言语转化,"思维不是在言语中表现出来的,而是在言语中实现出来的"[①],思维在言语中的具体化表现在言语中的意义结构的改变,也就是"思维的语法成了言语的语法";另一方面,言语是个体从低级心理机能逐步发展为高级心理机能的中介和工具,人的外部言语通过内化转化为内部言语,即不出声的思维。

维果茨基认为,不管是对于成人还是儿童,言语功能的本质是社会性的,是用于交流的。从个体发展的角度来讲,婴儿最开始通过哭、笑、触摸等"符号"与外界和成人交流,得到他们想要的东西。在这个过程中,婴儿逐步学会使用词汇(物体的名字)。这时婴儿的言语是多功能的并具有社会性;然后功能开始分化,儿童的思维转向自我,与自己交谈,这时产生了"自我中心言语"。"自我中心言

---

① 列夫·谢苗诺维奇·维果茨基(1997). 思维与语言. 李维,译. 杭州:浙江教育出版社.

语"是儿童指导和管理自己行为的一种工具。从自我中心言语过渡到内部言语，逐步发展为理性的思维。此后语言沿着两条路发展，一种是外部言语，另一种是内部言语。外部言语是思维的表现，内部言语则是将语言转化为理性的思维。也就是说，内部言语所包含的丰富的思维可以用丰富的外部言语来表述。所以思维和言语是不可分割的整体。

维果茨基曾和同事用实验证明了儿童自我中心言语的社会性作用。他们设置实验情境：让儿童画一张画，期间铅笔头突然断了。在完成任务过程中出现这种明显的困难和障碍时，儿童自我中心言语的比率会明显增高。儿童会自言自语地说："铅笔断了"，"我用什么画好呢？"接着便把铅笔丢在一边，随手拿起水彩笔，继续画并不时地自言自语，讲他在绘画中发生的变化。维果茨基认为这个实验说明，自我中心言语的作用就是在困难和复杂的情况下使儿童的行为更加有目的性。在某种程度上说，自我中心言语与内部言语有相同的社会功能。维果茨基指出，虽然成人在遇到困难进行思考时会默不作声，但当询问他在想什么时，会发现他方才进行思考的内部言语与儿童的自我中心言语在内容上非常相近。

维果茨基广泛地探索了语言发展与思维的内在关系，所提出的言语和思维关系的理论是他在儿童心理学方面最大的贡献之一，也是文化历史发展观中的重要组成部分。

2. 发展、学习与教育之间的关系

教育与发展之间总是存在矛盾，社会总是要求更早更有效的教育，而这一要求又往往受到儿童发展年龄阶段的限制。为了解决这一矛盾，心理学家总是试图探究和澄清教育、发展以及学习三者之间的关系。

这一问题的探究经历了一个演变过程。在不同的历史时期人们有不同的见解，不同的学派之间也观点迥异。各种理论支持者都提出了自己的教育发展观。在行为主义之前，心理学的研究主要关注"经验"，而很少关注学习和教育。随着20世纪20年代行为主义的兴起，学习的作用开始受到重视。行为主义心理学家多数以动物为研究对象，以和桑代克为代表，将发展与教育等同起来，而把心理过程排除在研究之外。他们认为"教学与发展是同义词，发展即是教学"，教学前进一步,发展就前进一步。而维果茨基的理论却强调,虽然教育与发展有一致性和平行性,但是教育对发展有复杂作用,两者并不等同。

还有一种观点是以考夫卡为代表的二元论。考夫卡等人认识到了行为主义和认知学派的片面性,试图将上述两种观点结合起来,希望通过这种"拼接"来消除两者的对立。这种二元论认为,一方面,发展是独立于教育过程的;另一方面,儿童在教育中获得新技巧,等同于发展。成熟是教育实现的必要条件,教育刺激成熟的过程,两者有区别也有联系[①]。维果茨基则认为,这种观点虽然看到了教学与发展的相互影响,但是儿童通过教育获得新技能并不等同于认知发展,并且二元论没有解释教育是如何影响心理发展的。

很显然,维果茨基与上述两种观点意见相左,他独树一帜地认为教学与发展之间的关系是复杂的动力制约关系。

首先,个体的发展变化不是一种由少到多的量变,也不是技能的提升,而是一种质变,犹如从幼虫到茧再到蝴蝶的蜕变。他称这种发展的原理是一种"变形原理"。他将广泛的、全面的发展与专门的技能的发展区别开来。例如,教会了儿童使用打字机和教会他们怎样写作文,对于儿童心理发展的作用显然是不同的,前者学到的仅仅是技能,是在已有的心理机能的基础上更多地加工信息和规则;后者是将无意识的说话过程转化为自己的语言能力,是心理机能从低级向高级的转化。也就是说,教学不仅仅要提供信息和规则,也应该促进更高心理机能的发展。

其次,维果茨基从发展的概念得出教育的概念:教育不能只做发展的尾巴,必须成为发展的源泉,能够产生新事物,否则就没有必要实施教育。教育是儿童在发展人类社会属性过程中的一种内在的、普遍的需要。维果茨基创造性地提出,"作为传递社会文化经验的教学应在儿童心理发展中起主导作用"。"只有那种走在发展前面的教学才是良好的教学",维果茨基的这句话让后来西方的教育心理学家眼前一亮。这也是维果茨基教育心理学思想的精髓。

"教育要走在发展的前面"这一观点与维果茨基的文化历史发展观的另一个核心概念"最近发展区"(zone of proximal development, ZDP)紧密相关。教育

---

① 曾智,丁家永(2002).维果茨基教学与发展思想评述.外国教育研究,29(11),24—26.

走在发展的前面有两层含义:第一,教学在发展中起主导作用,它影响儿童发展的内容、水平、速度以及智力活动特征;第二,教学必须创造最近发展区。

3. 最近发展区理论

维果茨基在 1931 至 1932 年间提出最近发展区的概念。他将总的发生发展规律应用于儿童的学习与发展问题。维果茨基认为,儿童有两个发展水平,一种是现实的发展水平,也就是儿童独立完成任务时所表现出的能力水平;另一种是可能的发展水平,即在成人或有经验的同伴的帮助下,儿童所能达到的水平。两者之间的空间就是最近发展区。儿童的机能的发展就在最近发展区这个区域中进行。在最近发展区里,教师与学生使用相同的心理工具,学生在这个过程中将外部活动内化,认知的发展就产生了。在这个过程中,学生不仅仅是获得了知识,而是在具体的情境下,根据自己的理解,构建自己的认知框架。最近发展区的概念一经提出立即引起强烈反响,它不仅是维果茨基文化历史理论的核心和闪光点,对当代学术研究产生了重大影响,而且对我们的教学实践具有重要的指导意义。

(1) 最近发展区与教学

"与实际发展水平相比,最近发展区对于智力发展和成功教育更具有举足轻重的意义"[1]。最近发展区的儿童处在发展某种能力的最佳时期,也就是"关键期"。教育施加地太早,儿童成熟不够;太晚,教育已经滞后发展,变得没有意义了。只有在最近发展区中的教育才是最适合儿童的教育,才能够促进儿童发展:"今天儿童在别人的帮助下能做到的事,明天就能自己独立做到"[2],这也就是"教育要走在发展的前面"的意义。维果茨基认为,在个体成熟的基础上,只有当教育走在个体发展前面的时候才能为其带来许多新的心理机能。

(2) 最近发展区与动态评估

如果维果茨基仍健在,他肯定会对"智商低于 70 就是智力低下"这一所谓的

---

[1] Zinchenko, Y. P. & Petrenko, V. F. (2008). Psychology in Russia State of the Art. Moscow: Department of Psychology MSU; IG-SOCIN.

[2] Gindis, B. (1995). The social/cultural implication of disability: Vygotsky's paradigm for special education. Educational Psychologist. 30(2), 77—81.

"常识"嗤之以鼻。传统的评估——那些经典的智力测验（斯坦福比奈测验、韦氏测验等）——都是标准化的程序，测验时将被试与常模比较得出分数，从而评价一个儿童的某种静态能力，以此来预测其将来的学习情况。维果茨基认为这种测验只是用标准化的任务考察了儿童能够独立解决哪些问题，只看到儿童在现有水平上的个体差异，却忽略了儿童与较有经验的合作者交流后可以获得的能力，也就是儿童发展潜力上的个体差异。

维果茨基的最近发展区理论开辟了动态评估的先河。自从他提出最近发展区的概念以后，评估思想也发生了改变，心理学家们开始承认儿童学习潜力与他们现在表现的心理机能水平是不同的。维果茨基将心理学家形象地比作园丁：园丁不会仅以已经成熟多少个苹果来评价一个果园。同样，心理学家在评估儿童的发展状态时，不仅要评估已经成熟的能力，也要评估那些在成熟中的能力，即儿童的最近发展区。

（3）自发概念与科学概念

在教育与发展问题的范畴内，同时也作为最近发展区研究的延伸，维果茨基探讨了"自发概念"和"科学概念"之间的关系。自发概念是在儿童基于经验产生的概念，它的形成是"自下而上"的、不系统的。科学的概念是在学校获得的系统的概念，它的形成是从抽象的词汇再联系到日常经验，是"自上而下"的过程。自发概念是那些儿童在生活中习以为常的东西，虽然儿童能够很好地运用，但却不一定能够理解它们的真正含义；而儿童通过学校学习可以很好地理解和掌握科学概念的内涵和外延。科学概念的学习使得儿童能够自上向下地渗透来理解自发概念，与日常经验联系在一起；同时，自发概念的发展水平也制约着科学概念的形成。科学概念与自发概念之间相互联系，相互作用。儿童的概念是从"自发的"发展到"科学的"。我们也可以从这个角度理解儿童的潜在能力：在儿童的两种概念（大量不系统的经验基础上形成的自发概念和成人传授的系统的科学概念）之间的交叉区域就是最近发展区[①]。

分析自发概念与科学概念的关系对指导教学有重要意义。儿童的自发概念发展到一定程度时，教育要及时从幼儿的自发型指导（例如，玩过家家等类型的

---

① Kazdin, A. E. (2000). Encyclopedia of Psychology. New York: Oxford University Press.

游戏)转化为学龄儿童的应答型指导(即课堂讲授方式)。只有这样,儿童的心理发展才能达到一个新水平(科学概念水平)。研究科学概念与自发概念,本质上就是在探讨发展与教育的问题。

这里科学概念与日常概念的关系、发展与教育的关系以及思维与语言的关系都是紧密相关相互渗透的,这些复杂的关系都汇聚在"最近发展区"这一概念上。

(4) 同伴的作用和教师的主导地位

维果茨基非常强调"交往"在高级心理机能发展中的作用。这一点在最近发展区理论中,表现为维果茨基既重视儿童的自主活动,也强调教师的主导地位和同伴作用。

儿童自己不能将最近发展区显示出来,因为最近发展区必须在有经验的合作者存在时才能形成,只能通过合作交往的形式展现出来。由此产生了新的教育形式:儿童在合作任务中与同伴一起工作,共享社会交往。研究显示,与单独承担任务的儿童相比,在合作小组中的儿童的学习效率更高。维果茨基的研究更多关注在教育条件下儿童表现合作的过程,而不是产生冲突争吵的过程。在维果茨基看来,只有在完成共同目标时,相互影响和交往才会起作用。

按照最近发展区理论,在儿童高级心理机能的发展过程中,教师起着主导作用,教师决定了教学是否在儿童的最近发展区中。因此,新的教育形式也对教师提出了新的要求。在教学过程中,教师要把握多样化的最近发展区:每个学生都有不同的最近发展区,每个学生通过最近发展区的路线和速率都不相同。教师需要正确了解学生现有发展水平,实施相应的干预措施。

综上所述,最近发展区集中反映了发展、学习、教育三者之间的密切关系,它是文化历史发展观的精髓,创立了一种全新的教育观和教育体系,开辟了动态评估之先河,强调了教师的主导作用和同伴对儿童的深远影响,并为当今的教育理念和教育方法的改革创新奠定了重要的理论基础。最近发展区的概念经过时间的洗礼愈发闪耀出光彩,有关研究经久不衰,至今仍然有大批的追随者。许多当代学者就是从"最近发展区"知道"维果茨基"这个名字的。

4. 维果茨基教育理论的影响和拓展

在20世纪50年代后期,维果茨基的教育发展观传入西方,立即引起强烈反响。当时，西方学者有关教育改革方向的论争激烈，无休无止，维果茨基的理论无疑给他们提供了一个全新的思路。关于维果茨基教育发展观的研究也日久常新，世界各国学者从不同视角解读他的最近发展区理论，开创了各种形式的教育模式，形成许多理论分支。例如20世纪70年代美国兴起的"合作型学习"和"情境性教学法"，80年代同样由美国心理学家提出的"互惠式教学"，用于促进阅读理解的教学等。这些方法都起源于对最近发展区的思考，它们也对当今教育理念的变革和拓展带来深远影响。其中"支架式教学"是影响较大的教育方法之一。

"支架式（scaffolding）教学"是美国著名教育心理学家布鲁纳根据维果茨基的最近发展区理论提出的一种教育模式。"Scaffolding"本意是建筑行业中使用的脚手架，布鲁纳用它来形象地说明这样一种教学模式：教师引导着教学过程，使学生掌握、建构和内化所学的知识技能，从而使学生进行更高水平的认知活动。支架式教学的本质在于，教师介入到儿童最近发展区的空间中，为其提供必要的支持，促使他们主动而有效的学习。打个比方，将儿童解决问题过程比作摘葡萄，开始儿童够不着架在空中的高高的葡萄藤，这时，教师提供给儿童一个"脚手架"，使得儿童可以借此爬到矮墙上，然后骑在矮墙上摘到葡萄，从而使问题得以解决。从地面到矮墙的距离就代表了最近发展区，而脚手架的作用就是能够使儿童到达一个更高的水平独立解决问题。可以这样讲，儿童解决一个问题需要方方面面的能力，但是各种能力的成熟不是同步的，那些不成熟的能力成为解决问题的障碍。教师提供脚手架并没有改变任务的难度，而是为儿童尚不成熟的某种能力提供支持，使得儿童的行为表现可以达到更高水平。并且，随着活动的进行，儿童不断学习和内化，这些帮助和支持的程度开始降低，儿童逐渐能够独立完成任务。同样，儿童通过各种脚手架成功跨越各种不同的最近发展区，发展到达更高层次的水平，在新的脚手架的帮助下开始新的最近发展区的旅程。

我们总能从维果茨基的理论中找到其与现实的结合点。经典永远不会过时，苏联心理学家M.A.斯捷潘诺娃曾评价，维果茨基的心理学思想好比一本永远也读不完的书——随着研究的深入，总有新的东西涌现出来。我们需要对其不断进行深入研究和拓展创新，去粗取精，从中汲取营养，服务于我们当代教育的发展。在维果茨基思想的影响下,各种各样的新教育思想层出不穷。现在人们越来越注重历史、文化、社会环境的影响,也越来越重视知识的建构性。

<<< 专栏二

支架式教学类型与实例[①]

支架式教学类型	实例
1. 示范	美术课老师在让学生自己尝试一种新画法之前,给学生做了演示性绘画。
2. 大声思维	物理课老师在黑板上解决力学问题时,边示范边将他的解题思路大声地说出来。
3. 提问	在给学生做示范并大声思维后,物理老师给学生提出几个关键性问题。
4. 调整教学材料	一名体育教师在教学生投篮技术时,先降低了篮球筐的高度,当学生熟练后,在将球筐升起。
5. 言语指点	当幼儿园的孩子学习穿鞋带时,老师跟他们说:"鞋带像个兔宝宝,现在兔宝宝来到洞口并跳了过去。"
6. 提供线索	当学生初学写作时,语文老师给学生提供若干写作的线索,如"写谁"、"为什么写"、"写什么"、"怎样写"等等,以帮助学生组织写作思路。

>>>

4. 特殊儿童的研究

(1) 人体缺陷学研究

西方学者较早就开始关注维果茨基在心理语言学和认知心理学上的影响,但维果茨基对教育学的贡献绝不仅限于此。早在20世纪20年代和30年代,维果茨基就开始从事人体缺陷学(defectology)的研究,尽管人们在最近二三十年才逐渐地了解到他这方面的工作成果。1924年9月,维果茨基开始在人民教育部生理障碍和心理迟滞儿童中心工作。1925年夏天,他走访了欧洲多个国家的特殊教育机构,了解其特殊教育情况,却在回国途中感染了肺结核。在辞去教育部的工作住院治疗一段时间后,维果茨基重新投身于儿童心理学的研究,并在

[①] 王光荣(2004). 维果茨基的认知发展理论及其对教育的影响. 西北师大学报. 41(6),122—125.

1926年成立了一个专门的实验室。此后,维果茨基为了更加全面深入的学习和研究生理残障和心智障碍的特殊儿童,还到莫斯科的一所医学机构接受了三年的医学训练。后来,他在当地的乌克兰神经心理学院教授一门有关儿童咨询的心理学课程。维果茨基对特殊儿童进行心理咨询的过程经常对外开放,通常会吸引当地的老师、家长、医生和许多研究人员来旁听,甚至连窗户外面都常常站满了人。在维果茨基逝世前不久,他还应邀主持实验医学机构的心理系。1929年,他所创建的特殊儿童实验研究室升级为人体缺陷实验研究所,维果茨基担任该研究所负责人,一直到他去世为止。维果茨基为特殊儿童的研究工作倾注了毕生心血,在苏联取得了非凡的成就。

维果茨基与儿童在一起

资料来源:http://marxists.anu.edu.au/archive/vygotsky/images/index.htm.

维果茨基关注特殊人群的心理发展,与他个人的生活经历有关。他经历了十月革命,目睹了战争中的受害者饱受身心创伤煎熬。他早期致力于人类心理的社会可塑性问题的研究。他认为,一些社会文化产物可以对这些受到创伤的病人的心理机能进行补偿。例如,盲文和手势语可以部分地补偿失明和失聪者的语言功能;社会支持(包括直接援助、指导和鼓励)可以帮助身心缺陷病人在一定程度上恢复阅读、交流、推理和记忆等心理功能。在维果茨基科研生命最辉煌的十年中,他始终没有中断过对特殊人群的关注。

但由于种种方面的原因,维果茨基关于残疾儿童的工作直到20世纪90年代初冷战结束后才逐渐被人们所了解。半个多世纪已经过去了,维果茨基的理论却愈发具有魅力,而且与当今的特殊教育的"融合教育"理念不谋而合。

苏联教育科学研究院莫斯科缺陷学研究所的学者们,搜集和编纂维果茨基关于人体缺陷学的论文和演讲等手稿,于1993年出版了《维果茨基文集》的第五卷《人体缺陷学的基本原理》,其中大部分著作是在西方甚至是在俄罗斯首次被发表。下面我们就按照这本书的脉络,简要地说明维果茨基关于人体缺陷学的理论概况。[①]

（2）人体缺陷学理论体系

人体缺陷学是一门对身体和心理缺陷儿童进行甄别、教育和康复的科学。维果茨基所研究的人体缺陷学不同于我们当下所说的"变态心理学"或"学习困难",后两者大多指的是情绪的困扰和学习上的能力不足;而人体缺陷学针对的是身体上残疾(例如,感觉系统和神经系统受损)的儿童以及认知功能上有缺陷(例如,先天智力障碍)的儿童,与残疾儿童的特殊教育密切相关。特殊教育主要是针对以下四类儿童的教育:失聪和重听障碍儿童,失明和视障儿童,精神发育迟滞(智力落后)儿童,严重言语障碍儿童。

文化历史发展理论具有普遍性,适用于所有个体,当然也包括特殊儿童。维果茨基正是依此来建立完整的人体缺陷学理论框架。我们再来回顾一下维果茨基的发展观的核心:儿童(不论正常还是残疾)都是在成人的帮助下,通过"心理工具"(主要是语言),将外部的文化活动内化为内部过程,从而实现高级心理机能的发展;人类行为的本质特点在于不仅以物质工具为中介也以社会符号(语言)为中介,发展不仅仅是数量上的积累或是成熟,而是一系列同化和异化的复杂的质变过程;教育要引导发展,走在发展的前面,在此过程中同伴和教师都起到至关重要的作用;应该通过最近发展区来动态评估儿童的发展状况。这些核心思想是维果茨基搭建人体缺陷学理论的基石。

维果茨基提出了"初级缺陷"和"次级缺陷"两个概念。前者指的是基于生物原因的器质性损伤,后者指的是基于社会因素的高级心理机能的缺陷。一个智力落后的儿童,他生理上的缺陷导致他无法掌握大部分的社会技能,从而不能获

[①] Rieber, R. W. & Carton, A. S. (1995). The Fundamentals of Defectology (Abnormal Psychology and Learning Disability) Book Review. American Journal on Mental Retardation, 100(2), 214—216.

得相应的足够的社会知识和经验；儿童的社会知识和经验的缺乏又阻碍了他的高级心理机能的发展进程。也就是说，一个智力落后（初级缺陷）的儿童在社会交往过程中习得了次级缺陷，如，幼稚化行为和情感退化。在维果茨基看来，"先天残疾"与"发展不足"并不是一回事。我们将盲童和聋哑儿童看成"特殊儿童"，但是对于他们自己来说（特别是先天失明失聪的儿童），听不见和看不见才是正常的状态。他们由于缺少某项功能（例如，缺乏听觉）而不能与周围人进行正常交流，不能理解各种声音的意义，无法与社会环境保持正常的联系。他们所感到的残疾是间接产生的，是社会经验的产物。欧文·K.乔丹[1]的一句话很好地呼应了这一思想，他说过，"失聪的人除了听不见以外可以做其他任何事情"。

维果茨基沿用他的动态评估理念来甄别残疾儿童。他认为，从比奈量表开始，对残疾儿童的甄别并没有使用心理学方法，已有的评估方式都没有足够的实验、发现、分析、总结、描述和定性诊断，而只是纯粹数量上的测量。维果茨基讽刺那是"算术的"方法，是用负面特征的数量来衡量残疾儿童。对于智商（IQ）、心理年龄等概念，维果茨基更是不以为然。在他看来，残疾不是一种不变的状态，而是一种不断内化社会文化因素的过程——初级缺陷在社会文化因素的作用下导致了次级缺陷的产生。以前的IQ测试将这两种缺陷混淆起来没有加以区分。

维果茨基认为，对于智力落后的儿童，我们应该用他现有的独立程度、自理能力以及还需要多大程度的帮助等指标来鉴定，而不是像传统测验那样总去测量他"不能"做什么。在这里，最近发展区的概念也很重要。即便是在传统的智力测验中得到相同分数的儿童也可能存在不同的最近发展区，可能有不同的学习潜力。维果茨基的这一超前的特殊儿童评估观念后来被美国智力落后协会[2]

---

[1] 欧文·K.乔丹（Irving King Jordan，1943—　），1988年成为加劳德特大学（Gallaudet University）第一位聋人校长，是该大学第八位校长。加劳德特大学是美国第一所为聋哑人设立的高等教育学府，坐落于华盛顿州。

[2] 美国智力落后协会（American Association on Mental Retardation，AAMR），成立于1876年，该学会的宗旨在于促进社会对智力落后者的关注和尊重，给智力落后者提供支持和帮助，促使他们更好地适应和参与社会生活。AAMR于1992年第九次修订了智力落后（mental retardation）的定义：指现有的功能存在真实的局限，其特点是智力功能明显低于平均水平；同时存在下列各项适应技能中两种或两种以上技能的局限：交往、自我照顾、居家生活、社交技能、社区运用、自我管理、健康与安全、实用的学科能力、休闲娱乐和工作；智力落后发生在18岁以前。AAMR于2002年第十次修订了该定义：智力落后是指在智力功能和适应性行为上存在显著限制而表现出来的一种障碍，所谓适应性行为指的是概念的（conceptual）、社会的（social）和应用的（practical）三方面的技能，智力落后发生于18岁以前。

吸纳,于1992年编入他们的智力落后手册中。

对于特殊教育,维果茨基在"缺陷与补偿"一文中提出了一个基本的观点:我们只有通过发展特殊儿童的高级心理机能才能有效地补偿其低级心理机能的不足和缺失。儿童的生理障碍具有两面性:它导致了心理机能发育不足,但也因此形成了一个适应性补偿机制,而我们就是要通过教育适当适时地引导这一机制的发展[①]。维果茨基指出,传统的感觉运动训练是用一种生理机能补偿另一种生理机能(例如,训练盲人使其有异常敏锐的听觉),这种方法会受到生理极限的限制;但是对于高级心理机能(如,想象、推理、记忆等)的训练以及高级心理机能的补偿作用是没有这种局限性的。

(3) 人体缺陷学理论的发展与应用

关于人体缺陷学问题的研究在维果茨基的理论和实验研究中占有很重要的地位。1925年,维果茨基利用去伦敦参加国际聋哑儿童大会的机会,访问参观了法国、荷兰和德国的心理学实验室和当地的特殊教育学校,系统地了解了这些地方的特殊教育状况。他非常不满于当时社会对于残疾人的偏见,并给予非常激进的抨击。在其学术生涯早期,维果茨基曾强烈呼吁将正常儿童和特殊儿童的教育一体化,即将特殊儿童与正常儿童安排在一起学习生活。他反复强调特殊儿童与正常儿童心理发展的原理和过程都是一样的,特殊教育与正常教育有相同的原则:教育引导发展,教育的宗旨都是促进高级心理机能的发展。在特殊教育过程中,教育者应该重视儿童与成人交流的数量和质量,发展他们在同龄人"集体"中的社会关系,通过这些社会文化因素的作用,来促进这些儿童的高级心理机能发展。[②] "集体"不仅可以促进特殊儿童的课程学习,也促进他们人格、情感等全方面的发展,是促进他们高级心理机能发展的有效方式,也是对他们实施帮助的最好方法。所以使残疾儿童融合到集体的社会文化生活中对于他们的身心恢复是至关重要的。

但在维果茨基后期的论著中,他对于特殊教育的看法有所改变,不再激进地

---

① Vygotsky, L. S. (1993). The Collected Works of L. S. Vygotsky, Volume 2: The Fundamentals of Defectology. Transcribed by Andy Blunden. New York: Plenum Press.

② Gindis, B. (1999). Vygotsky's vision: reshaping the practice of special education for the 21st century. Remedial and Special Education, 20(6), 32—64.

强调完全的融合,而是提出"基于积极区分的融合"(positive differential approach)。就是说,将特殊儿童与正常儿童安置在一起不是目的,把他们安置在一起的目的是要让特殊儿童的高级心理机能和完整人格得到发展。不可否认的是,由于特殊儿童生理上的缺陷,要想达到这一目的需要特殊的方法与他们沟通;需要适应他们的"心理工具",也就是专用的符号系统(例如盲文、手势语等)。在心理机能发展和内化的过程中,心理工具起着至关重要的作用。不同的心理工具(例如,不同的交流方式——正常文字和盲文)可能在本质上承载着相同的教育信息,所以我们可以转变各种心理工具的形式,使其适合特殊人群,从而起到相同的发展促进作用。例如,我们现在已经发明了各种不同形式的心理工具(盲文,手势语,唇语,手指拼写等)来为那些不能掌握特定符号系统的儿童提供帮助,使他们能够正常交流。维果茨基认为我们不能满足于此,而应该坚持不懈地开发和完善"心理工具"的新形式,来适应那些特殊的需求。就像我们不仅发明了计算机,还要不断优化,对它更新换代。另外我们还需要受过专门训练的特殊教育教师,还要花费更多的时间和耐心来帮助特殊儿童,使得他们能够与正常儿童一样发展自己的最近发展区,这样"次级缺陷"才能得到补偿。显然,这些都是简单普通的教育环境所不能提供的。既然我们不能像以往那样用特殊教育环境将身心障碍的儿童与正常儿童隔离开,那么我们就要用特殊教育的教育方法来满足身心障碍儿童的需求,用社会性视角来看待特殊儿童的长处。维果茨基认为,既不能按照前人那样根据缺陷程度来消极地区别身心障碍儿童,也不能仅仅在形式上将特殊儿童与正常儿童融合在同样的环境中,而要建立一种"积极的区分"。最终他提出了成熟的特殊教育观念:特殊教育是一个在融合的教育环境下,应用特殊教育方法促使身心障碍儿童高级心理机能恢复和发展的完整的系统。

维果茨基的思想在当时是相当超前和特立独行的,他所倡导的将残疾儿童融合到社会集体中去的理念在那个年代并未得到认可。令人惊讶的是,20世纪70年代美国提出的"回归主流"(mainstreaming)概念,以及20世纪90年代美国兴起的"融合教育模式"(the full inclusion model)或"融合教育"(inclusion education),竟然都可以在维果茨基数十年前写作的论著中找到源头(见专栏三)。但是直到"融合教育模式"开始兴起,维果茨基的理论才得以具体化、操作化,最终形成了成熟的教育模式。

专栏三

回归主流与融合教育

20世纪70年代,美国大力开展"回归主流"运动,倡导特殊儿童返回普通学校接受教育,即不再将特殊儿童送进特殊学校,而是与正常儿童安置在一起。到了80年代,"一体化"的概念兴起,指出不但要让学校接纳特殊儿童,而且要让有特殊教育需要的儿童和没有特殊教育需要的儿童在同样的课堂环境中学习。90年代后,这两个概念都被"融合教育"或"全纳教育"概念取代。融合教育不仅仅指将身心障碍儿童和普通儿童放在同一间教室一起学习的方式,更强调给身心障碍儿童提供一个正常化的教育环境,在普通班级中提供所有的特殊教育和相关服务措施,使特殊教育与普通教育合并为一个系统。

融合教育采取一元的教育系统,教育的对象是班级内所有具特殊需要的学生,由普通教师、特殊教师及相关专业人员协同合作,分担责任,共同完成教学工作。

维果茨基以文化历史发展理论为指导,在实验研究和临床发现的基础上,提出了缺陷学的一些基本原理,试图为缺陷学建立一个科学的框架。他将身心障碍儿童的发展看做生理缺陷导致的社会化不足这一观点在当今已被越来越多的人所接受。但维果茨基阐述的理论框架比较笼统,是一种理想化的模式,在具体操作应用过程中还存在很多争议和难以解决的问题。然而他的理论为我们描绘了一幅蓝图,为我们今后的深入探索提供了方法和思想上的启发。在维果茨基去世后七八十年的今天,他提出的一些概念和理论还一直不断地被研究、深化、扩展和实践。他的特殊教育的理论框架以及社会文化的和发展的理论取向不仅可以应用于身心障碍儿童,也可以应用在超常儿童的教育上。因此,维果茨基既是苏联缺陷学的奠基人,也为我们当下的特殊教育实践留下了宝贵的科学遗产。

<< 专栏四

维果茨基与皮亚杰的比较

在1934年出版的《思维与语言》一书中,维果茨基用大量篇幅就皮亚杰理论中的儿童自我中心言语和思维发展等理论提出了自己不同的观点。了解维果茨基对皮亚杰理论的思考和态度有助于我们深化对维果茨基儿童心理学理论的理解。

其实,维果茨基对许多心理学家的思想和观点都提出过不同的意见,但因为维果茨基与皮亚杰同为心理学史上两位具有影响力的(更巧的是两人都出生于1896年)的学者,所以两人之间的争论格外引人注目。直至今日,人们仍未停止对他俩的关注和比较。维果茨基在20世纪20年代就接触了皮亚杰的作品和思想,用辩证唯物主义观点对其中的个人主义、唯心主义色彩的观点进行批评,或许存在着对皮亚杰理论的某些误解。事实上,由于种种原因,维果茨基的思想和工作在20世纪50年代后才被西方所认识,因此皮亚杰并没有听到过维果茨基对其理论质疑的声音;又由于维果茨基英年早逝,两人没有机会直接交流和解释,所以俩人之间并不存在真正意义上的学术"争论"。

二者的理论都博大精深,内容浩繁,体系庞杂,历经后人数十年的研究,它们仍在不断地发展和演变,我们很难全面深入地解读和评述这两位大师的理论。因此,我们暂且不去辩驳孰是孰非,而是粗略地了解一下两者的不同:首先,两位心理学大家的风格迥异。皮亚杰巧妙地将生物学、心理学、逻辑学有机融合,形成发展心理学理论,即广泛的认识论;而维果茨基则致力于构筑一种新的完整的心理学理论体系,他是一位方法论专家。其次,两位大师的焦点不同。皮亚杰关心的是新知识如何在不同的文化中产生出来,强调个人对新知识的构建;而维果茨基关心的是心理工具如何促进低级心理机能发展为高级心理机能;侧重于文化和语言等心理工具的作用。有人曾有过这样生动形象的比喻:皮亚杰是台个人电脑,而维果茨基却是万维网(PC is to Piaget as WWW is to Vygotsky)。再者,在教育与发展问题上,皮亚杰认为,个体认知发展的关键是"平衡",社会文化因素是外在的、次要的,儿童认知发展的核心过程是"自然的"、"不可避免的"。他主张教学方式和材料都必须适合不同年龄儿童的发展特点。但在维果茨基看来,虽然教育依赖于个体成熟的程度,但教育不能仅仅被动地适应儿童的发展。高级的心理机能发展起源于社会文化历史的发展,是将社会文化因素不断内化的结果。教学和学习才是儿童发展的"马达"。

两位大家从不同角度出发探究儿童心理,形成了各自不同的理论体系,却在20世纪不约而同地影响了整个心理学的发展轨迹,双双成为名副其实的耀眼坐标。

四、被世人肯定的曲折之路

在事业上,维果茨基思想和著作在被人们广泛了解之前,经历了一个漫长的严冬。

首先,维果茨基所创立的"文化历史发展理论"曾被望文生义地与"德国文化心理学"画上等号,被认为是"资产阶级唯心主义"的。但是,德国文化心理学的发展观是将历史的发展归结为精神的发展,将文化的发展归结为自我的发展,完全忽视物质生产在其中的作用;而维果茨基却恰恰是将人的心理发展放在社会历史文化环境中去考察和研究。因此,两者的理论思想其实风马牛不相及。在当时无情的批判下,维果茨基所领导的儿童研究陷入了困境,许多专家队伍被解散,实验计划纷纷下马,心理教育拨款被取消,各种教育方法的实践也被迫中止。而且,维果茨基的一些关于语言的观点也与斯大林在1950年发表的语言学的论文相抵触,所以维果茨基的绝大部分著作都未能在他生前出版,他仅有的几本有幸被发表的著作也在他去世两年后连同他的名字一起被政府禁封。在当时,巴甫洛夫所拥护的机械论与维果茨基赖以建构他的心理学理论的辩证法是当时科学界中两种不同的方法论。由于维果茨基的远见卓识受到打压,于是机械论在当时的苏联心理学中占了上风,成为主流观点,所有的行为都被认为要么是条件反射要么就是非条件反射。巴甫洛夫的反射论成为当时苏联心理学界唯一承认的理论模式,其他的学派一律被排斥。

其次，维果茨基的另一大罪状是，没有一字不差地引用马克思的思想和论著并注明出处。维果茨基在著作中按照自己的理解和记忆叙述马克思的思想，因此在词句上与原著必然有出入。

更雪上加霜的是，维果茨基周围的合作者，包括一些他的学生和同事，形成了一个"哈科夫小组"也来批判维果茨基的理论。维果茨基在给列昂捷夫的信中曾悲伤地表示，这种局面几乎就要毁掉他一生所致力于的心理学事业。但在所有这些反对他的声音面前，他坚定地捍卫自己的心理学信仰，忠诚于他的研究。维果茨基不仅仅是一个才华横溢的学者，还是一个有大无畏精神的批评家和革命者。

天才总是超越自己的时代。在维果茨基的有生之年，他的才华和贡献没能得到社会上大多数人应有的尊敬和承认。肺结核病的反复发作，使得他早早地离开了他钟爱的心理学事业。而维果茨基的思想能够重新被世人认识、关注并在世界范围产生影响，要归功于维果茨基的大女儿吉塔·维果茨卡亚和他的学生对其思想的继承、发扬和传播。

在维果茨基去世后的二十多年里，他的遗孀和两个女儿将他的手稿装在几个箱子里藏在她们莫斯科简陋公寓的床底下。在母亲死后，吉塔·维果茨卡亚（父亲去世时她才9岁）担负起了保存父亲遗稿的使命。在吉塔的积极促进和努力下，维果茨基的第一部著作选集《社会中的心理》(Mind in Society)[①]于1956年在苏联得以出版。在吉塔的推动下，20世纪80年代（1983年到1987年间），由维果茨基的学生们共同编纂的六大卷的《维果茨基著作集》在苏联出版。自此，维果茨基的名字才真正重新浮出水面，其天才的思想和智慧才被世人所认识和接受。

[①] 英文版"Mind in Society"于1978年出版，Vygotsky, L. S. (1978). Mind in Society: The Development of Higher Psychological. Cambridge, MA: Harvard University Press.

<<< 专栏五

将维果茨基精神发扬光大的后代们

维果茨基的大女儿吉塔·维果茨卡亚(Gita L'vovna Vygodskaya)[1]是一名出色的心理学家。她于1959年在莫斯科大学获得博士学位,此后多年一直从事聋哑儿童特殊教育领域的研究工作。维果茨基重新被世人认识,吉塔功不可没,她将收集和编纂父亲的遗稿、传播父亲的心理学思想作为毕生事业重要的一部分。她继承了父亲坚强不屈而又温和的性格以及在心理学上的天赋,在经历了一系列灾难和不幸之后仍然积极投身于心理学的研究。她身边的每一个人都被她开朗和积极的性格所打动。

另外,吉塔的女儿,也就是维果茨基的外孙女,艾琳娜(Elena Kravtsova)在苏联也是一名出色的心理学家。现在艾琳娜是俄罗斯国立人文大学"维果茨基心理研究所"(Vygotsky Institute for Psychology of Russian State University For Humanities)主任,主要从事游戏活动、心理发展阶段划分的研究,并将维果茨基的"文化历史理论"原理应用到教育心理学中。

吉塔的长孙列夫(Lev Kravtsov)也是一名心理学博士。给他取曾祖父的名字(Lev),是对维果茨基的纪念,也是寄予他"继承祖业"的厚望。

吉塔 2003 年 11 月,俄罗斯国立大学维果茨基纪念馆

资料来源:http://faculty.ucmo.edu/drobbins/html/vygotsky_photo_tour14.html.

维果茨基的曾长孙 Lev Kravtsov

资料来源:http://faculty.ucmo.edu/drobbins/html/vygotsky_photo_tour4.html.

---

[1] Gindis, B. (1999). Introduction of Dr. Gita L. Vygotskaya. Remedial and Special ducation. 20(6), 329.

五、结束语

维果茨基是一位天才的心理学家。在短暂的心理学生涯中,他给后人留下了186部论著,达200多万字。他是文化历史理论的创造者,是文化历史学派的领导者。他强调社会和文化因素在人的心理发生发展中的作用,提出了"教育要走在发展之前"、"最近发展区"等精辟的思想,并将自己的文化历史理论应用到动态评估、特殊教育等各个领域,其发展与教育理论对当今的教育理念、教育方法和教育改革都产生了重要影响。维果茨基的理论表现出惊人的生命活力,几十年来经久不衰,令人叹为观止。

维果茨基是一位伟大的心理学家,也是心理学界的一位斗士,有着革命者的斗志和勇气。自1925年染病到1934年逝世,维果茨基为了心中坚持的事业信仰与压迫势力抗争,与病魔赛跑,走完人生最艰难却又最辉煌的岁月。

维果茨基被公认为20世纪最具影响力的心理学家之一。在20世纪90年代,国际心理学界更是掀起了一股维果茨基热,也称"维果茨基现象"。他的思想不仅在苏联、东欧影响广泛,更是受到西欧、北美、亚洲(例如中国和日本)学者的广泛关注。1992年,俄罗斯心理学界在莫斯科召开了题为"维果茨基文化—历史理论:过去、现在和将来"的国际学术会议,除独联体各国外,有20多个国家的200多位代表参加。1996年10月,纪念维果茨基诞辰100周年的国际学术会议更达到500多人出席的盛况。在这次会议上作出决定,在维果茨基工作过的白俄罗斯戈麦里市建立维果茨基国际研究中心。许多与会学者都一致认为:"维果茨基的理论思想是一把打开从古典心理学向现代心理学过渡的理论钥匙,指导着现代心理学的发展。"[①]

在古典心理学面临无法解决危机的尴尬局面的时候,维果茨基的心理学理论和思想成为心理学界的一颗耀眼明珠,照亮了人们前进的道路。维果茨基的著作处处闪烁着辩证思维的光芒,在不同时代不同环境下,每一次阅读,每一次研究都会给人们不同的启示和收获。维果茨基丰富的语言表达,使其著作展现

---

① 龚浩然(1997). 维果茨基及其对现代心理学的贡献. 心理发展与教育,4,61—64.

出美的境界。

　　傅雷曾经说过:"莫扎特的音乐灵感简直是一个取之不竭、用之不尽的水源,随时随地都有甘泉飞涌,飞涌的方式又那么自然,安详,轻快,妩媚……这种清明高远、乐天愉快的心情,是在残酷的命运不断摧残之下保留下来的……在整部艺术史上,不仅仅在音乐史上,莫扎特是独一无二的人物。"莫扎特为音乐而生,而维果茨基为心理学而生,将其短暂而辉煌的一生献给了心理学事业。莫扎特是音乐天才,而维果茨基是心理学天才。维果茨基的睿智为心理学添加了博大精深的理论体系,奔流隽永的文笔使他的著作闪耀着艺术的魅力,温润淡定的性格是他对艰难生活的豁达和包容。美国研究维果茨基的专家史蒂芬·图尔敏[①]高度评价了维果茨基的才能、天赋和广博丰富的著作,称他为"心理学的莫扎特",以说明他伟大的人格魅力和在心理学中独一无二的地位,实在是再贴切不过了。

[①] 史蒂芬·图尔敏(Stephen Toulmin),英国哲学家,非形式逻辑奠基人之一。曾在《纽约书评》(New York Review of Books)中对维果茨基及其思想进行评论。

亚历山大·R.鲁利亚

鲁利亚年表图

- 1947年任莫斯科大学心理学系神经心理学教研室主任，著有《创伤性失语症》、《战伤后脑机能的恢复》
- 1945年任莫斯科大学教授

1951年任职于苏联教育科学院儿童缺陷研究所

1962年发表《高级皮质机能及其在局部脑损伤下的障碍》

- 1942年获得医学科学（神经病理学）博士学位
- 1937年在苏联医学科学院神经外科研究所工作，主要研究失语症问题
- 1936年结业于莫斯科第一医学院，获得医生证书并获得教育科学（心理学）博士学位

- 1902年出生于喀山

1968年获得罗蒙诺索夫奖一等奖，并晋升为苏联教育科学院院士，起任莫斯科大学心理学系神经心理学教研室主任。

1969年担任国际心理科学联盟副主席，著有《人脑和心理过程》、《工作中的脑》

- 1934年任莫斯科遗传医学中心心理学室担任负责人并开始从事发展心理学的研究

- 1931年建立乌克兰心理神经学院心理学中心

- 1924年开始与维果茨基一起从事心理发展问题的研究近10年

- 1921年毕业于喀山大学社会科学系
- 1921—1923年从事实验心理学研究，最初为劳动生理心理学
- 1923—1924年应邀至莫斯科心理研究所，在K.科尔尼洛夫领导下研究人的激情状态问题

1977年8月15日因心脏病逝于莫斯科

0　　　　5年　　　　10年

亚历山大·R.鲁利亚(Alexander Romanovich Luria,1902—1977)是苏联神经心理学的创始人,也是苏联少有的被西方心理学界认可和推崇的心理学家。他对心理学的贡献堪比门捷列夫(Mendeleev,1834—1907)在化学中的成就[①]。鲁利亚不仅在神经心理学、神经语言学和发展心理学等多个学科游刃有余,还将这些看似不相关的学科有机整合在一起,以探索一个普遍性的问题——脑的发展与功能定位。鲁利亚早年与维果茨基、列昂捷夫一起创建了心理学的社会文化历史学派,并提出了前苏联早期极为重要的心理学理论。他们主张心理学必须研究意识,强调高级心理机能随人类文化历史的发展而发展。之后,鲁利亚对失语症、大脑损伤后的机能恢复、语言表达等展开了广泛的研究,不仅进一步发展了语言丧失理论,还提出了对后世影响极为深远的脑的动态机能定位理论。凭借他在神经心理学领域的卓越贡献,鲁利亚先后获得罗蒙诺索夫奖一等奖、苏联教育科学院院士等荣誉称号,并于1969年当选为国际心理科学联合会副主席。2002年,在鲁利亚一百周年诞辰之际,各地纷纷举办活动来纪念这位杰出的俄国心理学家,以表达对他的肯定和爱戴。

[①] Evgania D. Homskaya. Alexander Romanovich Luria—A Scientific Biography. Xiii.

一、生平简介

1902年7月16日,亚历山大·鲁利亚出生于俄罗斯西部鞑靼斯坦首府喀山(Kazan),一个位于莫斯科以东1000公里的伏尔加河畔的工业城市。他的父母都是典型的知识分子,父亲罗曼·A.鲁利亚[①]是一位著名的犹太裔医生,主治心身机能紊乱,母亲(Evgenia Viktorovna)是一名钟表师的女儿,从波兰高等职业女子学院(High Professional Female College)毕业后,成为了一名牙医。

喀山拥有一所历史悠久的大学——喀山大学(创立于1804年)。沙皇时代的俄国大学并不是只要优秀就能读的。当时的喀山大学非常排斥犹太裔学生,只接收不超过学生总数3%的犹太裔学生入学。因此,鲁利亚的父亲和鲁利亚身为犹太裔仍双双毕业于喀山大学,这无疑是他们家族的骄傲。

3岁的鲁利亚和父母的合影
资料来源:文献:"Luria a unitary view of human brain and mind",作者:luciano Mecacci.

鲁利亚的父亲在获得喀山大学医学学位之后,前往德国继续深造。他的这段德国求学经历使德语成为了这个家庭的第二语言。兼之亚历山大·鲁利亚一贯勤奋刻苦,自幼就熟读了包括西格蒙德·弗洛伊德和荣格的原版著作在内的大量德文书籍。

1917年苏联十月社会主义革命爆发,推翻了沙皇尼古拉二世的统治。它不仅带来了一连串的革新(如取消教育中的种族歧视等),还深深地影响了鲁利亚的家庭:十月革命前,鲁利亚的父亲只是喀山大学医学院的一名教师,十月革命

[①] 罗曼·A.鲁利亚(Roman Albertovich Luria),出版了许多专著,包括《胃和食道》(Stomach and Gullet Illnesses)和《洞察医源性疾病》(Inside Look at Illness and Latrogenic Diseases),其中后者关于患者对自己病痛的认识能影响治疗的过程和结果的观点让他大受欢迎。

后升任喀山高等医学教育中心(Kazan Advanced Medical Education)副主任，一跃成为苏联医学界举足轻重的人物。鲁利亚一家对宗教态度冷漠，但对革命却深表赞许。家庭的熏陶让鲁利亚立志用自己毕生所学来报效国家，事实证明他的确是这么做的。

1. 大学时代

1918年鲁利亚进入喀山大学社会学系学习。此时的苏联正迎来十月革命的胜利，喀山大学招收了大批工农出身的学员，造成学生们的学习水平参差不齐，加之政治时局动荡不安，大学的正常授课根本无法保证。因此，从某种意义上说，鲁利亚在大学阶段是自学成才的。值得一提的是，即便在这种局势动荡、学校名存实亡的恶劣环境下，求知若渴的鲁利亚也仅仅用了三年时间，就于1921年拿到了喀山大学人文科学学士学位。

鲁利亚青年照
（摄于1920s—1930s）
资料来源：http://luria.ucsd.edu/Luria_Pics/.

鲁利亚在大学期间涉猎广泛。他大量阅读心理学著作，并开始对弗洛伊德的学说情有独钟。他非常赞成弗洛伊德将人格划分为本我、自我和超我这三个彼此关联且相互作用的部分的思想。此时的鲁利亚狂热地迷恋和追随弗洛伊德，认为只有精神分析才能真正探索到人们真实的心理反应。他和朋友们一道建立了喀山弗洛伊德社团，为此还给弗洛伊德写了封信。令他兴奋不已的是，弗洛伊德竟然给他回信了，并表示愿意资助该社团。然而，随着对弗洛伊德思想的进一步理解和思考，他发现弗洛伊德过分强调本能，而鲁利亚认为社会环境对个体心理的影响也同样重要，这种分歧让他最终放弃了对弗洛伊德学说的信仰和坚守。多年之后，鲁利亚回忆起这段经历时，用一句话概括了他对弗洛伊德学说的质疑："完全不考虑社会因素而一味强调从心理的生物学层次推论出人类的行为，这种做法本身就是错误的。"[1]

---

[1] Luria A. R. (1979). The Making of Mind: A personal account of Soviet psychology. M. Cole (Eds.). Cambridge: Harvard University Press.

鲁利亚还批判性地阅读了许多当时德国最新出版的实验心理学著作。难能可贵的是,他不仅发现了德国实验心理学忽视了心理和社会生活的联系,还意识到了传统的联结主义心理学(associationism psychology)理论中自相矛盾之处。鲁利亚认为,冯特的构造主义心理学,即用内省法记录下来的心理内容,并不能准确反映被试的真实心理。他渴望找到一种真实的心理学,能够准确揭示人们在现实生活中真实的想法,并在其早期著作《真实心理学的根源》(the Foundation of Real Psychology)一书中表达了这一愿望。该书囊括了心理学、哲学和社会科学等多领域多学科的丰富资料,充分展示了年轻的鲁利亚广博的科学知识。他在写心理过程的历史—社会基础时,理论观点是基于德国哲学家文德尔班[①]等人关于自然科学与人类科学的材料;写基础心理学和临床心理学时,素材则源自精神分析大师弗洛伊德、荣格和阿德勒的著述。当然,鲁利亚并不完全认同上述这些人的观点和看法,他最终选择了维果茨基的社会文化理论作为研究基石,并与维果茨基和列昂捷夫一起创建了心理学的社会文化历史学派。

2. 进入莫斯科心理研究所

1921年鲁利亚从喀山大学毕业后就开始从事少量的实验心理学研究。最初他主要关注劳动生理心理学,旨在研究如何提高工人的劳动效率,后来他开始对语言和劳动之间的关系及疲劳对手工技能的影响产生兴趣。鲁利亚用微时测时仪测量工人在不同疲劳程度下对言语刺激的反应时间,以发现情绪对自主行为的影响。他还发展了一种自由联想结合实验测量的技术,并将其取名为"联合动作测量法"(combined motor method)。鲁利亚将实验结果发表在自己创办的刊物上,而该刊物的特邀编辑之一正是当时莫斯科很有影响力的心理学家别赫捷列夫(B. M. Bekterev)。在别赫捷列夫的引荐下,鲁利亚引起了当时莫斯科心理研究所所长 K. 科尔尼洛夫(K. N. Kornilov)的注意。他当时正广纳贤才,希望能壮大莫斯科心理研究所的科研队伍,共同发展苏联马克思主义心理学。科尔尼洛夫认为,鲁利亚的这篇运用反应时法研究劳动者疲劳的文章十分贴合自己

---

① 文德尔班(Windelband,1848—1915),德国哲学家,新康德主义弗莱堡学派的创始人。先后担任过苏黎世大学、弗赖堡大学、斯特拉斯堡大学和海德堡大学的教授。早期的鲁利亚曾受到他的影响,认为:每个人都是独特的,尽管全人类在某些方面存在相似性。

的"反应学"观点,因此他于1923年正式邀请鲁利亚以研究助理的身份进入莫斯科心理研究所工作。

鲁利亚进入莫斯科心理研究所不久,就与已在那里工作了一段时间的 A. 列昂捷夫(N. Leont'ev)合作,运用联合动作测量法开展了一系列关于语言、实践活动与情绪之间关系的研究工作。同时,鲁利亚还在克鲁普斯卡雅共产主义教育学院(N. K. Krupskaya Academy of Communist Education)心理学系从事教学和研究工作。在这段时间里,鲁利亚创造性地提出了研究情绪的新方法——共轭方法,即将内部隐蔽的情绪过程与外部显现的言语和运动过程结合起来。这种方法较以往的简单测量植物性神经运动的方法而言,在研究手段上有了实质性的突破。

鲁利亚刚进入莫斯科心理所并开始了与维果斯基的合作生涯
资料来源:文献:"Luria a unitary view of human brain and mind",作者:luciano Mecacci.

1924年,一位影响鲁利亚一生的重要人物也加盟莫斯科心理研究所,此人正是维果茨基。鲁利亚对维果茨基推崇备至,并与维果茨基和列昂捷夫三个人组建起"维鲁列"学派,也称社会文化历史学派。然而,他们提出的关于心理形成过程和个体动态特点的观点,迥异于当时在苏联占据统治地位的巴甫洛夫反射说,这成为"维鲁列"学派日后不断遭到政府打击的重要原因之一。此时的鲁利亚已然将个体的心理现象看成是一个综合的整体,这比铁钦纳的构造主义[①]将认知活动分解成孤立元素的看法向前迈进了一大步。"三人组"还开展医学研究,旨在探索心理学作为独立科学的生理机制。他们相信,人类所有的活动都有其生物学基础,人类生活的文化历史与这些生物学基础紧密相关。

---

① 构造主义:是由冯特的学生铁钦纳在美国建立的心理学派,后把冯特和铁钦纳的内容心理学统称为构造主义。他们认为人的一切意识经验或心理过程都是由感觉、意向和情感三种基本元素构成,并坚持心理学是一门纯科学。鲁利亚不认同构造主义所说的认知活动可以分解为不同的元素,且可以独立于个体对每个元素进行研究的思想。

3. 继续医学研究

作为一位著名的医生,鲁利亚的父亲非常希望鲁利亚也能够从事与医学相关的工作。因为父亲的愿望,也因为认识到自然科学知识理论背景的重要性,鲁利亚先后进入喀山大学医学院(the Medical Faculty of Kazan University)和莫斯科第一医学院(1st Moscow Medical Institute)学习。

1934年进入莫斯科第一医学院之后,他花了两年接受了成为一名合格的临床神经科医师所必要的培训,并顺利地拿到了医生执照,也为自己后期的医学工作打下了坚实的基础。1936年,从莫斯科第一医学院毕业出来,他正式将自己的科研兴趣转移到神经心理学领域。并于1942年在莫斯科第一医学院获得了医学(神经病理学)博士学位。维果茨基逝世后,他的研究方向正式转向神经心理学和神经语言学。他在苏联医学院神经外科研究所(the Institute of Neurosurgery)创建了神经心理学实验室,并开始采用神经心理学方法进行脑损伤研究。1942年,他还凭借题为"激情过程的生理心理学"的博士学位论文获得喀山大学教育科学(心理学)研究院的博士学位。

然而在苏联医学院神经外科研究所工作不久,鲁利亚就发现临床研究与纯科学研究相差甚远。在这里,研究就是诊断,并在治疗过程中去验证诊断的正确性。鲁利亚还意识到:谈话等高级活动是多个大脑区域共同作用的结果,并且这种作用还存在个体差异性。怀着对言语研究的极大兴趣,他在神经外科研究所从事了五年的失语症研究。

1941年6月22日,德国对苏联发动突然袭击,历史上著名的苏联"卫国战争"爆发。战争造成大量苏联士兵患上了脑外伤,鲁利亚决定用学成的医学知识报效国家、帮助国人。他前往乌拉尔创建医院,治愈了大批大脑损伤的士兵。在随后三年的高强度工作中,鲁利亚发明了许多诊断和治疗脑损伤的方法,同时也开展了神经心理学方面的一系列研究。不仅如此,他还担任苏联医学科学院莫斯科神经学研究所分所康复医院的科学领导人,研究脑外伤引起的心理障碍及其诊断和恢复,以及脑额叶在心理过程中的调节作用等问题。通过这段时间对脑损伤病人的手术工作,鲁利亚创建了脑的三个功能区这一重要理论。

欧洲战场的盟军取得胜利后,鲁利亚回到莫斯科继续从事研究工作:1945

年起任莫斯科大学教授,并继续在苏联医学科学院神经外科研究所从事神经心理学方面的工作;1947 年任莫斯科大学心理学系神经心理学教研室主任;1951—1956 年,他在苏联教育科学院儿童缺陷研究所(the Institute of Defectology of the Academy of Pedagogical Sciences)开展言语如何调节正常和异常儿童的随意运动的相关研究。在他职业生涯的中后期,他在莫斯科心理研究所和神经外科研究所做出了重要的学术贡献。

晚年的鲁利亚主要是对以前的工作进行回顾和整理。在生命最后的十年中,他发表了大量研究成果,包括对双生子认知发展的比较研究等。他还将以前对各种认知功能损伤的研究结果做了系统的整理,向读者详细展示了他是如何从这些研究结果推导出大脑的功能结构的。鲁利亚两本闻名遐迩的关于个案研究的著作都是他追踪了几十年,直到晚年才整理发表的。在这两本书中,鲁利亚分别选取了两个极为特殊的个体进行长期追踪:一本是《记忆大师的心灵》(The Mind of Mnemonist, 1968),在后文会有交代;另一本是《破碎的人》(The Man with a Shattered World, 1972),记录的是一个创伤后脑损伤病人的生活。在对这两个个案的研究中,鲁利亚

鲁利亚(右)与《破碎的人》英文版作者 L. S. Zasetsky

资料来源:文献:"Luria a unitary view of human brain and mind",作者:luciano Mecacci.

将经典的实验性研究手段和临床的治疗方法有机结合起来,而这一方法后来成为了 20 世纪末认知科学的典范。

鲁利亚的研究工作在苏联乃至国际上都备受肯定。1966 年,他在莫斯科召开的第 18 届国际心理学大会任程序委员会主席,并在同一次大会的代表大会上被选为国际心理科学联合会执委。1967 年,他因为在神经心理学方面的卓越贡献获得了罗蒙诺索夫奖一等奖,不久,他又当选为苏联教育科学院院士。1969

鲁利亚年老时

资料来源：http://www.psychspace.com/psy/school/069Luria.htm.

年，在伦敦召开的第 19 届国际心理学大会的代表大会上他被选为国际心理科学联合会副主席，并在这次大会上作了题为"人类意识行动的起源和脑组织"的报告。1968 年，鲁利亚当选为美国国家科学院院士，同时他还是美国国家文理科学院、美国教育科学院院士，以及法国、英国、瑞士、西班牙等国的心理学会的荣誉会员，并获得英国阿伯斯威大学（University of Aberystwyth）、荷兰奈梅根大学（University of Nijmegen）、波兰卢布林天主教大学（Katolicki Uniwersytet Lubelski）、比利时布鲁塞尔大学（Vrije Universiteit Brussel）等多所大学的荣誉博士学位。1977 年 8 月 15 日，鲁利亚因心脏衰竭逝于莫斯科，享年 76 岁。

<<< 专栏一

国际心理科学联合会

国际心理科学联合会（International Union of Psychological Science），简称国际心联（IUPsyS），是隶属国际科学理事会（International Council of Sciences）和国际社会科学理事会（International Social Science Council）的国际性心理学组织。它与联合国教科文组织（UNESCO）和世界卫生组织（WHO）有顾问关系。国际心联以"促进心理科学的发展为目的。心理科学包括生物的或社会的、正常的或变态的、纯粹的或应用的"。国际心联是国际上最有权威性的心理学组织。

1889 年 8 月 6 至 10 日巴黎世界博览会期间，在法国巴黎艾菲尔铁塔上举行了第一届国际心理学大会。这次大会的发起委员会包括 13 个不同国家的著名科学家和心理学家，有 Francis Galton, H. Helmholtz, Wilhelm Wundt, William James. I. M. Sechenov, Pierre Janet 等人。1951 年 7 月在斯德哥尔摩召开的第 13 届国际心理学大会上决定成立国际心联。比利时、联邦德国、法国等 11 国的心理学会为其创始国成员。截至 2008 年，已经有 72 个国家和地区的学会加入国际心联,成为该组织的国家会员。每个会员国只有一个国家级心理学组织能参加国际心联。国际心联所代表的各国心理学会的会员共计50余万人。

一些知名心理学家如瑞士的皮亚杰(J. Piaget,1954—1957)、法国的Michotte(A. Michotte,1957—1960)等曾任主席。1966—1969年,列昂捷夫担任副主席,鲁利亚担任执委;1969—1972年,鲁利亚担任副主席。中国有荆其诚、张厚粲和张侃三人先后当选为执委(荆其诚1988—1992,张厚粲1996—2000,张侃2004—2008)和副主席(荆其诚1992—1996,张厚粲2000—2004,张侃2008—2012)。

(参考自:荆其诚(2001).国际心理科学联合会与中国心理学.当代中国心理学.北京:人民教育出版社,186～187.)

二、早期苏联心理学

1. 苏联早期学术背景

1917年,十月革命取得胜利,为了顺应当时的政治局势,许多心理学家试图改造传统心理学并建立起马克思主义心理学,即新型的苏联心理学。当时的三位心理学领袖人物就在这场浩浩荡荡的学术改造中,主动或被动地发挥了重要作用。

格奥尔吉·伊万诺维奇·切尔班诺夫(Georgii Ivanovich Chelpanov,1862—1936),早年前往德国莱比锡的冯特实验室学习,并对冯特的学术思想顶礼膜拜。他回国后,于1912年创建莫斯科心理研究所,和许多同事、学生一起开始了以冯特的实验心理学为基石的研究工作。然而,冯特思想所依据的心身二元论与马克思列宁主义的观点背道而驰。这时,切尔班诺夫又遭到其助手K.科尔尼洛夫的猛烈抨击,这让切尔班诺夫的处境非常尴尬。在最困难的时候,切尔班诺夫写信向当时苏联仅次于列宁的二号人物列夫·达维多维奇·托洛茨基①求助。但是不久以后,随着1924年列宁病逝,政治时局迅速发生扭转,托洛茨基被开除出党,先流放在国内,后流放到国外,最后在墨西哥被暗杀。托洛茨基的厄运对切尔班诺夫而言无疑是雪上加霜。1923年切尔班诺夫卸任莫斯科心理研究所所长,改由K.科尔尼洛夫接替。切尔班诺夫从此沉寂,直到1991年苏联解体,切尔班诺夫才被恢复名誉。

别赫捷列夫(B. M. Bekterev,1857—1927),是苏联著名生理学家、心理学家和精神病学家。十月革命后,别赫捷列夫力图建立马克思主义心理学,并自创"反射学"(reflexology)。他的反射学思想主要来自谢切诺夫1863年出版的《大脑的反射》一书②。谢切诺夫这部划时代的心理生理学著作第一次科学地解释了人的心理现象,并指出人们生活中所有意识活动和无意识活动都来自大脑的反射。别赫捷列夫深受启发,他提出反射学这一新学科,企图用反射学替代心理学。然而,别赫捷列夫虽然力图用辩证唯物主义解释心理现象,其实他的反射学对心理的理解是机械片面的。他企图用简单的生理学概念来解释人类复杂的社会现象,这明显忽视了人类社会现象的复杂性和动态性特点。但他的观点对K.科尔尼洛夫的反应心理学起到了非常重要的作用。

康斯坦丁·科尔尼洛夫(Konstantin Nikolaevich Kornilov,1879—1957),是十月革命后最重要的苏联心理学家之一。他曾担任G.切尔班诺夫的助教,从事教学与研究工作,1915年起任莫斯科大学心理研究所的高级助理研究员。他具有很好的组织才能,并拥护十月革命。在切尔班诺夫坚守冯特理论之时,他顺应政治潮流,跳出来抨击自己的老师,并提出了走马克思主义心理学道路的"反应学"(reactology)。他的这一论调受了别赫捷列夫的影响,只是它已然不是别赫捷列夫所提出的简单的反射学了。他折中了主观心理学和"反射学"的观点,从理论上对心理学与生理学进行了区别:生理学能较好处理人的简单反应却忽

---

① 列夫·达维多维奇·托洛茨基(Leon Trotsky,1879—1940),著名政治家、军事家,担任过苏维埃最高军事委员会主席。1925年1月,斯大林解除了托罗斯基的军事职务,保留了党内职务。1929年2月,托洛茨基被驱除到土耳其,1932年2月苏联政府宣布,剥夺他的公民权。1940年8月托洛茨基因为遭到武装袭击伤势过重而去世,终年60岁。

② 谢切诺夫(Ivan Mikhaillovich Sechenov,1829—1905),是俄国生理学派和心理学中的自然科学流派的奠基人。圣彼得堡大学和莫斯科大学生理学教授。研究和发现了中枢抑制现象。他提出新的反射学说,把反射活动推广到大脑的活动。谢切诺夫学说坚持自然科学的唯物主义,揭示心理活动的生理机制,用以解释心理学的问题。他的研究方向后来成为巴甫洛夫创立高级神经活动学说的思想背景。

视了社会关系对人的影响,而心理学则从生物社会性角度研究人的反应。此外,他还试图把心理学的主观方面和客观方面综合起来。他强调人是社会的实体,认为社会因素能影响人的心理活动。他指出,心理现象同生理过程是统一的,但又不能混为一谈。心理学研究的是具体社会条件下的生动的、完整的、具体的个体行为。然而,科尔尼洛夫把反应应用于生物学和社会现象,认为人类具有和动物同样多的本能,只是人类的本能为社会性习得的反应所掩饰。他的这种观点受到众多的批评,但不可否认的是,科尔尼洛夫的研究思想是有一定积极性的,例如他试图将格式塔心理学的思想融入马克思主义心理学的观点,就对后来的"文化历史心理学"研究有一定影响。

1923年,科尔尼洛夫任莫斯科心理研究所长。他招收了一批年轻的学者来帮助建设苏联心理学,其中就包括鲁利亚。但是,鲁利亚很快就发现科尔尼洛夫的"反应学"并没有实质性地改变当时混乱的心理学研究现状,只是被冠以反应学的名头而已。在鲁利亚的自传《头脑的构成》(The Making of Mind)中,他回忆道:"科尔尼洛夫为了强调自己的客观方法,以消除主观心理学的影响,将心理所所有实验室的名称都冠以'反应'一词,如视觉反应实验室、记忆反应实验室、情绪反应室等。这都是科尔尼洛夫企图通过发展客观性方法达到消除主观心理学的目的。然而,这些客观研究并没有在真正意义上实现对心理过程的客观分析。"[①]

2. "维鲁列"学派——文化历史心理学

别赫捷列夫和科尔尼洛夫的工作力图让心理现象的分析变得客观化,但仍存在局限,他们都未能找到准确分析人类复杂意识活动——有意识行为、抽象思维等的有效手段。这不禁让人对这种一味强调基本的生理心理过程而忽视人类高级意识活动的方法是否能够科学地解释人的高级心理活动产生质疑。

文化历史心理学,将个体的心理经验与其生活的社会历史环境联系起来,能很好地解决这一问题。文化历史心理学主要基于维果茨基理论,把人的心理过

[①] Luria, A. R. (1979). The Making of Mind: A Personal Account of Soviet Psychology. M. Cole (Eds). Cambridge: Harvard University Press.

程划分为由生理决定的基本心理过程和受社会文化影响的高级心理功能。基本心理过程引起大脑皮层最一般最基本的活动,高级心理功能则受到社会文化的影响①。鲁利亚在维果茨基的理论基础上进一步从解剖学角度寻找社会文化影响高级心理功能的证据,此举巧妙地将维果茨基的理论与具体的解剖学融合起来。

鲁利亚和维果茨基的第一次碰面是 1924 年 1 月在列宁格勒(Leningrad)举行的全苏联第二届精神神经病学大会(The Second Psychoneurological Congress)上。同年秋天,维果茨基被邀请加入莫斯科心理所,与已经在研究所工作的列昂捷夫和鲁利亚做了同事。一开始,迷恋弗洛伊德的鲁利亚与维果茨基并非意气相投。直到鲁利亚对弗洛伊德的思想感到失望,并试图寻求其他理念作为理论支撑时,他才发现维果茨基的观点与他真实心理学中将个体的心理经验与其生活的社会历史环境联系起来的初衷相契合。这正应了中国的一句古话:"众里寻他千百度,蓦然回首,那人却在灯火阑珊处。"自此,鲁利亚成了维果茨基学术观点的忠实的捍卫者和执行者。他们的合作长达十年,并形成了以三人姓氏首字母冠名的"维鲁列"学派。

当年在莫斯科心理所的心理学家合影(鲁利亚和维果茨基各坐在前排左起第二、三位)
资料来源:文献:"Luria a unitary view of human brain and mind",作者:luciano Mecacci.

从 1924 年到 1934 年的十年间,"维鲁列"学派进行了广泛的认知心理学研究,提出了著名的"心理的文化历史发展论"。他们主张心理学应研究人的意识和高级心理机能,并认为高级的心理机能受人类文化历史的影响,通过对高级心

---

① Vygotsky, L. S. (1978). Mind in Society: The Development of Higher Psychological Processes. M. Cole, V. John-Steiner, S. Scribner, & E. Souberman (Eds.). Cambridge: Harvard University Press.

理机能的分析能较好地重建苏联心理学。在文化历史理论的驱使下,他们着手开展两条分支的研究:一为语言获得的发展性研究及语言对行为的调节性功能,二为对中亚部落的推论方法的研究。

1926 至 1929 年,鲁利亚与维果茨基在 E.M. 罗萨里莫神经病院开展脑机制的研究,试图寻找人类生活的文化/历史方面与其生物学基础之间的联系。然而由于维果茨基的研究工作备受政府的质疑和阻挠,鲁利亚也受到牵连,一切与"维鲁列"学派相关的研究一度被迫中止。

1929 年,在美国召开了第九届国际心理学家大会,鲁利亚应邀前往美国并在大会上做关于情感客观性研究的报告。在他前往美国途中,鲁利亚在德国短暂停留,造访了勒温(Kurt Lewin,1890—1947)、科勒等人。在美国期间,鲁利亚走访了许多实验室,也会见了许多心理学家。他的讲座获得了巨大成功,与会者都希望将讲稿翻译成英文,故而鲁利亚第一篇著名论著《人类冲突的本质》(The Nature of Human Conflicts)问世了。

1931 年,"维鲁列"三人小组创建了乌克兰心理神经学院心理学中心(Center of Psychology of the Ukrainian Psychoneurological Academy)。鲁利亚在莫斯科心理所工作之余,还在这里工作了三年,并通过大量实验论证了"文化—历史发展理论"的科学性。1931—1934 年间,鲁利亚两度走访乌兹别克开展扫盲效果研究,对该国中亚细亚经济落后地区居民的心理特点进行了比较研究。在鼓励被试完成不同认知任务的同时,他还收集了大量的真实会话录音,这为 21 世纪访谈法奠定了基础。在调查研究中,他发现乌兹别克的文盲具有独特的、异于俄罗斯非文盲人群的认知风格和思维方式。他力图证明高级认知功能在不同的文化环境中存在差异,从而说明认知的历史文化性区别于生物性。在这次研究后,他与维果茨基一道合著了《行为和历史研究》及《工具和符号》以证明人类的高级心理机能受后天生活与教育条件的影响。

20 世纪 30 年代,苏联当局的干预和巴甫洛夫唯物主义思想足以阻碍非主流的"维鲁列"学派在莫斯科的发展。因此,1931 年鲁利亚和列昂捷夫离开莫斯科,前往当时一个非常偏远的地方——哈尔科夫精神神经病研究所附属医院继续他们的研究工作。在此期间,鲁利亚主要完成了儿童的认知发展和认知—情绪关系方面的研究。他的两部主要作品:《行为的历史研究:猿、原始人和儿童》

(*Studies on the History of Behavior: Ape, Primitive, and Child*)和《人类冲突的本质》(*Nature of Human Conflicts*)都是在这段时间内完成的。

1934—1936年间,鲁利亚在莫斯科遗传医学中心心理学室(the Moscow Medical Institute of Genetics)担任负责人,主要从事发展心理学的研究。在这里他开展了一系列实验研究,比较同卵双生子和异卵双生子的语言和认知发展,以探求生理因素和经验在认知发展中的作用。虽然这项研究仅有少部分存世,但它们足以证实鲁利亚的假设,即个体本身语言和认知经验影响儿童认知功能的发展。

三、神经心理学

1. 大脑机能的早期研究

人类对大脑机能的研究由来已久。最早对人的官能进行脑定位的是弗朗茨·约瑟夫·加尔(Franz Joseph Gall,1758—1828)所创立的颅相学,他认为一个人的官能大小可以通过检查他的颅骨上的隆起或凹陷来确定。皮埃尔·弗卢龙(Pierre Flourens,1794—1867)以一个守旧派的身份试图用科学的方法来批驳颅相学的错误,纠正加尔的伪科学。他率先在大脑研究中使用损毁法或切除法即通过损毁大脑的一部分,然后记录这种损伤后的行为后果来研究大脑机能的作用。当他观察整个大脑时,弗卢龙得出结论:存在一些机能定位;但与颅相学家的信念相反,大脑半球没有定位的机能,它们的机能是统一的,至少大脑的一部分能够担当起另外一部分的机能。

然而,保罗·布罗卡(Paul Broca,1824—1880)通过临床法质疑了弗卢龙的关于大脑皮层机能统一的结论。布罗卡是第一个观察到大脑病变引发行为疾病的人,他发现左脑前额叶第三个沟回的基部控制着言语运动。这个区域被后来的研究者命名为布罗卡区。大脑皮层机能定位支持了颅相学家,推翻了弗卢龙的大脑皮层的机能统一观。

古希塔维·弗里奇(Gustav Fritsch,1838—1927)和艾德尔德·希奇格(Eduard Hitzig,1838—1927)通过电刺激一只狗的裸露的大脑皮层引起运动的实验,得到两个重要的发现:首先,皮层不像以前所假定的那样感觉迟钝;其次,当皮层的某一特定区域受到刺激时,肌肉运动是由身体的对侧发出的,且刺激大脑在这个运动区域的不同点会引起身体不同部位的运动。这似乎如颅相学所认为的那样,皮层上有大量的机能定位,然而这些发现并没有支持传统的颅相学,而是说明我们经验到的感觉似乎是皮层区域受到刺激的结果,而不是感觉神经作用的结果。

与鲁利亚同时代的弗朗兹(Franz,约在1902年及其后)和拉施里(Lashley,1917年及其后)继承了弗卢龙的传统思想,他们认为皮层机能的定位是不严格的。1929年,拉施里总结了他们二十多年的研究,提出了均能和大片动作的原理。均能是指皮层的某一部分与其他部分一样有助于执行某种机能,如学习和"智慧"。大片动作是指所有均能的部分都是共同工作的,而一个部分的损毁,不论损毁位于哪一部分,都随损毁部分的大小而按比例减少其效能。但是,鲁利亚并不支持前人的观点。他认为大脑皮层并非感觉迟钝,脑部虽然存在某些心理功能的定位,但这些功能系统并不是各自独立的,它们相互联系并各自具有层级结构。

20世纪中叶,以上这些关于脑与心理机能的研究统称为神经心理学。神经心理学在最近数十年间成为医学的重要实践领域,它为针对脑局部损伤患者的早期干预、更为准确的病灶诊断以及有科学依据的机能恢复提供了新的研究方法和技术手段。同时,神经心理学使人们得以重新审视心理过程的内部结构。同时,神经心理学也逐渐成为建立和验证脑的基础理论的重要手段。

2. 鲁利亚的脑机能观

鲁利亚在脑和思维关系上的观点曾受到一些俄国主流心理学家如别赫捷列夫、巴甫洛夫等人的影响。但是,这些主流心理学家的理论认为,动物脑和人脑是量化持续发展和积累的过程,动物脑和人脑的区别只是反射活动的逐渐复杂的程度。而"维鲁列"学派则强调在动物脑到人脑之间存在质的飞跃。脑功能系统及网状结构与复杂心理活动相互作用的思想,最早是由维果茨基提出的,随后由鲁利亚通过对脑损伤病人的治疗加以扩展。

1934年夏,维果茨基在逝世前曾应邀给在乌克兰举行的第一届精神神经学代表大会作一个题为"心理学与心理机能的定位学说"的报告,但刚撰写完提纲还未来得及出席大会就匆匆离世。在这篇提纲中,维果茨基提出了高级心理机能的系统动力定位的思想。鲁利亚根据维果茨基的这一思想,很早就开始以人为研究对象的心理机能的脑定位研究。

1937 年,鲁利亚转向神经心理学,创立了神经外科研究所神经心理学实验室(The Laboratory of Neuropsychology in the Institute of Neurosurgery),并开始探索局部脑损伤病人的神经心理学研究方法。他在神经心理学研究中沿用了 19 世纪神经学学者保尔·布罗卡的大脑损伤-缺陷-功能推理方法,通过分析大脑综合活动中的高级认知功能来绘制大脑的重要认知区域。第二次世界大战爆发后,鲁利亚担任乌拉尔神经外科康复医院的院长,他对 800 多名患有脑外伤的战士展开研究,收集了大量因脑外伤、脑震荡引起的高级心理机能病变的资料,并于 1947 年写成了《脑外伤及其机能的恢复》。战后他回到莫斯科继续他在神经外科研究所的研究,只在 1953—1959 年因对教育科学院缺损学所的异常儿童进行心理生理学的研究才短暂离开了神经外科研究所。

鲁利亚很早就提出,任何一种心理活动都是一种机能系统,不同的机能系统包含着许多不同脑区的活动。各个脑区起着各自特殊的作用,且参与活动的脑区不是一成不变的,而是随条件而变化的。他认为,人的意识活动是复杂的中介变量,起源于社会历史,并说明了几点理由。第一,人的高级意识活动必须借助外部手段,而这些外部手段是在历史积淀中形成的。通过这些外部手段,先前独立工作的脑区变成了统一的机能系统中的各个环节,而这些外部手段也形成了新的联系,从而构成了人脑机能组织区别于动物脑的主要特点。第二,人类心理过程在大脑皮层上的分布并不是稳定不变的,而是在儿童发育过程中,心理过程的皮层分布在练习的连续阶段上会发生重要变化:人类的高级心理活动起初表现为扩展的、对象性活动形式,后来逐渐简约且转化为内部心理活动形式。这个变化是通过运用社会历史过程中形成的一系列外部手段的中介作用加以实现的。以书写过程为例,起初是依靠对每个字母的书写形象的追忆,靠一连串孤立的运动冲动来实现的,后来通过练习,这个结构发生了根本的变化。

3. 鲁利亚三个联合区思想

鲁利亚最杰出的贡献是在心理活动的脑机制方面的深入研究,并且提出了脑的动态功能定位理论。鲁利亚晚年对自己早年的工作加以整理,相继出版了两本重要著作:《工作的大脑》(The Working Brain)和《神经心理学原理》(The Principle of Neuropsychology)。这两本书凝聚了鲁利亚几十年来关于神经心理学的工作和成果。在书中,他用大量篇幅专门阐述了脑损伤与复杂行为的关系。鲁利亚试图说明大脑的哪些系统参与了知觉和行动、言语和思维、运动和有目的有意识的活动。他在书中写道:"人的心理过程是复杂的机能系统,它们并不局限于脑的某个狭小的部位,而是在脑器官的复杂组成要素的协同工作下实现的,其中每一个器官都为这个机能系统的组织作出自己的贡献。"[①]鲁利亚陷入了进一步深入的思考,人脑究竟是由哪些基本的机能单位构成的?各个机能单位各自在实现心理活动的复杂形式中起怎样的作用?

鲁利亚将人脑划分成三个基本的机能联合区,每个联合区中的皮质由彼此重叠的、功能上相互联系又相对独立的至少三种类型(三级)皮质区组成。这三个联合区在高级心理机能产生过程中既执行自身特定的功能,又彼此协同工作。第一级区:又称为投射皮质区,位于脑干和皮层下部位包括上下行网状系统,它接受和传导冲动,以维持大脑皮层的兴奋状态并保证选择性活动持续进行;第二级区:又称为投射联络皮质区或认知皮质区,位于大脑皮层的后部,包括枕叶、顶叶和颞叶,由大脑皮质的不同层次分别形成第一、二、三级皮质区,其基本机能是接受、加工和储存信息;第三级区:又称为重叠区或联合区,位于大脑半球前半部的运动区,主要是前额叶,其基本机能是形成运动的计划,为进行中的活动编制程序并予以调节和控制,然后将准备好的运动冲动发往外围,产生人的下一步行动。大脑的这三种功能系统的联合作用帮助人们对所感知的信息进行加工,主动适应外在环境,使人的行为具有指向性,从而实现人类最复杂形式的心理活动——意识。

根据脑的三个功能区分工的不同,鲁利亚总结出了两条规律:第一个是皮质

---

① A. R. 鲁利亚(1973). 神经心理学原理. 汪青,等,译. 北京:科学出版社,82.

区的分层次结构规律。在幼儿期,相应类型的皮质低级区的破坏势必导致比较高级的皮质区发育不全。对于幼儿,第一级区的形成对于第二级区的顺利形成至关重要,而第二级皮质区的充分形成对于第三级区的顺利形成也非常必要。相反,对于心理机能完全成熟的成年人,主导地位就转移到皮质的高级区了。成年人的最高级皮质区,也就是第三级皮质区控制着第二级皮质区的工作,而当后者损伤时,前者就对后者的工作发生补偿性的影响。

第二条规律是皮质区的特异性递减和机能的渐进性侧向化规律,即随着从第一级皮质区向第二级区,然后向第三级区的过渡,机能逐渐同一定的脑半球相联系的规律。大脑半球的第一级区是同等的,即左半球和右半球的第一级皮质区所感知的都是简单的表面投射。在过渡到第二级区,而后过渡到第三级区时,情况则有所不同:随着优势手的产生,然后是同它联系着的言语的产生,从而就产生了机能的明显侧向化,这种动物所没有的机能成为人脑机能组织的重要原则。左半球(优势半球)不仅在言语过程本身的脑组织中,而且在所有同言语相联系的高级心理活动形式(范畴知觉、积极言语记忆、逻辑思维等)的脑组织中都发挥重要作用;而右半球(非优势半球)则相对少地参与脑组织的进化。

鲁利亚根据与脑损伤病人的接触中得到的经验,还总结出一条"动力定位原则",即脑内存在着复杂的定位系统,各个大脑区域的协同作用都立足于各自的定位系统。这些机能系统在时间进程中形成,并依赖于个体自身的经验。这样,由明确的大脑损伤造成的一种症状,并不意味着所丧失的机能就存在于大脑的这个部位,而且很可能这个部位只是出现神经递质的破坏,也能导致整个系统的崩溃。也就是说,大脑局部损伤总是引起某种原发性障碍,致使与该皮层区直接相关的某些因素的机能系统失能;而这些原发性障碍又可造成某些继发性或系统性障碍,相应的活动因缺失相关机能系统的协同作用,而导致异常变化的发生。

当然,在对神经心理学领域的探索中,鲁利亚最独特的贡献还是通过对大量临床案例的研究所提出的脑的三个功能区。他发展了弗洛伊德的学生安诺兴的机能系统理论,开创了神经心理学的新领域。他从机能系统理论出发,提出动态的、系统的机能定位理论,主张把心理活动看做是复杂的机能系统,它由大脑个别的、可能分散很远的部位协同活动,其中每个部位执行其相对特殊的工作,对整个机能系统作出各自特殊的贡献。现代医学仍广泛地运用"中央通路"(middle-of-the-road)功能系统的概念，如模块化、网状模型、多通道模型等。症状学分析和对病人的神经动力因素的定性分析都是后人将鲁利亚理论观点在医疗诊断领域中的实践和运用。

《《 专栏二

记忆大师的心灵

鲁利亚在繁重的手术和科研工作之余，还继续关注着自己感兴趣的个案研究。他1968年出版的《记忆大师的心灵》，记述了他几十年如一日地对一位记忆超常的男子所做的研究。这是一项极其罕见和珍贵的个案研究，并且这类对超常记忆的研究有助于发掘和总结有助于人类高效学习的方法。

这位拥有神奇记忆力的男子是一名记者，名叫萨尔萨维奇(Shereshevskii,简称S)，拥有过目不忘的本领。鲁利亚对S惊人的记忆能力进行观察，发现S学习一个由50个数字组成的矩阵只花了3分钟，就能准确无误地将其回忆出来。进一步研究发现，S能非常自如地运用各种记忆策略：有时他流畅地使用联觉(synaesthesia)，有时他通过把每一条信息与不同但熟知的位置联系起来的方法，也就是位置识记法(method of loci)来记忆复杂的词汇信息，而他对这50个数字的矩阵则是运用视觉表象进行编码的。几年之后S依然能准确地回忆起这些学过的内容。

位置识记法是，想象一个人在记忆字词时，自己正在莫斯科大街上漫步，而所要记忆的每个字词正是这条大街上的各种不同的路标。这种提高记忆容量的方法自古就有使用。早在古希腊时期，各种记忆术就已经发展成熟并闻名于西方。许多记忆超群的人就是假想一座"记忆宫殿"，把不同的记忆对象安置在这个假想建筑的各个不同位置上，通过这一方法很好地糅合了位置表征和对象表征。然而S并没有刻意抽出时间去训练自己的记忆能力，这说明他过人的记忆力是天生的。

S还频繁地运用联觉进行记忆加工。所谓联觉，是指利用一种感觉通道来激活另一感觉通道的方法。他常常采用第二感觉对各种材料进行编码。例如，S

曾对维果茨基说："你拥有一个多么清脆的黄色声音啊"。然而令人遗憾的是,时至今日人们仍然无法弄清楚 S 为什么具备如此惊人的联觉和特殊记忆才能,是否 S 比绝大多数人在感觉信息加工时有更多的大脑组织参与其中,这些都不得而知。

S 大大超过正常水平的记忆容量为他赢得了一份作为记者的职业,但同时也在其他许多方面给他带来了困扰。他的脑海里总是充满着丰富的资料,使得他在阅读时,无法很好地集中精力去追随文章的情节。鲁利亚对这一特殊个体的研究让人认识到,原来有时候遗忘也是一种快乐。

>>>

四、神经语言学

1. 研究对象——言语

受布罗卡和威尔尼克所找到"言语中枢"的影响,鲁利亚对语言研究的兴趣也与日俱增,语言成为了他研究的重点。在研究不断深入之后,他逐渐发现言语与书面语言的脑定位并不相同,于是开始将自己的研究兴趣明确缩小在言语部分。他很早就指出,言语是表达愿望、预见未来的基础,对人的意识行为具有调节作用。

1976 年,鲁利亚的另一部重要专著《神经语言学基础》(*Fundamentals of Neurolinguistics*)问世。他提出言语在心理过程中扮演着极其重要的角色:首先,通过命名,物体或其价值就能与周围其他事物区别开来或形成一定联系。言语促进了人们对环境更深的理解,从而使人类心理过程提升到一个新的境界;同时言语还能很好地帮助人们掌控自己的心理过程。其次,言语是高级心理机能形成的重要特征[1]。鲁利亚经大量研究表明,大脑言语区受损害的病人,其进入大脑半球皮质的弱的动觉冲动无法保证思维活动的顺利进行。在发生言语障碍

---

[1] Donna R. Vocate. The Theory of A. R. Luria: Functions of Spoken Language in the Development of Higher Mental Processes. London: Laurence Erlbaum Associations.

的情况下,病人的思维也失调;反之亦然[①]。鲁利亚认为,言语因为具有以下几个特征而让它成为较好的研究对象:

(1) 言语既可以作为正性刺激也可以作为负性刺激。

(2) 言语具有三个维度:社会交流的外壳;智力活动的基石;组织和调节心理过程的工具。

(3) 言语能被拆分为两个部分:内部语言(译码)和外部语言(编码)。

(4) 言语既有垂直结构也有水平结构。

(5) 言语的语法部分包括感觉和意义两部分。

鲁利亚证实了言语形成和言语理解是完全不同的言语过程并由不同脑区控制。言语形成的神经心理障碍可以划分为组合性装置障碍和聚合性装置障碍。而言语理解,也就是言语编码依据两种主要的联系:一为连贯性话语的组合性组织,一为语言的音位、词汇、形态、句法及语义等单位的聚合性组织,这两种关系相互间具一定的独立性。

2. 研究方法——神经心理学方法

鲁利亚主要运用神经心理学方法对言语失调展开研究。其理论假设是:言语的编码和译码过程依赖于复杂的功能系统,而这一功能系统只有依靠大脑皮层言语区整个系统的通力合作,才能在言语编码和译码的复杂过程中正常作用。因此,大脑皮层某区的局部(病灶)损伤将会导致言语编码或译码过程中相应部分的失调(或障碍),造成言语编码或译码过程某个环节的衰退。

与此同时,鲁利亚为了更好地区分言语形成的主要阶段,还开发出一整套鉴定言语损伤患者脑区损害部位和程度的方法。该方法总共分为六个阶段。

第一阶段需要收集病人自发性言语的临床观察资料,即观察病人如何表达要求、愿望、提出问题以及如何同周围的人交谈。如果病人没有自发性言语,则表明病人的大脑皮层紧张度普遍降低,或缺少必要的动机综合,或动机综合不稳定。

第二阶段是观察病人是否具备自动回答问题以及独自构造话语的意思格式

---

① A.R.鲁利亚(1987). 神经语言学. 赵吉生,卫志强,译. 北京:北京大学出版社.

的能力。这一阶段不需要病人自己产生动机,但病人需要回答研究人员两种类型的问题:一种是病人的答话已包含在问话之中,只需他表示肯定或否定,而不必独立构造扩展性言语;另一种是病人需要自己做出传递信息的计划,组成新的联系,形成必要的话语。

第三阶段是研究病人的重复性言语。在这一阶段中,病人需要重复单个的音节、词、词组及语句,从中看出他是否保留简单的再现性言语,然后再过渡到系列(链式)组合(多音节、词组),看其重复能力是否受损害。

第四阶段是研究病人寻找必要词汇单位(词)的过程是否受损害,在寻找时有无困难,是否以次要的词汇单位替代所需的词汇单位(错语症)。

第五阶段着手分析病人的独白。这一阶段不要求病人独自形成意向,只要能构造现成的言语格式,并用扩展的陈述性言语表达出来就算达到要求。例如,让病人转述读过的故事内容或讲述图片上的故事,这包括两种方法:第一种,内容是现成的,只要求被试理解,然后用扩展性话语表达出来;第二种则提高了标准,要求被试分析信息并区分出主要环节,这样更有利于研究人员观察病人区分信息主要环节的过程以及用扩展性言语表达信息内容的能力。

第六阶段是观察病人如何构造独白。让病人按给定的题目独立地进行扩展性口头叙述,也就是给定一个叙述的范围,要求病人自己编排叙述并独自用扩展

鲁利亚在给病人看病

资料来源:文献:"Luria a unitary view of human brain and mind",作者:luciano Mecacci.

性言语表述出来。

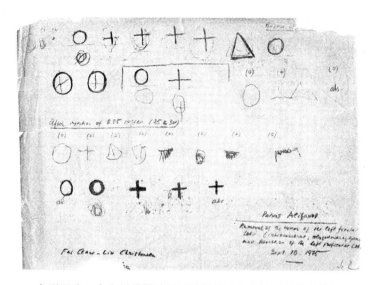

鲁利亚为一个左侧前额叶区域受损的病人复诊时所做的笔记
资料来源：文献："Luria a unitary view of human brain and mind"，作者：luciano Mecacci．

通过比较分析在上述各项研究独白的实验中所取得的资料，鲁利亚可以更好地确定病人哪些言语过程环节完好，哪些环节（独自构造意向，主动分析材料并区分出初始的意思格式，把握既定的选择性程序，或构造对扩展的陈述性言语起主要作用的言语格式等）受损。

通过这套方法，鲁利亚对所收集的资料加以比较，从而能准确判断言语损伤的脑根源。鲁利亚的方法能清楚明了地判断出在对思想进行言语编码的机制中，究竟是哪个组成成分受到了破坏：是欠缺动机或者动机很微弱；还是难以构成或把握意向、思想，抑或难于把意向改编成未来话语的格式，或者是在选择需要的单词、应用相应的逻辑语法关系等方面发生了操作障碍。

鲁利亚备受西方学者的关注和推崇，不仅因为他取得了卓越的研究成果，还因为他的研究方法与西方神经心理学家的研究方法背道而驰。西方神经心理学实验室更注重定量研究，强调精准的平均数、标准差、控制变量和协变量，而鲁利亚更多的是通过他丰富的临床经验和敏锐的直觉进行定性研究。另外，二者在工作类型上也相差甚远：西方现代神经心理学研究主要基于标准化的心理测验，而鲁利亚的治疗-康复的实验方法则显得更为灵活。心理测量法主要通过对病人脑损伤前后智力测验分数的比较来确定他的脑损伤程度,而反复测验容易产生练习效应,从而为病人有意隐瞒自己的脑损伤病情创造了机会。而绝大多数病人却在鲁利亚的非正式的、定性任务上无计可施,因为它能直接检测出病人脑损伤后行为上的特异性改变。

西方一些心理学家曾以鲁利亚的方法学过于简单为由横加批驳,而实际上他的方法蕴含着深刻的道理。例如,在诊断高级认知和复杂运动功能障碍时,研究者必须找出正常工作的大脑联合区的哪个连接受损才导致的功能紊乱。这种方法蕴含着一条更为深刻的原则,即通过识别不同大脑损伤与具体认知机能的对应关系,可以逐步获得相关大脑联合区的结构。鲁利亚的方法学极富洞察力和逻辑缜密性,其研究结果即便与21世纪崭新的PET扫描和MRI技术得出的结果也差别不大。

当然必须承认的是,鲁利亚对认知神经机制的研究是间接的、迂回的(使用损伤-缺陷-功能推理方法),且缺乏系统性,二战时和之后的研究也完全取决于所接触的就诊病人的大脑损伤和认知与运动缺陷情况。鲁利亚也在他的《神经心理学原理》这一代表性著作中坦承,由于自己手头资料不足还缺乏许多篇章,特别是对脑的深层结构下丘脑和丘脑在心理过程中的作用,梦和情绪活动的脑机制以及大脑右半球对人的心理活动的意义等,还有待进一步的研究。然而瑕不掩瑜,他几十年如一日的研究工作、深厚的研究功底及其独到的眼光仍使他稳坐世界前100位杰出心理学家之列[①]。

3. 神经语言学成果

鲁利亚时代的语言学仍不能较好地阐明由思想转化为言语或言语转化为思想的实际过程。这主要是因为当时缺乏客观的方法来详细描述在话语形成中连续发生的实际环节,并说明每个环节在此过程中所起的实际作用。而解决这个问题至少有两种途径:一条是以实验发生学的研究方法,深入研究儿童的言语发展过程,即用言语来表达思想时话语形成的过程。鲁利亚早期就是采用这一方

[①] Steven J. Haggbloom, Renee Warnick, Jason E. Warnick, et al(2002). The 100 most eminent psychologists of the 20th century. Review of General Psychology, 6, 2, 139—152.

法,但是由于当时政治原因而不得不中断。另一途径就是应用实验病理学的方法,着手分析话语形成过程遭受损伤的根源,这也是鲁利亚的神经语言学所采用的重要研究手段。

神经语言学就是用神经心理学方法在各种不同的大脑机制遭受损害的条件下,观察思想转化为扩展性言语的过程以及言语转化为思想的译码过程的变化情况。鲁利亚在自己的三个脑功能区的基础上,提出每一种脑损伤都会破坏和瓦解有意识的活动,从而引起有序工作着的大脑机能系统的解体,但每一种脑损伤对于意识活动的破坏都具有特异性。因此,机能系统的瓦解,可能由皮层紧张度降低引起,抑或是由调节活动受到破坏导致。

鲁利亚关于神经语言学的观点还受到了亨利·海德于1926年发表的"失语症研究"的影响。海德持有的语言功能障碍背后隐藏着认知功能障碍的观点与维果茨基的符号中介理论不谋而合。海德主张通过对大脑的研究间接研究认知,这也成为鲁利亚后来研究假设的参考。鲁利亚的假设是,大脑中某些部位的受损会导致相应的心理功能紊乱。鲁利亚在语言分析的基础上通过神经心理学方法将失语症分为四类:语言分解引起的失语症,关系错乱失语症,丧失了系列因素不断综合能力引起的失语症,丧失了语言控制机能引起的失语症。

鲁利亚认为,对大脑局部病灶性损伤引起的某些异常活动变化进行神经分析,能客观地探索大脑损伤的内部构造,并研究进行中的某种活动所包含的各个环节的作用。他发现了很多有趣的现象,如左半脑前区受损会导致语义连结错乱失语症,但词汇命名能力相对完好,即病人能给单个物体命名,但无法组织复杂而流畅的句子;而后脑发生损伤的病人虽然说话流畅,但他们并不真正理解各单词之间的语义关系[①]。这进一步证实了布罗卡和威尔尼克的失语症和语言缺陷的研究发现,即完好无损的左半球是掌握词汇联结维度的必要非充分条件。

在鲁利亚多年的临床实验中,不同部位的脑损伤,其症状也大相径庭:有的大脑局部损伤,如左半球额下回后部及其同颞叶部的联系,能引起内部言语的机

---

① A. R. 鲁利亚(1987). 神经语言学. 赵吉生,卫志强,译. 北京:北京大学出版社.

制破坏①,即丧失构造扩展性话语的重要条件:仍能保持重复性言语和简单名词,但不能形成流畅的扩展性话语。而大脑其他部位的一些损伤,可以破坏音位听觉,造成"词的意思脱节",即使能主动寻找言语的词汇成分,也不能精确地选择这些成分。而左半球顶枕部位的损伤,可引起同时性"空间性"综合能力缺失,不仅难以把信息的各个要素组成复杂的系统,还阻碍复杂的逻辑-语法关系的形成②。

例如,大脑额叶损伤(尤其是病灶在左半球及高压综合征为背景的机能损伤)会造成言语交际障碍,具体表现为病人的动机意向和行为程序严重受损,进而影响到病人的一切言行。这类病人通常淡漠地躺着,对周围环境毫无兴趣,既无什么要求,也不提问题。重症时,病人丧失自发性言语,其对话性言语也严重受损,病人只能用回声似的惰性刻板重复来回答问题;广泛性但较轻的损伤时,病人可以回答含有答话的第一类问题,如"您今天吃过了吗?",但不能回答需独自构成言语的第二类问题,如"午饭吃的什么?";而患轻型的"额叶活动缺失"时,病人能回答后一类的问题,只是用词贫乏、语句简单。

<<< 专栏三

颅咽管瘤病人(大脑深部肿瘤累及额叶)

病人A,34岁,科学工作者,在收住布尔坚神经外科研究所时,疑是大脑深部肿瘤。最初,并无明显异常,后来视力下降,出现一系列神经症状,以致神智昏迷。经过周密检查,诊断为颅咽管瘤,随即摘除。

然而,肿瘤继续发展,已观察到的病理表现有增无减,病人开始出现症状,嗅觉失灵,不安定,失去抑制,记忆受破坏,表明肿瘤延伸到大脑额叶基底部。此时,病人言语的语音、词汇和句法系统均未受损。病人可以轻易地重复3个一组(甚至5个一组)的单词,或者重复两个孤立的语句;他与前一个病人不同,可以毫无困难地重复,甚至追忆这些单词或语句。

---

① Luria, A. R. (1963). The Mentally Retarded Child: Essays Based on a Study of the Peculiarities of the Higher Nervous Functioning of Child-oligophrenics. Oxford: Pergamon Press.
② A. R. 鲁利亚(1987). 神经语言学. 赵吉生,卫志强,译. 北京:北京大学出版社.

病人可以轻易地重复,甚至过一段时间(1—2天)还能追忆给他读过的故事情节。然而此时却出现令人瞩目的现象:他开始转述故事,但接着就离题表述无关的联想,然后又拉回到初始的主题,如此反反复复。结果转述的内容总是在故事与无关联想之间翻来覆去。

下面是转述故事内容的例子。

让病人听《母鸡和金蛋》的故事。他开始转述说:"一位主人,一位不大的所有主,带着个人私有的意图,养了一只母鸡;您要知道,养家禽在农业中具有什么样的意义;养家禽可以得到一些收入,是一个很不错的副业。而这只母鸡却生绝妙的光闪闪的金蛋。您要知道,该金蛋在世界交易中有多么大的价值,就说现在吧,美元的市值下跌,可是黄金的价格依然很高,因此在所有的国际市场上黄金都很值钱……于是主人想一下子多得点黄金——小私有者总是贪得无厌,——于是他把这只母鸡杀了,可是要知道屠宰是残忍的,是不应该屠宰的,这是违反道德的……",如此等等。

显然,转述不断地被无关的联想所打断,又再返回到初始主题,这表明有条理的扩展情节的能力受到阻碍;换句话说,部分地损害了有目的的言语活动,而所有的语言手段仍保持完好。

(摘自:A.P. 鲁利亚著,赵吉生,卫志强译.神经语言学.1987,11. 69—71.)

鲁利亚根据多年实践和研究提出,言语的编码过程需经历若干阶段:先形成言语的总构思,然后组成言语格式,最后形成包含一定数量词汇成分和句法结果的扩展性话语。在这一过程中,不同环节上所遭到的破坏将表现出不同形式的障碍。同时,复杂言语的译码过程至少由三个环节组成:区分单词的确切意义;把握词与词之间的句法关系,即由词组成的更为复杂的结构——表层和深层句法结果;及审阅话语的总体意思。

五、学术贡献及影响

鲁利亚的学术生涯可谓硕果累累。他继承了维果茨基的高级认知功能整合的观点,并从每个个体的社会、历史背景开始追根溯源,虽然他并未对高级认知机能的神经学基础进行系统的实验研究,但他多年的临床经验最终帮助他在大脑心理机能研究领域作出了杰出的贡献。他是第一个明确关注儿童发展中脑发育过程的心理学家,他认为儿童的脑发展具阶段性。而鲁利亚关于人脑机能系统的学说,更进一步揭示了心理活动的生理机制,丰富和发展了高级神经活动的理论,并引起了各国心理学家和生理学家的普遍重视。他的学说从根本上改变了将心理机能理解成某些分割机能,并将这些机能与大脑中某一严格限定的部位联系起来的传统思想。鲁利亚进一步认为心理机能是复杂的机能系统,不能简单地将它集中在某些被隔开的细胞群或小块的皮肤层之上;细胞群必须被置于协同工作的区域系统内,在复杂的系统中分别发挥各自的作用。此外,他的研究还适用于定位诊断和机能恢复,即借助机能改造的方法对与特定的行为障碍有关的脑损伤部位中被破坏的机能加以治疗。例如,由枕叶损伤造成的阅读机能障碍,可以通过对字母的触摸和描绘得以恢复正常;因颞叶损伤而出现障碍的书写技能,则可借助对要书写的词进行视觉-动觉分析而得到恢复。

鲁利亚对病人完成认知任务的观察以及对个体间差异的研究,弥补了现代标准化测试在这方面的空白,其研究的重要性和广泛性激励着后来的许多心理学家将他的思想编制成各种心理测验,如 CAS(Das-Naglieti Cognitive Assessment System)、K-ABC(Kaufman Assessment Battery for Children)、K-SNAP(Kaufman Short Neuropsychological Assessment Procedure)等。其中鲁利亚神经心理学研究 LNI 版(Anne-Lise Christensen's Version of Luria's Neuropsychological Investigation)可能是最忠实于鲁利亚研究方法的测验,连鲁利亚看了这个测验也认为它是自己理论的通俗化。它用通俗的语言和便于理解的方式诠释了鲁利亚的"症状的定性研究",并呈现了鲁利亚在自己的诊断中所使用过的许多独特的任务。同时,鲁利亚-内布拉斯加神经心理测验(Luria-Nebraska Neuropsychological Test)也以其实用性深受西方心理学家的赞誉。这个测验是基于鲁利亚的神经心理功能系统编制而成的,内含 14 个指标包括阅读、算术、记忆能力等,适用于 15 岁以上的病人。

自 20 世纪 70 年代末以来,神经心理学开始有了蓬勃的发展。脑-行为之间关系的研究吸引了许多高水平的青年心理学家,各种培训和职业实践也在世界各地许多研究机构和诊所进行得如火如荼。虽然这当中神经心理学理论层出不穷,但鲁利亚凭借自己对科学的高瞻远瞩和对科研工作的勤勉,使得他的理论和思想受到当时大多数神经心理学家的肯定和热捧。鲁利亚去世二十年后,他的两本神经心理学的论著依然雄踞神经心理学领域最重要的十本书之列。

为什么鲁利亚的研究受到世界的如此关注呢?这是因为当时经典的神经心理学只集中于对脑功能的局部定位和脑与行为、精神之间关系的研究,而鲁利亚却远远超出了这一狭隘的主题,提出脑皮层三个功能区相互联系的观点,对当时的神经心理学具有重要指导意义。虽然鲁利亚的这一观点显得简单通俗,但它有力地帮助了许多学生和实践者应用简单的脑-行为模型进行诊断和研究工作,并有效地解释了同样患有神经心理疾病,如认识不能、精神性失用症等病人所表现出来的个体差异。许多批评鲁利亚理论简单的北美心理学家只是孤立地看待鲁利亚某一方面的研究,自然不能较好地认识鲁利亚理论体系的复杂性和精致性。

鲁利亚 70 岁时
资料来源:文献:"Luria a unitary view of human brain and mind",作者:luciano Mecacci.

鲁利亚将心理学的观点、概念、理论用于脑的研究之中,也在脑的研究中体现他的心理学的理论观点和思想,并在此基础上创立和发展了心理学的一个重要的新领域——神经心理学。他著述颇丰,一生有 300 余篇著作,其中有 30 多部重要专著,如《创伤性失语症》(1947)、《战伤后脑机能的恢复》(1948)、《高级皮质机能及其在局部脑损伤下的障碍》(1962)、《人脑和心理过程》(1970)、《神经心理学原理》(1973)、《神经语言学的基本问题》(1975)等等。鲁利亚的朋友和同事回忆起他来都形容他是一个友善热情、谦卑慷慨的人,特别是在学术上他也从不自私或敌视同事或竞争者。他是当时苏联极少数与西方学者共事并具备国际眼光的科学家之一①,他坚信人类的思想应该是共有的,基于这个伟大无私的观点,他不仅极力支持国际合作,还培养了不少来自世界各地的青年学者。

---

① Luciano Mecacci(2005). Luria: A unitary view of human brain and mind. Cortex, 41, 816—822.

亚伯拉罕·哈洛德·马斯洛

亚伯拉罕·哈洛德·马斯洛年表图

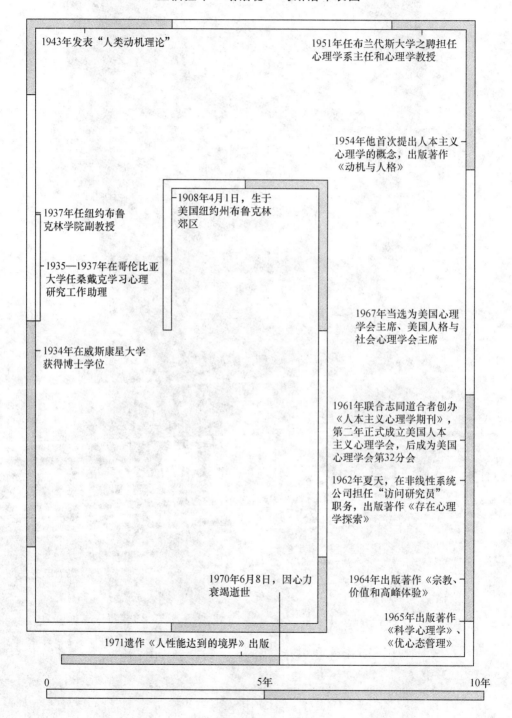

亚伯拉罕·哈洛德·马斯洛(Abraham Harold Maslow,1908—1970)是美国著名社会心理学家、人格理论家和比较心理学家,曾任美国人格与社会心理学会主席和美国心理学会主席。他曾经是精神分析学派的虔诚信奉者,也曾经是行为主义学派的热切追随者,但最终却成为人本主义心理学的重要发起者,被后人尊称为"人本主义心理学之父"。他曾经接受了成为实验心理学家的训练,后来却致力于用整体方法论研究健康人格和自我实现者的特征。他与其他人本主义心理学家共同发起了心理学的"第三势力",却又力图超越第三势力而建立"超人本主义心理学"。他曾经历孤独自卑的童年,却充满激情地步入一种极富积极创造性的人生。他不但是一位人格理论家,而且勇于验证和实践,成为管理领域中的"开明管理理论之父"。马斯洛一生著作颇丰,他的需要层次理论、自我实现理论等不但在心理学领域,而且在哲学、管理、教育、医学、艺术等众多领域产生了广泛影响,为人类了解自我做出了重大贡献。

一、生平经历

1908年4月1日,亚伯拉罕·哈洛德·马斯洛出生于美国纽约市布鲁克林区一个犹太裔俄国移民家庭。马斯洛的父亲塞缪尔·马斯洛(Samuel Maslow)年幼时住在俄国的基辅城,14岁独自漂洋过海到了美国费城,一面学习英语,一面打零工。几年后,他移居纽约,做起了制桶生意,并很快同表妹罗斯(Ross)结婚。马斯洛是他们七个孩子中的长子。马斯洛的父母对自己的孩子们充满期待,希望他们能成长为新世界中的佼佼者,因而极力促使马斯洛在学业上取得巨大成功。

1. 孤独与自卑的童年

> 我是一个极不快乐的孩子……我的家庭是一个令人痛苦的家庭,我的母亲是一个可怕的人……我没有朋友,我是在图书馆和书籍中长大的。但是,奇怪的是,过着这样的童年生活,我居然没有患精神病。
>
> ——马斯洛[1]

童年时代的马斯洛内心充满了负性情绪体验。他对学龄前岁月的早期记忆主要是发生在他与母亲之间那些不愉快的事情。马斯洛的母亲很迷信,经常为一些小小的过失就冲着孩子们大嚷:"上帝将惩罚你!"母亲的这种恐吓威胁直接引发的是一种"反叛"行为:马斯洛在大约四五岁时就开始检验她母亲预言的各种事情。

> 例如,她说,你如果做这种或那种事情,上帝就将毁灭你。然而,我做了,上帝并没有毁灭我……我记得有这样一件事:有一次,她对我说,如果我从窗子里爬出去,就不会再长高了。但是,我爬出去了。后来,我测量自己的身高——当然,我一直在长,并且远远超过了早先刻下的记号[2]。

---

[1] 1960年10月在多罗西·李研究班上的讲话。阿克昂大学美国心理学史档案馆。转引自:爱德华·霍夫曼(2003). 马斯洛传:人的权利的沉思. 许金声,译. 北京:华夏出版社,2.
[2] 爱德华·霍夫曼(2003). 马斯洛传:人的权利的沉思. 许金声,译. 北京:华夏出版社,2.

在马斯洛的回忆中还包括诸如他母亲曾经残忍地杀死了他带回家的两只小猫等事情。许许多多不愉快的记忆,使马斯洛一直不能原谅母亲对待他的方式。马斯洛甚至拒绝参加母亲的葬礼。他认为:"我对生命哲学的全部追求和我的研究以及理论工作都根植于对她所代表的一切的怨恨和厌恶。"①

孩提时代的马斯洛与父亲在感情上也很淡漠。塞缪尔为了维持这个人口不断增多的家庭的生计,不得不整天忙于工作,因此很少有精力与儿子建立亲密的感情。塞缪尔当时已对自己的婚姻感到失望,为了避免在孩子们面前与妻子发生冲突,他尽可能在外面消磨时光。作为一个年轻人,马斯洛对父亲的"名存实亡"感到相当痛苦。这种状况一直持续到马斯洛读大学时,塞缪尔和罗斯最终办理了离婚手续。在后来的岁月里,马斯洛与父亲逐渐变得亲近起来,俩人保持着一种朋友式的关系,一直到父亲去世。

童年时期的马斯洛身材瘦弱,却有一个大大的鼻子,这令他深感自卑。马斯洛的父母也不时地评论他那缺乏吸引力的长相,取笑他的大鼻子、瘦身材和不协调的动作。他的父亲虽然没有任何恶意,但却言行粗鲁、性情粗糙。在一次家庭聚会上,他用一种反问的口气说:"难道亚伯不是你们见过的最丑的孩子吗?"这句话深深地伤害了马斯洛心目中的自我形象,以至于在很长一段时间内,为了躲避他人的目光,他乘地铁时总是尽量寻找空车厢。这时,他开始努力发展运动技能,试图以此来补偿自我形象的不足。但是,当在运动场上也没有获得他人的接受和尊敬时,他便转向了书本。

马斯洛童年的孤独感还源自他的犹太血统。那时,他的家庭常常搬迁。随着他父亲生意的逐渐兴隆,他们数次搬迁,从最初居住的连供热系统都没有的公寓逐步迁入较差的中产阶级住的房子,但这些房子显然是一个比一个更好。用马斯洛的话来说,他们的家境是在"蒸蒸日上"。马斯洛9岁时,他家第一次离开贫民区,搬到了一所较差的中产阶层居住的公寓。但这并没给他们带来什么好处。他们本来住在犹太街区,搬家后却成为与非犹太人为邻的第一批犹太人。正是在这时,马斯洛发现了社会上的反犹太主义情绪。例如,他的小学老师中,反犹太人的情绪就很强烈。这些老师大多数是爱尔兰籍妇女,她们公开表露出

---

① 爱德华·霍夫曼(2003). 马斯洛传:人的权利的沉思. 许金声,译. 北京:华夏出版社,9.

对犹太籍学生的敌意和偏见,甚至不留情面地挖苦犹太籍学生,马斯洛就遭受过老师的这种公开挖苦和侮辱。周围人群的反犹太主义氛围,使内心敏感、体验深刻的马斯洛经常倍感孤独。即便如此,马斯洛还是热爱所学到的知识以及令人兴奋的学校生活。

另外,由于智力上的早熟,马斯洛总是觉得自己与其他同龄人格格不入。他把自己看成是"一个长着两个脑袋的怪人",这种感觉一直持续到他10岁才有所改变。这是因为他遇到了表兄威尔·马斯洛,他们在学业上一样聪明,长相也非常像,因此总被人当作亲兄弟。威尔在性格上比马斯洛更外向,更善于交际些。威尔在马斯洛与外界之间架起了一座沟通的桥梁,两人成为了知心朋友。

2. 心智奋斗的求学历程

如果说马斯洛的童年时代是不幸的,那么他后来的求学生涯则是幸运而丰富的。他接受了良好的高中教育。1922年1月,马斯洛进了纽约市布鲁克林区最好的中学之一——男子高中。男子高中的大多数学生,从血统上讲是第二代美籍犹太人,大多出生于靠体力劳动谋生的欧洲移民家庭。这些家庭的父母有一个共同的愿望,希望自己的儿子将来能靠头脑,而不是靠体力去谋生。这些父母坚信受教育是孩子们能过上好日子的关键,学术成就能够促进个人和社会进步。男子高中的同学们大多是被灌输了这些思想的聪明学生,年轻的马斯洛感到这是一个催人奋进的地方。马斯洛在这所中学的多种学术组织中担任过重要职务,他也担任过学校拉丁文杂志、物理杂志《原理》等的编辑。1923年,年仅15岁的马斯洛就在《原理》杂志上发表了一篇关于原子能的评论,预言了原子能在潜艇和轮船上应用的可能性。尼尔斯·博尔的《原子入门》激发了他对科学的兴趣。另外,他还是学校国际象棋队队员。

为了满足父母的愿望,马斯洛18岁时进入纽约城市学院(City College of New York, CCNY)学习法律,并计划在人文科学方面开始自己的学术生涯。尽管高中的学习成绩并不突出,但马斯洛对自己的理性思维能力之优势信心百倍。这种信心又总是与期待着获得优秀学者的认可联系在一起。这两个方面的特征,伴随了马斯洛的一生,也注定他与优秀学者之间会有某种程度的联系。

大学时代的马斯洛,白天在纽约城市学院学习,晚上还选修了布鲁克林大学法律学院的课程。由于对课程内容的不满,三个学期后,也就是1927年冬天,马斯洛转学到了纽约的另一所名牌大学——康奈尔大学,希望能在这里发现他所期待的学术气氛。当然,转学还有另外两个原因,一是为了与表妹贝莎在感情上拉开一段距离,他已爱上了她;二是受了表兄威尔的影响,威尔当时就读于康奈尔大学。

<<< 专栏一

马斯洛与贝莎的恋爱与婚姻

1922年3月,马斯洛的表妹贝莎·古德曼从俄国来到纽约,她的父母十年前就移民到美国并在纽约安了家。此时,马斯洛是高中生。通过书信和谈话,马斯洛早已听说了很多关于表妹的事。几乎是贝莎刚到纽约,马斯洛就被她的美貌所吸引。由于贝莎不会讲英语,他就主动去做她的老师。从那时起,马斯洛几乎每周都要去贝莎家拜访,同贝莎聊天。1927年冬天,马斯洛发现自己已经爱上了贝莎,但由于其羞涩的性格,他并没有向贝莎表白。后来在贝莎的姐姐的促动下,马斯洛第一次吻了贝莎,并开始从内心承担起了一个负责的恋人的责任。尽管马斯洛热烈地爱着贝莎,但几乎每一个认识马斯洛的人都反对他向贝莎求婚。马斯洛父母反对的理由是:贝莎是一个新来的移民,一个没有经验、新到美国的人,社会地位比马斯洛低,并指出如果他们结婚,有可能出现遗传缺陷。顶着父母反对的压力,马斯洛继续与贝莎约会。他甚至研究过有关表兄妹结婚的后代问题的医书,并极力向双方父母辩解。在马斯洛的坚持下,这段姻缘终于有了结果:1928年12月31日,马斯洛和贝莎在他们的直系亲属面前,举行了结婚仪式。双方父母也充满希望地接受了这桩婚姻,并提供了慷慨的帮助,一对有情人终于生活在了一起。婚后,他们彼此继续着各自的学业。两人婚后的感情一直很好,膝下共有两个女儿。在工作之余,他们喜欢在阳光明媚的日子里驾车在乡间行驶。

(摘编自:霍夫曼(1998). 做人的权利:马斯洛传. 许金声,译. 北京:改革出版社.)

进入康奈尔大学后,马斯洛修习的第一门心理学课程是由铁钦纳[1]主讲的,但不幸的是他当时对心理学课留下了非常不好的印象。马斯洛认为"这门课是如此的'可怕和枯燥,同人一点联系都没有。它让我感到震惊,因而我退出了这门课程'"[2]。铁钦纳的心理学研究主题与马斯洛所热切期盼解决的社会问题完全是南辕北辙。马斯洛由于在学习上的失望、苦闷和情感上对贝莎的思念,使他在康奈尔大学仅生活了一个学期,便于1927年6月怀着低落的情绪回到纽约的父母家中。在离开家庭的几个月里,他已变得成熟起来。现在这个身材修长的小伙子已经19岁,在经历了康奈尔大学的生活后,变得更加自信和有独立见解了。

9月份,马斯洛在纽约市立大学重新开始了他的学业。除完成必修课外,他自由地选择那些对他真正有吸引力的课程:人文科学和社会科学,其中对马斯洛最有影响的是文化哲学。授课教授指定他们阅读萨姆纳的《社会风俗》[3]一书,这本被马斯洛看成是"珠穆朗玛峰式"的著作,影响了他的一生。《社会风俗》发表于1906年,在当时产生了极大的社会反响。该书拥有长达700页丰富详尽的民族史资料,这些资料精选于大量学者、探险家、传教士和旅行家的文章以及报告。对当时的读者们来说,该书在说明社会文化的变迁方面,堪称是权威性的著作。它用科学而通俗的语言阐述了社会风俗、道德规范和种族中心主义等概念,对宗教戒律,公众的狂热、幻觉、错觉等现象等进行了生动描述,对贯穿于整个历史的宗教风俗对人类残酷迫害的事实进行了生动描绘,同时告诉人们,如果没有理性和科学,我们甚至就像一群在垃圾里抢夺残羹剩饭的狗。作者旨在提醒人们:以往的文明既有鼎盛之时,也有灰飞烟灭之日,如果我们不加思考地让过去的道德习俗支配,那我们现在的文明也就在劫难逃了。

马斯洛边打工边上学,他读萨姆纳这本著作时正在一家家具厂做看门人。马斯洛阅后顿感豁然开朗:萨姆纳的著作不仅描写了已成为过去的历史,而且也

---

[1] 铁钦纳(Edward Bradford Titchener, 1867—1927),英国人,曾经在莱比锡大学冯特创建的实验室里接受过严格的实验心理学训练,后来成为了构造主义心理学的忠实接班人。他从1890年开始在冯特的莱比锡实验室学习,于1892年获得博士学位,冯特的思想对他一生的研究工作产生了深刻的影响。
[2] 霍夫曼(1998). 做人的权利:马斯洛传. 许金声,译. 北京:改革出版社, 32.
[3] 作者 W. L. 萨姆纳,美国社会学奠基人之一,19世纪以达尔文主义著称的知识分子著称的热心倡导者,一直在耶鲁大学执教。

描写了马斯洛自己的生活!他反问自己:自己不正是深受迷信和狭隘的心理之苦吗?而这些痛苦主要来自他的母亲和那些向他投掷石头的孩子们。马斯洛由此推论,他应该将自己的一生投入到与非理性的斗争中去,并且运用自己的理智和知识去创造一个更完美的世界。马斯洛自述说他读这本书时产生了高峰体验,并因此发誓要在哲学、心理学和人类学领域做出和萨姆纳一样的贡献。

1928年春季,马斯洛转学到威斯康星州立大学,这次转学是因为他听说了很多有关威斯康星大学的教学创新和学术自由的事情,并且那里有他特别希望求教的三位老师,其中有一位就是心理学教授库尔特·考夫卡(K. Koffka)。当年夏天,马斯洛还与他在纽约市立大学的哲学老师约翰·P. 特纳谈了他的关于职业选择的计划,特纳向他推荐了一批心理学的书籍。其中的一本论文集《1925年的心理学》深深打动了马斯洛的心。这本论文集汇编了当时主要心理学家的论文。其中,华生[①]写的三篇文章深深触动了马斯洛,对他最终选择心理学事业起了决定性的作用。马斯洛于1930年获得了学士学位,又分别于1931年和1934年获得了硕士和博士学位,三个学位均在威斯康星大学获得,而且都是心理学专业。

1934年6月,刚获得博士学位的马斯洛
资料来源:爱德华·霍夫曼著,《马斯洛传——人的权利的沉思》,许金声译,2004年版。

3. 转战南北的教学生涯

(1) 威斯康星大学:初为人师

马斯洛在威斯康星大学边读书边从事教学工作,曾担任过心理学助教(1930—1934)和讲师(1934—1935)等职位。马斯洛博士毕业的1934年,正值美国经济大萧条时期,严峻的就业形势,对有犹太血统的马斯洛来说更是雪上加

---

① 华生(John Broadus Watson,1878—1958),美国著名心理学家,行为主义心理学派的创始人。

霜。马斯洛的老师们甚至劝他改掉"亚伯拉罕"这种犹太味十足的名字,但他断然拒绝了。他宁肯付出更多的努力去争取就业机会,甚至试图再攻读一个医学博士学位来增加就业机会,但几个月后他就放弃了。正在马斯洛山重水复疑无路时,哥伦比亚大学著名教育心理学家桑代克教授使他时来运转。

(2) 哥伦比亚大学:助理研究员

1935年夏天,桑代克①因为赏识马斯洛在博士学位论文中表现出的研究技巧及其研究成果,为马斯洛提供了令人羡慕的、为期两年的博士后奖学金,并担任学习部的助理研究员,协助桑代克教授做研究工作。起初马斯洛积极投入到桑代克老师的课题研究中,但后来由于对该项目持有不同观点而不再参与②,并通过书面形式直言不讳地与导师进行沟通。令马斯洛吃惊的是,他竟然得到了导师的宽容。马斯洛在这里开展了自己感兴趣的研究主题:关于大学生性学方面的研究。他因此对桑代克教授的开明学风一直敬佩不已。

E. L. 桑代克(1874—1949)
资料来源:http://image.baidu.com/i? tn = baiduimage&ct = 201326592&cl = 2&lm =-1&pv =&word=e.+l.+Thorndike&z=0.

(3) 布鲁克林大学:充满活力与创造力的教育家

1937年秋,马斯洛到布鲁克林大学任副教授,并在这里一呆就是15年。热情、诙谐的教学风格和乐于合群的性格,使他很快就受到了学生们的欢迎。学生们称他为"布鲁克林的弗莱克·辛那特"③,马斯洛也常常邀请学生们到他不远的家中小聚。马斯洛是一个具有开拓意识的教师,他第一个用学生评估的方法来帮助评定教授是否称职;马斯洛又是一位乐于助人的好老师,有许多学生就他们的感情问题向他求助。而在当时,心理咨询和临床心理学还没有独立的地位。直到几年后,另一位人本主义心理学家卡

---

① 桑代克(Edward Lee Thorndike,1874—1949),教师学院的著名动物心理学家和教育心理学家。
② 当时桑代克正在研究的课题是"人性和社会秩序(Human Nature and the Social Order)"。作为助手,马斯洛的任务是确定遗传和环境因素对不同人类社会行为的影响程度。
③ 弗莱克·辛纳特(Frank Sinatra),一位名声显赫的移民后代,美国40年代流行音乐大师。

尔·罗杰斯的里程碑式的著作《心理咨询与心理治疗》发表，才使人们摆脱了弗洛伊德精神分析"一统天下"的局面。在这种情况下，马斯洛主要依靠直觉、书本以及和其他精神分析学家谈话所获得的知识和技能，为学生们提供了无偿的、非正式的心理咨询和心理治疗服务。这段时期的心理咨询工作不仅使马斯洛得到了在非学术领域的成就感，也对他正在形成的动机和人格理论产生了深远的影响。他越来越看到经典的弗洛伊德学说无法解释人们最深层次的心理冲动。他初步提出假设："任何天赋，任何才能，同时也是一种动机、需要或者冲动。"①

马斯洛在课堂里

资料来源：http://lts.brandeis.edu/research/archives-speccoll/findingguides/archives/soundrecordings/lectures/maslow/Maslow%20Class.jpg.

在布鲁克林大学，马斯洛主要讲授人格心理学和变态心理学课程。他和米托曼(B. Mittleman)一起，主要依据阿德勒(A. Adler)、霍妮(K. Horney)等新弗洛伊德学派的理论，合著了第一部美国大学的变态心理学教材《变态心理学原理》。该书在当时就受到了学生的好评，它确立并进一步巩固了马斯洛在学术界日益鹊起的声名。对马斯洛而言，他在布鲁克林大学的15年是一段令他满意的经历。但是，他在布鲁克林大学任教的后期，由于他发表了一些具有革命性意义的有关高峰体验和自我实现的文章，激起了老派心理学家的对立情绪。

---

① 霍夫曼(1998).做人的权利：马斯洛传.许金声，译.北京：改革出版社，163.

布鲁克林大学心理学俱乐部

资料来源:爱德华·霍夫曼(2004). 马斯洛传:人的权利的沉思. 许金声,译. 北京:华夏出版社.

(4) 布兰代斯大学:孤独感替代了教学热情

1951年,马斯洛接受了布兰代斯大学(Brandeis University)的邀请,担任布兰代斯大学社会心理系主任、教授。布兰代斯大学是一所由犹太人创办的大学,按说这里应该有令人满意的教学环境。然而,总体来说,马斯洛对这段教学经历并不满意。这主要是因为新一代的学生不像经济萧条时期布鲁克林大学的学生那样渴望学习,他们更喜欢"汤勺喂养"的学习方式,不愿真正参与到学习当中。这样的学习,大部分时间都是死气沉沉、令人扫兴的。马斯洛也表达了自己的意见:"最近,他们变得很难控制,拒绝包括我在内的长者们的建议。如果有钱的话,我明天就放下课本,不再教书了。"[①]马斯洛当时的孤立感越来越强,这也许不是布兰代斯的错。马斯洛建筑在自己直觉基础上的独特的创造力,使他成为了一个天生的局外人。

4. 追求卓越的学术经历

如前所述,马斯洛的理性思维优势、期盼获得优秀学者认可的人格特点,再

[①] 柯林·威尔森(2001). 马斯洛和后弗洛伊德主义. 杜新宇,译. 北京:华文出版社,121.

加上居住在纽约的地理位置优势,马斯洛当时有幸与
许多从欧洲移民到美国的心理学家建立并保持着密切
联系①。其中包括心理学家阿德勒、弗洛姆(E.
Fromm)、霍妮、韦特海默(M. Wertheimer)等。星期五
晚上他们常常在阿德勒家中举办研讨会,马斯洛成为
了这里的常客。他后来回忆到:

A. 阿德勒(1870—1937)
资料来源: http://
www. hrxl. cn/xinlixuejia/
xinlixue3411. html.

"我觉得,完全可以这样说,与任何其他人相
比,我拥有世界上最好的老师,既有正式的,也有
非正式的。我之所以如此幸运,完全是由于历史
的巧合,大量的欧洲知识分子精英为逃避纳粹迫
害而云集于此,我也正好在纽约。在那些日子里,纽约真是奇妙极了。大概
自希腊雅典时期以来还没有出现过这样的景象。在这些人中,我自己几乎
与他们每一位都多多少少有些认识。很难说,他们之中谁更加重要,我只是
向每个能够教我的人学习,我从不参加任何狭隘的派别,拒绝关闭任何
门户。"②

这些人中,马斯洛格外崇敬人类学家本尼迪克特和格式塔心理学家韦特海默。
他认为他(她)们是真正优秀的人,是最完美人性的典范,对他们充满了敬畏之情。

在这段时期内,两个重要事件对马斯洛的研究方向产生了重大影响。第一
件是1938年夏天的实地调查研究。马斯洛在本尼迪克特教授的建议下,开展了
对北美的黑脚印第安人的跨文化实地调查研究,关于这一研究的方法和结论在
本章第二部分会有较为详细的说明。第二件是1941年日本对美国发动的珍珠
港事件③。事件爆发后不久的一天,马斯洛从他执教的布鲁克林大学回家途中,
被童子军和穿着旧衣服的老人组成的游行队伍所阻拦。他们用长笛吹着走了调
的爱国歌曲,并高举标语抗议日本不宣而战的丑行。马斯洛被深深触动了,由于
年龄太大而不能从戎,马斯洛决心贡献毕生精力来寻找一种关于人类行为的普

---

① 1933年纳粹上台后,德国许多重要的知识分子都逃离祖国,其中有许多人在纽约落脚,并在新社会研
究院(The New School for Social Research)就职。
② 霍夫曼(1998). 做人的权利:马斯洛传. 许金声,译. 北京:改革出版社,101.
③ 1941年12月7日,日本军队偷袭珍珠港;翌日,美国即对日本宣战。

遍理论,即建构一种和谈心理学(psychology for peace talk)以促进世界和平之实现。他写到"泪水开始从我脸上流下来","那一瞬间改变了我的整个生活,而且决定了从那时以后我要做的新事情。"①强烈的社会责任感、超常的智慧和博采众长的开放心态,决定了马斯洛对心理学事业的不懈追求:对心理学研究方法的改革探索与实践,对心理学研究主题的探索,对心理学研究人群的探索,对心理学对社会贡献的探索等。

5. 巅峰时的陨落

马斯洛在布兰代斯大学任教期间,尽管教学热情不再高涨、孤独感再次袭来,但从另一个角度看,这一时期又是马斯洛学术成果的巅峰时期。正是在这里,马斯洛结识了戈尔德斯坦②,也就是第一个提出自我实现概念的人,他的观点对马斯洛建立自我实现理论起到了原型启发③的作用。也正是在这里,马斯洛开始参加支持人本主义心理学的活动并成为第三势力心理学④的领袖。他发表了两项重要的心理学研究成果:《动机与人格》(1954)和《走向人本主义心理学》(1962)⑤。而 1965 年发表的《优心态管理》,更使他在管理领域的名声大振。1967 年,他被推选为美国心理学会主席。1968 年,由于其学术生活兴趣减弱及身体状况欠佳,马斯洛逐渐从学校的日常工作中解脱出来。一年后,他离开布兰代斯大学,接受了 Saga 公司提供的研究员职位,并在那里如愿地享受到了自由思考和写作的生活。

"我曾以为自己的力量和效能正处在巅峰状态,因此无论何时我的去世都将如同一棵果实累累正待收获的苹果树被砍倒一般。那将是很伤感的,不过仍然是可以接受的事情。因为,既然我的一生已经如此丰富,再抓住生命不放则是贪

---

① Hall, M. H. (1968). A conversation with Abraham H. Maslow. Psychology Today, 54.
② 戈尔德斯坦(Kurt Goldstein),德国精神病学家。1934 年发表著作《人类机体论》(The Organism),首次使用了"自我实现"的概念。
③ 所谓原型启发,是指从事物的相似或类比中看到或发现解决问题的途径。我们把这种具有启发作用的事物称作"原型"。
④ 第三势力心理学:指人本主义心理学,是相对于行为主义学派和精神分析学派两大心理学势力而言的。
⑤ Motivation and Personality (1954) and Toward a Psychology of Being (1962).

婪的和不知感恩的。"①就在写完这篇日记四个月后,也就是1970年6月8日,马斯洛在慢跑时因突发性心脏病去世,享年62岁。②

二、早期研究

1. 关于灵长目动物的研究

在威斯康星大学,马斯洛接受了成为实验心理学家的训练。开始时,他专注于用狗和黑猩猩进行古典的行为主义实验室研究与原理的应用,最早的论文主要是研究狗的厌恶情绪、类人猿等灵长目的学习历程等主题。随后,马斯洛成为著名实验心理学家哈里·哈洛③的第一个博士生。哈洛当时正在主持对灵长类动物的研究,其风趣幽默的风格,以及采用比老鼠更接近人类的猴子为研究对象,吸引了马斯洛参加这项研究工作。师承哈洛,并把行为主义的研究模式运用于有关高等动物的社会性的研究,这为马斯洛后来研究方向的改变——从研究动物到研究人奠定了基础。

最初,哈洛让马斯洛对猿猴做"成百上千次味的延时反应实验",实验目的是测定猿猴的成功率怎样随时间延迟、种类、年龄和其他因素的变化而变化。马斯洛自己也没有想到,他开始喜欢上这一研究了。基于对猿猴的前期研究,并受到当时朱克曼的专著《猿和猴的社会生活》的启发,马斯洛确信,大量的猴子的跨骑性行为,实际上就是"支配—服从"关系的一种形式。马斯洛的博士论文《支配驱力在类人猿灵长目动物社会行为中的决定作用》就是要验证这一假设。他及其助手首先对公园中的猿猴进行自然观察,然后在自然观察的基础上通过实验研究验证了这一假设。

马斯洛的这篇博士论文,成功地证明了猴子的性行为是由它们在社会等级中的支配地位所决定的,也就是说,越是居于支配地位的猴子(无论是公猴还是

---

① 《马斯洛日记》,1970年2月12日,劳瑞,1979年,第997页。转引自《动机与人格》一书的后记。
② B.R.赫根汉(2004).心理学史导论(第四版).郭本禹,等,译.上海:华东师范大学出版社,874.
③ 哈里·哈洛(Harry F. Harlow, 1905—1981),美国著名比较心理学家,早期研究灵长类动物的问题解决和辨别反应学习,其后用学习定势的训练方法比较灵长类和其他动物的智力水平。曾荣获国家科学奖,1951年当选为国家科学院院士,1958年当选为美国心理学会主席,1960年获美国心理学会颁发的杰出科学贡献奖。

母猴),其性行为就越是积极活跃,而且猴子不停地做出的异性或同性间的性动作是一种明显体现"支配—服从"关系的行为。马斯洛指出,在猿猴中,"性行为经常被作为一种攻击的方式,用来取代威吓和争斗,而且在很大程度上能够与威吓和争斗互相替代。"① 马斯洛的主要发现还包括:猿猴中的支配地位通常是通过相互注视或相互打量来确立的,并非通过公开的搏斗。数十年后哈洛回忆道:"如果说马斯洛领先于他的时代,就他的杰出工作的重要性而言,这样说丝毫也不过分。"②

<<< 专栏二

哈洛的恒河猴依恋研究

哈利·哈洛将刚出生的小猴子和猴妈妈及同类隔离开,发现小猴子对盖在笼子地板上的绒布产生了极大的依恋。过去的研究认为,人类的依恋是基于需求减降论(drive reduction):饥饿是我们首先需要减降的需求,其次是饥渴和性。哈洛对此提出了质疑,因为当他把奶瓶从小猴子的嘴边拿走的时候,猴宝宝只是吧咋吧咋嘴唇,或者用爪子擦去它们下巴上滴落的奶水。而当把毛巾拿走的时候,猴宝宝就开始尖叫,在笼子里滚来滚去。后来,他分别用铁丝和绒布各做了一个代母,铁丝代母胸前安装一个可以提供奶水的装置。一开始,哈洛把一群恒河猴宝宝和两个代母关在笼子里,仅几天时间,猴宝宝就把对猴妈妈的依恋转向了绒布代母。由于绒布代母不能提供奶水,所以猴宝宝只在饥饿的时候,才到铁丝代母那里吮几口奶水,然后又跑回来紧抱住绒布代母。研究结论认为:"接触所带来的安慰感"是爱最重要的元素。1968年,

哈洛及其"代母"猴子
资料来源:www.businessballs.com.

---

① 霍夫曼(1998). 做人的权利:马斯洛传. 许金声, 译. 北京:改革出版社,73.
② 同上.

哈洛因为这项杰出的实验研究而获得美国总统颁发的最高科学荣誉——国家科学奖。

（资料来源：心理空间——哈洛，http://www.psychspace.com/psy/school/026Harlow.htm.）

通过这些研究，形成了马斯洛关于灵长类动物社会行为的最初理论。他认为，在猴子的社会秩序中，有两种迥然不同但又彼此联系的力量相互作用，最终形成个体之间的性关系。这两种力量一是由荷尔蒙产生的交配的强烈欲望，二是在处理与头领和下属之间的关系时，建立自身支配地位的需要。基于这些重要的发现，马斯洛制订了新的研究计划，以便能用新的研究方法，从与支配权相联系的角度来看待人类的各种性关系，包括婚姻关系。1936年，马斯洛又迈出了新的一步，发展出了关于动物的社会行为是以支配性而非性选择为核心的理论。他也很自然地开始思考人类的性与支配行为之间究竟有多大联系。

2. 关于人类的性学研究

马斯洛对人类性学的研究，可以看做是他博士论文的继续。他采用访谈法和问卷法对女大学生的性行为进行研究，鉴于当时关于人类性行为的研究还是一个颇有争议的领域，这可谓是马斯洛大胆冲破世俗的一次研究。这些调查研究的结果，分别以题为"支配的感觉——女性性格及社会行为"和"女性的自尊与性"的论文发表在1939年和1942年的《社会心理学期刊》上，它们都是马斯洛的佳作。这些研究的核心观点是：女性的性态度和性行为与她们追求支配权（我们今天称为"自尊"）的动力有密切的关系，从根本上说，那些更有主见的女性在她们的性品位和性行为上更倾向于积极主动而不保守。相反，那些缺少主见的女性在性生活中更倾向于被动，性习惯也较保守。

马斯洛的这项研究也许对于20世纪30年代的美国来说还太激进，因此这些成果在当时影响甚微。但是却引起了金赛（A. Kinsey）的注意。金赛是一位生物学家，既对灵长类动物研究感兴趣，也同样对研究人类性行为感兴趣。他发现马斯洛的研究颇有启发性。金赛关于人类的性学研究中有大量的以访谈调查为基础的发现,可能是当时最有影响力的有关性行为的著作,它们被译成了多种语言。在金赛着手这些访谈后不久,主动找到马斯洛,开始与正在布鲁克林大学执教的马斯洛交往。到40年代中期,马斯洛虽然已终止了对人类性问题的研究,但在金赛的请求下,又再次研究了这个专题。马斯洛对金赛的性行为研究倾注了很大的热情,但发现金赛在选择性行为的访谈对象时存在重要问题,即金赛访谈的志愿者中,支配欲较强的人占了不相称的过高比例。马斯洛在过去的研究中已发现:至少对妇女来说,个人的支配欲越强,她就越愿意谈论性,并乐于尝试各种性活动。鉴于此,马斯洛断言,金赛仅仅通过对志愿者详细访谈来进行研究所做出的报告存在严重缺陷。于是,直率地提醒金赛应注意取样误差问题,但金赛不同意马斯洛的看法。为解决这一观点上的分歧,两人决定合作一个项目。

1945年前后,金赛及其合作者在布鲁克林大学附近设立了一个办公室。同时,马斯洛以科学研究的名义向他的5个班的学生热情呼吁,希望他们参与金赛正在进行的重要的性行为研究,在未告诉学生关于研究的确切性质的情况下,马斯洛要求他们自愿接受关于性问题的访谈。马斯洛提前用"社会人格量表"测试了他们支配情绪的强弱程度。金赛和马斯洛登记了参加访谈的学生名字。运用统计方法,这两位研究者分析了志愿者中支配情绪较强的人是否占了不相符的过高比例。此外,两人还计划把志愿者支配情绪的强弱程度与他们的性行为的相关程度计算出来,通过金赛的详细访谈揭示两者的关系。结果正如马斯洛预言的那样:支配情绪越强的人,其性行为越活跃,并具有多样性。并且,在布鲁克林学生志愿者中,支配情绪较强的人比例过高。也就是说,金赛的整个取样存在系统误差,不能很好地揭示事实真相。

令人恼火的发现激怒了金赛,他拒绝发表与马斯洛合作研究的成果,也不给马斯洛提供关于大学生的性行为访谈报告。这使得研究的第二部分没能继续进行。金赛在他的著作中,从来不提及与马斯洛的合作研究及研究结果。1950年末,在金赛沉默了几年之后,马斯洛确信金赛不会转交出其余的数据,才整理发表了自己的研究结果。1951年,他的论文《金赛研究的志愿者误差》发表在享有盛誉的《变态和社会心理学》杂志上。① 几十年以后,著名女权主义作家贝蒂·弗莱登(B. Friedan)重新发现了马斯洛的性学研究成果,这些成果对她的畅销书《女性神话》思想基础的形成起了很大作用②。

<<< 专栏三

金赛研究报告

阿尔弗雷德·金赛是印第安纳大学的一位动物学家,性学研究所的创始人。金赛本人因金赛研究所而更加著名。金赛报告(KINSEY REPORT)是20世纪的名著,虽然争议很大,但在西方人类性学研究史的贡献是不可磨灭的,该报告是由金赛及其合作者共同完成的关于人类性行为的两本书:《人类男性性行为》(1948)和《人类女性性行为》(1953)。这项研究震惊了公众并立即引起争论、轰动、震惊与愤怒,一方面是因为它们对性行为的传统信念提出了挑战,另一方面是因为他们讨论了以前社会习俗的禁忌内容。

批评家认为,报告中的一些数据如果没有观察或参与儿童性虐待,或者通过儿童性骚扰的合作者是无法获得的。金赛研究所否认了这些指控,尽管他们承认金赛曾经访谈过一些与儿童有过性行为体验的男性,该研究所的一些前任和现任主任描述这些男人是恋童癖患者。另外金赛的基于访谈的研究报告,与后来玛斯特斯和约翰逊(Masters & Johnson)持续了30多年的研究(1957—1990)报告相比,已经颇为逊色,后者的研究团队基于产科学、妇科医学、生殖生物学、解剖学的相关理论,对妇女的性唤起、性高潮的研究结论,消除了长期以来人们持有的错误认识。他们的研究成果《人类的性反应》(1966)和《人类的性缺乏》(1970)都成为科学研究人类性行为的畅销书并被翻译成了30多种文字。

(资料来源:Wikipedia, the free encyclopedia. http://en.wikipedia.org/wiki/Kinsey_Reports; http://en.wikipedia.org/wiki/Masters_and_Johnson.)

---

① 霍夫曼(1998). 做人的权利:马斯洛传. 许金声,译. 北京:改革出版社:189—190.
② 该书又译为《神秘的女性》. 见:霍夫曼编(2004). 洞察未来:马斯洛未发表过的文章. 许金声,译. 北京:华夏出版社,264.

马斯洛关于人类性行为的研究，在后来对黑脚印第安人的实地调查中得以继续。他试图通过研究不同人类的性行为模式来探究其对人格、自我安全感和对自我评价的影响。

3. 关于人格的研究

早在1937年，马斯洛的一篇题为"人格与文化模式"的文章就发表在罗丝·斯坦格纳主编的《人格心理学选集》里。当时的马斯洛持有文化相对论的观点：每一种文化都是独一无二的，一切价值观和社会习俗都是相对的，因此，没有哪一种文化可以断定自身的价值观念更优越，更不能将其强加到另一种文化上。但后来的研究结果使他抛弃了这种观点。马斯洛希望科学能够创造出一套新的价值体系，以替代传统的宗教价值观，从而促进人类的美好生活。这成为了他全部事业的核心信念。

一个人的人格在多大程度上取决于天性？又在多大程度上取决于祖先传下来的文化？马斯洛在教学中经常遇到学习人格理论的学生们提出的这两个问题。要回答这些问题，只有通过心理学家或者有一定心理学知识的人类学家进行实地考察才能够找到答案。马斯洛及其同事计划把人格的两类综合特征，即自我安全和自我层次(ego level)加以推广，把它们应用到一个较原始的人群中去，将这个人群和心理学家所在文化的人群进行比较[1]。出于这种研究设计，他们选择了加拿大的黑脚印第安人。

1938年夏天，马斯洛和两位同事来到了北方黑脚印第安部落[2]在加拿大的一块保留地，开始进行跨文化实地调查研究。他们的整个考察虽然只持续了一个夏天，但它却改变了马斯洛的生活、对人格与文化的认识以及他以后的事业方向。马斯洛对此回忆到：

"我在1933—1937年间学习人类学时，人们都认为每种文化都具有独一无二的特性。没有什么科学方法可以把握它们，也无法对它们进行概括

---

[1] 霍夫曼编(2004). 洞察未来：马斯洛未发表过的文章. 许金声，译. 北京：华夏出版社，176.
[2] 黑脚印第安人是印第安人的一个分支。当时有四个不同的黑脚印第安人保留地：蒙大拿的南方派岗族人、北方派岗族人、布拉德族印第安人以及加拿大的北方黑脚印第安人。近800名北方黑脚印第安人居住在约40英里长、5英里宽的区域内。他们在经济上享有独特的地位。

和归纳。我从第一次实地考察中学到的第一堂课,也是最重要的一堂课,也就是黑足印第安人首先是一群人,是人类中一个个活生生的人,是人类的成员,然后才是所谓的黑脚印第安人。他们与我们的确存在着差别,但与人类的共同性相比较,差别只不过是表面的。"①

这项研究使马斯洛对文化相对论的看法发生了根本性的改变。首先,第一次接触一种不同的文化,有助于他摆脱美国心理学家几乎人人都有的种族偏见;其次,黑脚印第安人身上体现出来的合作、和睦、同甘共苦的精神对他触动也很大。马斯洛后来这样表述:"我是带着成见到保留地去的。我原来认为,那儿的印第安人就像收集的蝴蝶标本或者类似的东西一样静静地摆放在架子上无人问津。后来,我慢慢改变了原先的看法。保留地的那些印第安人都是正派人。"②

马斯洛和小卢森特·汉克斯
在去往黑脚印第安人保留区的旅途中
资料来源:爱德华·霍夫曼(2004). 马斯洛传:人的权利的沉思. 许金声,译. 北京:华夏出版社.

马斯洛发现,无论是黑脚印第安部落还是大平原的其他印第安土著居民,他们最基本的共同之处,就是视慷慨为最高美德。对于大部分黑脚部落成员来说,财物的主人只有将财物施赠于人,才能在部落里享有实在的名声、地位与安全。在黑脚印第安人眼里,最富有的人是给予别人最多的人。对于富有社会情感的马斯洛来说,这种对待财富的利他精神和道德态度深深感动了他。

实地考察结束,马斯洛在递交给社会科学研究委员会的报告中阐释说:"看来,每个人出生时并不是社会可以任意塑造的一团陶土,而是已经具备了一种结构,社会可以扭曲它,压制它,也可以在这种结构上进行建设……我之所以有这种感觉,是因为我的调查表明:印第安人首先是人,其次才是黑脚印第安人。在

---

① 霍夫曼(1998). 做人的权利:马斯洛传. 许金声,译. 北京:改革出版社,127.
② 霍夫曼编(2004). 洞察未来:马斯洛未发表过的文章. 许金声,译. 北京:华夏出版社,267.

他们的社会中,我发现了几乎与我们自己社会中同样范围的人格类型,然而,其分布曲线却截然不同……我现在正在苦苦思索这样一个概念,即'基本的'或'天然的'人格结构或者框架。"[1]之后,马斯洛开始实施一项以生物学为基础,同时又是以人为本的、超越文化相对主义的人格研究计划。

<<< 专栏四

北美黑脚印第安人的人格

经过不断的观察研究,马斯洛发现:典型的北美黑脚印第安人的人格特征是真诚、友善而没有不安全感、怀疑感、妒忌、嫉恨、敌意及焦虑。从童年开始,每个人都能感到有许多温馨的感情纽带将他与社会的其他部分融为一体。黑脚印第安人的人格表现出良好的自尊和自信。除了极少数例外,他们几乎不害怕其物质世界中的任何东西,对鬼神的害怕程度也极浅。危险并不能吓着他们,而他们也从不鲁莽和逞能。他们对于真正的危险有着极现实的估计,在面对这些情况时也极为谨慎。他们几乎没有对权力的追求,即使有,也很微弱。北美黑脚印第安人的人格几乎包含了具有安全感的人格的所有方面,他们的许多行为显示了很高的或充分的自尊。

(摘编自马斯洛:北美黑脚印第安人的人格. 霍夫曼编. 洞察未来——马斯洛未发表的文章. 许金声译. 北京:华夏出版社,2004.)

>>>

三、走向人本主义心理学

1. 历史背景

20世纪50—60年代,美国的经济繁荣,人们的物质生活水平不断提高。但

---

[1] 霍夫曼(1998). 做人的权利:马斯洛传. 许金声,译. 北京:改革出版社,128.

60年代初开始的越南战争①给人们带来了巨大的心理创伤。在经济表面繁荣的背后,出现了严重的社会问题:民众普遍对社会不满,社会内部矛盾非常尖锐,青年人对现实的不满引发出一场反主流文化的运动:宣扬个人主义,把满足个人欲望视为价值中心;同时,社会生活的异化导致了青少年价值观危机,学校教育面临严峻挑战,社会各界强烈要求改革当时的教育制度。许多青年人精神空虚,犯罪、吸毒、道德堕落问题严重,种族歧视突出,失业率居高不下。为了寻求精神上的解脱,青少年中出现了"嬉皮士"②等群体。

当时的美国心理学界,开始对行为主义心理学的作用产生质疑,对所谓的科学心理学——行为主义产生了不满,人们比较普遍地认为行为主义心理学只用外部行为和操作强化的原理来解释人的行为显然是行不通的。

这时弗洛伊德和荣格的精神分析已经介绍到美国,后来又有新精神分析学派的学者,如霍妮和弗洛姆等,移民到美国。但面对尖锐的社会问题,人们开始发现,精神分析的潜意识观也无法圆满地解释正常人的心理活动,更难解决更大的社会问题。在同一个时期,德国的格式塔心理学传到美国。他们多是受到胡塞尔(Husserl)所倡导的现象学哲学传统的影响。这些人有彪勒(C. Büler)、戈尔德斯坦、考夫卡等人。现象学主张从意识现实的直接经验中获得对外界的认识,要从整体上把握事物现象。

面对尖锐的社会问题,美国社会涌现出一种宣扬和平、关怀、爱情、自由,鼓励人们开发自己的潜能,帮助人们重新发现自我和人的尊严的人本主义思潮。而此时美国的人格心理学发展得已经相当成熟,许多人格心理学家已经出名,如奥尔波特(G. Allport)、墨菲(Murphy)等人。一些人格心理学家多从事过心理治疗研究,而当时美国式的心理治疗已经逐渐脱离精神分析的传统。

---

① 越南战争(1961—1975),是第二次世界大战以后美国参战人数最多、影响最重大的战争。这场战争持续了15年,仅前两年就有2000余美国青年死于越南战场。

② 嬉皮士,英语Hippie或Hippy的音译。本来被用来描写西方国家20世纪60—70年代反抗习俗和当时政治的年轻人。嬉皮士不是一个统一的文化运动,它没有宣言或领导人物。嬉皮士用公社式的和流浪的生活方式来反应出他们对民族主义和越南战争的反对,他们提倡非传统的宗教文化,批评西方国家中层阶级的价值观。嬉皮士后来也被贬义使用,来描写长发的、肮脏的吸毒者。直到最近保守派人士依然使用嬉皮士一词作为对年轻的自由主义人士的侮辱。当时的嬉皮士想要改变他们的内心(通过使用毒品、神秘的修炼或两者的混合)和走出社会的主流。远东形而上学和宗教实践与原著部落的图腾信仰对嬉皮士影响很大。这些影响在1970s演化为神秘学中的新纪元运动。由于许多嬉皮士在他们的头发里带花或向行人分花,因此他们也有"花童"的外号。

一些对人类潜能运动持有类似观点的心理学家，包括 C. 彪勒、罗杰斯、罗洛·梅(R. May)等人在内的一些著名的心理学家也在马斯洛等人的召集下，汇聚到人本主义的大旗下，一场新的不回避社会问题的心理学运动便这样应运而生了。①

2. 对行为主义和精神分析方法的扬弃

经历了对行为主义方法的热切追随，对精神分析学说的深刻理解之后，面对尖锐的社会问题给人们带来的巨大压力与烦恼，马斯洛指出，研究动物是有价值的，然而是不够的；研究精神病患者是有价值的，然而也是不够的。研究一般人的情况则无法解决问题。要了解精神不健全的人，我们应该首先了解精神健全的人。马斯洛建议把这一重要的新的知识来源——健全人的心理与行为特征，引入心理学与精神病学中去。正是这种对研究对象的根本性的拓展，使马斯洛成为心理学领域中继行为主义理论和精神分析理论两大势力之后的第三势力——人本主义心理学理论的领潮人。马斯洛的学术思想的形成不是偶然的，而是在继承中创新。马斯洛等人本主义心理学家并不反对行为主义所使用的某些行之有效的实验方法，甚至他们在对人性、价值和自我概念的研究中还主动运用这些方法。马斯洛对新弗洛伊德主义有着深刻理解。霍妮的社会文化精神分析理论、弗洛姆的人本主义精神分析理论对马斯洛的思想产生了深刻影响，这促使他彻底摒弃行为主义的简单化观点，形成了人格的动力观。

马斯洛博采众长，他吸收了格式塔心理学家韦特海默的整体人格观。从"完整"的角度研究心理现象，而不需要把零碎的感觉"拼凑"起来。这对当时主宰心理学的冯特—铁钦纳的研究方法②来说是一个全新的挑战。马斯洛把韦特海默视为与弗洛伊德同样伟大的心理学家。格式塔心理学派的其他代表人物如考夫

---

① 叶浩生(1998). 西方心理学的历史与体系. 北京：人民教育出版社，522—523.
② 冯特(W. M. Wundt)，构造主义心理学派的创始人；铁钦纳(E. B. Titchener)，冯特忠实的接班人。他们把人的直接经验作为心理学的研究对象，而研究心理现象的方法就是自我观察法，又称为内省法。在冯特创设的莱比锡实验室，对内省法的正确使用有明确的要求：被试必须能确定内省过程从什么时候开始；被试必须做好准备，集中注意力；被试必须重复内省多次；当被试在控制刺激及改变实验条件时，实验者(主试)要记录下被试报告的变化。

卡、勒温(K. Lewin)等都对马斯洛产生过不同程度的影响。戈尔德斯坦发展了完形理论,并且提出"自我实现"的理念,即人们在潜意识中对自己将来的渴望,是影响人行为的主要因素。因此,自我实现的概念也就注定对马斯洛有一种深沉的吸引力。

一般认为,马斯洛提出的人类动机理论和自我实现理论,与弗洛伊德的精神分析学说和华生的行为主义模型的差别很大。然而,对马斯洛个人来说,需要层次理论是他早期所接触的行为主义、精神分析学说以及阿德勒学说的模型在逻辑上的延伸。他认为自己是弗洛伊德学说的信奉者和行为主义者,而不是反对这两者的革命之父。自己是一个有创造力的整合者,而不是反对派。[①]

马斯洛通过研究格外健全成熟的人——他称之为人类中"不断发展的少数",来增进人们对于人及其潜力的认识。他认为一种综合性的行为理论必须既包括行为的内在的、遗传的决定因素,又包括外在的、环境的决定因素。弗洛伊德学派只注重第一点,而行为主义者只注重第二点,这两种观点需要结合在一起。我们必须考虑人的感情、欲望、希求和理想,从而理解他们的行为[②]。基于上述想法,马斯洛不断发展了他的整体的人格动力观、需要层次理论、自我实现理论、高峰体验与存在性认知学说、人类潜能理论以及超人本主义心理学理论等,并积极倡导建立学会组织、创办刊物。

3. 发起人本主义心理学运动

(1) 创办《人本主义心理学杂志》

20世纪50年代初,马斯洛开始和那些有类似想法的心理学家取得联系。1954年他以通讯的方式搜集了一份大约120多个人的名单,用交换各自油印作品的方法加强联系和交换看法。其中的萨蒂奇(Anthony Sutich)成了帮助马斯洛建立人本主义组织机构的主要助手。经过广泛征求意见和一番努力,布兰代斯大学的校长同意承担主办杂志的风险,《人本主义心理学杂志》第一期于1961年春正式出版,萨蒂奇任主编。《人本主义心理学杂志》的第一批订户和赞助者

---

① Ruth Cox. 后记:亚伯拉罕·马斯洛的丰硕成果. 见:马斯洛著(2007). 动机与人格. 第三版. 许金声,等,译. 北京:中国人民大学出版社,328—329.
② 弗兰克·G. 戈布尔(2006). 第三思潮:马斯洛心理学. 吕明,陈红雯,译. 上海:上海译文出版社,16.

就是早在马斯洛50年代末的通讯名单上的那些人。

（2）成立美国人本主义心理学会

随着人本主义心理学队伍的不断壮大，许多原来不在名单上的心理学家也开始与萨蒂奇联系。于是，萨蒂奇与马斯洛联系，并在奥尔波特提供少量拨款的帮助下，于1963年夏天在美国费城召开了美国人本主义心理学会的成立大会，由布根塔尔(J. F. T. Bugental)任第一任主席；马斯洛为大会致开幕词。会议共有75位心理学家参加。这次大会标志着人本主义心理学的正式诞生。这次会议讨论了人本主义心理学与精神分析和行为主义之间的关系，探讨了方法论问题，以及关于职业隔离感、孤独、挫折和价值观等方面的问题。[①] 到1966年，学会的会员增加到500多名，真正成为一个颇具影响力的心理学第三势力，而马斯洛也因为对人本主义心理学运动的贡献而被尊称为美国人本主义心理学之父。

<<< 专栏五

C. 彪勒与人本主义心理学会

彪勒(Charlotte Malachowski Bühler 1893—1974)，美籍德国发展心理学家，维也纳大学教授，出生于德国柏林，逝于斯图加特。1965—1966年任人本主义心理学会主席。1918年，她在慕尼黑大学获得哲学博士学位，随后与丈夫K.彪勒一起在德累斯顿机械研究院工作。1920年，她成为该院历史上第一位女讲师。1923年，由于洛克菲勒交流学者基金会的帮助，她前往美国哥伦比亚大学师从E.桑代克学习。回到维也纳后，她与丈夫一起创办了维也纳心理研究所，并在儿童心理学部门担任领导工作。C.彪勒在儿童心理学方面所作的研究对美国儿童心理学家A.格塞尔有着巨大影响。当纳粹横行德国时，她与丈夫一起到了挪威首都奥斯陆，稍后，于1940年去了美国。彪勒注重于儿童发展测验的研究，并与其助手赫策尔(H. Hetzer)编制了儿童发展量表，又叫维也纳量表。在美国，C.彪勒的兴趣从儿童心理学转向人本主义心理学的新运动，她和A.马

[①] 叶浩生主编(1998). 西方心理学史. 北京：人民教育出版社，531—534.

斯洛,C. 罗杰斯,V. 弗兰克尔一起,于 1964 年创立了人本主义心理学会。这样,她坚定地站在被马斯洛称为美国心理学"第三思潮"的一边。1965 年 11 月彪勒任美国人本主义心理学会主席,1969 年美国人本主义心理学会更名为人本主义心理学会,成为一个国际性组织。1970 年,C. 彪勒任人本主义心理学会国际顾问委员会主席。由于她的影响和国际威望,到 70 年代中期,人本主义心理学在一些欧洲国家建立了国际分会,在以色列、印度和中、南美洲的许多国家也都建有分会。在 1975 年出版的一份新闻通讯录中列举了 13 个国家的 52 个与人本主义有关的中心。

（资料来源：http://baike.baidu.com/view/266173.htm.）

>>>

(3) 明确人本主义心理学研究对象

马斯洛在《动机与人格》第一版(1954)中,曾经仔细讨论了当时心理学家的一些主要错误:"他们对人类所能达到的高度持悲观、消极、狭隘的概念,对人类生活的抱负估计不充分,将人类的心理境界定得太低。从目前心理学的现状来看,这门学科作为一个整体,在褊狭的概念和词汇的指引下,正以有限的手段过分追求狭隘或琐碎的目标。"[①] 马斯洛认为,当时的心理科学在展现人类消极方面取得的成就远远多于展现积极方面的成就,这种压抑和闭锁来源于三方面。首先,心理学表达了与正统宗教、经济学或社会结构同样的观念和世界观,例如过分注重实用主义和机能主义,过分注重技术和技术的种种长处而忽视了基本的人道主义原则、目的以及价值,结果使整个学科的研究陷入了非道德与混乱。第二,由于历史的原因,关心人类意动[②]和情感的学科,是精神病学而不是实验心理学。这样,动力心理学就注定成了消极的派生物。第三,人类的性格结构,尤其现实社会文化中的心理学家的性格结构所表现出的特定倾向性,也是造成心理学这种人为片面的因素;后来的心理学又一直维持了这种片面性。

马斯洛经过认真分析提出了改进措施,提出人本主义心理学研究的研究对

---

① 马斯洛著(2007).动机与人格.许金声,等,译.北京:中国人民大学出版社,305.
② 意动心理学(act psychology),又称意向心理学,19 世纪末奥地利心理学家 F. 布伦塔诺创立的以经验动作作为研究对象的心理学。他反对 W. 冯特把意识内容分析为感觉、感情元素,主张心理学研究的对象是经验的动作或意动;心理学的任务是要把经验者与环境联系起来研究。

象,应排除下列人群:精神病人、精神变态者、神经症患者、适应病态文化却不适应健康文化的人、不善于使用自己(作为普通人)的能力或者自己独特能力的人、由于某种原因而没有满足基本需要的人;取而代之的是,只选择相对完善的人类代表作为研究对象。这与当时以研究病人或普通人为研究对象的心理学相比,通过研究健康人而产生的心理学完全可以被称为"积极心理学"。

与过去的心理学相比,积极心理学至少出现了下列改变:选择不同的心理学的实验内容和主题;使用有区别的积极的词汇;衍生并使用新的中心概念,例如,成长、自发性、自我选择、接受、自主、潜力的实现等;心理统计、理论研究、实验设计的多种方法并举;消除许多传统的对立和两极分化;重视心理学在文化中的不同作用;减少对技术的强调,增加对性格发展的重视;对心理学的任务和范围的重新解释,将体现在大多数心理学教科书目录的变化以及研究生训练的变化之上。

事实上,当代心理学的研究发展趋向已经体现出了上述变化,例如人们在研究内容和研究主题的选择、研究方法的多元化、传统的学派对立的消除而代之以相互吸收彼此之间的合理成分、跨文化研究以及对文化背景的关注、对心理学的任务和研究范围的重新界定等方面都与马斯洛当年的预言有着很大的一致性,心理学家们对人类潜能的开发给予了越来越多的重视。

(4) 对"第三势力"的不满与超越

由于不满足于人本主义只关注个体自我及其实现,再加上受到东方智慧的影响,马斯洛认为,人本主义心理学并不是心理学发展的终极,而是一种过渡。"我认为第三势力的人本主义是一个过渡,是对更高级的第四心理学的准备,即超越个人的、超越人类的、以宇宙为中心而不是以人类需要为中心的、超越人性、同一性、自我实现等的心理学。"[①]马斯洛在20世纪60年代中后期经常和萨蒂奇等其他人本主义心理学家讨论超越人本的问题。他们开始酝酿关于这一新领域的心理学,即"第四势力"或超个人心理学(transpersonal psychology)。马斯洛认为这种心理学以宇宙为中心而不是以人的需要和兴趣为中心,它超出人性、

---

① Maslow, A H. (1968). Toward A Psychology of Being. Van Nostrand, P. 128, ⅲ—ⅳ。转引自马斯洛《动机与人格》中文版(2007),332。

同一性和自我实现的概念。在此基础上，马斯洛修正和拓展了他的自我实现心理学特别是需要层次论和自我实现论等。超个人心理学自诞生之后，在西方迅速发展，产生了巨大的影响。

1968年，马斯洛写信给萨蒂奇讨论这种新的"第四势力（Fourth Force）"的心理学，而萨蒂奇编辑的一种刊物正在筹划中。《超个人心理学杂志》(Journal of Transpersonal Psychology)的创刊号于1969年正式发行。创刊号的开篇文章选自马斯洛曾经题为《人性能达到的境界》的演讲。

当代心理治疗的实践从根本上受到了马斯洛和其他早期第三势力心理学家理论的影响。尽管马斯洛本人并不是临床心理医生，然而，他的理念仍然对心理治疗的实践产生了重要影响。他提出的不是一套技术体系，而是一种普遍人类关系的伦理取向[①]。马斯洛相信，综合运用不同临床方法可以达到满意的效果，成功的治疗师必须帮助个体满足其基本的需要，从而推动个体回到寻求自我实现的道路，这被马斯洛定义为"治疗的终极目标"。"真相的治疗"[②]功效是毋庸置疑的。学习如何突破个体的抑制，了解其自我，倾听其冲动的声音，揭开其追求成功的本性，获得知识、洞察——这些都是必备的条件。[③] 马斯洛和卡尔·罗杰斯的理论互相影响渗透，同时罗杰斯应用人本主义的这些概念提出新型的治疗程序，发展出了当事人中心疗法。

4. 人本主义的人性观：人性本善

人本主义心理学家非常重视人性的研究。他们相信，心理学家持有哪种人性观决定着其心理学研究的焦点，决定着他们对证据的收集和对事实的解释，也决定着其心理学理论的建构。马斯洛认为："每一位心理学家，不管他是多么强大的实证主义和反理论者，他的心灵深处都有一套关于人性的哲学。就好像他在受一张不完全明白的地图所指导，而他又否认这一点，以免受到新获得的知识

---

① Bugental, J. F. T. (1971). The humanistic ethic—The individual in psychotherapy as a societal change agent. Journal of Humanistic Psychology, 11(1), 11—25.
② 所谓"真相的治疗"是人本主义心理疗法中的一种理念，马斯洛和罗杰斯都坚信这一治疗理念对当事人的心理康复有良好效果。例如，他们主张引导来访者远离人格面具，远离某种虚假的生存状态，向着自我导向转变等。其中卡尔·罗杰斯在其著作《个人形成论——我的心理治疗观》中有详细论述。
③ Maslow, A. H. (1971). The farther reaches of human nature. Viking Press (Esalen Series), 52. 转引自：马斯洛《动机与人格》中文版(2007)，第331页。

的入侵和纠正。这张潜意识的地图或理论比他在实验室获得的知识更多地指导着他的反应。"[1]

马斯洛关于人性本质的看法,可概括为四点。第一,对心身关系问题的解释,马斯洛持心身合一的一元论观点。这表现在其需求层次论上:从生理需求到心理需求的发展是阶段性与连续性的统一。第二,关于人的天性与教养问题的解释,马斯洛持人性本善的观点。他认为,人类的天赋善根是其一生发展的内在潜力,人的本性是好的,至少是中性的,恶是派生的,是人的基本需要受挫引起的。如果善良行为是人类本性,那为什么邪恶行为会如此猖獗?马斯洛对这一问题的解释是:人的各种天性是软弱的,很容易被误解或被忽视,而且常常敌不过文化的影响。而人性中同时还存在着一种趋向于发展的内在动力和退回安全的内在趋势。因此从本质上说,整个人类就必须要有一个价值体系。第三,对知识来源问题的解释,马斯洛持综合观点,他认为理性主义所讲的先天理性、经验主义所讲的后天经验及现象论所指直觉,全都是知识的来源,而直觉则是一切知识的基础。第四,关于自由意志与决定论问题的解释,马斯洛持非决定论的看法,不但反对物质决定论,而且也反对精神决定论。因此他强调个人的行为决定于他自己,决定于他自己的需求和自由意志,此点正显示马斯洛思想的"人本"特征。

持续的成长是人本主义心理学家的主张。他们相信,人性之所以是发展的,是由于人所追求的自我完善和实际上的不完善之间有一种永久的紧张,这种紧张促使个体不断的发展和完善自我。因此,自我实现便成为人生永恒的追求。人性是自主的,能进行自我选择的。马斯洛认为人的自我必须是自动整合(integration)的和实现的。为了能通过成长过程而达到自我实现的目的,个体必须认识到自己的最终责任,通过自己的自由选择,克服现实生活中的种种限制,来发展与完善自我。

5. 存在主义价值观

马斯洛认为,整个人类有共同的价值观和道德准则,而且这些准则是可以用

---

[1] Serverin, F. (1965). Humanistic Viewpoint in Psychology. New York: McGraw-Hill, 23.

科学来证实的。他说:"似乎有一个人类的终极价值,一个全人类努力争取的远大目标。不同的作者给它取了不同的名字,如自我实现、自我完善、整合、精神健康、个性化、自主性、创造性、生产性,但他们都一致同意这些都意味着充分实现一个人的所有潜力,也就是说他能彻底成为一个真正的人,充分实现他的一切可能性。"①

马斯洛的价值观以"存在价值"为基础,以生物学、比较心理学、实验心理学和神经生理学的研究资料为依据,并在强调整体论、动力论和社会文化相结合的背景下,形成了自己的价值论体系。

6. 人本主义方法论:整体论模型

马斯洛等心理学家所推动和发展的人本主义心理学,在研究的方法论方面,反对把人当作动物和机器来研究,反对盲目地照搬自然科学研究方法的机械主义方法论,倡导以"问题为中心"而不是以"方法为中心",以"整体动力论"消除还原主义的弊端,消解科学与价值的矛盾,使心理学成为"价值科学",提倡性善论和对健康人格的研究,重视人的潜能、自由、责任和尊严,强调人性与社会价值的统一,建立起以人为中心的"人本主义"心理学方法论。

马斯洛关于心理机制的"整体论(holistic)"模型得出三个主要结论②:(1)神经症可以看做是自我实现通道中的障碍物。(2)协同性社会应由我们现在的社会体制自然进化而来。在协同性社会中,所有个体都可以达到更高层次的自我满足,而同时并不限制他人的自由。(3)工作效率对"人性的更高境界"的认识并非不可相互兼容;相反,更高层次的效率只有通过充分考虑每个人自我实现的需要才能获得。

四、独树一帜的自我实现心理学

作为人本主义心理学运动重要的领军人物,马斯洛发展了自我实现心理学,主要包括需要层次论(动机理论)、自我实现理论、高峰体验论等,这些理论主要分布

---

① 转引自:弗兰克·G.戈布尔(2006).第三思潮:马斯洛心理学.吕明,陈红雯,译.上海:上海译文出版社,82.
② 柯林·威尔森(2001).心理学的新道路:马斯洛和后弗洛伊德主义.杜新宇,译.北京:华文出版社,178.

在《动机与人格》[1]、《存在心理学探索》[2]和《人性能够达到的境界》[3]三部著作中。

1. 动机理论(需要层次理论)

马斯洛的著名论文"人类动机论"最早发表于1943年的《心理学评论》杂志。这一理论几乎可以运用到个人及社会生活的各个领域。马斯洛之前的大多数研究认为,人类需要可以按方式和目的割裂开来分别研究。而马斯洛则认为,要想充分了解人类动机,我们就必须着重研究最终目的或结果,而不是达到这种目的之手段。马斯洛是在跨文化研究基础上提出上述观点的,也就是说,虽然各种种族与各种文化可以有天壤之别,但最终的结果似乎都是相同的。驱使人类的是若干始终不变的、遗传的、本能的需要。这些需要是分层次的,是心理的而不仅仅是生理的,它们是人类真正的内在本质,但它们都很脆弱,很容易被扭曲,并被不正确的学习、习惯以及传统所征服[4]。

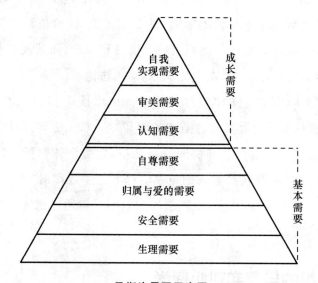

马斯洛需要层次图

资料来源:http://www.pep.com.cn/xgjy/xlyj/xlshuku/xlsk1/xldl/200810/t20081013_522746.htm.

---

[1] Maslow, A. H. (1954). Motivation and Personality. New York: Harper & Brothers.
[2] Maslow, A. H. (1968). Toward a Psychology of Being. New York: Van Nostrand Reinhold Company.
[3] Maslow, A. H. (1971). Farther Reaches of Human Nature. New York: Viking Press (Esalen Series).
[4] A. H. Maslow (1943). A Theory of Human Motivation. Psychological Review, 50, 370—396.

什么样的需要才算是一种基本需要呢？马斯洛认为，一种需要如果符合下述情况就可视为一种基本需要："缺少它引起疾病；有了它免于疾病；恢复它治愈疾病；在某种非常复杂的、自由选择的情况下，丧失它的人宁愿寻求它而不是寻求其他的满足；在一个健康的人身上，它处于静止的、低潮的或不起作用的状态中。"[1]

人类动机的发展和需要的满足有密切的关系，需要的层次有高低的不同，低层次的需要是生理需要，向上依次是安全、爱与归属、尊重和自我实现的需要。自我实现指创造潜能的充分发挥。追求自我实现是人的最高动机，它的特征是对某一事业的忘我献身，高层次的自我实现具有超越自我的特征，具有很高的社会价值。健全社会的职能在于促进普遍的自我实现。他相信，生物进化所赋予人的本性基本上是好的。越是成熟的人越富有创作的能力，邪恶和神经症是环境造成的。

值得注意的是，在需要层次理论中反映了马斯洛关于人类潜能的充分估计。早在20世纪初，美国著名的心理学家和哲学家威廉·詹姆斯就曾断定：普通人只用了他们潜力的极小部分。但在随后的五六十年里，几乎没有人致力于研究人的潜力以及如何发展这种潜力。马斯洛博士关于人类动机的普遍理论中，开始重视人类的潜能问题，他相信，所有的或至少几乎所有的婴儿，生而具有心理发展的潜力和需要。马斯洛关于人的潜能的研究是基于这样的理念：通过对全人类不足2%的精英进行研究，我们才能更好地了解了人类的潜力究竟是什么、有多大。

马斯洛在需要层次理论中，把自我实现的需要标定为最高层次的需要。在随后的研究中，自我实现的意义、本质、方法、途径、价值、社会理想等都得到系统阐述，成为具有整体特色的自我实现理论。

2. 自我实现论

如前所述，戈尔德斯坦关于自我实现的概念对马斯洛产生了重要影响。1943年，马斯洛著名论文"需要层次理论"一文发表之后，1950再一次发表了具

---

[1] 弗兰克·G.戈布尔(2006).第三思潮：马斯洛心理学.吕明,陈红雯,译.上海：上海译文出版社,33.

有重要影响的"自我实现的人:心理健康研究"的长篇论文(后收入《动机与人格》一书中)。这时,他还没有形成"高峰体验"的中心概念,但这却是迈向新方向的第一大步。尽管题目来自戈尔德斯坦,但文章的内容却是革命性的。自弗洛伊德以来——甚至是自沙可[①]以来,心理学首次停止了对精神疾病的研究。马斯洛所谓自我实现的人,都可以描述为在行为中具有相对的自发性,并且其内在的生活、思想、冲动之中更加具有自发性。他们的行为特征是坦率、自然,很少做作,但不意味着他们一贯不遵从习俗。

马斯洛对自我实现的人的好奇心开始于大学时代崇敬至极的两位教授:本尼迪克特和韦特海默。他们是他获得博士学位以后的老师。好奇心驱使他开始研究究竟是什么促使这两位师长如此卓尔不群。在记录他们的情况时,忽然想起可以把两人的个性加以比较,因为两人都有某种共同之处。这个发现引发了马斯洛对于自我实现者的后续研究,他试图发现这一类人物是否在其他地方也能找到。马斯洛把他研究的杰出人物称为"自我实现"的人。他的研究对象都是从他的相识、朋友、在世的与去世的名人以及大学生中选出来的。这些研究对象分为三类:案例、不完全的案例、潜在的或可能的案例[②]。对这些人以及他们的习惯、特点、个性和能力的研究使马斯洛提出了精神健康的定义。这种研究方法为行为科学开辟了一个全新的领域。马斯洛说:"通过对自我实现的人的研究,我们现在可以获得所有基本的见解,这些见解对哲学家来说是旧的,但对我们来说却是新的。"[③]

---

① 沙可(Jean-Martin Charcot,1825—1893),法国神经学家,1853 年在巴黎大学获医学博士学位,1860年在母校任病理解剖学教授。1862 年任萨尔拍屈里哀医院("巴黎女疯人院")高级医生,在那里建立了著名的神经病诊疗所,赢得了国际声誉。他研究发现癔病患者的病因常与性的因素有关,这对弗洛伊德产生了有力的影响。

② 包括在第一类里的有:亚伯拉罕·林肯,阿尔伯特·爱因斯坦,伊利诺·罗斯福,简·亚当斯,威廉·詹姆斯,斯宾诺莎,阿尔伯特·施威彻和阿尔德斯·赫胥黎;第二类包括了五位当代人,他们虽然没有完全达到要求,但仍然可以作为研究对象;第三类,马斯洛选入了 20 名朝着自我实现发展的年轻人以及一些当代名人。

③ 弗兰克·G. 戈布尔(2006). 第三思潮:马斯洛心理学. 吕明,陈红雯,译. 上海:上海译文出版社, 23.

马斯洛研究的杰出人物：伊利诺·罗斯福
　　资料来源：history1900s. about. com/.../photos/blyfdr149. htm.

马斯洛研究的杰出人物：爱因斯坦
　　资料来源：www. jwgallery. com/html/Albert_Einstein. html.

<<< 专栏六

马斯洛对伟人传记的研究

　　据马斯洛估计，人群中能够自我实现者不过十分之一，原因是除个人条件之外，还难免受到环境因素的限制。他选出美国名人中杰弗逊、林肯、爱因斯坦等人，认为他们都是自我实现的人。

　　马斯洛分析发现这些人的人格特质有几点相同：有良好的现实知觉；能正视自己、别人和自然；他们的活动和反应是自发的，而不是被迫的；他们能以问题为中心，而不是以自我为中心形成看法；他们有独立自主性，不轻易受环境和文化的支配；他们能认识人类；他们和为数不多的人发生深厚的友谊；他们有与众不同的鉴赏力和审美观；他们具有民主的价值观；他们有一种哲理性的、无敌意的幽默感；他们具有创造力；他们较常人有更多的高峰体验；他们有高度的社会兴趣，但不墨守成规。

　　(资料来源：Maslow, A. H. (1970). Motivation and Personality (2nd.). New York: Harper and Row.)

马斯洛研究的第一批年轻人是 2000 名大学生,但在这群人中他只发现了一个充分成熟的人。后来他决定在大学生中挑选出 1% 的最健康的人。马斯洛关于自我实现的操作性定义大致描述为:对天赋、能力、潜力等的充分开拓和利用。自我实现的人能够实现自己的愿望,对他们力所能及的事总是尽力去完成。自我实现的人是人类最好的范例,是马斯洛称之为"不断发展的少数"。

从研究方法上,马斯洛抛弃了挑选一般对象进行研究的传统统计方法。他认为:假如你想知道一个人一英里能跑多快或怎么才能跑得更快些,你不会去研究一般的跑步者。你研究的是跑得特别快的人,属于"不断发展的少数"的那种人。只有这些人才能使你知道一个人更快跑完一英里的潜力。"就人的价值理论来说,径直地依据统计,描述没经过挑选的人的选择,是不适当的。把好的选择者和坏的选择者的选择,把健康人的和病态人的选择,进行平均计算也是无益的。只有健康人的选择、感受和判断,能够告诉我们什么东西从长远来说对人类是有好处的。"[1]

马斯洛关于自我实现者的研究结果,可概括为以下 8 个方面:

第一,自我实现的本质论。包含自我实现的内涵和自我实现者的特征,即自我实现者的最基本的特征之一就是他们总是把注意力集中在自身以外的问题上,而不是以自我为中心,这意味着马斯洛所描述的自我实现者的特点只有在他们达到一定成熟程度之后才能得以实现。

第二,自我实现的人性论——性善论。马斯洛认为,自我实现者比大多数人更具有爱以及发展深层关系的能力。他们比平常人更能够品味孤独。他们的天性是民主的、友善的。

第三,自我实现的价值论。坚持对价值观的自然主义理解,把符合人性的最大价值视为最高的善。

第四,自我实现的动机论。包含需要层次理论并以此解释人类自我实现的内在动力机制。

第五,自我实现的类型论。划分为健康型和超越型两种自我实现类型。

第六,自我实现的高峰体验论。即提出自我实现或超越自我状态时会出现

---

[1] 马斯洛等(1987). 人的潜能和价值. 林方,译. 北京:华夏出版社,71.

高度的喜悦感。

第七，自我实现的途径论。即提出自我实现的八条途径，作为通向自我实现的步骤和标志，例如无我地体验生活，全身心地献身于事业；做出成长的选择，而不是畏缩的选择；高峰体验是自我实现的短暂时刻；发现自己的先天本性，使之不断成长[1]。

第八，自我实现的社会理想论。即主张改造病态社会，并建立一个"心理学乌托邦"[2]。

自我实现者，并不意味着完美无缺。他们也偶尔会表现出异常的、出乎意料的无情。但他们是非常坚强的人，在需要的时候，他们能超越常人的能力表现出一种外科医生式的冷静。假如他们有谁发现自己长期信任的人不诚实，他们就会毫不惋惜地中断这种友谊，而并不感到痛苦。他们中的一些人能很快从哀悼亲友死亡的情绪中恢复过来，以致显得有些无情。

最后一点，也是马斯洛未来发展来看最重要的一点，即许多自我实现者都具有高峰体验、神秘体验，或称之为"海洋感情"——那样一种无限视野展现于你的眼前的感觉。

3. 高峰体验论

（1）高峰体验的概念

高峰体验(peak-experience)是马斯洛1962年首创的自我实现心理学中的一个重要概念[3]。它既是自我实现者的重要特征，又是自我实现的重要途径。因此，领悟和拥有高峰体验均是感悟人生价值、塑造自我心灵和开发创造潜能的重要条件。

马斯洛认为，高峰体验是人在进入自我实现和超越自我状态时所感受到的一种豁达与极乐的瞬时体验。他说：

---

[1] Maslow, A. H. (1968). The farther reaches of human nature. Journal of Transpersonal Psychology, 1, 1—9.
[2] Maslow, A. H. (1970). Motivation and Personality. 2nd ed. New York: Harper and Row.
[3] A. H. Maslow(1962). Lessons from the peak-experiences. Journal of Humanistic Psychology, 2, 9—18.

"这种体验可能是瞬间产生的、压倒一切的敬畏情绪,也可能是转瞬即逝的极度强烈的幸福感,甚至是欣喜若狂、如醉如痴、欢乐至极的感受。"①

"最重要的一点也许是,他们都声称这类体验中感到自己窥见了终极真理、事物的本质和生活的奥秘,仿佛遮掩知识的帷幕一下子给拉开了。突然步入了天堂,实现了奇迹,达到了尽善尽美。"②

(2) 资料来源与研究方法

马斯洛关于高峰体验的资料来自于三个方面:首先,马斯洛同大约 80 个人进行个别谈话,并对 190 名大学生做了问卷调查。问卷调查的指导语如下:

"请回想一下你生活中那些最美妙的体验,那些最幸福的时刻,那些使人出神入迷的时刻,那些销魂夺魄的时刻。你也许是因为坠入情网,聆听音乐,被一本书或一幅画'陡然一惊'而进入这样的时刻的,或者你也可能是因为处于某一超乎寻常的创造时刻而达到这样的体验的。首先请你将这些时刻悉加列举,然后,尽量告诉我:你处在这样的敏感时刻感觉如何?你这时的感受同其他时候有何不同?在这种时刻,你是否觉得自己在某些方面变成一个全然不同的人?"③

其次,马斯洛曾收到 50 位读者的来信,他们因看过马斯洛发表的论文,因而主动来陈述个人的高峰体验。

第三,马斯洛还对大量的有关神秘主义、宗教、艺术、创造、爱等方面的文献做了广泛而深入的分析。从这些资料的研究中,马斯洛发现了各种不同形式的高峰体验。

(3) 对高峰体验的描述研究

马斯洛从大约 100 个人的各式各样的描述中,列出了一些对高峰体验来说通常用到的词汇,这一系列词与自我实现者的存在价值相同。它们是:真、善、完整、对两极对立的超越、活跃、独特性、完美、必要性、完成、公正、秩序、单纯、丰富、自如、谐谑、自足。

---

① 马斯洛等(1987). 人的潜能与价值. 林方,译. 北京:华夏出版社,366.
② 同上,367.
③ 马斯洛(1987). 自我实现的人. 许金声,刘锋,等,译. 北京:生活·读书·新知三联书店,273.

马斯洛的研究发现，高峰体验带有几乎每个教派和每种信仰习惯上认为属于宗教经验的极大多数特点。威廉·詹姆斯称这些经验为"神秘经验"，并加以详细描述。马斯洛报告说，信教的人和认为自己不信教的人似乎都用极其相同的话来描述这些经验。于是他相信，把这一经验从超自然的含义中分离出来是可能的，因为它同时也是自然经验。[①]

（4）高峰体验时的存在性认知

在研究高峰体验的过程中，马斯洛接触到了一种特殊的认识活动，这种认识活动与由个人匮乏需要组织起来的认知形成了对比，当一个人产生高峰体验时，这个人就会用全部身心感知到一个超乎寻常的世界，一切都变得神圣了，一切都变得美好了，一切都被重新界说了。这种认知能力被马斯洛称之为存在认知（being cognition）。存在认知是"目的性认知"，它的特点是：超越自我，其体验或对象倾向于被看做是超然独立于任何关系，对象是作为本质被完全把握的；它不仅超越时空，而且是摆脱了任何文化、历史框架和外部的绝对认知；存在认知是一种结构化整合认知；存在认知是被动性、开放性和创造性认知；它是具体性与抽象性相结合的认知；它能全面地、充分地、真实地、不断丰富地感知对象，把握事物的本质；存在认知是在认知对象中对主体自我的真正占有[②]。

客观来说，高峰体验对人的身心、态度、个性乃至人的自我实现确实有较大的积极作用。但是，个性完善、心理健康受许多因素制约，既有类似高峰体验的主观因素，又有与高峰体验有密切关系的客观因素。因此必须系统而非孤立地看待高峰体验，看到其他因素的作用以及这些因素与高峰体验的相互关系，以免过分夸大其价值。

五、全方位的社会影响

马斯洛的需要层次理论、自我实现理论、高峰体验理论在管理、教育、营销、

[①] 弗兰克·G. 戈布尔(2006). 第三思潮：马斯洛心理学. 吕明，陈红雯，译. 上海：上海译文出版社，51—52.

[②] Maslow, A. H. (1968). The farther reaches of human nature. Journal of Transpersonal Psychology，1，1—9.

医学、文化艺术、新闻与广告等多个领域产生了深远的社会影响。这种影响不论是过去还是现在,也不论是在强调个人主义的西方国家还是强调集体主义的东方国家,都渗透到了人们生活的方方面面,我们分别举例来看这些影响。

1. 管理领域:开明管理理论之父

1962年夏天,马斯洛应邀来到加利福尼亚,访问了一位非线性系统(Non-Liner Systems)公司的工作人员。这家公司是一家生产数字仪表的高科技生产车间。这次访问成为他的一个转折点,马斯洛把研究开始转向管理心理学。马斯洛回忆到:"我的转向也是因为我对群体治疗的浓厚兴趣。个体治疗对群体治疗是无效的。我原以为教育是改变社会的最佳途径,现在看来在工作环境中的效果更好。"[1]

(1)《优心态管理》与 Z 理论

马斯洛在非线性系统公司第一次接触到一个现代公司企业的开明管理。每天晚上马斯洛都要对着录音机录音,其录音也就是一本非正式的日记,最后整理成了一本叫《优心态管理》(*Eupsychian Management*)的书出版。该书不仅描写了非线性系统公司的创举,而且也包括了马斯洛对所观察、研究和做过记录的人和组织机构的想法和思考。他除了观察之外,还如饥似渴地阅读了有关"这一社会心理学迷人的新领域"的书籍,如彼得·德鲁克(Peter Drucker)的《管理原理》和麦格雷戈(McGregor)的《企业的人性》。这两本书被普遍认为是有关非线性系统公司所进行的实验的经典著作。麦格雷戈在书中抨击了那种他称之为"X理论的管理方法",即企业界最常见的一种专制的管理形式,这种管理理论认为人类大多是低能的,只能被告之去做什么;接着阐述了一种主要基于马斯洛基本需要理论的"Y理论管理方法",这是一种基于人本主义理论的管理方法,这一理论把人看做独立的个体并尊重人权。马斯洛认为这些十分重要,但还不够,进而在《优心态管理》中提出了 Z 理论,或称之为人类群体的关系理论。这一理论认为所有工人无论其智商高低都具有生存及更高层次的需要,都具有潜在的超越

---

[1] 马斯洛(2007).动机与人格.许金声,等,译.北京:中国人民大学出版社,339.

需要。马斯洛也因此被誉为开明管理理论的奠基人①。

<<< **专栏七**

马斯洛在管理领域的影响趣事

1954年夏天的一个晚上,马斯洛和妻子贝莎在沿加利福尼亚海岸卡梅尔的一号高速公路驱车行驶。由于疲劳,他们决定中途找一个小旅店临时住一夜,但沿途却找不到这样的地方。当时天色已晚,他们把车开到了一个名叫"大苏尔温泉"的地方(后更名为"艾萨伦学院")。看门人是一个态度生硬的东方人,名叫贾富。他粗鲁地问:"你们要干什么?"听了他们的解释后,他扔给他们一支笔,要他们在登记册上登记。贝莎对这种无礼感到难以忍受,想马上离开,但是,她的丈夫疲乏极了,已经顾不上太多。看了一眼马斯洛的签名后,看门人立即瞪大了眼,盯着这对疲惫的中年夫妇,兴奋地问道:"马斯洛?亚伯拉罕·马斯洛?"态度也大为改变,他友好地向马斯洛鞠躬致意,同时大声重复着:"马斯洛!马斯洛!马斯洛!"不一会儿,培训中心的创办者冲了出来,自我介绍后,他高兴地告诉马斯洛,全体工作人员正在共同阅读几本《存在心理学探索》,研究他的思想,并解释说,"大苏尔温泉"是一个新成立的热衷于探索的机构,它由一群对人本主义心理学及其产生的影响感兴趣的作家和心理治疗家领导,举办各种工作坊。

(资料来源:霍夫曼著(2003),许金声译。马斯洛传——人的权利的沉思(修订版).北京:华夏出版社,250—251).

>>>

马斯洛认为,优心态管理方法适用整个社会,而不仅仅是工业领域。一个优心态社会要使其成员识才爱才,挑选优秀者做领导者。马斯洛声称,在一个理想社会中,任何成功、财富、地位应该完全与能力、技术和才干联系起来。

---

① Edward Hoffman(1988). Abraham Maslow: Father of enlightened management. Training Magazine, 79—82.

(2)《别忘了,我们都是人:马斯洛论管理》

马斯洛的另一本与管理学密切相关的著作《别忘了,我们都是人》[①],近年来在中国产生了重要影响。本书的主要内容是马斯洛论管理,马斯洛和他的朋友德彼娜·C.斯蒂芬斯和加里·赫尔先生合著而成并由李斯翻译的。美国南加利福尼亚大学马歇尔商学院著名教授沃沦·本尼斯在该书的新版前言给予了高度评价,认为该书的新版发行"真是奇怪"。马斯洛本人在本书的导言中认为该书利用了人类本性一直低估了的那些真正具有革命意义的发展成果。中国社会科学院管理学博士王先锋在2001年2月22日《光明日报》著文指出,这是一本沉默了近37年的书,一本差不多连首印数都没有卖完就消失得无影无踪,埋入废纸堆中无声无息的书,突然间却冒了出来,激起人们的兴趣。这本著作原本并没有引起各方关注,更谈不上著名,但随着社会向管理社会转化,以人为本的管理思路,愈来愈受到全社会的关注,一跃而成为管理论丛中的名著。该书通过并不复杂的章节,创造性地提出了需求层次论、自我实现理论、高峰体验等人本主义心理学的主要内容,非常清楚地表明了管理的核心就是以人为本[②]。2004年中国标准出版社再度出版了该书。

2. 商业领域:关注消费者的尊重需要

(1) VALS 项目

对于马斯洛理论最直接、最成功的商业应用是在美国加州门罗帕克的斯坦福国际研究中心(Stanford Research International,SRI)的一个项目,这个项目被称为"VALS(Values and Lifestyles)",即价值与生活方式。这个项目用一种独特的方法描述了美国人的状况。以马斯洛的需要层次理论为基础,VALS系统把美国人分为九类,并对其进行了详尽的描述。其中每一类都描述了"一种独特的生活方式,决定这种生活方式的是一系列具有鲜明特征的价值、驱动力、信念、需要、梦想和独特的观点"[③]。这项对于需要层次理论的应用正在以一种强有力

---

① 马斯洛(2001). 别忘了,我们都是人:马斯洛论管理. 李斯,译. 北京:中国标准出版社,科文(香港)出版有限公司.
② 王先锋. 尘封37年的奇书. http://www.library.sh.cn/dzyd/spxc/list.asp?spid=5.
③ 马斯洛(2007). 动机与人格. 许金声,等,译. 北京:中国人民大学出版社,341—342.

的方式影响着数百万美国人的生活。

（2）中国酒业促销

马斯洛的层次需要理论在中国的酒业营销方面也得到了广泛应用。例如，《中国糖酒年鉴2006》刊载论文"高度细分，精确营销"，文章分析认为消费者需求符合马斯洛提出的需要层次理论，即把人类的需求分为五个层次：生理需求、安全需求、爱与归属的需求、自尊的需求、自我实现的需求，按照这一理论，消费者对白酒的需求从最初的价格便宜，产品质量稳定，包装精美已上升为个性化消费，时尚消费，身份的象征等等，这些需求无疑是复杂多样的，只有满足消费者的需求才能生存，所以区域性品牌必须用产品的细分来适应市场的需求。《中国酒业年鉴2000》则刊文"透过市场现象看京酒品牌的'文化构思与设计'"认为，随着人们精神文化生活水平的提高，人们的消费越来越趋向于对文化品位和生活情调的追求，正如马斯洛层次需要理论所指出的那样。翁向东在2007年的"打造高档白酒品牌的四大法则"中指出，如何找到目标消费群的需求呢？根据马斯洛的需要层次理论，"自我实现的需求是最高层，每个人都各有不同，个性太强，几乎没有共性，所以这个层面选择放弃。但是以下两个需求：尊重与社交却是高端消费者一定会需要满足的需求，所以我们所提供的核心价值，一定要紧紧围绕尊重和社交带给目标人群的利益进行有的放矢的演绎，只有这样才能触动人心，真正从内心深处打动我们的目标消费者，吸引他们喜欢乃至爱上我们的品牌。"

3. 教育领域：人本主义教育观

马斯洛、罗杰斯等人本主义心理学家发展出的人本主义教育观，是注重发展学生的态度、情感和独立学习的一种教育哲学。人本主义教育观在教育理念、教育内容、教育模式等诸多方面对教育产生了重要影响。

（1）唤醒和实行"存在价值"

与其他梦想家一样，马斯洛相信，通过改变对年轻人的教育可以创造一个新社会。马斯洛认为，在年青一代中唤醒和实行"存在价值"（existential value）将产生一种新的文明之花。教育中的人本主义价值观已经成了许多改革和教育先锋的旗帜。马斯洛取向的核心是唤醒自我确信、洞见、自发性以及成长。他曾经这样说："生活中的一切都是教育，而每个人都是教师，也永远都是一个小学生。

如果说在我一生中经历过的最伟大的教育,教给我最多的人,一定是那些教会我认识我是哪种人的人和事……比如我的婚姻、身为父母等,那些推动我、赋予我力量,使我更高大更强壮、成为更完整的人的经历。"[①]

苛勒(Herbert Kohl)以及许多别的教育改革家已经把这种哲学在美国的公立和私立学校里加以推行,例如提倡开放教室,创办新的教室环境,其中教师不再作为独裁者的角色存在,而是作为平等的人和学生交谈,尊重学生的兴趣等。人本主义教育的基本主题集中在四个方面:个体自己学习和同一性发展的责任;支持并承认爱和自我价值的需要;教师作为一个开放教室的代理人;在学习过程中开展同伴小组的学习,比如,由学生主导的讨论小组,通过小组互动过程促进个体的成长。

在教育过程中,学生的"愿望"被认为是需要层次理论里的一个关键因素。情感教育强调在学习者和教师产生愿望之前不应该使用任何策略。一所公立学校应用马斯洛的层次理论,诸如自我概念、自我洞察、自我理解、自我实现之类的个人需要和愿望的概念,使课程个性化,从而更容易学习。

(2) 重视学生的全面发展

马斯洛的理论主要在以下三方面推动了学校教育对学生全面发展的影响。

对多重智力和创造力的重视。根据马斯洛的观察,所有自我实现者都是具有创造性的。他相信解决一个问题有很多方法。他曾用来警告学生的话后来经常被引用:当你只有锤子的时候,每个问题都开始像钉子。加德纳(Howard Gardner)基于多年的认知心理学和神经心理学的研究,发表的多重智力理论,支持了马斯洛所提出的解决问题及实现自我有很多方法的观点。伦纳德(George Leonard)则把马斯洛关于人类潜能的理论、进行革新的学校、脑研究实验室和实验社区结合到一起。他相信,正如马斯洛一样,大脑的最终的创造潜能也许是无限的。

重视对整个人的教育。从人本主义教育到后人本主义的教育,超越了自我接受,而主张自我超越。后人本主义教育意味着对整个人的教育,一个促使人体验存在于自身的神秘过程,重点是学习如何学习,主张学习是一个过程,一个不

[①] 马斯洛(2007).动机与人格.许金声,等,译.北京:中国人民大学出版社,335.

断思考并探索个人转变的旅程。马斯洛提倡学校的存在应该是帮助人们洞察自己,并且基于此形成自己的价值体系。

重视对学生性格的教育。公众教育的早期倡导者把道德教育视为理所当然之事。1916年美国著名教育家杜威曾说:教育理论的一个众所周知的常理是,学校教育和纪律教育的一个普遍目的就是性格的树立。两年后,美国教育协会任命的中学教育改革委员会就公众教育的目的发表声明,其中有关教育的七项原则之一就是在教育中要塑造学生的道德和性格。然而,逐渐盛行的弗洛伊德和行为主义的观点是后来美国教育体制中轻视性格发展的主要因素。而对于公共教育中的这一问题,马斯洛的观点非常明确。他认为精神价值是有"世俗"意义的,它们并不为有组织的教会所独占,也不必用超自然的概念加以证实。这些精神价值是整个人类的普遍责任。

(3) 发展学习技术,提高自我期望水平

马斯洛关于人类的潜能理论也成为发展学习技术的基础。学习技术和新的学习工具,如放松技术、心像技术、催眠、直觉①、睡眠学习、记忆提高和思维游戏等,适于帮助学习者克服恐惧、自责、扭曲的或限制自身能力发展的自我意象②等。后人本主义的学习技术正在被教师和咨询师所使用,这一点已经在很多适用于课堂的游戏和技术的书籍中得到了证实。

马斯洛强调,如果我们想要更加深入地认识自我,很有必要保持高水平的期望,更加关注人类可塑性能够延伸的范围。他曾经在讲台上向他的学生提出了一个重大的问题:

"你们中间有谁期待成为自己领域中的巨人?"

全班学生茫然地看着他。长时间的沉默后,马斯洛说:"如果不是你,那么还会有谁呢?"③

---

① 直觉(intuition),指不经过复杂智力操作的逻辑过程而直接迅速地认知事物的思维活动。
② 西方的意象,具有瞬息性、随意性、隐喻性的特点,所有主观事物或客观事物都借意象直接处理,讲究感知表象的组合。
③ Wilson, C. (1972). New Pathways in Psychology: Maslow and the post-Freudian revolution. London: Victor Gollancz. p.15. 转引自:马斯洛(2007). 动机与人格. 许金声,等,译. 北京:中国人民大学出版社,339.

4. 社会学领域:从协同作用到协和社会

马斯洛的理论与当时的社会实践活动是紧密相连的。这一方面是因为他以及其他人本主义心理学家一开始就关注着如何用心理学解决社会问题;另一方面还表现为他们甚至设立专题研究社会问题的解决策略,试图提出有效的心理学策略。

(1) 关于协同作用的概念

马斯洛研究的杰出人物:
露丝·本尼迪克特
资料来源:www. sociosite. net.

协同作用(synergy)这一名词和观念来自于露丝·本尼迪克特,这位哥伦比亚大学的人类学教授被马斯洛称之为自我实现的典范。本尼迪克特认为:在相互合作的社会团体中,个体之间相互帮助,从而使所有成员都产生一种归属感;而在充满竞争的社会团体中,人们更注重的是地位、财产和暴力。本尼迪克特在1941年的一系列讲座中更发展了关于合作性社会团体的观点,并创造了"协同作用"一词去描绘它。她竭力想找到一种方法来把各种社会作为一个统一的整体,或说是作为一个系统来研究。她把这一系列讲座的笔记①给了马斯洛,她的思想给马斯洛留下了深刻而持久的印象。本尼迪克特在关于协和社会的研究中,提出了社会的"高协同"和"低协同"概念,并对马斯洛说:高协和社会和低协和社会在财富分配方式上似乎有差别。这为马斯洛开展关于协和社会研究有重要的启发意义。

马斯洛对这一概念进行了详细阐述。他认为,这一概念可以用来概括不同的文化。在高协同的文化中,对某个人有益的,同时也对大家有益,反之亦然,例如广泛推崇利他行为的文化。而在一种低协同的社会中,对某个人有益,而对其他人则有害,反之亦然,例如,个人的成功必须要他人付出代价的组织。一个社会既能与人性相协和,又能与之相抵触。最理想的社会就是善有善报的社会,在

---

① 直到本尼迪克特去世以后,马斯洛才发现这些笔记是孤本。

这个社会里追求个人利益的人也能造福社会。

（2）一项关于宗教力量的研究

马斯洛认为，在不安全社会中，神祇和其他超自然的存在总是可怕而无情的。马斯洛为此设计了一项实验：被试选取的是布鲁克林学院的一些学生。他把几十个学生分成心理安全与不安全两组，并向其中的信教者提了一个问题："如果你一觉醒来发现上帝就在你屋里或朝着你看，你会有什么感觉？"学生的答复呈现出如下倾向：心理安全的学生会觉得安全舒适，而心理不安的学生则会十分恐惧。

马斯洛对西方宗教的文献研究表明，在不安全的社会里，掌握宗教大权的人往往会用它来谋取私利；而在诸如祖尼人（Zuni）那样的安全社会里，宗教力量总是被用来求雨，保佑收成，造福社会。在祷告的形式、领导的形式、家庭关系的形式、男女关系的形式、性生活的词汇以及友谊的形式等方面，区别了协和及非协和这两种相互矛盾的生活方式[①]。

（3）建立协和社会

1938年夏天对黑脚印第安人部落的考察使马斯洛坚信，可能确实存在比西方主流社会更富有人情味的社会文化模式。他着力于构想新的社会风范，以使人们之间缩短距离，从而在情感上更安全。但第二次世界大战的爆发，明显地改变了他的生活方向以及研究取向。在他看来，这次战争是人类的偏见、仇恨和卑鄙心理的缩影。

在经历了关于协和社会的研究后，马斯洛试图寻找建立协和社会的方法与策略。他开始为促进社会协和做更直接地理性思考，关于超越自发性，通过T小组训练法[②]建立共同体，友谊、亲密感以及共同体的培育，以人本主义心理学为

[①] 弗兰克·G.戈布尔（2006）．第三思潮：马斯洛心理学．吕明，陈红雯，译．上海：上海译文出版社，99—101．

[②] T小组：T小组训练法（又叫做"敏感性训练"）是美国社会心理学家勒温于1946年创造的。T小组的主要目的是让接受训练者学会怎样有效地交流，细心地倾听，了解自己和别人的感情，其通常的训练方式是把十几名受训练者集中到实验室，或者是远离工作单位的地方，由心理学家来主持训练，时间为一二周或三四周。在这个小组里，成员没有要解决任何特殊问题的意图，也不想控制任何人，人人赤诚相见，互相坦率地交谈，交谈的内容只限在"此时此地"发生的事情。经过一段训练之后，人们慢慢地发现了自己的内心世界，发现了平时不易察觉到的或者不愿意承认的不安和愤怒的情绪。另外，由于细心地倾听了别人的交谈，也能逐渐地设身处地地体察别人，理解别人。实践证明T小组训练法是一个有效地改善人际关系的方法。

依据建立新政治,关于美国政治的进一步思考,沟通,对罪恶视而不见,北美黑脚印第安人的文化与人格等文章都是他生前思考的痕迹。

5. 医学领域:提高医生境界,重视患者需要

日本的医学博士春山茂雄所著的《脑内革命》[①],曾被伍立杨在《博览群书》1997年第7期这样评价,"这是一本在1996年轰动全日本,并波及东南亚的畅销书,本书已出版近400万册,被公认为开创了日本10年以来的最高纪录。作者从科学的角度分析了豁达乐观对疾病的强大抗力,并从生活细事诸如吸烟、开快车、谈恋爱、饮酒……展开去谈人的欲望层次,当中融入孔子及现代心理学家马斯洛的学说、理论,而其着眼点,同时又在证明从名利欲这些低档欲望提升到助人为乐、严于律己的崇高欲望时,它对健康的作用力。"

东京齿科大学教授寺川国秀等根据美国心理学家马斯洛的"人类需要层次论",结合他数十年临床经验提出的"牙医学需求变化论",论证了美学牙医学学科形成的必然性和重要性,这一理论在牙医学界具有广泛影响。[②]

6. 文学艺术领域:关注人类审美需要

马斯洛的需要层次理论在文学、雕塑艺术、建筑创作等领域被人们应用着、讨论着。杨文会在《论雕塑艺术创作多元化发展趋势》一文中认为,"马斯洛关于的人的需要层次论分析了人类社会不断发展进步的根本原因。原本是物质的世界,是艺术在精神层面上将人类推向艺术化的理想式的生活空间,也是人类迈向更加自由的,更能体现人的生存价值的人类社会的主要媒介。雕塑艺术在人类文化进程中将以其文化特质的特殊形式发挥其不可替代的重要作用。"[③]

胡家祥,聂振斌的论著《文艺的心理阐释》一书,"在阐释过程中有选择地吸收弗洛伊德、荣格、马斯洛、皮亚杰以及柏格森、克罗齐等的相关思想,应该说这是坚持'拿来主义'的有益尝试。"[④]

---

① 中译本由郑民钦翻译,中国对外翻译出版公司1997年出版。
② 孙少宣(2001). 美学在牙医学中的位置与功能. 见中国口腔医学年鉴,1998—2000.成都:四川科学技术出版社.
③ 杨文会(2005). 论雕塑艺术创作多元化发展趋势. 见中国雕塑年鉴2005. 合肥:安徽美术出版社.
④ 文艺的心理阐释。中国文学年鉴2006. 中国文学年鉴社.

庄惟敏《关于建筑创作的泛意识形态论》[①]认为,根据马斯洛的人类需求的层级理论,人们对环境和产品的需求是由低级向高级,由物质向精神逐级发展的;建筑作为一个社会产品在传达文化信息之前首先应满足作为使用功能的物质需求,并进而强调了房子这种建筑产品应具有满足功能的使用价值。

六、结束语

作为实验心理学家的马斯洛,在猿猴研究方面取得了卓越的成就,哈洛教授对此给予了高度评价,桑代克教授也因为他在这项研究中的出色表现而为他提供了在哥伦比亚大学博士后奖学金。作为人格心理学家的马斯洛,在20世纪60年代,正当人们厌烦了行为主义心理学家和生理心理学家对于人的过于简单的、机械主义的解释时,帮助人们找到了生活的意义和目标,把人性带回到心理学、把人带回到人格的研究领域。

作为人本主义运动的重要发起人,他积极推动创办学术刊物,成立学术组织,引导讨论研究主题,并独树一帜地创立了需要层次理论、自我实现理论、高峰体验理论等一系列理论。这位赋予了人本主义心理学以某种程度学术威望[②]的心理学家,由于其突出的贡献,自然而然地被人们尊崇为人本主义心理学之父。

强烈的使命感是马斯洛一生研究的不竭动力。马斯洛亲历了行为主义心理学和精神分析学派对当时尖锐的社会问题无力给出满意解释的时代。历史呼唤着心理学家、哲学家从积极方面看待人的本质,消灭战争、提倡和平,促进人类和谐发展。马斯洛抱着对国家、对社会、对人类的强烈使命感,把毕生精力投入到了人本主义心理学运动中。半个多世纪以来,亚伯拉罕·马斯洛也许比其他任何一位心理学家都更加强烈地影响了我们看待自身的方式,教会我们用积极的心态面对一切。

如果说用概括的语言来描述马斯洛一生的研究成果和他所表现出的人格特征,并不是一件容易的事情。因为他的许多工作是开创性的,而他的研究内容是

[①] 庄惟敏(2005).关于建筑创作的泛意识形态论.见中国建筑艺术年鉴2003.北京:北京出版社.
[②] 杜·舒尔兹,西德尼·埃伦·舒尔兹(2005).现代心理学史.叶浩生,译.南京:江苏教育出版社,385.

与时代精神紧密相连的,随着社会的变革而不断变换,马斯洛本人的人格也呈现出了不断完善、发展的特点。任何不恰当的概括,都可能影响到读者对他的公正认识。然而,追寻心理学大家的成长足迹,探寻他们开拓性研究的时代背景,能更好地发现时代精神对心理学研究的呼唤,对当今社会选择新的研究主题和方法有很重要的借鉴意义。

有不少学者对马斯洛的理论提出过批评,在西方,人们对马斯洛理论的最通常的批评是,他选取了少数几个他宣称是自我实现的人,通过研读他们的文献和档案或者与他们交谈,就得出关于什么是自我实现的结论,这听起来似乎不是一种好的科学方法。然而,作为一个有着强烈的生理学倾向的行为主义者,马斯洛确实相信科学,他的理论也扎根于生理学。他的本意是试图拓展心理学的研究领域,把人群中最优秀的人包括进来而不仅仅研究病态的人。另一种批评,也是马斯洛难以做出回应的,就是他对自我实现概念的限定。戈尔德斯坦和罗杰斯把自我实现当作任何一个活生生的人的可以达到的目标:努力成长、变得更强、实现其生理"命运",而马斯洛把自我实现的目标仅仅人局限在了人群中的1%~2%才有可能达到。此外,还有一种批评就是关于层次需要理论中低级需要与自我实现的顺序,不应是一成不变的[①]。

上述批评反映了马斯洛有关理论存在的缺陷。然而,瑕不掩瑜,马斯洛的层次需要理论、自我实现理论、管理理论等并没有因为理论中存在着缺陷而减弱学术影响和应用价值,甚至还有可能在我国构建和谐社会中不断发挥出其强大的优势。

---

① C. George Boeree. Personality theories: Abraham Maslow. http://webspace.ship.edu/cgboer/maslow.html.

陈大齐年表图

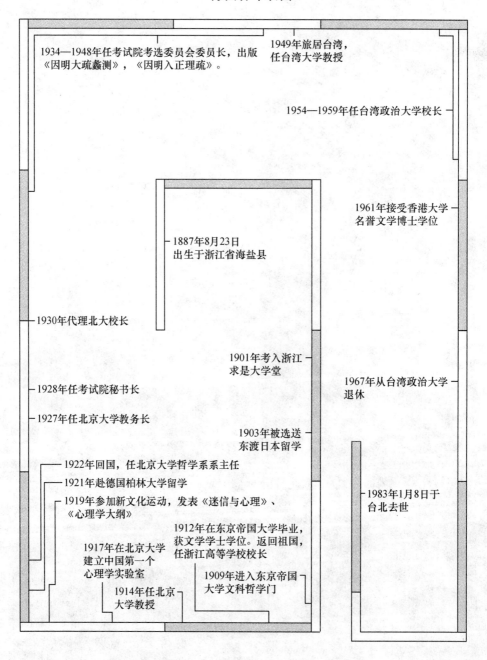

谈起现代中国心理学，一位必须要提到的学者就是陈大齐先生。陈大齐(1887—1983)是我国著名的心理学和哲学教授、杰出的教育家，也是建立中国科学心理学的功臣之一。2001年，中国心理学会组织全国理事和国内各高校的心理学系主任投票，评选出20世纪对中国心理学发展有重大影响的十件大事，其中第一件就是1917年北京大学哲学系陈大齐教授创立了中国第一个心理学实验室。陈大齐早年留学于日本东京帝国大学，学习西方的实验心理学，之后将西方的心理学理论带回国，在中国努力传播冯特的科学心理学思想。他编著的《心理学大纲》于1918年出版，这是中国第一本大学心理学教材，标志着中国科学心理学的诞生。他早期从事心理学科研和教学，后来兴趣转向逻辑学，广泛研究中外各学派学术思想，并以现代科学方法解析孔孟思想，学术成就颇丰，著作等身。

一、生平经历

陈大齐,字百年,1887年8月23日出生于浙江海盐县的一个书香世家。陈大齐和他的弟弟陈大燮①,后来都学有所成,名扬天下。

陈大齐5岁进入海盐尚书厅徐氏家塾就读,学习《千字文》、四书五经等,历时8年,遍读群经,为他后来研究儒家学说奠定了坚实的基础。1900年,13岁的陈大齐随父亲到上海,进入江南制造局附设的广方言馆学习。广方言馆是当时全国最新式的教育机构,但只开设了中文和英文两门课程,还没有数、理、化、史等科目。1901年,陈大齐考取浙江求是大学堂预科,在此学习的一年多时间里,陈大齐和其他学生一样,以学习西学、兴民救国为宗旨,刻苦学习数学、外语等课程②。

时值清朝末年,清政府软弱无能,内忧外患,国势颓顿,全国各地革命浪潮涌起。当时,有识之士大多远赴西洋留学,而求是大学堂则决定陆续选送高材生去日本留学。陈大齐读了邹容的《革命军》,被这本充满爱国革命热情的书深深感染,进取心勃发,立志出国学习掌握高深的学问回来报效祖国。1903年夏,陈大齐以优异的成绩被选送到日本留学。

东渡日本后,陈大齐先在东京的补习学校学习日文,并学习数理等学科三年。1906年他考入仙台第二高等学校(即东京帝国大学预科),学习英文、德文、法律、经济等学科。1909年毕业后,升入东京帝国大学文科哲学门,专攻哲学,学习东西方哲人思想异同以及研究方法,对理则学(现代称逻辑学)有独特兴趣。当时东京帝国大学的哲学门分为主、辅两科。陈大齐受著名心理学家元良勇次郎教授③的影响颇深,对心理学产生了浓厚的兴趣。因此,他选择心理学为主科,

---

① 陈大燮(1903—1978),字理卿,浙江海盐人。早年毕业于交通大学,后去美国普渡大学攻读机械工程,获硕士学位。1928年回国,先后任浙江大学副教授,中央大学、交通大学教授。1959—1966年任西安交通大学副校长。曾当选第二、三届全国人民代表大会代表,九三学社中央委员。
② 杨达寿,等(2007).浙大的校长们.北京:中国经济出版社,56.
③ 元良勇次郎(Yujiro Motora,1858—1912),日本心理学的奠基者。1883年赴美国入波士顿大学攻读哲学。1885年入霍普金斯大学,1888年在霍尔(Stanley Hall)的指导下获哲学博士学位。1888年任日本东京帝国大学(今东京大学)文科大学心理物理学讲师,1890年任教授,1891年被授予文学博士学位。他是日本最早的心理学教授。1900他建立了日本第一个心理学实验室。1906年成为日本帝国学士院会员。他培养了众多的日本著名心理学家。

以理则学、社会学为辅科。1912年夏天，25岁的陈大齐从东京帝国大学文科毕业，获得文学学士学位。

毕业后，陈大齐立即返回祖国，担任浙江高等学校校长，并与同为海盐人的查漪云女士喜结良缘。半年后，陈大齐担任北京法政专门学校预科教授，讲授心理学和理则学。1914年，应北京大学校长胡仁源①之聘，陈大齐转到北京大学任教授，讲授心理学、理则学、认识论和哲学概论等课程，充分发挥了他在东京帝国大学所学之长。1917年，蔡元培担任北京大学校长。在蔡元培的支持下，陈大齐在北京大学创立了中国第一个心理学实验室，为哲学系学生开设心理学课程和教授心理学实验。1918年，陈大齐编著的《心理学大纲》由商务印书馆出版。这是较早和影响较大的大学丛书之一，也是中国的第一本大学心理学教材，标志着中国科学心理学的诞生。

1919年，五四运动开始。陈大齐曾经是《新青年》杂志的政论作者之一。在当时的科学与灵学的论争中，他努力发扬科学精神，发表了"辟灵学"、"心灵现象论"等文章，率先以心理学朴素唯物论观点以及有关意识与无意识的若干经验事实，对灵学利用扶乩宣扬神灵等反科学宣传和迷信思想进行了较深刻的揭露和批判。

1919年3月，陈大齐等发起以研究心理学为主的学术组织"哲学研究会"，邀请胡适作"佛家心理学与近世心理学异同"的讲演，随后，陈大齐主讲了"心理学之流派"、"观察及报告之心理学"、"意识之流"和"中国文字直读横读之实验研究"。哲学研究会名家云集，为发展北大心理学作出了重要贡献。1919年4月，在蔡元培，陈大齐的领导下，北大对入校新生进行了心理测试，这是中国大学新生心理测试的先例，也是对旧的教育制度、古老的"贤人观"的一次冲击。1920年冬，陈大齐赴德国柏林大学学习德国心理学的最新发展以及西洋哲学。次年冬，他重返北京大学，担任哲学系主任。当时的北京大学哲学系名师如林，如蔡元培、胡适、蒋梦麟②、陶孟和③等。1926年，北京大学心理学系成立，陈大齐为首

---

① 胡仁源(1883—1942)，字子珊，浙江吴兴人。前清进士，后留学英国，毕业于推而蒙大学。曾任京师大学堂教员、北京大学预科学长等职。1914年1月至1916年12月，任北京大学校长。
② 蒋梦麟(1886—1964)，字兆贤，浙江余姚人。美国哥伦比亚大学教育学博士，曾任国民政府第一任教育部长，行政院秘书。从1930到1945年担任北大校长。
③ 陶梦和(1887—1960)，生于天津。社会学家，曾任中国科学院副院长。

任系主任。1927年,他担任北京大学教务长,主持北京大学校务,兼任北平师范大学、女子师范大学、朝阳大学等校的教授。

1928年,国民革命军北伐成功。依照国父孙中山先生的理想,建立五权分立的政府。考试院首任院长戴季陶①知道陈大齐的贤能,任命他为考试院首任秘书长。至此,陈大齐正式转入政途。1929年,国民政府教育部将原北京大学改称为国立北平大学北大学院(对外仍称国立北京大学),由陈大齐任院长;同年7月,北平、浙江两大学区制终止,"北大学院"恢复国立北京大学原名,国民政府再次任命蔡元培为校长②,但因为蔡元培当时已经担任中央研究院院长,因而由陈大齐任代理校长。1931年春,陈大齐辞去代理校长一职,南下仍任考试院秘书长;1932年冬,任考试院考选委员会副委员长。1934年冬,陈大齐任考试院考选委员会委员长,创建崭新的考试制度,扫除了历代科举考试的弊端,拓宽了选拔人才的途径,为考试制度的完善作出了很大的贡献。在考试院工作期间,陈大齐的学术兴趣逐渐转向了理则学,撰有《因明大疏蠡测》等书。1948年夏,他辞去考选委员会委员长,任总统府国策顾问。至此,他在考试院任职已长达二十余年。

1949年,新中国成立,国民党逃往台湾。已是国民党高官的陈大齐也来到台湾,任台湾大学、台湾师范大学教授。1952年,他当选为国民党中央评议委员。1954年至1959年,他任台湾政治大学校长。1956年,国民党教育部门授予陈大齐文科学术奖金,以及"经师人师"的匾额,以称赞他一生在学术和教育上的成就。1960年起,陈大齐任台湾"长期发展科学委员会"在政治大学设置的研究讲座教授,至1971年退休,时年84岁。1983年1月8日,陈大齐在台湾因病逝世,享年96岁。

陈大齐在心理学和理则学上都颇有建树。他早期从事心理学的教学和研究工作,写作发表了《心理学大纲》、《哲学概论》、《迷信与心理》、"民族心理学的意义"、"北京高小女生道德意识之调查"和"德国心理学派略说"等论著。译著有

---

① 戴季陶(1891—1949),中国国民党的早期干部和理论家。早年留学日本,参加同盟会。辛亥革命后追随孙中山,参加了二次革命和护法战争。孙中山逝世后,成为国民党右派理论家,推行反共政策。1949年2月在广州自杀。

② 从1917年到1926年,由于张勋复辟,以及北洋政府逮捕北大师生等事,蔡元培曾前后7次辞去北大校长,分别是在1917年,1918年,1919年2次,1922年,1923年,1926年。

《审判心理学大意》(〔德〕马勃原著)和《儿童心理学》(〔德〕高伍柏原著)。后来他的研究与教学逐渐转向理则学领域,广泛研究中外各学派的学术思想,撰有《印度理则学》及《因明大疏蠡测》等书。进而又探索先秦儒家思想,并以现代科学方法解析孔孟和荀子的学说,著有《实用理则学》、《名理论丛》、《孔子学说》、《荀子学说》和《孔子言论贯通集》等专著二十余种。陈大齐前期对中国心理学发展做出了卓越的贡献,后来又努力将儒家思想发扬光大,其幼年在私塾中所背诵的儒书都为其所用,不愧为一代"经师人师"。

老年陈大齐
资料来源:周进华(1986).
经师人师——陈大齐传.台北:
商务印书馆,2.

二、心理学先驱的学术与教学之路

1. 求是情缘①

清朝末年,自甲午海战清军惨败后,国势危如累卵,国民深受触动、倍感忧虑。此时,康有为、梁启超等有识之士发起了"戊戌变法"。在维新思潮推动下,各地相继兴办了一些新式学堂,浙江求是大学堂就是其一。求是大学堂原名求是书院,是由重视教育、支持维新变法的杭州知府林启于1897年创办的。1901年,求是书院改称浙江求是大学堂,招收新生100名,陈大齐有幸考入求是大学堂预科,他从此与浙江大学的前身求是大学堂结缘。

陈大齐在求是大学堂学习仅一年有余,但却深受求是学风影响。在一生探求学问的过程中,他始终奉行求是大学堂萌生与彰显的"求是"精神。他遵循《求是书院章程》第四款"学生"栏内第一条标准,即要"行诣笃实"。因为"讲求实学,要必先正其志趣",然后才能"精其术业"。他注重学习算学、外语等西学课程,为去日本留学以及后来去德国进修打下了一个良好的基础。

当时,许多读书人都去西方国家留学,取其所长,洋为中用。求是大学堂的

---

① 杨达寿,等(2007).浙大的校长们.北京:中国经济出版社,52—53.

创立者林启在留学方面却自有独到见解,认为留学西洋不如留学东洋,因为日本与中国国情相近,日本明治维新之后,不到20年就已经成为强国;而且去日本留学的费用比去西洋留学的费用要少得多,当时去西洋留学一个人的费用足可以供10个人去日本留学。因此,求是大学堂开始选拔优秀学生赴日本留学。在留日风的影响下,陈大齐以优异的成绩,于1903年夏被选送去日本。

值得一提的是,1903年(癸卯年),清政府颁布张之洞、荣庆与张百熙共同重订的《奏定学堂章程》,亦称癸卯学制。它名义上是新学制,实际上却未摆脱旧学制的影响。当时,陈大齐还在求是大学堂就读,实行的也是这个学制,因此,他也看到了旧学制的一些弊端。1912年1月9日,蔡元培担任南京临时政府的教育总长,上任伊始即着手改革旧学制,建立新学制。同年5月,公布《普通教育暂行办法》和《普通教育暂行课程之标准》。1913年(癸丑年)8月,陆续公布了各类学校规程。这些也就是此后被称为"壬子学制"、"癸丑学制"的新学制。至此,我国近代新式教育制度才算奠定了基础。

顺应新制,浙江高等学堂改称浙江高等学校,学堂负责人改称校长。1912年秋,陈大齐从日本学成回国,被聘为浙江高等学校校长,任期半年有余。他顺应改革潮流,也做了一些教学与教材改革,特别注重德智体美教育,为母校的发展作出了贡献。之前在孙智敏任学堂监督时,浙江高等学堂被浙江都督府占用了一些校舍。陈大齐任校长时期,经过一些周旋仍未如愿要回这些校舍,学校的教学也受此影响,他只好借用贡院的师范学校部分房屋作临时的校舍,继续完成对已招学生的教学工作。

1914年,浙江高等学校停办。当时已在北京大学任教的陈大齐十分关心家乡的教育事业,与教育界同仁一起创办了浙江大学。1921年12月,浙江省议会又提议创办杭州大学,陈大齐与蔡元培、蒋梦麟等人一起被推选为筹办杭州大学董事,继续为浙江省教育事业出谋划策。

2. 北京大学耕耘十六载

1914年,陈大齐离开浙江高等学校,转到北京大学教授心理学、理则学、哲学概论等课程。从1914年到1931年,陈大齐在北京大学任教、任职长达16载,占其漫长教学生涯的一半。陈大齐在北京大学为培养心理学人才、稳定教学秩序及学校的发展作出了重大贡献。

（1）开创：中国第一个心理学实验室

陈大齐在东京帝国大学学习期间，受著名心理学家元良勇次郎的影响，以心理学为主科。元良勇次郎是日本第一位获得认证的心理学家，1885年在美国约翰·霍普金斯大学师从霍尔①获得博士学位。其导师霍尔是科学心理学的创始人冯特②的第一个美国学生。受此影响，陈大齐学习的心理学理论以及他后来宣传的心理学知识都传承了冯特的心理学思想。

作为中国现代心理学先驱之一，陈大齐为推动中国的心理学发展作出的贡献，最突出的莫过于建立了中国第一个心理学实验室。就此而言，他亦可与他的师祖冯特相媲美。冯特建立了世界上第一个心理学实验室，陈大齐建立了中国第一个心理学实验室，可谓中国科学心理学第一人。

陈大齐很受北大校长蔡元培的重用和赏识。1917年，在蔡元培的支持下，陈大齐创办了中国第一个心理学实验室。这个仅有一间房的心理学实验室位于北京大学图书馆前面，在门上有块标有"心理仪器标本室"的牌子，室内条件也显得有些简陋，但它作为中国第一个心理学实验室，具有开创中国现代科学心理学的意义。1918年，陈大齐开设了心理学实验的课程，并另开辟一间房专供学生做实验用。1956年担任中国科学院心理研究所所长的潘菽院士③当时还是北京大学哲学系的学生，也曾经在这个实验室做过心理学实验。陈大齐还在哲学系开设了认识论、心理学方法论课程，使学生们知道科学概念及其演变的历史。

---

① 斯坦利·霍尔（Granville Stanley Hall，1844—1924），生于美国马塞诸塞州艾士非的乡村。美国心理学家、教育家，美国第一位心理学哲学博士，是美国心理学会的创立者，发展心理学的创始人，将精神分析引入新大陆的第一人，也是冯特的第一个美国学生。

② 冯特（Wilhelm Wundt，1832—1920），德国心理学家，科学心理学的创始人。从1851年起，升入蒂宾根、海德堡、柏林等大学专攻医学。1856年获医学博士学位。1858年受聘做赫尔姆霍茨（Hermann von Helmholtz，1821—1894）的助手，自此转入精神科学领域，重视"感观知觉"的问题。1874年出版《生理心理学纲要》，是实验心理学的第一部重要专著。1875年又应聘到莱比锡大学任哲学教授，1879年在莱比锡建立了世界上第一个心理学实验室。这个实验室很快发达兴盛起来，成了国际性的研究机构，培养了一批人才，他们在世界上成为心理学史的重要人物。

③ 潘菽（1897—1988），江苏宜兴人。1920年毕业于北京大学哲学系。次年留学美国，主修心理学。1955年当选为中国科学院院士。1956—1983年担任中国科学院心理研究所所长。是我国理论心理学的主要倡导者和学术带头人。

<<< 专栏一

蔡元培与中国第一个心理学实验室

1879年,冯特在德国莱比锡大学建立了世界上第一个心理学实验室,并成立了心理学研究所,就此宣告了科学心理学的诞生。大批外国学生来到莱比锡投奔到冯特门下学习心理学,这些学生后来回到各国都成了发展本国心理学的主力,其中包括中国著名的教育学家蔡元培。1917年到1926年,蔡元培在担任北京大学校长期间,采取了许多改革措施,如改进心理学课程、研究心理学课题等,为把科学心理学引入中国作出了重要贡献。他十分重视心理学的学科地位,一直把心理学当作我国必须建立的科学体系中不可或缺的方面,并着力引导它沿着冯特开创的科学心理学新方向发展。蔡元培认为心理学从前隶属于哲学,不是科学。如果应用物理的方法、生理的方法来研究它,就成为科学了。他在1917年支持陈大齐在北京大学建立了中国第一个心理学实验室。中国有了培养心理学人才的教学机构,为中国现代心理学的建立奠定了人才基础,中国的心理学进而得以逐渐发展、壮大。

(部分引自:杨媛(2006).蔡元培的心理学思想及其贡献.中国地质大学学报(社会科学版),6(6):77—85.)

>>>

1920年11月,陈大齐赴德国学习德国心理学的最新发展,并为北大心理实验室购置一批心理学实验仪器。当时德国因为粮食缺乏,马克对外币的汇率大幅下跌,所以德国人很不欢迎外国人入境。陈大齐一行人在办理护照时,饱受德国人的冷漠态度和防范心理。陈大齐在柏林聆听了斯顿夫[①]教授的心理学课程,并考察了几家心理实验仪器商店。在资金匮乏的情况下,想方设法为北大购置了一批心理学实验仪器,使心理学实验室初具规模。

[①] 卡尔·斯顿夫(Carl Stumpf,1848—1936),生于德国巴伐利亚。在哥廷根大学获博士学位。1894年在柏林大学得到了德国心理学中最荣耀的教授教职。他是音乐心理学研究的先驱。

白鼠的学习

心理系的实验

音域的辨别

在北大进行的心理实验

资料来源:北京大学心理系提供。

虽然到1926年北京大学才成立心理学系,但在建系之前,由于陈大齐等著名学者的努力,北大心理学的学术活动异常活跃。创办于1917年的《北京大学日刊》连续数年几乎不间断地刊载心理学的学术文章,校园里讨论心理学问题也蔚然成风。陈大齐为北京大学心理学系的成立和发展立下了汗马功劳。后来,北京大学心理学系逐渐发展强大,为中国培养了一批优秀人才,如中国科学院上海生理研究所老所长张香桐院士[①],以及刚已提到的中国科学院心理研究所老所长潘菽院士等。

(2)传播:中国第一本大学心理学教科书

在20世纪初期,当代中国心理学建立伊始,深受日本心理学的影响。晚清时期,受日本明治维新的影响,中国也进行了一场教育改革。心理学首次作为一门独立的学科在中国一些教育机构被讲授。许多学者(包括陈大齐)被派往日本学习,也有不少日本专家应邀使用翻译成中文的日本教材来中国讲学。1902年,任教于清朝京师大学堂(北京大学前身)的日本学者服部宇之吉(Hattori Unokichi),在中国出版了《心理学讲义》[②]。那一时期,中国的心理学教学采用的都是从日文翻译成中文的教材。

无独有偶,第一本中国人撰写的心理学书也是在日本完成并出版的。1898年,一名叫陈榥的中国学生赴日本帝国大学学习工程。在主课学习之余,他写了《心理易解》一书,先于1905年在日本出版,后于1906年在中国再版[③]。1906年,江苏宁属学务处出版了江苏师范学校编的《心理学》,这本书并非独立著述,但也不同于译著,是由师范学校学生将日本教员口授笔记整理编纂而成的。次年,由商务印书馆出版了王国维翻译的丹麦海甫定著的《心理学概论》(译自英译版)[④]。但这些书籍都不是由心理学专业人士撰写的,对心理学的阐述也不够专业和全面。

1912年,从日本学成归来的陈大齐不仅带回了冯特的心理学思想,而且全身心地投入到心理学教学与科研中。1918年,他根据自己多年教学的讲义修订

---

① 张香桐(1907—2007):河北人。1933年毕业于北京大学心理系,1943年赴美留学,获耶鲁大学哲学博士,1958年当选为中国科学院院士。是我国对神经生理贡献最大、最负国际盛誉的神经科学家之一。
② 傅小兰,编(2006).荆其诚心理学文选.北京:人民教育出版社,154—155.
③ 同上.
④ 潘菽,陈立,王景和,陈大柔(1980).威廉·冯特与中国心理学.心理学报,4,367—376.

而成的《心理学大纲》由商务印书馆出版,并在之后的十年里先后印刷了 12 次。它是中国第一本大学心理学教科书,以通俗易懂的文言文和新式标点符号,比较系统地介绍了德国冯特和美国詹姆斯(William James)的学说,概括了当时西方科学心理学的丰富内容和最新成就,包括许多经典实验的数据、图表、假说、学说、原理和定律。这本书的出版,如春风席卷中华大地,使科学心理学在半殖民地半封建的旧中国广泛传播开来。就此而言,陈大奇也可谓在中国广为传播科学心理学的第一人。

《心理学大纲》共 15 章 216 页,其中感觉和知觉占了一半的章节和篇幅,反映了早期在感知觉领域开展科学心理学实验研究取得的辉煌成果。陈大齐在这本书中阐明了心理学的科学定义:

> 心理学之定义,学者不一其说;或曰,灵魂(Soul)之学也;或曰,意识(Consciousness)之学也;或曰,行动(Behavior)之学也。灵魂为宗教家语,意义暧昧,非科学家所宜言;故近今心理学家咸摒弃是说,不复用之。意识学之定义,虽为普通学者所采用,然意识之义过狭,不足以概括心理学对象之全部。盖无意识的精神作用亦当为心理学所研究,若定义为意识之学,则无意识的精神作用不得不见摈于斯学之外;(此意识学之定义所以未见其充当也。行动学之定义,为近时一派学者所主张;但此义过泛,易于与生理学之对象相混淆,故亦未待一般学者之称许。)当今最普通最简单之定义曰:心理学乃研究心作用之科学,即研究精神作用之科学也。[1]

在上述定义中,陈大齐明确指出心理学既不是常识,也不是哲学,而是科学。他同时谈及了"无意识"以及行为主义,它们都是当时西方心理学研究的热点问题。

心理学是科学,科学研究是建立在一定的假设基础上的。因此,心理学研究也有三个"假定事项"[2]:

(1) "精神作用为真实常住之事实",即心理学以精神作用为研究对象,是真实常住的事实,而不是幻妄虚无的;

---

[1] 陈大齐(1933). 心理学大纲. 上海:商务印书馆, 3.
[2] 同上, 7.

(2)"是等精神作用更可以吾之精神作用观察而研究之",即心理学(精神作用)是可以用我们自己的精神作用进行观察来研究的;

(3)"精神作用皆遵循一定之法则",即心理学是科学,科学就是要研究贯穿在不同现象中的共同规律。

同时,书中还介绍了科学心理学的研究方法。一方面推崇近代以来在自然科学中普遍采用的归纳法,即观察各种现象,得到统一的法则;另一方面又提出心理学的研究方面不同于其他科学,其研究方法自然也有自己的特异之处,主要有三种方法:内省法(introspection)、外观法(observation)和实验法(experiment)。陈大齐认为,偏重内省或偏重外观,都有弊病,应该"并用二法,短长相辅"。他还指出,实验法是当代心理学的普遍研究方法,"一切心理学莫非实验的心理学(experimental psychology)"。

此外,陈大齐还提出,应将对精神作用进行生理学说明的方法,视为心理学的普通研究法。书中第二章专门介绍了精神作用的生理基础。从自然科学的唯物主义立场出发,依据当时所积累的科学研究成果,剖析作为精神作用的物质基础的神经系统。

《心理学大纲》还博采众家之长,介绍了德国冯特和美国詹姆斯的研究资料和学说。例如,讨论了构造心理学和机能心理学两大学派的优缺点,并较为推崇前者;在情绪与情操一章,讨论了冯特和詹姆斯-兰格(James-Lange)学说的论争等。

<<< 专栏二

构造心理学与机能心理学

近时心理学者之研究精神作用,其态度颇不一致。有分析全部精神作用以求其最简单之元素,而后自简至复,以论其造成种种复杂作用者,是曰构造的心理学(Structural Psychology);此派学者可以德人 Wundt 为代表。其研究态度,与化学之析物质为七十余元素而论其化合者,大略相同。亦有不重分析,但欲说明精神作用是全体具有何种机能,对于外界之顺应具有何种效用者,是曰机能的心理学(Functional Psychology);美之 James 可为此派之代表。此二种态度虽各有短长;然机能的心理学不以分析为务,终不免流于散漫,缺乏系统,故自理论上言之,要以构造的心理学之态度为合乎于科学的研究法。

(摘自陈大齐(1933).心理学大纲.上海:商务印书馆,10—11.)

<<< 专栏三

詹姆斯-兰格(James-Lange)学说

情绪发动之时,必有身体之表出为之伴,既如上述矣。近时生理的心理学发达之结果,有一部分之学者,反抗旧说,以为身体上之变化非受情绪之影响而始生,实际上适与是相反。情绪之生,反以身体上之变化为基础,申言之,有机体认识刺戟,即引起身体上之变化,而身体上起变化时之感情,即是情绪。始倡此说者,为James与Lange,故曰James-Lange之学说。James有言曰:"吾人非因悲而哭,乃因哭而悲也"。James-lange之学说,于心理学者中虽占一部分之势力,然犹未足为定说也。

James-Lange之倡此说,其根据有二:(1)情绪所伴之表出运动,若胥引而去之,则情绪亦随以消减。例如当哭泣之际,若止其声而拭其泪,使之不得有悲情表出之运动,则悲哀之情亦渐消减。(2)饮酒服药,可以唤起情绪,例如饮酒者别无可乐之理由,而手舞足蹈,不知所措。

Wound批评James-Lange之学说,以为有三大缺点,足以破坏其说:(1)据James-Lange所说,身体上之表出运动应先起,心中之情绪应后起,然徵之实际,情绪在先,表出在后,身体变化尚未显著时,情绪已甚明确。(2)使James-Lange之说而真,则情绪之区别,当与表出运动之区别相一致。然喜悦与愤怒时,情绪虽相反,而身体之表出相同。生理作用同,而心理作用异,此非James-Lange之说所能解释者也。(3)James-Lange之学说,又与心身并行之理相背。情绪与表出,两相并行而已,非表出运动能生情绪也。

(摘自:陈大齐(1933).心理学大纲.上海:商务印书馆,139—141.)

在被封建思想统治了几千年的旧中国,《心理学大纲》中介绍的科学原理以及研究成果,点亮了科学的火种,且星星之火得以燎原,对反对封建迷信、解放人民的思想起到了巨大的促进作用。陈大齐的《心理学大纲》对20世纪中国心理学发展的推动作用不亚于他建立的中国第一个心理学实验室的影响。

(3) 导引:中国第一篇介绍民族心理学的文章

1900至1920年间,冯特撰写出版了十卷本巨著《民族心理学》。民族心理学是社会心理学的前身,研究语言、艺术、神话、宗教、社会风俗、法律与道德的表现,借此研究人类心理发展的各个阶段[①]。中国是拥有五千年历史的文明古国,拥有56个民族,具有宝贵的研究价值。

陈大齐传承了冯特的心理学研究思想,在传播科学心理学的过程中,自然要将冯特对民族心理学的研究发扬光大,将民族心理学引入中国。1919年,陈大齐在《北京大学月刊》上撰文"民族心理学之意义",介绍冯特在1900年已出版的八卷《民族心理学》的研究目的、研究方法及其主要内容(卷1、2言语,3艺术,4、5神话及宗教,6风俗,7、8社会),以及冯特1912年的新著《民族心理学要论》。他认为前八卷是用分析法,而《民族心理学要论》是用综合法,前后互为补充。他还列举了其他学者在民族心理学方面的著作。

<<< **专栏四**

民族心理学之意义(节选)

Wundt的民族心理学的研究方法有两种:(1)分析的研究法,(2)综合的研究法。他的民族心理学八卷把言语神话等分别开来,用了普通心理学上的分析法,研究他们的表达;这便是第一种的研究法。对于这些现象,要想施行很深的心理的分析,当然非用这样的研究法不可。但是用了第一种方法,分门别类了,各现象的关系便不容易明白。其实这种现象都互相有联系,而在原始时代,关系尤密,几乎不能互相分离。言语受神话的影响,艺术是神话发达的因子,风俗习惯又到处受神话的维持。要想了解这种错综的关系,非用综合的研究法不可。

---

① 引自:荆其诚,傅小兰(2008).心坐标·当代心理学大家.北京:北京大学出版社,35—36.

他后来所著的民族心理学要论便采用第二种研究法,分四大时期叙述,成了一部人类发达的心理史了。但是用了第二种研究法,心理的分析便不能很深,所以这两种方法须互相补助,采用这两种研究法的他的两部著作,也是互相补助,缺一不可的。

(摘自:陈大齐(1919).民族心理学之意义.北京大学月刊专集 1919—1922.北京:北京大学出版社.)

陈大齐在文中指出了民族心理学与个体心理学、人种学、社会学的联系与区别[①]:

(1) 个体心理学研究精神作用,主要研究法是实验法,而民族心理学研究精神的产物,精神的产物是永久的,主要采用观察法。

(2) 人种学的中心问题是人种的现状、起源、移住、混合等;民族心理学虽不能不以人种学的结果为基础,但中心问题却是各个民族共通的精神发达现象。起源不同的民族,可能发展出类似的文化,而人种相近的民族,在民族心理学上看起来,可能文化程度相差甚远。这两个学科互相辅助,但根本的研究问题不同。

(3) 民族心理学与社会学的区别在于:社会学研究社会的状态,采用横向研究;民族心理学研究心理的和精神文化的产物,采用纵向研究。

通过《民族心理学之意义》一文,陈大齐率先将民族心理学的思想和方法引入中国,向国人展示了一个全新的研究领域。

(4) 实践:北京高小女生道德意识之调查

20 世纪初期,冯特的美国学生们将实验心理学传播到美国,促进了美国心理学的产生和发展。20 世纪 20 年代,美国出现行为主义心理学,从美国留学回国的留学生(如郭任远等)深受行为主义的影响,热衷于开展生理心理、动物心理的研究。陈大齐与这些留美回国的心理学家不同,他没有受到行为主义的影响,比较喜欢的研究方向是他导师的导师——霍尔所关心的教育心理学。他提倡心理学

---

① 部分引自:陈大齐(1919).民族心理学之意义.北京大学月刊专集 1919—1922.北京:北京大学出版社.

的科学实验,同时也注重联系我国的实际,在我国开创了心理学的调查研究。

在当时内忧外患的社会背景下,陈大齐与很多知识分子一样,希望用毕生所学来报效祖国。他以儿童为研究对象,在1918年开展了关于"北京高小女生道德意识之调查"的研究,并将调查结果进行分析统计,列出答案细目,发表在《北京大学月刊》上。这是国内较早的心理学研究报告。这项研究主要采用问卷法(问卷曾送到浙江、江苏、江西、山西、山东五省),其目的是为了弄清周围的真实情况,以便对"世风浅薄"、"人心不古"的社会问题对症下药。

陈大齐认为,当时中国的教育很落后,无论是德育、智育,还是体育,都不如其他国家。他指出:

> 现在社会上的人对于现在社会上的道德都怀着不满足,不过个人所不满足的内容不能一样罢了。既然大家都觉得有点不满足,自然大家都希望将来的改良,将来的进步。要想道德改良,道德进步,不可不依赖教育,更不可不依赖基础的教育。但是空言改良,空希望进步,若没有改良的方法,是不中用的。至于想创立改良的方法,先该知道现在的实在情形,因为我们无论哪一种行动,总该先知道了周围的实在情形,然后才好立出一个行动的标准来。假使不知道周围的实在情形,便任意行动起来,好像盲人骑了瞎马,任意闯来闯去的样子,那是极危险的事情。[①]

陈大齐认为,儿童时期具有极大的可塑性,儿童教育是教育的基础,所以想从根本上改良教育,必须从改良儿童教育开始。要创立改良的方法,就必须先了解当时的实际情况。因此,若要改良儿童的德育,也要先知道当时的儿童对道德有怎样的认识。调查清楚之后,才可以补救缺点,发扬优点。

要调查儿童的道德意识,就要先明确该用哪种调查法。陈大齐介绍了三种常用的调查方法:观察法、问答法和征集法(即问卷法),并列举了这三种方法的优缺点(见专栏五)。"北京高小女生道德意识之调查"采用征集法为主,略加上一点问答法。由于调查的是国民学校和高等小学的学生,他们的知识水平不同,国民学校的学生有许多都不会写字,所以调查的问题不能完全一样,需要编制两

---

① 陈大齐(1919). 北京高小女生道德意识之调查. 北京大学月刊,1(4):23—52.

套问卷。为了发挥问卷法的长处,减少短处,陈大齐制作了一份《调查方法及注意》,供主试参考。他还指出,年龄大小和精神的发达程度关系密切,但是根据中国的实际情况,求被试的平均年龄没有什么意义,因为中国人的年龄都是虚数,而且有许多人仿照科举时代的做法,少报一两岁。在整理和统计问卷答案的时候,他非常严谨:首先,把答案分为明确的答案和不明确的答案;然后,再把明确的答案分为适当的答案和不适当的答案两类;最后,只保留了适当的答案,列出了详细的表格。

<<< 专栏五

观察法、问答法和征集法的利弊

既然想调查儿童的道德意识,便该先研究用哪一种调查法,最为有利。调查方法,平常用的,有三种:(1)观察法。(2)问答法。(3)征集法。我这次所采用的,是以征集法为主,略为参加一点问答法。因为我所要调查的不是少数的儿童,比较起来还是用征集法较为便利,现在且把三种方法的利弊,约略说一下。

一、观察法:或在上课的时候,或在游戏的时候,仔细观察儿童的举动,拿来推定他们的道德意识。这便叫做观察法。被调查的儿童都处于自然的状态,毫没有矫揉造作的毛病,这是观察法的大利益。但是用这种方法,一定要等机会,机会来了,才好观察。假使遇不到机会,那调查者所预定的调查问题便始终不能解决。所以倘然用了这样方法去调查多数的儿童,即使侥幸成功,也须费极长久的时间,断断不是几年所能完事的;何况还有几个问题未见得一定能遇着可以解决的机会呢?还有一层,观察者看了儿童的举动,拿来推定他们的道德意识的时候,不免加入许多主观的要素;这种主观的要素,很足使观察丧失了他的真相。有这两层毛病,所以观察法是不方便的。

二、问答法:预先定了几个问题,直接询问儿童,叫他们回答。这叫做问答法。这种方法有直接研究的好处,但是对于多数儿童一一的直接去询问,也不是短时间所能完事的。即使有许多人分任调查,也断断不能很快。

三、征集法:把问题写下来或印出来,交给许多儿童,叫他们同时把心中所想的回答写出来。这叫做征集法。这种方法当然不能有上面两种方法的好处,却有它们所不能有的便利:就是在短时间内可以调查许多儿童。我这次调查的目的,自然是材料愈多愈好,所以不得不采用这种方法,庶几在短时间可以获得许多材料。这种方法既然有缺点,我们想采用它,便该明白它缺点的所在,想法来补救,免得陷在这些缺点之中,才好。

(摘自陈大齐(1919).北京高小女生道德意识之调查.北京大学月刊,1(4),23—52.)

>>>

陈大齐的这项研究开创了中国心理测量研究的先河。在动荡的社会背景下,他潜心研究,针对实际问题,运用心理学知识开展调查,为研究儿童的道德教育贡献了十分宝贵的资料,发挥了心理学的实际价值。

(5)斗争:运用科学心理学反对迷信[①]

19世纪后期,欧洲和美国出现了"心灵学"(或称超心理学、灵学),研究人类生活中发生的一些超出常规但又不能用科学知识加以解释的精神现象[②],如超感官知觉、心灵致动、遥视等。目前,这已被众多科学家视为一种伪科学。而在当时,心理学的定义尚存争议,心灵学常以心理学的面貌出现。

1892年,第2届国际心理学大会在伦敦举行,大会包括了心灵学的文章。实验心理学家们对此提出质疑,包括参加过第1届国际心理学大会的德国权威心理学家冯特,也拒绝参加此次大会,以表示对这一课题的抗议[③]。20世纪初,心灵学传入中国,与中国传统的扶乩、算卦等一拍即合。清朝末年,人民饥寒交迫,心灵空虚,一时间迷信风行。上海有人设坛扶乩,用乩书的内容,印成一本《灵学杂志》,并设灵学会,普及灵学,普通群众大多被灵学所愚弄。

留学归来的中国先进知识分子看到迷信的日益泛滥,纷纷举起了反对灵学的旗帜。陈大齐见灵学会宣传的内容"荒诞离奇,真是令人捧腹绝倒",于1918年在《新青年》上发表了"辟灵学"一文,用心理学朴素唯物论观点及有关意识与无意识的若干经验事实,对灵学派利用扶乩宣扬的神灵等迷信思想进行揭露和批判,希望从思想上拯救人民。他指出"科学者之研究事物,宜具致密之观察,精

[①] 部分引自:陈大齐(1922).迷信与心理.北京:北京大学出版社.
[②] 中国大百科全书总编辑委员会(1991).中国大百科全书·心理学.北京:中国大百科全书出版社,452.
[③] 罗森茨韦格等(2004).国际心理科学联合会历史.张厚粲,译.北京:中国轻工业出版社,42.

细之分析,不可为幻象所蒙蔽"。扶乩念写就是人们的一种幻象,纯属变态心理现象。乩之所以能动,是"出于扶者之自动作用,自动作用则出于'下意识'(sub-consciousness),"并不是什么"圣贤仙佛"的降临。又如所谓梦境的应验和某些精神异常,其实也是已被遗忘的经验或潜意识的作用。他引用例证说:"有德意志少妇本未受高等教育,亦不知古代文字;而某日失神之际,胡言乱语,人不能解,细辨之,乃拉丁语、希腊语、希伯来语也。闻者咸大惊异,及细考少妇身世,始知少妇幼时寄窗某僧家,病时所诵即当年某僧所诵句也。"他还指出催眠、暗示也是唤起过去的记忆,"近时弗洛伊德之治精神病也是应用是法,……也必从过去经验为基础"。

陈大齐力图用科学心理学的原理对扶乩等迷信现象进行科学解释。因为心理学不但能证明许多迷信的不合理,而且能把迷信的原因说清楚,使人们恍然大悟,认清各种迷信的由来。经过反复论证,陈大齐提出,要科学地看待问题,不能盲从:"言科学者遇事接物宜力索其故,深思其理,不可徒为表面现象所蒙蔽。书孟轲到,而必信为真孟轲到,此乃无辨别力者所为,灵学会诸君何其不思之甚而信之速耶!"他指出灵学会某些文章荒谬至极,"不睹作者姓名,几不敢信为人间所作"。他希望灵学会"或能因此稍加反省,不再鼓吹邪说,以蛊惑青年;不再摧残科学,以种亡国之恨,则吾人之希望不虚矣!"

"辟灵学"一文根据科学心理学理论,论据充分,说理透彻,义正词严,充分表现了一个科学家反对封建迷信,追求真理的精神。1919年,陈大齐在《北京大学日刊》上发表理论文章"心灵现象论",是继"辟灵学"之后反对神灵迷信思想的又一篇战斗檄文。在"心灵现象论"中,他搜集了更多资料,先介绍1882年成立的"英国心灵研究会",再介绍西方各种类似我国扶乩等迷信骗人的把戏。他把西方的迷信手段大致分为三种:"自动现象"、"远隔知觉"和"远隔移动"[①]。他认为,第一种"自动现象"除非有人故意做假,都是真的,都可以用平常的道理说明,无须把它当作一种神秘的现象,更不能因此证明有鬼;第二种"远隔知觉"所举的事例大多是真的,但这些现象要么是知觉过敏的结果,要么是思想暗合的结果,或者是偶然猜测,恐怕没有一种真的能不借助感觉器官而知道别人思想的远隔知觉能

---

① 周进华(1986).经师人师——陈大齐传.台北:商务印书馆,65.

力;第三种远隔移动,全是骗术。最后,陈大齐得出结论:"这些心灵现象有真的,有假的,但都不能做神秘力的证明,不能做鬼神的根据,所以信奉它就是迷信。"

除"辟灵学"和"心灵现象论"之外,1918年,陈大齐还在西城手帕胡同教育部会场讲演"现代心理学",在一个月里共讲了四次。陈大齐简要介绍了西方心理学七个重要领域(普通心理学、生理心理学、实验心理学、变态心理学、差异心理学、儿童心理学、动物心理学)的新发展。讲生理心理学时,陈大奇阐述了心身关系,心脑关系,大脑功能定位,颜色、余像、错觉等分别与视网膜及眼球运动的关系,情绪的生理变化等。讲变态心理学时,他试图对幻觉、梦、催眠现象以及由歇斯底里症引起的人格变化等进行科学解释。讲动物心理学时,他指出人的心理与动物心理的差异,认为动物学习方法可称为试误法(method of trial and error),而人除此之外,还有推理作用,能推测未来之事实。他还具体介绍了华生的迷津实验。"现代心理学"虽然很少直接指责迷信,但它与打破迷信也不无关系,因为一旦说明了生理作用和心理作用的关系,便不至于相信有鬼;懂得人和动物心理的差异,便不至于假想狐仙。这个演讲在当时非常有名,对奠定北京大学心理学系的主流思想有重要的指导意义。

1919年,新潮社请陈大齐将"辟灵学"、"心灵现象论"和"现代心理学"这三篇文章整理合成一本书,书名《迷信与心理》。这本书为传播科学知识,破除灵学宣传的扶乩、神灵等迷信思想,发扬唯物思想起到了积极的作用。

陈大齐是最早从科学心理学角度分析"灵学"等迷信思想,提倡科学,呼吁国人破除迷信的巨擘之一。在他以及诸多睿智学者的努力下,科学的种子已经开始慢慢地在神州大地上生根发芽,茁壮成长,放射出耀眼的光芒。

(6)先锋:思想激进的北大教授

陈大齐生长于封建制度下的家庭,其父在纳妾后肆意虐待陈大齐的母亲。陈大齐从小就反对封建制度,在其母过早去世后曾写了一篇"先母顺德记",控诉封建制度下的家庭压迫。

1919年,新文化运动开始,北京大学成为新文化运动的中心。陈大齐在北京大学任教期间,努力传播西方心理学,为新文化运动扫清障碍作出了重要的贡献。此外,陈大齐还是中国最早宣传共产主义思想的刊物——《新青年》杂志的政论作者之一,新文化运动的干将,因而成为名噪一时的进步教授。他与一代文学巨匠鲁迅过从甚密(1918—1926年间),被后者称为"悠悠我思",这在《鲁迅日记》中有所记载①。因为参加爱国民主运动,陈大齐的名字也列入了北洋政府的黑名单,这在《鲁迅日记》中也有记载。

陈大齐与北大国文系教师合影
资料来源:杨达寿,等(2007).浙大的校长们.北京:中国经济出版社,54.

1918年12月,陈大齐在《新青年》杂志上发表了一篇著名文章"保护眼珠与换回人眼"②。文章用的是书信体,写给同样属激进青年的钱玄同③,讨论当时中国的教育问题。这封信中充斥着激愤的词语,是当时陈大齐强烈反对封建文化的一个缩影。他在信中说,封建文化如同大粪,但是,不少中国人因为缺少辨别力,而常常吃粪。他提议钱玄同撰写一部《粪谱》,"把一切粪的尊姓大名都写出,宣布国内",才有可能阻止人们的吃粪行为。陈大齐还认为,单作一部《粪谱》,效果还不明显。还要想办法让"熏染未久"的青年们闻到"臭气",恢复中国人的"视力嗅力",认清粪的本来面目。

陈大齐还举了一个日本笑话为例,有一个人患了眼病,去请一位外科医生检查。那外科医生说他的眼珠不干净,需要挖出来清洗一下。医生把病人的眼珠洗干净了,晒在院子里,不料一只老鸦飞来,把眼珠衔走了。外科医生害怕病人

---

① 杨达寿,等(2007).浙大的校长们.北京,中国经济出版社,54.
② 张学勤(2006).陈大齐与长桥别墅.浙江档案,3.
③ 钱玄同(1887—1939),浙江湖州人,原名钱夏,字中季,号德潜,又号疑古。著名文学理论家,五四运动的倡导者之一,中国现代思想家,文字学家。

不肯甘休,便挖了一个狗的眼珠,替代人眼装到了病人身上。几天后,病人又到外科医生家里去,医生问他:"你近来眼病还发吗?"他答道:"眼病大好了,却有一件怪事:自从请你挖出来洗过之后,见了粪只觉得黄黄的可爱,又香又甜。"笑话讲完了,陈大齐也亮出了自己的观点——"中国大多数人的眼珠都被那个外科医生掉了枪花了!我们总须想出个法子来,把那外科医生换去了的眼珠换回来,才好。"陈大齐通过这篇文章,指出了人们缺乏辨别能力,被封建思想所麻痹,要把"眼珠"换回来,才能辨明是非,避免"吃粪"。

钱玄同在《新青年》上的回信不仅赞同陈大齐的观点,还鼓励陈大齐多写这方面的文章。他说:"百年!你从《辟灵学》以后,还没有做过文章。我劝你也要努力做些保护眼珠,换回人眼的文章才好啊!"

陈大齐在五四爱国运动期间,与其他先进知识分子一起,高举科学和民主的旗帜,教导青年解放思想,追求真理,与封建思想作斗争,为中华民族的振兴作出了巨大的贡献。

(7) 功臣:代理北京大学校长

20世纪20年代,中国军阀割据,战争频繁。受此影响,1927至1929年间,北京大学也处于动荡之中,并遭受了严重的破坏。奉系军阀张作霖攫取北京政权后,于1927年悍然宣布取消北京大学,与北平其他八所国立大学合并为京师大学校。1929年,国民政府仿效法国,实行大学区制。北平大学区成立初期,北京大学学生率先反对,学潮迭起。教育部为避免学潮扩大,将原北京大学改称为国立北平大学北大学院(对外仍称国立北京大学),由陈大齐任院长。当时的北京大学经过长时期的停课,加上军阀的破坏,组织系统紊乱不堪。但陈大齐不畏艰难,凭借自己多年办学及教学的经验,积极恢复学校的各个机构,聘请教授,筹备开学。为了北大的复名,陈大齐面见蒋介石,力陈北大的悠久历史以及盛誉,恳请恢复北京大学。在北京大学教师和同学的努力下,1929年8月,国民政府终于批准"北大学院"恢复国立北京大学原名,任命蔡元培为校长,但因为蔡元培已经担任中央研究院院长,因而由陈大齐代理校长。陈大齐为北京大学的复名立下了汗马功劳。他以心理学家的智慧,秉公办学,纷繁不安的学潮也因此而逐渐平息,学生安于学业,教授们也回到北京大学应聘,专心讲学。北京大学蒸蒸日上,逐渐发展成为中国名校。

三、清廉为政，笔耕不辍

1. 鞠躬尽瘁：陈大齐在考试院的二十年

1928年，国民党政府筹备考试院，请陈大齐出任考试院首任秘书长。1929年7月，陈大齐曾回到北京大学担任代理校长。1931年春，陈大齐弃教从政，回考试院继续任秘书长。1932年又担任考选委员会副委员长，1934年任委员长，一直到1948年辞职。

考试院是国民政府选拔人才、任用公务员的权威机构。考试建制，是国民党政府遵循孙中山生前的指示设立的。从筹备之日起，陈大齐就直接参与了一切规章制度的创立。凡有考铨会议、创建考政的重大措施，都由他主持秘书处的工作。他总是严于律己，宽以待人，对工作尽心尽责，对于各类文件，他都认真审查，特别是法律条文及统计数字。如果他人有中肯的建议，他一定会率先赞同，从不模棱两可。遇到有争议的问题，他会言简意赅地表明观点，逻辑清楚，切中要害。他担任委员长一职长达14年之久，未被更换。而考试院的其他职务大多是为了政治上应付人事关系，人员经常变动。由此可见，陈大齐的才能是他人无法替代的，他自己也备受上级的信任。

陈大齐呕心沥血，任劳任怨，本着孙中山先生的遗训，拟定了《考试法》，为未来的考试制度奠定了基础。考试法里有重要的一项是参加考试的资格。考试主要是考学问，所以各种考试的应考资格应该以各级学校毕业为主，这似乎是理所当然的。但是民国时期，有很多学子因家境贫寒而无法上学，而他们通过勤奋的自学，已经具备了与其他学校毕业生同等的知识水平。陈大齐为了不埋没这些人才，在《考试法》中规定："凡检定考试及格者亦得以应考。"为考试选拔人才增加了一条途径，达到了孙中山先生所说的"鼓励以方则野无抑默之士"的期望。

1935年，考试院举行第三届高等文官考试，陈大齐以考选委员长兼任当届试务处长。考试之后，有考生就《国际公法》试题"国际地役"被误印成"国际地域"这一问题，写信向他和典试委员周鲠生[①]提出质疑，很快就得到了回复。陈大

[①] 周鲠生（1889—1971），又名周览，湖南长沙人，中央研究院院士，著名法学家，中国第一部宪法起草时的四位顾问之一。

齐在报纸上披露了他"自请处分"、"罚俸两月"的报告,给人留下了"严于律己"、"有误必纠"的深刻印象。

考期事务繁杂的试务处长,依法由他兼任。唯一的一次例外是1940年,他的两个儿子陈绍彭、陈绍蕃①报名参加了重庆的选拔留学生考试。为了避嫌,陈大齐在考试之前几个月就申报考试院,不担任试务处长,以保证考试的公平公正,他的两个儿子也很争气,双双被录取。在陈大齐的清廉作风影响下,凡他属下工作的员工都谨慎从事,做好本职工作。陈大齐吸取我国历代考试制度的优点,在他和属下工作人员的努力下,当时的考试制度逐步完善起来。

陈大齐身居考试院秘书长或考选委员会委员长要职,但他在政治上没有野心,从不参与任何政治角逐。他在南京任高官期间,不在官场中钻营利禄,生活非常简朴,其妻也勤俭持家。他经常身着蓝布长衫,不苟言笑,颇有长者之风。陈大齐很欣赏"出淤泥而不染"这一名句。陈大齐请当代书法家朋友沈尹默为其次子陈绍蕃写一条幅,沈尹默就写了这几个字。陈大齐的确是以这一名句来要求自己的。

2. 旅居台湾:重返讲台

1948年,解放战争即将结束,国民党政府在即将垮台之际,陆续夹裹大批学者、专家逃往台湾。曾担任考试院高官的陈大齐也跟随来到了台湾。直到1983年因病去世,陈大齐也没有再踏上过祖国大陆的土地。他在台湾担任"总统府"的"国策顾问",1952年当选为国民党的中央评议委员。

此外,陈大齐于1949年到台湾大学任教,讲授理则学,又开始了一段粉笔生涯。当时,台湾大学哲学系存有日本占领时期"台北帝国大学"心理学讲座遗留下来的心理学书籍4000册、杂志1500册和实验仪器150件,因此,哲学系主任方东美②提议筹办心理学系。台湾的第一批心理学教授中,有陈大齐、

---

① 陈绍蕃:1919年2月2日生于北京,陈大齐次子。1943年重庆中央大学硕士毕业。西安建筑科技大学资深教授。中国土木工程学会第四、五届理事,中国钢结构协会理事,全国钢结构技术标准委员会顾问委员。美国结构稳定研究会终身会员。

② 方东美(1899—1977),名珣,字德怀。1921年赴美留学,获威斯康星大学硕士学位。1924年回国,先后任教于武昌高师(武汉大学前身)、东南大学。1948年任台湾大学哲学系主任。他以儒家思想为本,融会中西哲学,有人把他的哲学称为"文化哲学"。

苏芗雨[①]等。苏芗雨曾在北京大学哲学系学习,而陈大齐当时是北京大学哲学系的系主任,因此,苏芗雨可算是陈大齐的学生了。1949年,在陈大齐的帮助下,苏芗雨建立了台湾大学心理系。陈大齐以当年创办北京大学心理学系的丰富经验,协助苏芗雨设立心理研究所与博士班,鼓励实验研究和刊印研究报告,这一系列的措施使台湾大学心理学系蓬勃发展起来。

1954年,台湾政治大学复校,68岁的陈大齐担任首任校长。辅佐他的都是晚辈,但他从不以资历欺人。陈大齐以他担任过北京大学校长的经验,在担任台湾政治大学校长的四年多时间里,扩充师资和教学资源,使政治大学由刚开始成立时仅有的4个研究所,逐渐扩充到4个研究所、3个学院及12个系。他任人唯贤,尊师重道,从不盛气凌人,深受全校师生的爱戴。为了提高学生的读书风气和研究兴趣,陈大齐增加各院系及研究所应用的新式研究及教学器材设备。同时,他注重陶冶学生的品格,首创实行新导师制度,且从一年级到四年级全部实施,导师专门负责培养各班学生的德业。此外,陈大齐还规定新生入学后必须按兴趣参加一两种社团,以培养学生的办事及领导才能。在担任校长期间,陈大齐还专心研读孔、孟、荀子思想,完成了很多著作。1959年,由于年事已高,陈大齐辞去了校长职务,改任政治大学教授,讲授孔子思想及孟子思想,兼任国立研究讲座。

陈大齐巡视台湾政治大学学生军训
资料来源:周进华(1986).经师人师——陈大齐传.台北:商务印书馆,3.

---

① 苏芗雨(1902—1986),本名维霖,台湾新竹人。1922年进入北大哲学系。1935年,入东京帝国大学进修心理学。曾任广西大学教授。1948年,任台湾大学心理系第一任系主任。

3. 老骥伏枥:晚年对孔孟思想的研究

在政坛担任要职的同时,陈大齐在学术上也是硕果累累。陈大齐的职业生涯是一个从教—从政—从教的转变过程。无独有偶,他的研究兴趣也经历了一个重大的转折。陈大齐在大学时代以心理学为主科,自1921年他赴德国柏林大学研究西洋哲学开始,他的研究与教学就逐渐转向了理则学(逻辑学)。对于这样的转变,他在《八十二岁自述》中有如下简单的解释[①]:

> 我在大学内所修习的主科,是心理学,我之所以选择心理学,是因为当时的心理学已经渐渐脱离哲学的羁绊而步入了科学的范围。回国后最初担任的功课,亦以心理学为主。其后研习的兴趣逐渐转移到理则学,终且放弃了心理学,不复担任普通心理学的功课。其所以放弃心理学有主观与客观两方面的原因。在主观方面,我的生理学知识太差,在心理学研究上增加了许多困难。在客观方面,任教的学校当时还没有心理实验的设备,无从做实验的研究。理则学教人如何培养正确的思考与如何躲避错误的推测,教人脚踏实地以从事学问,故有学问的学问之称。我既有志于学问,自当对于此学多多留意,遂引起了研究的兴趣。兴趣转移以后,在授课方面亦以讲授理则学为主。

在兴趣转移之后,陈大齐在教学中以讲授理则学为主,以认识论和陈述心理学为辅。理则学和心理学两个学科有相通之处,他研究起理则学来也似乎容易许多。他的兴趣集中在理则学的"三足之鼎",即西方的逻辑、印度的因明和中国的名学。他以卓越的旁科学识和探求毅力,潜心研究古籍,有了很多发现,或纠正前人的错误,或提出新的见解,最终撰写了22部论著,成为我国这一学术领域的权威与先驱。

在德国留学期间,他对西方逻辑学有了大体的了解,进而决心一窥东方理则学的全貌。他原以为印度的因明体系相当完整,便想从印度因明学入手。令他始料不及的是,唐朝玄奘所译的两种因明作疏本,多已残缺遗失,加上词句难懂,研读起来困难重重。而这个时期陈大齐正在考试院任职,公务繁忙,因此只能利

[①] 沈清松,慧严,李云汉(1999).陈大齐·太虚·戴季陶.台北:商务印书馆,6.

用业余时间来研读。陈大奇共花费了八九年时间,才终于把自己能读通的部分,逐条记录下来,于1938年著成易读的《因明大疏蠡测》。这是我国学者用现代科学方法整理因明学的第一本专著,成为近代中国因明研究中逻辑学派的代表作。

因明学的研究告一段落后,陈大齐将目光转向我国古代的名学。他仍利用闲暇时间,研读先秦及汉代诸子的学说,出版了《实用理则学八讲》,其中引用了若干中国古籍作为例证。诸子百家中对名学贡献最大的,首推墨子与荀子。陈大齐只对墨子的小取篇进行了阐述,因为大取、经上下等都非常难懂。荀子的学说,很多涉及心理学,更引起了陈大齐的兴趣,特别是其天论与性恶论颇有特色,于是他展开了对荀子思想的全面研究,著有《荀子的心理学》等多篇论文,汇编成大作《荀子学说》。

荀子最推崇的是孔子,荀子思想的渊源也是孔子的思想。研究荀子的思想,必然要研究孔子。陈大齐常常翻阅《论语》,深感孔子思想精深而平实,博大而周密。在研读了大量的资料后,陈大齐认为,只有《论语》所记载的是孔子所说。《论语》所记载的孔子言论,言简意赅,而古代学者对论语的注释,不尽一致,有的甚至意思相反,妨碍后人理解。在迷乱之中,陈大齐严谨求实,深入研究,去伪存真,以揭去后人强加的外衣,还孔子学说之本来面目。经过多年的努力,他有两点新发现:一是孔子思想不仅重仁,也甚重义,其思想可称仁义合一主义;二是孔子治学态度十分重视证据,其思想方法可称之为历史的经验主义。他还特别注重孔子思想的实践方面。在陈大齐看来,孔子的基本思想正是实践的道德哲学,若用于教育,则成为教育哲学;若用于政治,便成为政治哲学。这是陈大齐在当代儒学研究中的特色之一。经过多年的研究,陈大齐撰写了《孔子学说》、《论语臆解》、《浅见集》(第一编)及通俗的《与青年朋友们谈孔子思想》等著作。针对西方人认为中国特有的孔子思想影响了科学的发展的错误观点,陈大齐写了《孔子思想与科学精神》,指出"孔子的思想不仅不会妨碍科学,而且可以说孔子的思想合于科学的法则,孔子的思路是很科学的"。

在研读孔子思想的同时,陈大齐还研究孟子的思想,撰有论文数篇,收入《浅见集》(第二编)及《孟子的明理思想及其辩说实况》书中。凭借丰硕的学术成果,陈大齐于1954年荣获台湾当局学术奖、行政主管部门文化奖。1961年,香港大学授予陈大齐名誉文学博士学位。进入耄耋之年的陈大齐,虽疾病缠身,仍然致

陈大齐接受香港大学名誉博士学位
资料来源：周进华(1986).经师人师——陈大齐传.台北:商务印书馆,12.

力于孔孟思想的研究，完成《因明入正理论悟他门浅释》，提供了研究孔孟思想的方法。后来又陆续完成了《平凡的道德观》、《浅见续集》、《大众理则学》、《孟子待解录》等著作。陈大齐治学态度严谨，他最后几年写的文章，自称为《胡思乱想集》，说他写的东西仅仅是通过自己思考，应该核实的地方他已经无力去查对了，一再叮嘱其子不要拿去发表。

陈大齐在后半生全身心地投入到对孔孟思想的钻研中，引导着儒学研究进入了新的时代，堪称"现代的孔子"。1968年，嘉新文化基金会授予陈大齐特殊贡献奖，赞许他对孔孟学说的弘扬和对中华文化的贡献。陈大齐接受该奖时，十分谦虚地说：

"我的才能，可用'恢弘不足，拘谨有余'八个字来形容，只会踱着小步，缓缓向前进行，不会踱着大步，急急向前猛冲。所以行程有限，不能走得很远。毕生努力的成果，不论学问与事功，都很规模狭隘，缺乏轩昂的气象。讲到高度，不过等于一间矮屋。讲到深度，不过等于一个浅潭。拘谨诚然是缺点，但若善为运用，亦可令人步步踏实，不落空虚。"

四、结束语

1983年1月8日凌晨，陈大齐因肺气肿发作，抢救无效，于台北逝世，终年96岁。在追悼会上，昔日学生送的挽联，颇能概括陈大齐的生平与贡献："贡院树新规，事美传衣，和凝曾得多士；儒林弘正学，望隆祭酒，荀况最为老师。"[1] 这副

---

[1] 众文(1984).陈大齐教授的后半生.大众心理学,2,45.

挽联把陈大齐比作五代时德高望重的和凝、荀子,彰显了陈大齐卓越的品德和成就。

陈大齐曾留学日本、德国,学贯中西,通晓英、日、德三国文字。他一生致力于心理学和哲学研究,建立了中国第一个心理学实验室,是中国现代心理学的奠基人。他既是传播科学心理学的功臣,又是反迷信的唯物主义者,开辟了中国心理调查、民族心理学研究的先河。他的研究方向后期从心理学转向了理则学和孔孟思想,又在理则学和孔孟思想研究中创造了辉煌的成就。

陈大齐一生诲人不倦,先后担任过中国三所著名大学(浙江大学、北京大学、台湾政治大学)的校长,桃李满天下,培育英才无数。他对科学的热爱,对真理的执着,以及到晚年仍不辍笔耕的钻研精神,都为后人树立了一座丰碑。后人有诗赞美陈大齐先生,是对他一生的学术成就的最好概括:

"民初哲圃百废兴,
筚路蓝缕建奇功。
哲学心理画纲要,
系科建构赖斯人。
考试铨叙系国脉,
温良恭俭有遗风。
百年哲思千年梦,
何以洙泗水畅通。"[①]

[①] http://baike.baidu.com/view/127514.htm.

张耀翔年表图

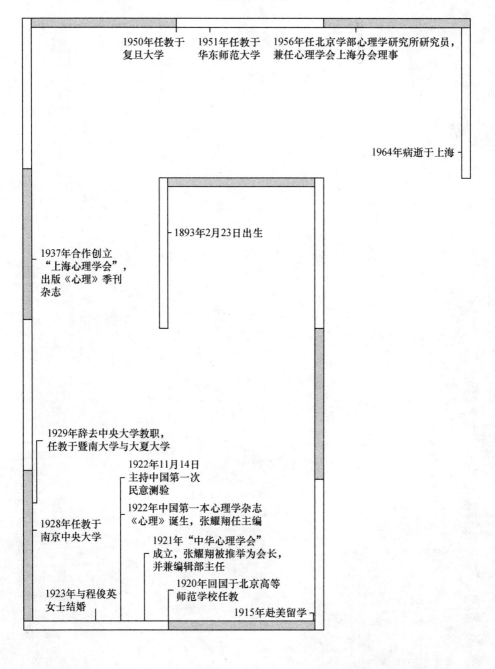

"心理学好比是我的宗教。我既信崇这一教,就不乐意宣传别的教了"。作为中国现代心理学最早的传播者之一,张耀翔(Yao Chiang Chang,1893—1964)终其一生都致力于心理学的教学与研究工作,为中国心理科学的建立、发展与普及做出了难以磨灭的贡献。筹建北京高等师范学校心理学实验室,首任中华心理学会会长,创办中国心理学第一刊《心理》,主持中国首次民意测验,四十年的教学生涯……犹如一个个闪光的足迹,深深地印刻在了张耀翔的生命之旅,也印刻在了中国心理学发展之路。他的"人生第一记忆"、"儿童之语言与思想"、"民意测验"、"商人心理浅测——北京商店之招牌"、"中国历代名人变态行为考"、"智慧之定义及其范围"及"中国心理学的发展史略"等文涉及普通心理学、发展心理学、心理测量、变态心理学、心理学史等诸多领域,尽显其涉猎之广泛,视野之开宏,实为中国老一辈心理学家之翘楚。

一、生平经历

　　1893年2月23日,张耀翔出生于湖北省汉口市。父亲张光禄是一位私塾先生,母亲是家庭妇女并不识字。张氏夫妇本有四个子女,但由于生活穷困,其中两个相继夭亡,只剩下张耀翔和妹妹张耀芬。父亲是兄妹二人的启蒙老师,教他们读书识字。在张耀翔10岁前后,汉口市文华学校来了一位美国传教士想学中文,找到了在私塾教书的张光禄做自己的中文教师,月薪三元。两三年后双亲相继亡故,张耀翔和妹妹耀芬成了孤儿,举目无亲。此时,美国传教士向兄妹伸出了援手,他介绍张耀翔进入文华学校,张耀芬进入文华女校,食宿均由学校负责,并免除一切费用。入学后,张耀翔喜欢阅读严复所译的《天演论》及梁启超主办的《新民丛报》等书刊,最讨厌做礼拜及传教。他对同学说:"只有科学能救中国。要提倡科学,首先要破除迷信。"课余之暇,他常与同学玩七巧板、九连环等游戏,也喜爱下围棋,因为"从这些小游戏里,可以测知人们智力的高下和学习、办事的能力"。他又喜"常识问答"游戏,将之命名为"养脑片",测验周遭同学们的反应快慢。

　　1913年,20岁的张耀翔投考新华大学,插入高等科三年级。两年后张耀翔毕业,由校方保送赴美留学。启程前,张耀翔与同窗廖世承商量赴美研修的专业。二人认为,人为万物之灵,强国必先强民,因此要像范源廉①先生那样,投身教育事业。时年秋,张耀翔在毕业集体照背后题打油诗一首:"湖海飘零廿二年,今朝赴美快无边。此身原许疗民瘼,誓把心书仔细研!"抵美后,张耀翔被分配在马塞诸塞州(麻省)的安麦斯大学。大学一年级的第二学期,他才有机会读一门必修的普通心理学,其后他转学至纽约哥伦比亚大学,并在那里获得了心理学硕士学位。他本拟参加博士学位资格考试,完成题为《中国古代学者关于"性"说的介绍与剖析》的博士学位论文。适逢北京高等师范学校②校长陈宝泉先生赴美考

---

　　① 范源廉(1877—1928),中国近现代教育创始人。一生致力于教育、文化事业,是民国时期著名教育家。1923年11月至1924年8月出任北京师范大学校长。
　　② 北京高等师范学校前身为创办于1902年的京师大学堂师范馆。1908年京师大学堂优级师范科改名为京师优级师范学堂;1912年改名为北京高等师范学校,后经教育部正式批准改为师范大学。1931年北平师范大学与北平女子师范大学合并,定名国立北平师范大学。1949年9月北平改称北京,该校也相应改为北京师范大学。

察,到哥伦比亚大学参观,邀约包括张耀翔在内的几位留学生回国任教,他欣然应聘。

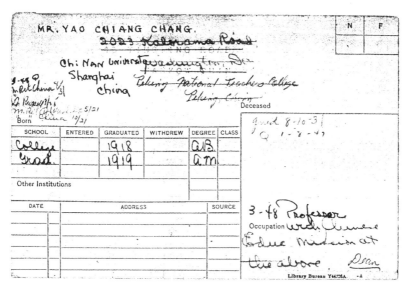

图 2　张耀翔在哥伦比亚大学成绩单

1920 年,张耀翔在北京高等师范学校担任教职,任四门课的讲师,并在该校筹备中国最早的心理学实验室。1921 年夏,张耀翔在南京高等师范学校①举办的暑期教育讲习会授课。讲习会即将结束时,学员签名发起成立"中华心理学会",经票选张耀翔当选为学会会长兼任编辑部主任。从南京返回北京后,北京高等师范学校已更名为国立北平师范大学,学校聘他兼任教育研究科(相当于今天的研究生院)主任。在张耀翔与同事、学生的一起努力筹备下,1922 年 1 月,中国第一本心理学杂志《心理》在上海中华书局问世。

1921 年春天,张耀翔结识了程俊英;1922 年秋,二人订婚;两年后,即 1923 年 2 月 12 日,他们喜结连理。婚后,张耀翔与妻子住在宣外教场五条,取张耀翔小名"望"与程俊英小名"海"称其书斋为"望海居"。

1923 年夏,张耀翔与李大钊、梁启超等发起废宗教同盟,各校师生纷纷响应。他们四处讲演,撰文宣传,对国人破除迷信、提倡科学起到了推动作用。

---

① 南京高等师范学校成立于 1915 年。1920 年国立东南大学成立,当时南京高等师范学校的四个专修科改归国立东南大学,南京高等师范学校各本科(即文理科各系)仍由该校管理。自 1921 年起,南京高等师范学校不再招生,1923 年 6 月该校正式并入国立东南大学。

1928年,应上海大夏大学①欧元怀校长之约,张耀翔辞去在北京的教职来沪任教。抵达上海后,南京中央大学教育系主任孟宪承约他任教,他亦欣然应允。此时,美国出版的《世界名人录》一书收录了张耀翔的小史一则。1929年上海暨南大学约他任课,张耀翔遂辞去中央大学工作而就职于暨南大学与大夏大学。转年秋,任暨南大学教育系主任。当时时事艰辛,张耀翔曾对爱妻感叹道,"在这种黑暗的时代,我们同隐于教书,不参加任何党派,不混进肮脏的官场里去,可谓无愧于祈年殿前的誓言。但应对各方面的拉拢,可不容易啊"。

1934年由商务印书馆主编的《教育》杂志复刊,其中"世界著名杂志摘要"一栏邀请张耀翔为特约编辑,负责摘译外国最近发表的心理学论文,使其在短期内就能与国人见面。这项工作一直持续到抗战时才被迫停止。是年时局动荡,学潮迭起,何炳松临危受命暨南大学校长。何炳松是张耀翔北京师范大学任教时的同事,诚聘张耀翔为教务长。妻子程俊英闻后极力劝阻:"你是书生,对行政工作不感兴趣,又不参加任何党派,任此职务很不适宜。"无奈何校长的邀请,以及朋友的多方劝说,张耀翔终勉强应允。虽是如此,张耀翔仍表示,我"是抱着改革决心来的,想把这个学校办好……我们肯牺牲,只要对于学校有利益"。此后,他早出晚归,埋首于繁琐教务工作,除教学之外,很少再研究学问,仅为《东方杂志》写就一篇"儿时生活于我择业的影响",为《光华大学》半月刊写了"才性遗传论"等几篇文章。这时政府派人来与他商谈,劝他加入国民党,但遭他婉言谢绝。1935年秋,暨南大学招生考场中,教务员发现有一男学生代替女学生参考,张耀翔立即要求该男生离开考场。此时突然有一暨南大学附属中学党棍拔出手枪对着他,坚持让代考者继续考试。校长闻讯后入场处理。张耀翔因此事愤而辞职,经校方多次挽留,他只肯再任教授一职。后来很多学生在私下说,"张老师是为了拒绝进国民党,才受此厄,他的骨头真硬!"1936年,张耀翔与大夏大学几位同事及他校心理学教授组织了一个"上海心理学会",并以此为契机出版了一本《心理季刊》杂志。学会又拟出版《心理学演讲集》及《心理丛书》,但因抗日战争而未

---

① 大夏大学创立于1924年7月,是从厦门大学脱离出来的部分教师和学生在上海发起建立的。当时刚卸任的原国民政府交通部长王伯群与前厦门大学教授欧元怀、王毓祥、傅式说等人的共同成立了"大夏大学筹备处"。"大厦"即"厦大"之颠倒,后取"光大华夏"之意定名大夏大学,成为当时一所综合性私立大学。1951年教育部在大夏大学原址上创办了华东师范大学。

能成形。

　　1937年抗日战争爆发，张氏夫妇继续在暨南大学任教。1941年太平洋战争爆发，暨南大学迁至贵阳。俩人因长子张正奇患肺病未能随同前往，于是便到私立沪江大学任教，并在大夏大学与光华大学[①]两校兼课。1945年抗战胜利后，暨南大学迁回上海。妻子程俊英担任大夏大学教授兼中文系主任。两年后长子正奇病重去世，年仅十八岁。中年丧子对张耀翔来说是一次沉重的打击。他在《感觉心理学》自序中写道，"本书的编目、校阅及抄写工作，大半由我大儿正奇担任……遗墨满案，触我悲思，志之以示不忘"。

　　1949年，新中国成立。1950年，张耀翔任复旦大学教育系教授。一年后夫妇二人同在华东师范大学任教。1956年，他担任北京学部心理学研究所研究员，兼任心理学会上海分会理事。

　　1960年5月，张耀翔因中风入院，住院治疗一年余，此后一直在家休养。1964年7月9日，张耀翔的病情突然恶化，于当晚逝世，终年72岁。

二、科研生涯

1. 中华心理学会与《心理》杂志

　　1921年暑假，南京高等师范学校组织暑期大规模教育讲习会。于北京高等师范学校任教的张耀翔在被邀讲师之列，负责讲授两门共计6星期的课程。讲习会即将结束的时候，参加心理学课程的学员签名发起组织中华心理学会。该提议得到了张耀翔以及南京高等师范学校陆志韦、陈鹤琴、廖世承等心理学教授的赞同，他们共同草定了中华心理学会简章。不久，中华心理学会成立大会在南京高等师范学校临时大礼堂召开，通过了学会简章，并选举张耀翔为会长兼编辑部主任，总会及编辑部办公处设在北京高等师范学校；选举陈鹤琴为总务部主任、陆志韦为研究部主任，两部办公处设在南京高等师范学校；任命廖世承、刘廷芳、凌冰、唐钺等人为指导员；邰爽秋、吴定良、戴应观、胡昌才等人为干事。曾有

---

　　① 光华大学是1925年由退出美国教会学校圣约翰大学的数百名师生于上海创建的一所民办大学。1951年在全国院系调整中被撤校。

人称中华心理学会是张耀翔发起并组织的,而他本人则谦虚地称"实不敢掠美";对会长一职,他也曾再三推辞,并提名废除这一称呼,但未得大会同意。至于总编辑的职务,张耀翔确是极乐意担当的。他创办一本心理学杂志之意由来已久,学会的成立为这本杂志提供了条件。

<<< 专栏一

中华心理学会简章

(一)宗旨

本会以研究各种心理问题为宗旨

(二)会员

凡对于心理学有特别兴趣或研究确有心得及贡献者经会员二人以上之介绍并审查及格得为本会会员

(三)会务

本会会务暂分为三项

1. 总务　文牍、会计、审查、通讯

2. 研究　除会员互相通讯研究外,本股得设问题或将会员提出有价值之问题征求各会员之意见,将来扩充时得分股研究

3. 编译　汇集会员制著作每季出《心理》一册(编译办法另定),会员有译作短篇选登,季刊长篇则由本会代刊专书(办法另定)

(四)职员及职务

1. 会长　设会长一人总理本会一切事物

2. 主任及干事

3. 总务股　设主任一人总理本股事务;设干事两人佐理之

4. 研究股　设主任一人总理本股事务并答复会员研究之问题;设干事两人佐理之

5. 编译股　设主任一人司编辑审查出版事宜;设干事两人佐理之

6. 通讯指导委员　除研究股设主任干事外,更推专门名家为通讯指导委员会委员,有重要研究问题得通函请教但回信邮费需随函付足,空函概不答复

（五）职员任期及选举

本会职员均一年任于大会时,选举之连举得连任

（六）会员之义务

会员有交费投稿之义务,若一年不交费或未投稿者得由职员会取消其会员资格

（七）会员之权利

会员有通讯研究及领受本会定期出版物之权利

（八）会费

会员每年应交常年费二元,定期收集特别费无定额,临时募集

（九）会期

每年在暑假期内大会一次,每半年开职员会一次,日期均临时通知

（十）会址

会址暂设在南京东南大学高等师范内（十一）附则

本简章有未尽善得随时修改

（引自：赵莉如(1992). 心理学动态（专集）——中国现代心理学的起源和发展. 北京：中国科学院心理研究所.）

>>>

1921年9月回到北平之后,张耀翔一方面立即组织成立杂志编辑部,邀请专家执笔撰述;一方面与上海中华书局接洽印刷发行的相关事宜。中华书局对这本杂志的诞生自始至终给予了热情的支持。在历经了4个月的筹备之后,1922年1月中国第一本心理学杂志——《心理》——在上海横空出世！中华书局的左舜生先生以快件的方式将一册《心理》寄至北京,邮件外书"先睹为快"四个大字。可想而知,张耀翔收到这份"礼物"是何等的愉悦。

在创刊号上,《心理》杂志便言明其宗旨,即"中华心理学会是专为联络中国心理专家和素有研究的心理学者而设",而该杂志则是中华心理学会的"言论机关"。《心理》的编辑者注明是"中华心理学会",始终未用个人名义。直到第三卷因登记明责的关系,才在"投稿规则"末尾加注"来稿请寄本杂志编辑某某"。

《心理》杂志要求会员"承认心理学自身是世上最有趣味的一种科学,他们研究就是要得这种精神上的快乐,办这个杂志得要别人也得同样的快乐","承认心理学是世上最有用处的一种科学,不但可以用在教育上,还可用在实业、商业、医术、美术、法律、军事、日常生活上。他们研究就是为求许多的应用,办这个杂志是要让别人也得这些应用";要求会员从三方面开展心理学研究:"一、昌明国内旧有的材料;二、考察国外新有的材料;三、根据这两种材料来发明自己的理论和实验",并力求"内容尽量求适合国情,形式尽量求中国化"。杂志内容每期均有分类:普通心理、实验心理、动物心理、儿童心理、青年心理、社会心理、变态心理、心理学史、应用心理、教育心理、智力测验、教育测验、心理界闻等,每期不必尽同。在各类内部的文章排列均遵循一定次序:先理论,后应用;先普通,后特殊;先由个体而团体,由常态而变态。各篇均有其固定位置,不容任意安插,"使文属平常,虽名家之作而不录;使文具特点,虽学生之稿亦刊"。

《心理》问世后,外国的图书馆和大学纷纷订购,以致第一期出版不到一个月便需要再版。今时今日一本科学杂志能在如此短的时间内得到再印的也不多见。当时,与中国一海之隔的日本还没有此类杂志出现,因而日本学界对这本《心理》很是关注,订购颇为踊跃。曾到日本考察的国内同仁回来说,中国的《心理》杂志几乎在日本每个大图书馆里都能找到全份。有时日本人会故意拿出来给前来参观的国人看,以示很关注中国特别一点的刊物。一年后的1923年,日本才有了自己的第一本心理学杂志——《日本心理学杂志》。《心理》上的若干文章被日本学者译成日文,其中部分以摘要形式介绍于日本刊物之上。如一位日本学者在1923年1卷3号内的一篇摘要中这样写道:"中华心理学会杂志所发表的大作,对于理论和实践,均尽善尽美的确为吾人研究心理学的一种好帮助。我很喜欢并且很希望彼此以和衷共济的精神贡献于心理学界,在此谨祝彼国心理学界前途幸福。"在这些被译成日文的文章中,张耀翔以清代进士地理分布为研究核心的"中国人才产生地"一文尤受重视。

《心理》杂志创刊之初依靠中华心理学会会费(每人每年2元)维持,始终未得政府分文津贴。心理会员年年有所增加,极盛之时达235人,其中大学教授20人,中学教职员52人,其余为专科及大学学生。但会员大都分散于四方,会费收缴不易,不足之处由张耀翔个人出资弥补。然而,时局不宁加之学校常常闹欠薪,张耀翔的个人经济能力毕竟有限。彼时,中华书局营业亦大受时局影响,刊物不能按期排印。作者交稿后,由最初的半月出版拖延至半年之期,印制则更是耗费巨大,销售不易。眼见他人同时创办的二三十种刊物接踵停办,张耀翔此时可谓处于万难之境,在苦苦支撑了三年半后,《心理》于1927年停刊,中华心理学会不久也被迫停止活动。"九·一八"事变爆发后,国难当头,中华心理学会不复存在。1932年,张耀翔从《心理》杂志中选出较为精粹的50篇论文编为两册,题名《心理杂志选存》,共计700余页30万字,由中华书局出版。

《心理》杂志自问世至停刊共出版14期,发表论文150篇,共计140万字。当时的心理学家陆志韦、陈鹤琴、廖世承、谢循初、艾伟及陈大齐等都曾参与撰稿。张耀翔撰文最多,共有29篇,约占总数的1/5。他在创刊号篇末发表了"中国学者心理学之研究",将过去16种著名杂志关于心理学论文共113篇编成索引,摘要介绍。在2卷1号中,又发表了著名的"民意测验"一文,该文标志着我国首次民意测验研究。

发表于2卷2、3号的"国人之迷信"征集整理了流行于全国20个省的迷信观念14类共计685条。作为心理科学工作者,张耀翔意识到迷信不仅阻碍中国科学的进步,甚至将危害整个中华民族。他进行这项研究的目的在于究其起源,以便更易将其破除。结果显示,研究所涉及的迷信观念起于17种原因。有鉴于此,张耀翔提倡应有一个"新精神生活运动",这也是张耀翔在当时多次讲演的题目。

2卷4号"癖"一文研究的则是中国古人之变态嗜好,内举123名古人,如王子猷好竹、桀纣淫暴、张献忠嗜杀、诸葛亮好为梁父吟等。张耀翔素来提倡"外国学问中国化",这篇便可算为其代表作。后他又将这一研究涉及人数扩充至5倍以上,由癖推而广之至一切变态行为,并以"中国历代名人变态行为考"为题将成果发表于《东方杂志》三十周年纪念号。他指出:"凡与社会中绝大多数人违反的言行思想,不论是否合于论理学家、教育学家的理想,概称为变态"。文章从感觉、注意、记忆、思想及情绪、智能等12个方面对中国古代名人之特殊行为加以考察,并将古人之变态归为"多源于尽孝与尽忠之故"。大凡某种情绪愈发达或愈使用,与之相关的疾病愈易发生。忠孝乃中国古人最提倡、最发达的情绪,以致因此引发的变态行为尤多。张耀翔以心理学的科学眼光看待古人,摘去了古文中先人那些神奇的光环或有意的夸张，在当时殊为难得。读者观后纷纷来函表示，这两篇文章很有教育意义，一些教师更是从此特别注意学生有无变态行为，收到良好效果。

鉴于当时青年消极、厌世、出家、疯狂、自杀的情况一日多过一日，张耀翔感到一份要去挽救的责任，3卷2号的"新诗人之情绪"一文便是出于这种用意。他将《尝试集》、《草儿》、《冬夜》、《女神》、《繁星》、《春水》、《新诗年选》和《白话诗研究集》等当年最红的九部诗集中标点符号作了一次总览，九部诗集共2611首诗，在11339行中，发现了2600个惊叹号，平均每首有1个，或每四行诗必有一惊叹号。他讽刺说："仰看像一阵春雨，俯看像数亩禾田；缩小看像许多细菌，放大看像几排弹丸。"认为这是消极、悲观、厌世情绪的表现，多用惊叹符号的白话诗是"亡国之音"。

在发表于《心理》1924年3卷2号的"人生第一记忆"中，张耀翔测验了106位北平师范大学及中国大学①肄业生最早的记忆发生在何时。实验过程如下，参与者首先静坐10分钟回想儿时生活，将能回忆起的事件选择最早发生的一条用笔记录下来，并注明事件发生时自己的年龄。根据实验，人生能回忆起的第一事发生于3岁时最多，有22人，占参加实验人数的22%；四岁次之，有17人；106人中无一人能记得1岁之内所发生的事情；仅有1人能保存1岁至2岁之间的记忆。人在记忆幼时经验上存在着极大的个体差异。平均而言，人们能记住第一事发生于三四岁时。能回忆起的事情有些历历在目，而有些则若隐若现，分辨不清。幼儿时期，人们对"人"的兴趣远胜于"物"；女性在记忆方面似乎强于男性；对父母的印象强于他人，而对母亲的印象强度又大于父亲，程度约大一倍左右。幼儿对食物、游戏、学问、危险、责罚、病痛以及伤感等七个方面的记忆最为深刻。负面情绪事件的回忆数量三倍于快乐事件，且能够记忆的事情，十之六七属于或者带有情绪色彩。

张耀翔最惹人注目的文章是刊登在3卷4号关于麻将心理的"麻雀牌之注意价值"，发表后毁誉参半。张耀翔在分析了诋毁者的心态后指出，此类人心理

---

① 中国大学为北京逸仙专修学院的前身。中国大学于1913年由孙中山先生亲手创立。1989年，"北京中国大学校友会"为了继承孙中山先生的遗志，做出恢复中国大学的决定。1994年该校定名为北京逸仙学院，两年后更名为北京逸仙专修学院。

不外两种：一是将打牌视为劣等游戏，认为"如若此亦有心理学，则心理学遭此滥用，尊严何存？"二是认为"既能将打牌的心理讲得如此透彻，想必作者必也擅于此道或耽于此道"。张耀翔回应道，打牌是日常生活中常见的活动，人们能集中注意十余小时且少有分心，心理学者怎可轻易放过而不研究出个道理来；如果分析透彻便是精于此道，"隆布罗索①想必是世上最大的犯人，埃利斯②则是古今第一色鬼了"。

2. 第一次民意测验

1922年11月14日是北京高等师范学校成立十四周年纪念日，各部门各学系照例展示成果以供来者参观。新近创立的心理学实验室亦于该日打开门户。除了展示以往研究中的百余种心理测验方法之外，还进行了一次"民意测验"，旨在"利用此种观众与此种时机，窥探吾民真正舆论之所在"。这是中国历史上首次民意测验，其结果首刊于1923年《心理》杂志2卷1号。

这次问卷共有8题：3道关于最近国家大事，2题关于地方内政，2题关于社会心理学，余下1题关于风俗改良。题目均极为简单，每问答复三五字足矣。答题处设在心理学实验室门外，由北京高等师范学校教育研究科学生十余人组织招待并分发问卷。答题处备有墨水笔、铅笔，另有纸匣一只作为临时票箱。招待员首先发给每位参观者（旧式太太及儿童除外）一份问卷，要求即时在答题处作答。为确保参与者有充分自由表达观点的机会，答题不记名，亦不许旁人窥视，作答完毕可亲自或由招待员代为投入票箱，箱中答票不许取出翻阅。之后参与者便可进入心理学实验室参观浏览各种展示。自当日上午9时至下午5时，共收回931票，间或有未答全者。问卷内容如下：

---

① 即龙勃罗梭（Cesare Lombroso，1835—1909），意大利犯罪学家、精神病学家、刑事人类学派创始人，被称为"现代犯罪学之父"。
② 即霭理士（Havelock Ellis，1859—1939），英国性学家、医生、社会改革家。由于其著作《性心理学研究》（Study in the Psychology of Sex）被公认为性心理学的创始者。

民意测验　敬请答复

1. 你赞成女子参政吗?
2. 假使你有选举权,你将推举谁做下任大总统?
3. 你最喜欢读的中国旧小说是哪一本?
4. 当今活着的中国人,你最佩服哪一个?
5. 你相信宗教有存在的必要吗?
6. 中国有许多不良的风俗和习惯,你觉得哪一样应当首先改良?
7. 北京地方上急当设立的是什么?
8. 北京地方上急当取缔的是什么?

请把你的年龄和性别(男或女)注上,至要。

张耀翔指出,这种测验的价值"纯以被试之资格与人数为定"。当日参与中国首次民意测验的被试具有两个共同特点:一皆属知识阶层。若不是对教育有研究、有兴趣的人既不会手持北京高等师范学校所发的入场券,因为此类凭券多需专程前往领取,更不会来心理学实验室参观;二皆属超然派,政客党徒到会者绝无仅有。除此之外,张耀翔主张在测验结果分析中去除两类参与者的资格,一是受鼓动而来的参与者;二是有一人多投之嫌的参与者。阅票及统计的任务交由高等师范学校教育研究科第三班以及女子高等师范学校家事科、英语部、教育哲学系、国文系和历史系五班共同完成;复经审查,阅票和统计均无任何差错。

测验各问答案分类统计如下:

第一问:你赞成女子参政吗?多达85%的参与者对此给予了肯定的回答。

在第二问回答中,排在前三位的分别为孙文(孙中山),得票327,占有效票总数578票的56%;黎元洪次之,得票122,占21%;蔡元培排在第三,得票29,占5%。张耀翔以此结果提出,善用选举权者必不投票于太无希望之人,如所得不足10票者,后者包括阎锡山(4票)、梁启超(3票)、康有为(1票)等。若以此为准,则578人中有58人不善用选举之权。

第三关于中国旧小说之问,回收819张有效票,《红楼梦》以419票占51%

```
赞成：
男                    524
女                     51
未注明男女者           211
                      786

不赞成：
男                     95
女                      7
未注明男女者            35
                      137
```

民意测验题 1 答案

的绝对优势位列榜首；《水浒传》以 153 票次之；《三国演义》则以 115 票紧随其后。

第四问"当今活着的中国人，你最佩服哪一个？"，结果孙文依旧以 158 票位列榜首，占该问有效票数的 27%；吴佩孚以 60 票次之；冯玉祥、蔡元培、梁启超等人紧随其后。值得一提的是，张耀翔与其夫人程俊英女士分别以 4 票与 2 票位列其中。然而就这一问的回答中，共有废票 179 张，其中回答"没有"或"无一个够佩服"者 59 票，占总数之 12%。张耀翔由此引发两种感慨，一叹中国少有出类拔萃之精英人物可令国人崇拜；二叹国人敬仰他人之心如此淡漠。

第五问中，国人反对宗教者有 555 人，占全部有效票数的 69%；赞成者为 246 票，占 31%。

第六问结果以关于婚姻者为最多，有 106 票；缠足次之，有 80 票；迷信又次之，以 50 票位居第三。

第七、八问涉及北京时政，回答者认为北京急当设立的项目以电车为最多，有 165 票；工厂次之，107 票；平民学校又次之，99 票。急当取缔之项目以娼妓为最多，有 264 票；汽车次之，72 票；治安警察法又次之，44 票。

三、教学岁月

张耀翔一生主要精力都投入到了心理学教学工作上。他四十年如一日，对自己所教课程始终满怀热情，且兴趣日益浓厚。他讲课内容丰富，形式生动活泼，不仅擅长于将古今中外各家学说融会贯通于自己的主张之中，自成一家之言，而且善于将科学性与趣味性熔为一炉，深受同学们的欢迎，甚至有不少学生受其影响从此走上了心理学科研的道路。

1. 1920 年至 1937 年

1920 年春天，北京高等师范学校校长陈宝泉赴美考察到哥伦比亚大学参观时，邀约张耀翔回国任教。在与张耀翔谈过两次之后，陈校长便要将聘约、旅费等当面交给他，并托他代购一批心理图书仪器。经过考虑，张耀翔提出的唯一条件是"只担任自己所专修范围内的课程"：其他功课虽勉强可教的也不愿任教；不能教的更不愿临时去准备，去凑足一个专职教授每周应担任的课时；即便是自己熟悉的教育学课程，也只担任与心理学有密切关系的几门。他说："我宁可作兼任或讲师，不愿越出本行。"他是这样说的，也是这样做的。从 1920 年夏天归国教书到 1937 年抗日战争爆发，17 年来只破例过两次。陈校长毫不犹豫地答应了他的条件，于是张耀翔的教学生涯于 1920 年 9 月开始了。

张耀翔来到北京高等师范学校后做的第一件事便是筹备一个心理学实验室。几经周折，终于在校园内一座二层楼角上寻得一大一小两个房间。他把小的一间作为仪器室兼预备室，大的可容十人的一间作为实验室。张耀翔将自己从美国带回以及陆续添置的仪器勉强装满了两个玻璃柜。这间实验室是中国早期的心理学实验室之一。曾经名噪一时的中华心理学会便是在这里办公，中国第一本心理学杂志《心理》也是在这里编辑问世。

在北京高等师范学校的第一学期，张耀翔担任了四门课的教学，即普通心理、实验心理、儿童心理以及教育心理，每科每周各 3 小时。晚间他秉烛备课，自编四门课的讲义纲要。学校按时配给的蜡烛往往不够，他只好自己添钱购置。每晚"开夜车"的生活如此持续了一年有余。由于缺乏教学经验，最初他备课曾把在课堂上要说的话句句写出,随即便发现这种方式行不通,后改为大纲形式备课。张耀翔说,教书假若不用课本,那么大纲是万万不可少的;教科书写得过于清楚细致难免让教员上课有"照书念"之嫌,且令学生有背诵学习之压力,纲要则可以自由伸缩修改。因而他教书从不用课本,向来只用纲要,即便是所有校外讲演也都要备齐纲要。张耀翔欢迎学生在课堂上发问,但不愿把课上全部或大半时间用在讨论上。因为讨论"结果有限又易越出题外,课堂时间有限且每一分钟都相当宝贵"。所以,讨论可以在课后个别进行,必要时也能够组织特别讨论班。张耀翔不主张学生做详尽的课堂笔记,所需记录的应是各人的心得或关键性的内容,有价值的笔记当是课外阅读笔记。

这一年,张耀翔在《教育丛刊》上发表了"心理测验"一文,首次论述了中国历代测量方法的不当之处,并以自己在教学第一学期所做的几个实验证明当前作文、书法、绘画、算术等成绩缺乏正确性与可靠性。在文中他断言,中国教育若想成为一门科学,非要走上测验的道路不可。同年,他相继在《教育丛刊》杂志上发表了三篇关于新式考试的文章,介绍了各种新式考试的格式、编制方法、记分方法、实施规则及采用新式考试的益处。首先采纳并实施这些方法的是河南教育厅厅长李步青,他曾与张耀翔通信数封,信中详细询问了考试方法,随后向张耀翔告知了新法的实施情况。

1921年9月,北京高等师范学校首当其冲将"心理测验"列为入学考试科目之一,规定该门考试不及格者不予录取,足见那时学校对心理测验的重视。该年入学考试使用了由张耀翔新创的八卦测试。八卦测验法是张耀翔在总结了伍德沃斯(Woodworth)的交替实验、"美国军人测验"(American Army Test)以及美国"国家智力测验"(National Intelligence Test)等当时常用的8种测验后所创造的适合测量中国人学习能力的一种方法。该测验以传说伏羲所画的八卦辅以阿拉伯数字为材料,将八卦图形与数字逐一匹配,匹配顺序则通过抽签确定。八卦图形测验同时施测人数为30~40人,每人发试卷一张,一律用铅笔作答。主试先将甲图展示在黑板上,要求受试者学习图中八卦图形与其下数字之间的联系,之后要求受试者以刚才所学的内容,完成手中的答卷,即在八卦图形下面填入相应的阿拉伯数字。该测验若用于学习能力测试,则答卷时间限定为3分钟。当时间到时主试说"停",所有人必须停止,不得延迟。该测验若用于研究学习心理,则无时间限定,研究者可按研究目的自行斟酌处理。答卷中每填对一个数字得一分,写错既不得分也不扣分。答卷每行二十个图形,第一行头三个数字不计分。若某试卷前后均有填写,中间未答图形数目超过十个,该答卷作废或酌情扣分。张耀翔在发表于《心理》杂志1922年1卷2号的"八卦试验——学习能力测验法"中写道,心理测验作为国立学校入学考试,以此为破天荒之第一次。"美国军人测验"等8种常用测验除2种因英文之故不适用于普通中国人,其余6种因学习及测验材料过于简单,易于掌握,导致测验所得结果"不能显示学习经过之一切情形"。八卦测验比较复杂,能有效避免上述缺点,然而学习材料虽然复杂,但儿童及学习能力较低的成人仍可适用。八卦图形与汉字字形更为接近,因而更加适用于中国人。

八卦测验甲图

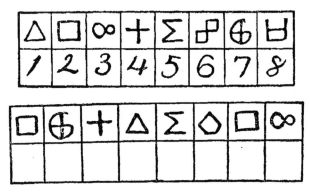

八卦测验答题纸

这一学年的暑假,张耀翔受邀参加由南京高等师范学校组织的大规模暑期讲习会,担任教育测验及教育统计两门课程的教师。这是中国高校第一次开设"教育测验"课程。那时恰逢张耀翔正在努力推广这门课程,南京高等师范学校的邀请可谓正中下怀。最初听讲的学员约有 90 余人,几乎全是中学教职员以及教育系学生,到后来学员数量陆续增加了一倍,一些当时教育界的知名人士也来听讲。张耀翔自然全力以赴,所讲内容十分新颖,并辅以实验演示。在课程结束后,他还将留学时收集以及个人编制的一些测验样张展示于教室,供学员们参观。

"智力"是心理测量领域内最受关注的研究对象之一,长久以来学者们对其定义争论不休。作为心理测量在中国的主要推广者,张耀翔对"智力"的测量同样表现出了浓厚的研究兴趣。他曾用"智慧的定义"一题测验四班学员:南京高等师范学校暑期心理测验学习班,人数过百;北京女子高等师范学校国文部四年级班,人数 30;北京高等师范学校心理测验选科,人数 25;以及北京中国大学本科哲学第二班,7 人。本次测验的结果刊登在《心理》1922 年 1 卷 2 号"在智慧的定义"一文中。对于何为"智慧"这一问题,张耀翔主张,若要拟定一科学的定义作为智力测验研究之用需至少满足以下三个条件:一、必为定性的;二、凡存在之物皆有量,则其定义必为定量的;三、必无需另下注解,一般学者均能理解的。"智慧"二字应为一个名词,无须拆开来讲,它代表了一种普通能力。他借用"聪明"和"愚蠢"两个概念给出了自己对智慧的定义:

(1) 处同样的境遇,能和一般人竞争,这种竞争能力,叫做智慧。

(2) 处同样的境遇,竞争而经常能胜过一般人,这种特别能力,叫做聪明。

胜人愈多的,其聪明就愈大;或聪明愈大的,胜人就愈多。所以,人的聪明大小,可用所胜的人数多少来计算。

(3)处同样的境遇,竞争而每落一般人之后,此种现象,叫做愚蠢。落人愈后就愈蠢,或愈蠢则落人愈后。所以,人的愚蠢地位,可以用被胜的人数多少来计算。

前文提及的"中国人才产生地"同样是一篇关于智力测验的文章。1926年11月,张耀翔曾以此为题在北京大学做了一次演讲。他以北京国子监进士题名碑上抄录的25000名左右清代进士籍贯的地理分布为依据,旨在说明中国各省人才的分布情况。他认为,科举是一种自由竞争下的取仕工具,是一种智力测验,科举人物代表当时国中最高智慧阶级的全部。他提出如若科举无法选拔才智之士,那么"聪明而落第或愚蠢而及第"的读书人应为数众多。以此25000清代进士为例,有才而落第无才而及第者应至少在250人左右,应占总样本人数的1%。以此为根据才可得出科举无法甄选才子的结论,但是张耀翔的研究结果并不支持这一结论。"科举在命不在文"只是失意文人们的牢骚。若"无视众多优秀人才从进士出身的事实,说科举选拔出来的都是庸才或蠢才,这叫白居易、苏东坡们情何以堪?叫文天祥、林则徐们怎能瞑目?"

张耀翔在北京高等师范学校工作一年后,该校更名为师范大学。张耀翔连续7年任该校教育研究科主任。如果不是教育经费问题,他在该校任教的时间还会更长,他自称是"很能在一处服务长久的"。1928年11月,在北平教育经费拖欠达两年之久后,张耀翔应老友欧元怀之邀至大夏大学任课。一学期后又在中山大学任教,每周往返于京沪之间。1929年秋,他辞去中山大学教职,专在暨南大学与大夏大学任课。这几年间,张耀翔除任课外的大部分时间几乎均用于讲稿整理。由于他教书"向来不用课本只用讲义",每门课又不止一种讲义,铅印、石印、油印、影印、打字、绘画各种形式的材料非常之多,整理起来绝非易事。当时整理得有些头绪的有普通心理、儿童心理、教育心理、应用心理几种,而实验心理、社会心理、变态心理、比较心理以及心理测验材料则纷乱如丝。至于出书,张耀翔更自称"异常胆小"。每次想拿几本书到书馆里去印,他会忽然觉得什么地方不妥,要么便是发现了新材料,因而那时少有书稿付梓。他说,读武德沃斯《自述》知道《实验心理学》写了十五年还未出版,像这样的老手尚且如此慎重,学识浅陋的我只好藏拙了。

每年暑假张耀翔多至外地讲演,足迹遍及南京、武汉、安庆、开封、天津、太原、济南、青岛、哈尔滨、长沙、杭州、无锡、苏州、常州、松江、福州等地,讲期为三至六个星期不等。令他感到最快乐的莫过于上课,讲演也绝少拒绝。1935 年他又为《教育杂志》按期撰写心理学论文摘要,希望将国际最新研究成果介绍给国人。

自 1936 年起,上海心理学界人士形成了一个非正式的组织,他们每月聚餐一次,商讨推进心理学术的各项问题。半年后,大家均感觉若既无正式组织又无固定负责人对于召集开会、会场记录以及对外接洽会造成诸多不便。于是在 10 月的聚餐会上决定成立一个名为"上海心理学会"的正式团体,由何清儒起草会章。1937 年 1 月学会正式成立,会员 14 人,成立大会上通过了学会简章,并选举章颐年、张耀翔及章益三人为干事,分别负责事务、文书及会计事宜。上海心理学会成立后,展开了以"心理学与人生"为题的系列通俗讲演。讲演在上海青年会礼堂每周进行一次,共计十次,会员每人担任一次主讲。张耀翔的讲演的题目是"人生活动的动机是什么"。学会又举办了两次校际心理学辩论会,参加者来自暨南大学、复旦大学、大夏大学、光华大学、沪江大学等高校。与此同时,清华大学、国立北京大学、国立北平师范大学、燕京大学和辅仁大学各大学的一些心理学学者同样每月举行一次聚餐会,探讨中国心理学的现状及未来出路。最终于 1935 年 11 月 3 日在燕京大学拟定"中国心理学会章程草案",它几经修改后送往南方各地征求意见,众学者纷纷复信同意加入中国心理学会,张耀翔亦以极大的热情投身其中。1936 年 11 月张耀翔与其他 31 位学者作为发起人共同发出通知,正式发起组织中国心理学会。

自 1920 年归国任教起至 1937 年抗战爆发时止,张耀翔对自己这 17 年来的教学生涯有如此评价:1920 年以前,心理学在中国太神秘太枯燥,也与实际生活太漠不相干。张某对心理学并没有什么特殊贡献,不过是把它在国人心中变成一个饶有趣味、惹人注目的学科。在"我的兴趣"一文中他又说:"我的兴趣,以我专攻的学科为中心。凡与这学科有间接直接关系的言行事物,我对之莫不感兴趣。所幸者学科能与天下许多言行事物发生关系,故我的兴趣范围是非常广阔的。"然而,17 年间也不无憾事,最令他介怀的有二:其一,上海各图书馆心理学书籍杂志太少,自己购书能力有限,以致许多图书无缘得见;其二,希望做几个规模大一点的实验,可惜经费无处出。

2. 1937 年至 1949 年

1937 年抗日战争爆发,暨南大学迁入市区,张耀翔夫妇仍在该校任教。从这一年起至 1940 年,张耀翔第二次整理旧书稿,决心一偿夙愿,将多年来教学与研究所得凝聚成一本心理学著作,书名拟定为《心理学集成》。该书最初计划分为绪论、感觉、知觉、情绪等十四编,每编约五至七万字,后因材料过多,便将各编自成一书。张耀翔对于著作的出版十分谨慎,"绪论"部分到 1946 年方才送至世界书局社出版,书名为《心理学讲话》,该书同时收录于他编著的《教育讲话丛书》之中。"感觉"、"情绪"两编于 1947 年由商务印书馆出版,书名分别为《感觉心理学》、《情绪心理学》。在《情绪心理学》中张耀翔通过书中所列举的 186 个题目对情绪这一心理学问题做了极为全面系统地论述。在书中,他多采用对照法,将中国本土资料与外国研究加以比较。他提出,如果将人类心理生活分为理智和情绪两大类,那么应当承认情绪对人的影响更大,因而大有研究之价值。在这十四编中除《知觉心理学》一书原稿因当年战事遗失之外,其余各编手稿均毁于"文化大革命"。张耀翔生前编著《心理学集成》的宏伟计划,实际仅有三书问世,的确是令人扼腕痛惜。

张耀翔尤为重视挖掘我国古代心理学思想宝库,十几年来常常阅读研究古籍,搜集资料,志在完成《中国心理学史》,可惜最终也未能成书。所幸在《学林》第一辑上发表的"中国心理学的发展史略"一文中我们可以窥见他这一计划的缩影。这是我国最早发表的较为全面系统论述中国心理学史的文章,张耀翔在其中提出了九条关于中国心理学的发展建议,其见解之精辟,至今仍有现实意义。

<<< 专栏二

心理学的发展史略

心理学在各个大学教学的情形各不相同,即便在同一高校,心理系往往也经历过数次变更。或列入哲学系,获列入文学系,大多数则列入教育学院或与教育学合称一系……心理系合理的安排当设在理学院内,但也有两种困难。其一,主持理学院的人往往只知理化,实为心理学门外汉,不但不扶助其发展,反而摧残……曾亲闻当时某著名物理学教授说,"我只知道物理,不知道什么叫心理",大有视一切心理现象均不存在之意。其二,理学院所设心理学课程侧重纯粹学理的研究,学生们因出路问题,虽有志学习而徘徊不前,结果导致心理系的教员反比学生为多。有这两种困难,导致理学院的心理系多遭淘汰。与教育系合设的心理学多数都较为成功,其中以大夏大学[1]教育心理系学生人数最多,常达三四十名,大半为女生。暨南大学时为心理系教授荟萃之区,先后有谢循初、章益、杜佐周等人任教。上世纪四十年代学制变更,心理学系次第取消,心理学课程大为减少,使方兴未艾之中国心理学遭受了一次重大的打击。我相信这种情形只是暂时的,中国心理学自有其重大使命,将来为时势所驱使,必有为国人重视的一天,是在吾人今后的努力。兹拟吾人今后应取之途径数则,以供教育当局及同道之参考:

1. 发扬中国固有心理学,尤指处世心理学,期对世界斯学有所贡献;

2. 恢复各大学原有心理系或教育心理系,并酌设心理学院及心理研究所,使斯学日益推广;

3. 编纂中国心理学词典,使学者便于自修;

4. 奖励实验,并设心理一起制作所,使各校易于备置;

5. 每年公费留学招考中,应设心理学名额,使专治斯学者有深造之机会;

6. 多介绍西洋心理学名著,使国内研究者常有新的参考资料;

7. 多从事创作及专题研究,使斯学日益进步;

8. 创办分科心理学杂志,例如社会心理学杂志、变态心理学杂志等等,使各出研究结果得随时作有系统的发表;

9. 竭力提倡应用心理学,尤指工业心理、商业心理、医药心理、法律心理及艺术心理、以应各方之急需。

(引自:张耀翔(1983). 心理学文集. 上海:上海人民出版社.)

1941年太平洋战争爆发,暨南大学迁至贵阳。张耀翔夫妻因长子正奇患肺病未能随往,因而转到私立沪江大学任教,并在大夏大学与光华大学两校兼课。

那时通货膨胀,物价一日数变,二人收入微薄;八口之家,实是难以糊口。1943年,中华书局向张耀翔约稿《儿童之语言与思想》,邀程俊英撰写《中国大教育家》,俩人稿费各为一万元。书局先付五千,当时能买四担大米,可供全家生活四个月。半年后书成,书局又各付五千,此时的五千元却只能买些大饼油条,仅够全家分食。张耀翔不禁长叹:私立学校剥削教师,最后一月所发薪水只能买几份大饼油条,想不到书局也效法剥削,真是杀人不见血。这两本书均在1948年出版。1944年长子病愈加严重了,妻子程俊英又患肝病,张耀翔每星期除在培成女校任课18节外,仍需到大夏大学与女子大学兼职,以此为长子赚取医药费用。艰辛的生活使张耀翔的体重减轻了30多斤,程俊英甚至需要变卖"望海居"的藏书才可度日。

1945年抗战胜利,消息传来,上海全城欢庆。不久暨南大学迁回上海。张耀翔辞去了沪江大学的职位,任教于暨南大学、复旦大学与大夏大学。程俊英任大夏大学教授兼中文系主任。这时张耀翔在《前线日报》上发表了"大器晚成"和"具体对抽象",在《青年日报》上发表了"求知的乐趣",在《平论半月刊》发表了"强国与强民"等文。在"强国与强民"中,张耀翔不但表达了对抗战胜利的喜悦之情,同时从一个心理学工作者的角度提出了八条强国国民应具备的素质:第一,仪容要整洁。第二,身体要健康。第三,要守纪律。此条尤指排队等社会公德。第四,要有新的生活习惯。不随地吐痰,不乱抛弃物,宴请、结婚要节约等。第五,要破除迷信。第六,要尊重人权,尤其是女权。西方"女宾先请"(Ladies first)是值得效仿的礼节。第七,生活要现代化。受现代教育,习现代学科,任现代工作,做现代有用的人。第八,做事要讲究效率。最后,他总结"做人难,做现代的人更难,做一等强国国民难上加难。以上诸端,不过其最低限度,愿与同胞共勉之。"

3. 1950年至1963年

1950年,张耀翔任复旦大学教育系教授。一年后,上海各大学进行院系调整,位于中山北路旧大夏大学改为华东师范大学,复旦教育系调整至华东师范大学。由此,张耀翔夫妻二人同在华东师范大学任教。张耀翔61岁时,即1954年,《文汇报》"五年来接受马克思、列宁主义教育中的体会"专栏向他约稿,于是有了"这五年"一文。他在文中写道:"我行年六十,始知五十九年之非,读书数十载,方悟惭愧二字。这五年来的最大收获,还不仅由书本得来,是来自客观现实,社会存在。"这个时期,他在《华东师大周刊》上发表了"巴甫洛夫的治学精神",将巴氏的治学精神归为五点:慎重选择研究题目、慎重选择研究方法、依靠集体培养后辈、热情与毅力,并以此自勉。

1955年,张耀翔任华东师范大学教育系主任兼工会主席,此时他需参加的会议较多,几无时间和精力兼顾研究,但每日仍坚持阅读古籍,收集资料。次年,他担任北京学部心理学研究所研究员,兼任心理学会上海分会理事。随后他参加了于北京召开的全国心理学会理事会。会上特别讨论了关于"心理学史"的研究工作,并且做了具体分工,张耀翔分到了一部分的编写工作。当年6月17日,中国心理学会上海分会在华东师范大学举行第二次全体大会,与会来宾及会员五十余人。大会举办了学术专题报告,由张耀翔及萧孝嵘报告"心理学讲义"第二编的情况。大会同时选举出第二届理事会理事,张耀翔得票最多,被选举为分会理事。1957年11月7日,心理学会上海分会举行第三次会议,张耀翔在会上作报告"解放前后心理学的情况及其今后发展"。

1959年张耀翔写就了"古今名人出身的卑微"及"对弗洛伊德精神分析学派的批判"。这一年,上海心理学教师召开了关于心理学教学的讨论会,在本次会议上,师大教育系的一些教师对张耀翔提出了批评意见。他对这些批评表示:"这次讨论会,虽有个别同志发言态度不够好,甚至有恶毒的人身攻击,但对我教学的立场、观点、方法方面,都有极大帮助。"即便如此表态,但是张耀翔心中对一些同事在遗传问题会及测验问题会上提出的意见还是有点不服气,认为这次会议不似学术的讨论,而是有些像打击会了,心中颇为此郁郁不乐。

次年,张耀翔65岁时参加"五一"劳动节游行,朋友同事们称他为张老,说他是不服老的黄忠。下午与妻子到文化俱乐部吃晚餐,因没能赶上公车,步行而归。次日晚饭后,他翻译《文摘》至深夜,十二点左右对程俊英说:我今天感觉不对,倒点水给我喝。喝毕便大吐不止,经校医诊断为中风,马上送入华东医院。过了几天才慢慢醒转过来,却已是半身不遂。在医院住了一年多之后,1961年秋才回家疗养。1964年7月,他患热病高烧不退,9日进华东医院,于当晚与世长辞,享年72岁。

专栏三

耀翔与我

> 往事依稀电影般,卿卿我我温柔乡;端来一壶新沏水,对饮沱茶脉脉香。
>
> ——程俊英

她,是中国第一批女大学生,与庐隐、王世瑛、陈定秀并称五四"四公子",受到李大钊、黄侃、胡小石等学者的赏识,多次被郑振铎喻为"一朵水仙花";她,是中国第一代女教授,从事教育事业和学术研究70余年,在古典文学、文献学以及文学创作等领域取得杰出的成就,学问与品格的馨香浸润熏陶了一代代弟子。她,便是程俊英,张耀翔相伴一生的妻子。

程俊英青年

程俊英幼年出身知识分子家庭,父亲程树德,曾任清朝翰林,后毕业于日本法政大学;母亲沈缇珉是清末福建女子师范学校第一届毕业生。1921年春天,张耀翔到女高师保姆科任教的时候,程俊英在该校国文部肄业。教务处邀请张耀翔作公开讲演,程俊英任记录,会后将记录稿送给他审阅,二人由此相识。后来张耀翔兼任国文部的课,他们就时常见面了。1922年程俊英与张耀翔订婚,在天坛祈年殿石阶上,他们誓以尽瘁教育为终身职责。次年2月12日他们在北京报子街聚贤堂结婚。来宾约千余人,多为当时教育界人士和在校学生。

婚后课余之暇,程俊英常读书写作于"望海居"。这一时期她在《心理》杂志上发表了多篇文章。在1922年一卷3号《中国古代学者论人行的善恶》中,她把中国古代学者对于人行善恶的学说概括为五种,性善说、性恶说、善恶混说,无善无恶说以及三品说。同年二卷1、2号,她分析了李白、杜甫、白居易等150位诗人的2075首诗,将诗题加以分类研究,认为诗人的注意纯出于自发,其自发注意即兴趣,本文题为《诗人之注意及兴趣》。1923年《心理》二卷3、4号,她与欧阳湘合作发表了《杂色》,该文搜集了古今书籍中之颜色字,"借以观察我国文字上颜色种类之大概"。

1927年北京闹欠薪,夫妻已有三个女儿,负担日重,程俊英忙于家务,除上课外无力兼顾学术研究。第二年,大夏大学校长约张耀翔任教,时程母患癌症,她需日夜服侍汤药,因而未能同往。1929年程母病逝,全家便迁往真如暨南新村居住。一次傍晚散步时,张耀翔对爱妻说:"我们虽为夫妻,但又是志同道合的情人和挚友,这种复杂的关系,确实是人间不可多得的!"

1949年上海解放后,程俊英马上参加了市妇女联合会的筹备工作;听了陈

程俊英像

毅市长的报告后，又参加了市人民代表大会。妇女联合会成立后，她担任常务委员兼文教委员会主任委员。1951年院系调整，她与丈夫同在华东师范大学任教。1960年张耀翔因中风住院的一年多时间里，她也住在医院里悉心照料，白天到校上课，课毕马上返回医院。1963年2月，在他们结婚四十周年的纪念日，张耀翔紧握着妻子的手说："我们二人共同生活在二十世纪不平凡的岁月里，是幸福的；所恨者，我未能编出《心理学史》一书，不能整理旧作，不能陪你欢度晚年。但尚有四个子女，十个孙辈陪你，差可自慰。"1964年7月9日，张耀翔与世长辞，大殓的时候，程俊英将一张二人的合照放在他的衣袋里，表示"以过去之我，长伴他于地下"。

（选自：程俊英(1981)．耀翔与我．见张耀翔(1986)．感觉、情绪及其他——心理学问及续编．上海：上海人民出版社．）

＞＞＞

四、结束语

张耀翔的青年时代，胸有大志，好读书，因穷困买不起书，便向老师朋友借阅，并妥为保管，按期归还。凡古今中外，九流杂家的著作他均有所涉猎。张耀翔不仅看有关科学的书籍，诗、词、曲、小说也在他的阅读之列。他功底深厚，常识丰富，中文通顺，英文能阅读原本。在这一基础上，张耀翔专攻心理学，治学以第一手资料为准，科学地总结出规律性的内容。他的论文，既有事实，又有理论与创见，并非一般的空谈，更不是东抄西袭地去拾取别人的牙慧。他赴美归来，吸收外国心理学研究的科学精神，应用于中国实际，在当时发挥了很大作用。许多文章至今读来仍令人兴味盎然。"民意测验"测知当时知识界的民意，"癖"提醒了教师如何教育变态的学生，"厌世心理"让青年注意自己的心理卫生，"论效能"使各界人士都注意个人的工作效率如何。

20世纪20年代以前，我国从事心理学科教学和研究者可谓凤毛麟角，科研与教学力量相对薄弱，心理学科发展由于缺乏专业人才而饱受困扰。二三十年代,大批留学生学成归来,抱着极大的热情投身中国心理学的发展。张耀翔便是其中一员。他求学于名校,师从于名师;精力旺盛,受传统思想束缚较少,具有创新精神和开拓意识;为中国心理学的发展带来了的前沿知识和理念。在中国近代心理学教学及科普方面功不可没,堪称楷模。

陆志韦年表图

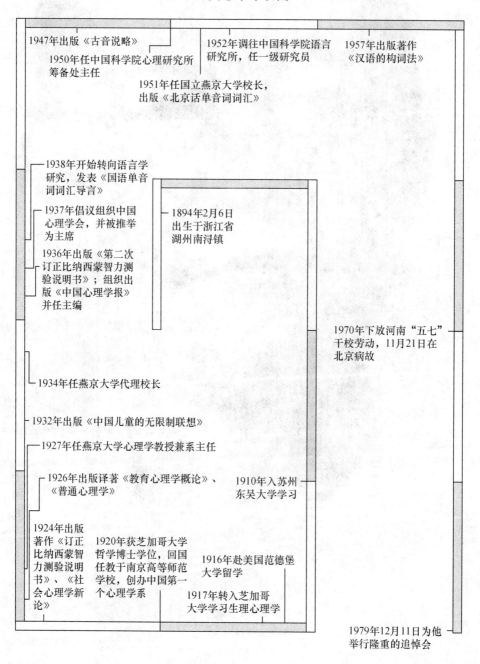

陆志韦（Chih Wei Luh，1894—1970）是中国现代心理学的开拓者和奠基人之一。作为我国第一批留美回国的心理学家之一，陆志韦不但以改进艾宾浩斯遗忘曲线、修订比纳西蒙智力测验等学术成果闻名于中外心理学界，而且还享有中国现代心理学发展史上诸多"第一"美誉：创立中国第一个独立的心理学系，担任中国心理学会第一任主席、中国心理学会会刊第一任主编，自撰中国第一部社会心理学著作；此外，他还曾担任燕京大学心理学系主任、中国科学院心理研究所筹备处主任。他为中国现代心理学学科的创建和发展屡建功业。更令人敬仰的是，当他44岁转向语言学研究后，又再创学术生涯的辉煌，成为中国现代音韵学的开拓者、现代汉语构词法的奠基人和《汉语拼音方案》的制定参与者，并担任中国科学院哲学社会科学部委员。他既是治学严谨、业绩斐然的著名学者，又是才华横溢、心灵自由的诗人。他还是著名的教育家，曾先后担任私立燕京大学和国立燕京大学校长，为中国的教育事业做出了卓越的贡献。

1979年12月11日，中国社会科学院为辞世近十年的陆志韦举行了隆重的追悼会，悼词客观公正地评价了陆志韦的一生，称其为"我国著名心理学家、语言学家、教育家、诗人"。

一、生平经历

1. 南浔神童

1894年2月6日,在浙江省吴兴县(今湖州市)南浔镇的一户人家,陆志韦紧随着五位兄姊的脚步来到了人世,父亲陆熊祥为他取名叫陆保琦。陆家虽也是书香门第,但家境早已没落。陆熊祥曾多次参加科举考试,最后得中府学拔贡[①]。但迫于生计,他只能在当地的望族刘锦藻[②]家的当铺里做一名管账先生,聊以维持一家人的清贫生活。陆志韦7岁时,母亲撇下六个儿女离开了人世。

家庭的不幸,使尚且年幼的陆志韦显得沉默寡语。但陆志韦天生聪颖异常,读书过目成诵,是当地有名的"神童"。父亲将毕生未竟的心愿寄托在了他的身上。陆志韦5岁时开始进入私塾学习,11岁就被送去参加科举考试,最后却因年龄小而只好"观场"。不久之后科举考试就被废止了。

1906年,12岁的陆志韦进入江苏省吴江县的震泽小学接受新式教育,学习英语、算术、生物等西式课程。聪敏过人的他仅一年就以优异的成绩完成了小学的全部课业。翌年,在刘家的资助下,他进入东吴大学附属中学开始了新的学习。这一年,父亲因病去世。靠着刘家的资助和学校的奖学金,陆志韦勉力地完成了中学的学业。

1910年,年仅16岁的陆志韦考取了东吴大学。这是美国基督教监理会在华创办的一所教会大学,其宗教氛围十分浓厚。1911年春,陆志韦皈依入教,成为"上帝的儿子"。自此,"上帝之子"的名义也改变了他以后的人生轨迹。陆志韦的入教行为,让颇为封建传统的刘家极为不满,刘家因而中断了对他求学的资助。他自己便在苏州惠寒小学兼职教学,以维持学业。1911年夏,陆志韦考取

---

① 拔贡:科举制度中选入国子监生员的一种。清制,初定六年一次,乾隆七年改为每十二年一次,由各省学政选拔文行兼优的生员,贡入京师,称为拔贡生,简称拔贡。

② 刘锦藻(1862—1934),清朝实业家,学者,南浔首富刘镛之子,光绪年间举人、进士。在京任职数年,后回南浔兴办实业,发起成立浙江铁路公司和兴业银行等;并在家乡兴办慈善事业,资助教育发展;著有《清朝续文献通考》。

了清华学校留美预备班。但是对在清华的学习和生活,陆志韦却感觉处处不适应,最后只好离开北京,独自一人又返回东吴大学继续学习。

2. 芝加哥博士

1913年夏,陆志韦从东吴大学毕业后,在曾经就读过的东吴大学附属中学做了一名教师,教授英文、中文和地理课。

1916年,陆志韦只身来到美国,迈上了为期五年的异国求学之路。最初,陆志韦在范德堡大学攻读宗教心理学,1917年转入芝加哥大学生物学部心理学系攻读生理心理学,1920年获得芝加哥大学哲学博士学位,为五年的异国求学生活画上了圆满的句号。

学成归国,陆志韦受聘执教于南京高等师范学校(常简称为"南高师",1921年更名为国立东南大学),开始大展才华。1920年,陆志韦和陈鹤琴等人在南高师一起创办了中国第一个独立的心理学系;1922年,陆志韦担任东南大学心理学系主任。在短短六七年时间里,陆志韦发表了《订正比纳西蒙智力测验说明书》,编写了《心理学》(高中教材)和《社会心理学新论》,翻译了《普通心理学》和《教育心理学》,并参与组织成立了中华心理学会。其出色的研究、译介和学科建设工作,使得陆志韦在中国心理学界声名鹊起。

陆志韦不仅是严谨的心理学家,还是一位感情丰富的诗人。早在1914年在东吴大学附属中学任教时,陆志韦就开始从事诗歌翻译。他最早向国人翻译介绍了英国著名诗人华兹华斯[①]的诗歌。他的白话诗创作被朱自清认为是国内第一位有意实验创新诗歌体例和韵律的作品。从1920年到1940年,从东南大学到燕京大学(Yenching University,常简称为"燕大"),二十年间陆志韦创作白话诗百余首,辑成《渡河》等诗集五部。此外,还有诗论著作《中国诗五讲》(*Five Lectures on Chinese Poetry*)及文章多篇。

[①] 华兹华斯(William Wordsworth,1770—1850),英国浪漫主义诗歌奠基者之一,"湖畔派"诗人的重要代表。1843年,被英国王室封为"桂冠诗人"。代表作有《序曲》、《丁登寺》、《孤独的收割者》等。

3. 燕京大学校长

1924年,陆志韦卷入了反对东南大学校长郭秉文[①]的斗争。1926年,北伐战争开始,南京陷入混战,燕京大学校长司徒雷登[②]邀请陆志韦北上执教。1927年4月,陆志韦北上燕京大学,出任燕京大学文学院心理学系教授,兼心理学系主任,开始了他与燕京大学绵延三十年的情缘。而在此之前,陆志韦就对燕京大学有一段美好的回忆:1921年,陆志韦和刘廷芳[③]的大妹刘文端在燕京大学礼堂喜结良缘,司徒雷登、张伯苓、杜威等中外学界名流出席了婚礼。

<<< 专栏一

两起新人物的新式结婚

北京新近有两起新式结婚,就是陆志韦和刘文端女士(在6日),徐淑希先生和刘文庄女士(在7日)的婚礼。

陆志韦是美国芝加哥大学哲学博士、东南大学心理学主任,徐淑希是美国哥伦比亚大学法政学硕士,返国后曾任香港大学讲师,刘文端和刘文庄是高师教育研究科主任及北大、燕大心理学教员刘廷芳的两个妹妹。他们结婚的礼堂就是燕京大学的礼堂,堂之一端挂一幅花幛子,幛子上满挂榆叶,中段摆了十几盆洋绣球花儿,闪闪的蔚蓝色的天空上的显明星,令人觉得无限美感,比满屋挂红幛

---

① 郭秉文(1879—1967),字鸿声,江苏江浦人。哥伦比亚大学哲学博士。自1918年,在东南大学先后任代理校长、校长等职。1925年被段祺瑞政府免去东南大学校长职务。曾先后担任世界教育会议副会长、国民政府工商部国际贸易局局长、中英贸易协会主任、联合国救济总署副署长兼秘书长。

② 司徒雷登(John Leighton Stuart,1876—1962),美国基督教新教南长老会传教士、外交官。出生于中国浙江杭县(今杭州)。1902年毕业于弗吉尼亚州南长老会所设协和神学院,获神学士学位,并获长老会牧师职。1904年携眷来杭州布道。1919年创办燕京大学,担任校长;1929年改任校务长,负责筹集办学经费;1937年抗日战争爆发,兼代燕京大学校长职务。太平洋战争爆发后,在天津被日本宪兵队逮捕,拘押在北平。1945年8月17日获释。1946年7月任美国驻华大使。1949年8月返美。

③ 刘廷芳(1891—1947),心理学家,神学家,诗人。出生于浙江温州。1918年获耶鲁大学神学院学士学位,1920年获美国哥伦比亚大学教育与心理学博士学位,博士论文为著名的《汉字心理研究》。1920年归国后受聘担任北京高等师范学校教育研究科主任,同时任教于国立北京大学心理系和燕京大学宗教学院。1921—1926年间,担任燕京大学宗教学院院长,同时担任燕大校长司徒雷登的助理。1922年参与组织中华全国基督教会。抗战中因病赴美,后病逝于美国。

子喜对的好的多。至于婚礼两天都是一样,到了4点钟,来宾入座,主婚人中立,新人左右立,按照基督教的仪式举行婚礼,大约十分钟就礼毕,比起中国从前磕上两点钟的头还不止的,时间经济得多。他们结婚的证书很简单,都很完备。

形式如下:此证

陆志韦和刘文端今天在崇文门内燕京大学礼堂结婚。

主行婚礼牧师:燕京大学校长司徒雷登。

证婚人:范希廉、张伯苓、金邦正、韩安、陶孟和、刘廷芳、曾国治、杜威。

礼毕,便全体到刘廷芳家里茶话,来宾可自由和新人谈话,随后照完了相,便各自散去。

(来源:项文惠(2004). 广博之师:陆志韦传. 杭州:杭州出版社,40—41.)

1956年陆志韦与夫人刘文端在中关村住所的合影
资料来源:《燕京大学校长陆志韦》编写组(2006).燕京大学校长陆志韦,9.

在燕京大学的前十年中,陆志韦继续从事他在心理学领域的研究和工作,确立了他作为中国心理学开拓者和奠基者之一的地位。陆志韦在国内外心理学刊上发表了一系列有关记忆恢复、比较心理学和人类思维的文章。陆志韦在担任燕京大学心理学系主任期间(后来沈迺璋担任系主任),把基础薄弱的

1964 年陆志韦全家合影

资料来源:《燕京大学校长陆志韦》编写组(2006). 燕京大学校长陆志韦,8.

心理学系建设成具有一定规模的系科;他还受聘为中央研究院心理学组委员。1933 年,陆志韦获中美文化教育基金会奖学金,再度赴芝加哥大学进修,并赴欧洲进行考察。1934 年回国后,陆志韦发表了《订正比纳西蒙测验说明书》(与吴天敏[①]合作),并对以前的著作进行修订再版。同时他还组织出版了《中国心理学报》;组织成立中国心理学会,并当选主席;倡议并组织审查了普通心理学名词。

1933 年初,燕京大学校长[②]吴雷川[③]辞职,众望所归之下,陆志韦担任代理校长三个月,直到 1933 年夏他去美国芝加哥大学进修。1934 年春,司徒雷登一纸电报催促正在瑞士考察的陆志韦提早结束行程,陆志韦归国后再次担任代理校长,主管教学、科研和行政管理等日常工作。

[①] 吴天敏(1910—1985),中国现代心理学家,专长智力测验和儿童心理学。1936 年燕京大学研究院心理系毕业,获硕士学位,后在燕京大学心理系任教。曾先后任清华大学心理系讲师、北京大学哲学系心理专业教授。

[②] 当时南京国民政府教育部规定,凡外国人办的教会大学,必须由中国人担任校长职务,因此司徒雷登要求陆志韦任代理校长,他本人任校务长,掌握学校实权。

[③] 吴雷川(1870—1944),教育家,中国基督教激进思想家。本名吴震春,字雷川。清末进士、翰林。辛亥革命后,曾担任杭州市市长,并供职于浙江省教育厅。1925 年任燕京大学教授,1929—1933 年担任燕京大学校长,是燕大第一任华人校长。

20世纪30年代,日军大规模推进侵华战争,国内反战救亡的活动一浪高过一浪。在日益高涨的学生运动中,陆志韦以自己的实际行动支持学生的爱国运动,表达抗日救国的情怀。1937年,"七七"事变,日军占领了北平,陆志韦辞去代理校长一职(由司徒雷登兼任),但依然参与校政。鉴于燕京大学属美国基督教学校,因而并没有像当时的许多其他大学那样举校南迁,燕京大学成为了孤岛中的一块"绿洲"。面对日军不断制造的麻烦或提出的无理要求,陆志韦总是大义凛然,据理力争,巧妙周旋,尽力保护着这块自由圣地。

1941年12月,珍珠港事件爆发。日军借故占领了燕京大学,陆志韦等人被捕入狱。面对敌人各种威逼和利诱,陆志韦都坚贞不屈,表示"无过可悔"。后因受折磨成病,获准保外就医,但他依然生活在日特的严密监视下。困顿如此,陆志韦以研究音韵打发时日,慰藉心灵。

1945年8月15日,日本宣布无条件投降。在陆志韦的带领下,燕京大学在短短56天时间里就完成了复校工作,重现青春活力。1946年7月,司徒雷登出任美国驻华大使。自此,陆志韦先后担任燕大校务委员会主席、代理校长,不但要主持日常工作,应付国民党的干涉,保护学生,还要与美国托事部进行交涉周旋,努力为学校争取更多的经费。

1949年初,北平和平解放。美国纽约托事部任命陆志韦担任燕京大学校长,但被他谢绝了。

1950年,朝鲜战争爆发,中美关系陷入紧张。1951年2月,根据中央决定,燕京大学改为国立。陆志韦被任命为国立燕京大学校长。但在1952年开始的思想改造运动中,陆志韦却因"亲美"而成为批判的重点对象,背负了诸多莫须有的罪名。1952年夏,国立燕京大学解散,陆志韦也离开了燕园。

4. 语言学家

虽然陆志韦曾于1950年任中国科学院心理研究所筹备处主任,但在1952年进行院系调整时,他却选择了去语言研究所。这主要源于他后期的学术研究方向的转变。

30年代后期,由于国内时局动荡,心理学实验研究条件受限,陆志韦只好开始做受限较少的语言研究,于是就有了《国语单音词词汇》(后改名为《北京话单音词词汇》)。

　　1941年底,日军占领燕大,陆志韦被捕,后保外就医。在敌人严密的监视下,为了排遣胸中郁结,也为表明"一心学术,不问政治",他开始涉足音韵学。短短十多年间,他完成了从上古到近代三千年的语音系列研究,撰写了《古音说略》和"古官话音史"。他进行的近代语音的开创性研究,奠定了近代语音研究的基础。

　　1952年院系调整时,陆志韦调到中国科学院语言研究所。他先后主持研究文字改革,并参与了《汉语拼音方案》的制定工作;制定了外国语人名地名译音标准;主持完成了"汉语的构词法"课题,后出版《汉语的构词法》一书,成为现代汉语构词法研究的开创者;此外,他还曾主持汉语史研究工作。

　　1966年,"文革"浩劫开始。陆志韦被扣上了"反动学术权威"的帽子,受到冲击,后下放至河南息县"五七"干校劳动,身体健康每况愈下。1970年10月,陆志韦被准回家养病。陆志韦在回家一个月后,于1970年11月21日走完了坎坷的一生,享年76岁。

<<< 专栏二

蔡恒胜忆陆志韦

　　先说陆志韦先生。语言所从中关村搬到端王府后,我们家和陆先生又成为不远的邻居,见面的机会比在中关村还多。我知道他很博学,对孩子也很和蔼,就常窜到他的办公室或他家,他只要有闲,总会和我聊聊天。我也常问他一些老事。有一次,我看到一张1949年毛泽东到北京的照片,在欢迎的人中,陆志韦就站在毛的旁边。我就拿着照片问陆先生,当时毛主席和您说话了吗?他看了看照片说:"说了。"我刨根问底,问说些什么?陆先生说:"毛主席问我,'你和司徒雷登还有联系吗?'我连忙说:'没有,没有。'毛主席大笑说:'给写封信,老朋友嘛。'"我问:"那您给司徒雷登写信了吗?"陆先生说:"你说呢?",止住话题,不再说了。我想他一定没有写,麻烦够多的了,再写信,能说清楚吗?

　　陆先生家东西特别多,乱七八糟无奇不有。有一天我到他家,恰好有一个收古董的人在那里,问陆先生有什么他不要的东西。陆先生随便从屋内提了几件我说不出是什么的破烂,给收古董的人。那人看了半天,收下这些"破烂",给了陆先生大约1000元,让我大吃一惊。1000元,在那个时代可不得了,何况只是些破烂就值这么多钱。

（来源：中关村回顾（二十三）——三位"L"姓氏的中国语言学大师（二），http://laocaicanada.spaces.live.com/blog/cns! AEF3890DF59B89FF! 1716. entry? _c=BlogPart.)

二、业绩斐然的心理学家

陆志韦在学术生涯的前期致力于心理学研究,他一方面进行心理学的实验研究和理论探索,另一方面积极推动中国现代心理学学科的创建。

1910年,陆志韦进入东吴大学学习心理学。性格内向的他勤勉好学,奋发向上,学业成绩优秀。1913年,陆志韦大学毕业留在该校附中任教,期间他阅读了詹姆斯(William James)的《实用主义》等英文著作,这为他进入学术研究领域奠定了良好基础。两年后陆志韦获得教会保送优秀学生赴美国学习的机会,遂于1916年赴美留学。最初他在范德堡大学皮博迪(Peabody)师范学院学习宗教心理学,但该学院的宗教心理学以宗教史、民俗学为主,至多增加一点所谓"现代科学"的一些传说和现代的迷信现象,这令他颇感失望。恰好在第二年他又获得一笔助学金以及半工半读的机会,于是在1917年他转入芝加哥大学生物学部心理学系学习生理心理学。

芝加哥大学是机能主义心理学的发祥地,当时云集了一大批著名心理学家：机能主义心理学创始人杜威(John Dewey)、机能主义心理学代表人物安吉尔(James R. Angell)和卡尔(Harvey A. Carr)[①]、行为主义心理学创始人华生(John B. Watson)等。中国心理学家潘菽(1926年)、刘绍禹(1927年)、蔡乐生(1928年)、程廼颐(1929年)、胡寄南(1934年)等人先后在芝加哥大学心理学系留学并获得博士学位。在这所著名的大学里,陆志韦师从卡尔教授。卡尔是安

[①] 卡尔(Harvey A. Carr,1873—1954),1905年在芝加哥大学获博士学位,1919—1938年在该校继安吉尔任心理学系主任,期间授予了150个心理学博士学位,1926年当选美国心理学会主席。

吉尔的学生和继承者,是芝加哥机能主义心理学的后期代表,主要研究知觉、动物行为。在如此良好的学术环境和氛围中,陆志韦刻苦勤奋,如饥似渴,每天工作十三四个小时,节假日也很少休息。1920 年他完成了著名的博士论文《记忆保存的条件》(*The Conditions of Retention*),获得了哲学博士学位。

陆志韦博士论文的"致谢"部分

资料来源:Luh, C. W. (1922). The conditions of retention. Psychological Monographs, 31(3), Whole No. 142.

据周先庚介绍,陆志韦的博士学位论文在芝加哥大学得到了很高的评价,卡尔教授曾称赞"陆志韦的论文是芝加哥大学心理学实验室最好的博士学位论文之一。"[①]他的博士论文于 1922 年在美国心理学刊物《心理学专论》(*Psychological Monograpghs*)上发表[②]后,在心理学界产生了很大影响。

陆志韦博士论文发表的刊物封面

资料来源:Luh, C. W. (1922). The conditions of retention. Psychological Monographs, 31(3), Whole No. 142.

---

① Chou, S. K. (1927). The Present Status of Psychology in China. The American Journal of Psychology, 38(4): 664—666.
② Luh, C. W. (1922). The conditions of retention. Psychological Monographs, 31(3), Whole No. 142.

```
                CONTENTS
                                                    PAGE
    I.  Introduction..............................    1
   II.  The Amount of Retention as a Function of the
        Method of Measurement...................    12
  III.  Retention as a Function of the Degree of Learning.  43
   IV.  The Effect of Extending the Time Limit for Recall
        upon the Amount of Material Recalled......   55
    V.  The Relation between the Amount of Error and
        Other Factors............................    62
   VI.  The Duration and the Speed of Recall.......   68
  VII.  Individual Differences and Correlations....   73
 VIII.  Conclusion...............................    85
```

陆志韦博士论文的目录页

资料来源:Luh, C. W. (1922). The conditions of retention. Psychological Monographs, 31(3), Whole No. 142.

1. 完善艾宾浩斯遗忘曲线

陆志韦的博士论文主要研究记忆保持的问题,他的研究补充完善了艾宾浩斯的遗忘曲线理论[①]。

该论文的研究包括两个方面,一是保持量的测量方法对遗忘曲线(也称保持曲线)的影响,二是学习程度对遗忘曲线的影响。在芝加哥大学的心理学实验室里,他分两个阶段完成了博士论文的实验研究,第一个阶段是从1919年5月至8月,第二阶段是从1919年10月至1920年2月。实验使用的仪器是记忆鼓。

《《专栏三

艾宾浩斯对记忆和遗忘的研究

德国心理学家艾宾浩斯(H. Ebbinghaus, 1850—1909)是对人类记忆和遗忘现象进行实验研究的创始人。为了对实验结果作出量的分析并排除过去经验的干扰,他把无意义音节作为记忆材料,采取的具体研究方法是重学法,也叫节省法,即学习材料到恰能成诵时,间隔一段时间再重新进行学习,达到同样能背诵的程度,然后比较两次学习所用的时间和诵读次数,得出一个绝对节省值。艾

[①] 荆其诚(1991). 简明心理学百科全书. 长沙:湖南教育出版社,303.

宾浩斯以自己为被试,总共做了163次实验,目的是寻找学习后保存量的变化规律。研究表明"保持和遗忘是时间的函数"。他将实验结果按遗忘和时间的关系绘成曲线,这就是著名的艾宾浩斯"遗忘曲线"。遗忘曲线表明了记忆的保存量随时间而变化的规律,即识记后最初一段时间遗忘较快,以后遗忘逐渐减慢,稳定在一定水平上,遗忘的进程是不均衡的,呈现先快后慢的规律。艾宾浩斯的这项工作是一项系统的首创性研究,他使复杂的记忆现象得到了数量化表示,开辟了对记忆进行实验研究的先河。他用德文写成的《记忆》一书于1885年出版,1913年被翻译成英文,1965年被翻译成中文。

陆志韦在博士学位论文中对艾宾浩斯的遗忘曲线作了进一步研究。在实验中,他让20名被试识记12个无意义音节。20名被试中,有9名为芝加哥大学的中国学生。选择无意义音节时,他首先列出英语字母中所有的由辅音-元音-辅音三个字母组合成的音节(y结尾的组合除外),从中剔除所有的英语、法语、德语和拉丁单词,然后请4名心理学系研究生分别判断每个音节是否会引起意义联想,如果有两人以及两人以上判断为会引起意义联想,就删除该音节。最后他以这个无意义音节词表为基础选择了实验所用的无意义音节。

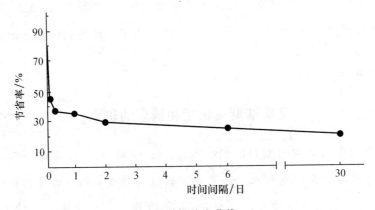

艾宾浩斯遗忘曲线
资料来源:孟昭兰(1994). 普通心理学. 北京:北京大学出版社,217.

在第一个阶段的实验中,陆志韦主要研究记忆保持量的测量方法对遗忘曲线的影响。在实验中要求被试记忆无意义音节,学到刚好能一次无误地背诵为止,然后在不同时间间隔内,用预期回忆(anticipation)、再学(relearning)、再认、自由回忆、重建(reconstruction)等5种方法检查其保持量。结果显示,用不同的测量方法和指标检查保持量,遗忘曲线下降的趋势也会不同。用再认法测定保持量,由于原先学过的材料重新出现在被试面前,有利于记忆的恢复,所以测得的保持量最多。用回忆法测定保持量,原先学习过的材料不在被试面前,记忆的恢复困难大,测得的保持量最少。但如果对材料进行再学或重建,这两种方法难度居中,因此,测得的保持量,也居再认法和回忆法之间。

陆志韦的研究扩大了被试人数,采用了不同的测量方法来测查记忆效果,发现再认条件下的遗忘曲线下降趋势与艾宾浩斯的经典曲线有所不同,进而提出记忆保持量与测量的方法有关。这个发现是对艾宾浩斯的遗忘曲线的重要补充。

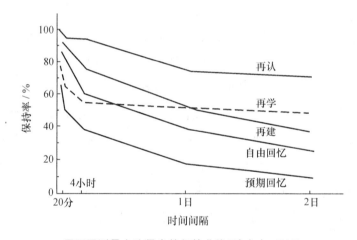

用不同测量方法得出的保持曲线(陆志韦,1922)
资料来源:孟昭兰(1994). 普通心理学. 北京:北京大学出版社,218.

在第二阶段的实验中,陆志韦主要研究学习程度对于保持曲线的影响。他让10名被试学习至少44个无意义音节,学习的程度分为4种情况,即学习次数达到第一次无误地背诵(即完全学会)时所学次数的100%、150%、67%、33%,采用自由回忆、再认、重建三种方法测量记忆保持量。他发现,在大多数时间间隔中,学习的程度增加,保持量也随之增加。对于比较困难的方法、较长的时间间隔,学习程度增加引起的保持量的增加较多。

陆志韦还发现了一个与经典遗忘曲线不同的现象,即在一定条件下记忆保持量与保持间隔之间呈负向关系,即学习过后间隔一段时间测得的保持量比学习过后立即测得的保持量要高。这就是所谓的记忆恢复现象。该现象最早是由美国心理学家巴拉德(P. B. Ballard)于1913年发现的。陆志韦进一步研究记忆恢复的影响因素。他让成年人被试学习无意义音节,研究学习程度对记忆恢复现象的影响,发现当被试的学习程度达到完全学会程度的三分之一或三分之二时,并未出现记忆恢复现象。

陆志韦关于记忆保持条件的研究,在实验心理学界产生了很大影响,其博士论文发表以后,引用者为数众多。许多早期的心理学教材和论文都介绍、引用陆志韦的记忆研究成果,例如,在查普林和克拉威克(J. P. Chaplin and T. S. Krawiec)合著的《心理学的体系和理论》[1]这本美国心理学系学生使用的重要教材中,对陆志韦的研究成果进行了大篇幅的详细介绍,引人注目;陆志韦的成果也是该书引用的唯一的中国心理学家的实验成果[2]。比尔兹(Arthur G. Bills)[3]在其所著的《普通实验心理学》(General Experimental Psychology)(1934)一书中,对陆志韦的研究成果进行了详细的介绍和分析,认为陆志韦的记忆实验有创新性。著名的记忆心理学家塔尔文(E. Tulving)在多篇论文中引用陆志韦1922年的论文。最近,塔尔文的学生、研究记忆的著名学者沙克特(Dianiel Schacter)[4]在其2001年出版的《被遗忘的思想、被忽略的先驱——理查德·塞蒙和记忆的故事》(Forgotten Ideas, Neglected Pioneers: Richard Semon and the Story of Memory)一书中,也引用了陆志韦的研究。

回国之后,陆志韦对记忆恢复现象的研究依旧兴趣盎然。他和梁培德一起合作完成了一项研究年龄和学习材料对记忆恢复影响的实验。在实验中,他们以小学四年级学生和大学生为被试,记忆的材料分为有意义材料和无意义材料两种,有意义材料是由200个汉字组成的诗句,无意义材料是由200个不连贯的汉字。他们发现,对于没有完全记住的有意义材料,儿童和成人都有记忆恢复现

---

[1] 查普林,克拉威克(1984). 心理学的体系和理论. 林方译. 北京:商务印书馆.
[2] 王恺增(2006). 天才的陨灭—纪念陆志韦先生逝世35周年. 燕京大学校长陆志韦.
[3] 比尔兹(Arthur G. Bills, 1896—1966),芝加哥大学心理学博士,曾任辛辛那提大学心理系主任,美国中西部心理学会主席。
[4] 沙克特(Dianiel Schacter,1952—),于1981年获多伦多大学心理学博士学位,导师是塔尔文(E. Tulving)。现任哈佛大学心理系教授,著有 Searching for Memory: The Brain, The Mind and The Past (basic books, 1996)、The Seven Sins of Memory (Houghton Mifflin,2001)等。

象,但儿童的恢复量比成人的大,且遗忘量也比成人的大。他们还发现,有意义材料和无意材料都有记忆恢复现象,但无意义材料的恢复量比有意义材料的恢复量小,其遗忘量则比有意义材料的遗忘量大。该实验的论文"遗忘与恢复之再度研究"[①]发表于1933年《燕京大学心理学研究专刊》。遗憾的是,由于该刊发行的范围有限,因此了解该研究的人不多,引用它的人就更少,迄今为止只看到郝葆源等人编著的《实验心理学》(1983)[②]介绍过该项研究,其影响远不及陆志韦于1922年发表的博士学位论文。

2. 修订比纳西蒙智力测验

1920年,刚获得博士学位的陆志韦便接到南高师校长郭秉文的邀请,回国到南高师任教。当时许多留美学生都以受聘南高师以及后来的东南大学为荣。胡适先生就曾在回复郭秉文的信中不无遗憾地写到:"如果不是蔡孑民(元培)先生和我早已有约在先,我一定会到南高师执教。"

从1920年夏到1926年冬,陆志韦这位踌躇满志、学识渊博的青年学者,以满腔的热情投入到南高师的心理学教学和研究工作中,发表、出版了大量的心理学论著,其中最引人瞩目的工作就是修订比纳西蒙智力测验。

世界上第一个智力测验是由法国心理学家比纳和西蒙编制的《比纳西蒙智力量表》(Binet-Simon Intelligence Scale)(1905,1908,1911)。比纳西蒙智力量表问世后,迅即传至世界各地。美国斯坦福大学推孟(L. M. Terman)教授于1916年修订了《斯坦福-比纳量表》。中国历来重视考试,民国以后西方心理测验思想逐渐传入中国,教育部门非常重视和提倡测验工作,因此心理测验在国内开始盛行。1922年春,廖世承和陈鹤琴将比纳西蒙智力测验说明书翻译成中文,并加入数项新测验,在京沪一带测验幼儿园和中小学生达1400余人。1922年,美国测验专家、哥伦比亚大学教育心理学教授麦柯尔(W. A. McCall)博士应邀来华讲学,与东南大学等校一起编制各种心理测验,推广教育心理测验,并进行大规模调查。在这种形势下,陆志韦开始主持比纳西蒙智力测验的修订工作。

---

① 陆志韦,梁培德(1933). 遗忘与恢复之再度研究,《燕京大学心理学研究专刊》第3种,1—14。转引自:赫葆源,张厚粲,陈舒永,等(1983). 实验心理学. 北京:北京大学出版社,806—808.
② 同上.

1924年,陆志韦出版了《订正比纳西蒙智力测验说明书》。他以美国心理学家推孟1916年修订的《斯坦福-比纳量表》为蓝本,在测验方法和测验题目上对该量表进行了修订。这是中国最早的标准化的比纳西蒙智力测验。但第一次修订的量表的使用范围仅限于江浙一带,因为测验词句都是江浙一带的常用词句,北方儿童听不懂。为了将测验推广到北方,需要再次修订,而且有的题目也需要修改。因此,1936年陆志韦与他的学生吴天敏合作对测验进行了第二次修订,出版了《第二次订正比纳西蒙测验说明书》(商务印书馆,1936年)。第二次修订的量表共有54题,分为语言、文字、数、解图和机巧等4类。因54题中有些题可以用于不同的年龄组,因此该量表可以按75道题应用。3至11岁每岁6题,每题合智龄两个月;12岁和13岁每岁3题,14岁和15岁共9题,16至18岁共9题,从12岁至18岁都是每题合智龄4个月。从智龄分数计算出智商。

　　该测验说明书除了列有75个题目外,还有"测验必备"、"测验手续"、"求实足年龄的方法"、"积分量表"以及三个附表,即"各岁儿童测验时之起点及其应加之月数"、"各试题在积分量表应给之分数和智慧年龄"、"智慧分数对照表"。第二次修订后的测验使用更加方便,使用范围扩大到了中国北方。有的心理学家在对陆志韦的修订工作提出批评的同时,也肯定了修订本比旧本实用,并认为陆志韦的工作引发了人们对于测验理论问题的讨论[①]。

　　陆志韦两次主持修订了比纳西蒙智力测验,对智力测验在中国的研究和应用起到了积极的推动作用[②]。解放后智力测验的研制与应用被中断了几十年,后来吴天敏于1982年对该测验进行了第三次修订,出版了《第三次订正中国比纳测验指导书》。

　　除了修订比纳西蒙智力测验,陆志韦还与吴天敏合作,对中国儿童的智力进行了测查,在《社会心理学期刊》(Journal of the Social Psychology)英文期刊上发表了论文"中国儿童在品特纳测验[③]和比纳测验上的智力的比较研究"[④]。

[①] 杨鑫辉,赵莉如(2000). 心理学通史·第二卷:中国近现代心理学史. 济南:山东教育出版社,314.
[②] 张人骏,朱永新(1989). 心理学著作辞典. 天津:天津人民出版社,132—133.
[③] 品特纳测验,即品特纳-佩特森操作量表(Pintner-Paterson Performance Scale),是美国心理学家品特纳(R. Pintner)和佩特森(D. G. Paterson)编制的非文字智力测量工具,初版于1917年,1923年重新修订,适用于4岁以上各个国家的正常人、文盲和聋哑人。
[④] Luh, C. W., & Wy, T. M. (1931). A comparative study of the intelligence of Chinese children on the the Pintner performance and the Binet test. Journal of the Social Psychology, 2, 402—408.

陆志韦在《清华学报》(第四卷第二期)上还发表了论文"再论智慧发育的公式"。

3. 对思维问题情有独钟

1927 年,陆志韦应邀北上燕京大学执教,任燕京大学心理学系教授、系主任。此后的 10 年,陆志韦在燕京大学从事心理学的教学和研究工作,著述颇丰。

陆志韦在心理学研究中对思维问题最感兴趣。他一方面通过动物实验,对思维问题进行比较心理学研究;另一方面通过儿童实验,从语言入手研究思维问题。

陆志韦两度赴美留学研修的专业均为生理心理学,因此他有很深厚的生理心理学研究基础和学术背景,并期望通过动物实验来了解人类思维。这个时期陆志韦在《美国心理学杂志》(The American Journal of Psychology)、《心理学评论》(Psychological Review)、《遗传心理学教学研讨与期刊》(Pedagogical Seminar and Journal of Genetic Psychology)等英文期刊上发表了多篇比较心理、认知、思维等领域的论文,包括"心理学上认知问题的比较观"[1]、"关于连续性 Dart-Throwing 的实验"[2]、"实用逻辑和 Ladd-Franklin 的黑箱"[3]、"重复反应的回避"[4]等;1936 年在《中国心理学报》发表了论文"形和地的明度关系倒过来之后对于辨形的影响:鼠类和婴儿的比较"[5]。

但是,陆志韦对于从比较心理学入手探索思维的实验研究所得成果并不十分满意,进而开始从语言入手研究思维。他首先对中国儿童无限制联想进行了研究,目的是探讨中国语言对思想的影响。1932 年,陆志韦在《燕京大学心理学研究专刊》上发表了"中国儿童的无限制联想"一文,包括无限制联想的性质和功

---

[1] Luh, C. W. (1937). A comparative approach toward the Psychology of cognition. The American Journal of Psychology, 50: 445—451.

[2] Luh, C. W. (1930). An experiment in continuous Dart-Throwing. Pedagogical Seminar and Journal Genetic Psychology, 38, 450—458.

[3] Luh, C. W. (1930). "Practical Logic" and Ladd-Franklin's black. Psychological review, 37(3): 267—270.

[4] Luh, C. W. (1931). The avoidance of repetitive reponses. Psychological Review, 38(3): 276—279.

[5] 陆志韦,孙瑛琦(1936). 形和地的明度关系倒过来之后对于辨形的影响:鼠类和婴儿的比较. 中国心理学报,第一卷第二期。转引自:杨鑫辉,赵莉如(2000). 心理学通史·第二卷:中国近现代心理学史. 济南:山东教育出版社,250.

能、调查儿童联想答辞的手续、答辞的统计、年龄上的分别、性别、各种比较的总述等9节内容。在1933年《测验》(第三期)上,陆志韦发表了"调查中国儿童无限制联想的经过和结果"的报告。该研究考察了不同年龄儿童的联想特点。在调查中,陆志韦用100个刺激词,对6、7岁至17、18岁的少年儿童进行联想测验,并将测验结果与中国成人、美国成人、儿童和日本的儿童进行比较,探讨儿童的语言构造和语言习惯对于联想的影响。研究结果表明,"中国儿童所受于语言的约束比较其他任何一组人为深",中国儿童与美国儿童联想上的差别主要暗示了语言习惯的差别,汉语使中国儿童对于刺激词的联想反应多为"对例",特别是意义相反的"对例",例如"深—浅",英语使美国儿童的联想反应汇集于其他关系,例如名词—动词。

　　陆志韦还指导学生从事儿童语言的研究。有"燕京才女"之称的郭心晖,在燕京大学心理学系学习期间担任陆志韦的助手。在陆志韦的精心指导下,郭心晖运用皮亚杰(Jean Piaget)等人的研究方法,对中国儿童的语言进行探讨,并完成了她的毕业论文"儿童语言之研究"。

　　陆志韦不但对儿童语言进行了研究,而且也非常关心儿童汉字学习与汉字改革问题。他于1937年在《教育学刊》上发表了题为"中国字和中国教育"的文章,提出汉字已有几千年的历史,不会突然被废弃;认为汉字过去已有很多显著的变迁,将来还会有很多显著的变迁;并希望用汉字教人看报、写信,提高普通民众的文化水平。陆志韦还总结指出过去汉字教育失败的原因主要包括课本的字不好、材料不好、文法不好、教育法不好[①]。

　　陆志韦还参与了心理学界20年代的"本能论战",撰文"所谓天性与所谓惊怕的本能"发表在《教育汇刊》第三辑上,主张破除本能的迷信而重视观察儿童的动作,应当以客观试验为主,不以惊怕阻止儿童的活动[②]。

4. 自撰中国第一部社会心理学著作

　　20世纪初,社会心理学在西方诞生不久,中国掀起了"五四"新文化浪潮,陆

---

① 杨鑫辉,赵莉如(2000).心理学通史·第二卷:中国近现代心理学史.济南:山东教育出版社,278.
② 同上,256.

志韦、张耀翔、潘菽等一批从西方留学回来的学者开始引进和介绍西方的社会心理学理论和研究成果,开创了中国的社会心理学研究。1924年3月,陆志韦编撰的《社会心理学新论》(商务印书馆)一书问世。该书的出版,成为现代中国社会心理学发展史上的重要事件之一。有的学者甚至把该书的出版作为中国社会心理学诞生的标志[1]。

《社会心理学新论》全书分为7章,约10万字。书中明确指出,社会心理学的研究在理论和方法上不能与普通心理学相背离,社会心理学的研究不仅有实验的可能,而且必须采取科学的方法,以求寄希望于未来。对当时国际上已问世的几部社会心理学的著述及其观点,书中较全面地发表了商榷意见。在最后一章,陆志韦表明自己对社会心理学的基本看法。他认为,社会的行动既然不是特殊的现象,社会心理学也就不是专门的心理学。它不像儿童心理学那样专门研究儿童,也不像动物心理学那样专门研究动物,社会心理学所研究的对象仍不外乎是各个人的反应,所要解决的也不外乎是普通心理学的问题。陆志韦最后提出,社会心理学虽不是科学界独立的一门,但它同样可以是"科学的",因为对人在社会环境里养成的习惯,尤其是语言符号习惯这类问题,仍然是也应当是科学所要研究的。

该书出版时,社会心理学在世界上兴起才十余年,并且众说纷纭,观点各异。在此情况下,陆志韦综述和评介了各派学说的观点,并对社会心理学的研究对象和方法提出了自己的看法,为了区别于他人的观点而自称为"新论"。此前国内出版的社会心理学书籍,大多数是译著。陆志韦的《社会心理学新论》是中国学者评述社会心理学的第一部著作,影响深远,功不可没[2]。

在传统心理学中,社会心理学通常是被作为普通心理学的一个方面来研究的,但随着现代心理学、社会学的发展,它已逐渐成为心理学和社会学中相对独立的分支学科。陆志韦在当时未能预见到这一发展是可以理解的。不过,陆志韦在书中对以往的社会心理学提出批评,看到了社会心理与一般心理之间的内在联系,这对进一步完善和发展社会心理学具有重要意义[3]。

陆志韦不但自撰了中国第一部社会心理学著作,而且后来与燕京大学美籍

---

[1] 沙莲香(2006). 关于社会心理学学科性质的思考. 社会心理科学,第1期,11—16.
[2] 张人骏,朱永新(1989). 心理学著作辞典. 天津:天津人民出版社,107—109.
[3] 同上,109.

心理卫生教授夏仁德①合作发表了社会心理学方面的论文"中国学生的自尊"②。

5. 其他著述

1925年,陆志韦编撰出版了专供高级中学与后期师范使用的《心理学：新学制高级中学教科书》。该教科书共有45课,讲述了学习、记忆、变态现象、人格分裂、行为冲突、本能、感觉、错觉、语言文字、社会约束等方面的心理机制。陆志韦在该书的"编辑大旨"中指出,"本书所注重的,第一不在多读书,而在于多观察、多思考","课文预备班上讨论之用。"陆志韦在每课之后都编写了供学生研究的问题,例如第30课"视觉与动觉的关系"的一个研究问题,就是要求班里的学生每3人一组做眼动的实验,实验时一人阅读课文,一人在他眼前竖立一面小镜子,第三人在他背后数眼动,三人轮流进行实验,计算每行眼动的平均数,写成报告交给教师。陆志韦指出,"用本书的学程,成功失败,须看教员与学生双方对于各科研究问题的态度",他不但希望"学生能藉此了解心理学,而且想给他们一些自动研究社会科学的训练。"③《心理学》被认为是以"欧美大学教材为蓝本的,并且经过了一个引进、消化、改造和创新的过程"而编写的教材,并且与竺可桢所编《地学通论》,熊庆来所编《高等算学分析》、《微分几何》和《偏微分方程》等教材一起,被视为"代表着或者是趋近当时学科的发展水平"④。

1926年,陆志韦翻译出版了桑代克(Edward Lee Thorndike)的《教育心理学概论》、亨德(Walter S. Hunter)⑤的《普通心理学》(General Psychology, 1919)。他与吴定良⑥合作撰写的"心理学史"一文发表在《心理》第1期上,在中

---

① 夏仁德(Randolph C. Sailer, 1898—1981),1898年8月24日出生于美国费城。1923年获哥伦比亚大学博士学位。1923年8月来到中国,曾任燕京大学心理学、教育学系主任。"七七"事变以后,同情中国人民抗日救亡、争取进步的事业,爱护燕大校友,尽其所能支持中国的抗日斗争。周恩来称赞他"为中国培养了不少人才"、"是中国人民的朋友"。1981年7月,因病去世。
② Luh, C. W. & Sailer, R. C. (1933). The self-estimation of Chinese students. Journal of Social Psychology, 4, 245—249.
③ 陆志韦(1925).《心理学：新学制高级中学教科书》编辑大旨.上海：商务出版社,1.
④ 张大良,王运来(2007).郭秉文与"四个平衡".南京大学报,第958期.
⑤ 亨德(Walter S. Hunter, 1889—1953),1912年在芝加哥大学心理学系获博士学位,于1936年至1954年任布朗(Brown)大学心理系主任,该校心理系有一个以亨德命名的"亨德心理学实验室"。
⑥ 吴定良(1893—1969),人类学家、教育家。中国人类学的主要奠基人。1920年考入南京高等师范学校心理学系,师从陆志韦等人。1926年,赴美国纽约哥伦比亚大学心理学系攻读统计学。1927年转学英国伦敦大学,继续攻读统计学,师从统计学与人类学家卡尔·皮尔逊(Karl Pearson)教授,先后获统计学和人类学博士学位。曾经创刊并主编《中国人类学志》,是"中国人类学学会"发起人之一。

国心理学史上也产生了一定影响,其学术观点经常被提及、引用。

通过上述编著译著,陆志韦较早地向中国介绍了西方心理学及其各种心理学流派[①]。

陆志韦还参与了20世纪30年代中国哲学界著名的"科玄论战"(即科学与玄学的大论战),发表了文章"'死狗'的心理学"[②]。他指出,"科学与玄学的冲突,心理学者看了大不高兴。因为我们为哲学做'走狗'的人实在左右做'狗'难。在他们原或不过无的放矢,然而我们在乱箭之下变了死狗,'玄学鬼'与'科学精'恐怕还不肯放松我们。我们苦得冤枉啊!"他认为,在这场论战中,心理学被论战的双方拿来当护身符,"心理学为哲学与科学开一条来往的路线,本来不来什么功,现在偏受玄学家与科学家的抬举了"。他认为,实际上"丁在君先生所说的心理学完全不是张君劢先生所说的心理学","两先生的心理学都是一偏之见","两先生都不了解心理学",而且"他们原不必牵涉心理学"。最后他还希望"诸公不要强不知以为知。再诸公各有专长,在自家田地上著书立说,我们那不佩服。既已屈驾到心理学的领域里,我们当然十分欢迎,不过诸公的发言须对于我们负责任了"。该文后被收入亚东出版社的《科学与人生观》文集(1935)。

<<< 专栏四

科学与宗教(节录)

科学的眼光与科学的方法都是文化社会创造出来的东西。其势力只及于一部分人。即此一部分人中,能运用科学方法之时亦仅占少数。人生的范围比科学生活的范围大。

常人以为科学联因果;以现在的因证将来的果。其实大谬不然。科学不能以因求果,只能见果溯因。以名学言,因先果后,或可谓因果同时实现。但在吾人经验中,因之所以为因,必在结果以后,始能下一科学的断语。故因果律是对于过去世界说的;不能顾及将来。将来世界,在科学范围中,只可说或然。或然者,可以数学推测之,不能以此刻所有实在经验断定之。

---

① 赵莉如(1997). 中国近现代心理学史研究. 中国心理科学. 吉林:吉林教育出版社,288.
② 张君劢,等(1998). 科学与人生观(二). 沈阳:辽宁教育出版社,232—234.

宗教与科学的冲突。以前的冲突,宗教科学二者各不能辞其咎。在宗教一方面,每以价值与事实相混。信仰的附产品,如教会,教主,教书之类,得了一种不可思议的威权;因之颠倒是非,捏造事实。在科学一方面,间有喜作空泛之论者,坐井观天,抹杀全局。其始不过与哲学相冲突;终则否认希望信仰感情为人生确有之事,于是引起常人惊怪;且触怒宗教制度中人。

科学家可信何种宗教?(一)不以宗教制度害自由思想者;(二)不涉于因果律者;(三)对于将来的或然,不使人过生疑忌,至碍科学的试验精神者。现在世界有此宗教否?复问:科学家有此需要否?

(来源:陆志韦(1920).科学与宗教.少年中国.第二卷第十一期,9—12.)

>>>

三、功勋卓著的创始人

作为中国心理学的开拓者和奠基人之一,陆志韦参与了中国现代心理学创建中的许多重要的工作。

1. 创办中国第一个心理学系——南京高等师范学校心理学系

1920年,年仅26岁的陆志韦在芝加哥大学获得博士学位后回国,应邀在南京高等师范学校任教,当年便与陈鹤琴一起在该校主持创办了中国第一个独立的心理学系[①]。该心理学系的创办成为中国现代心理学创建的五大标志性事件之一,凸现出陆志韦对中国现代心理学的创建和发展做出的重要贡献。

1921年,南京高等师范学校改名为东南大学,南京高等师范学校心理学系也更名为东南大学心理学系。1922年,陆志韦任东南大学心理学系教授兼系主任。东南大学心理学系在陆志韦的领导下发展得很快。他开设心理学课程,组建实验室,到1923年时心理学系已拥有不少仪器设备。不幸的是,1923年12月

---

① 潘菽,陈立,王景,陈大柔(1980).威廉·冯特与中国心理学.心理学报,13(4),367—368.

心理学系所在地口字房发生意外火灾,心理学系所购买的仪器以及一些资料被毁。但是,灾后重建进展很快,到1927年东南大学心理学系不仅又具有了普通应用的仪器,还有了一些比较心理学的设备,在图书方面也有四种较完整的英文期刊和两种完整的德文期刊,这"不可不推主持者努力之功"[①]。

当时东南大学心理学系的课程分为两类,即普通心理学类和应用心理学类。普通心理学类的重要课程有:试验心理学[②]、动物心理学、儿童心理学、变态心理学、社会心理学、心理学之生物基本、儿童心理学研究法、动物心理学研究法、宗教心理学、中国人之美术观念、系统心理学、问题研究。应用心理学的重要课程有:教育心理学、心理测验与教育测验、智力测验、变态儿童之研究、应用心理学之入门、商业心理学。这些课程在当时不可谓不多,所以东南大学心理学系那时也享有国内最完备的心理学系之誉[③]。

陆志韦在南京执教期间,先后讲授过生理心理学、系统心理学、实验心理学、比较心理学、宗教心理学、心理学史、心理学大纲等课程。1927年陆志韦离开南京去北平燕京大学,不久东南大学也被改组。

2. 建设燕京大学心理学系

1927年4月,陆志韦应燕京大学校长司徒雷登之邀,北上燕京大学,任心理学系教授兼系主任。陆志韦到燕京大学后,积极投入了心理学系的建设工作。处于初创时期的心理学系,基础比较薄弱。经过陆志韦几年的努力筹建,心理学系已具有相当的规模,拥有一个心理学专业图书室、两间心理实验室、一个实验动物饲养间、一间暗室和一间隔音室,并拥有了一批心理学实验和教学所需的科学仪器设备,成为当时比较先进的、具有先进科学装备的心理学系[④]。1937年在燕京大学的迎新活动中,陆志韦对心理学系的风趣介绍给学生留下了深刻印象:"心理系房子不多,有两间实验室,一个在阁楼上,一个在地下室,都是暗室,可谓

[①] 潘菽(1929). 本校的心理学系. 国立中央大学半月刊. 后收入:中国科学院心理研究所,中国心理学会编(2007).《潘菽全集》第一卷. 北京:人民教育出版社,122—123.
[②] 即现在的"实验心理学"。
[③] 潘菽(1929). 本校的心理学系. 国立中央大学半月刊. 后收入:中国科学院心理研究所,中国心理学会编(2007).《潘菽全集》第一卷. 北京:人民教育出版社,123.
[④] 《陆志韦传》编写小组(1991). 陆志韦传.《文史资料选编》第四十辑. 北京:北京出版社,13.

'上穷碧落下黄泉,两处茫茫皆不见'","心理系有自己的图书室,书不算多,但每本都是精选的"①。

1930 年陆志韦(中)与 John D. Rockefeller III 和 Adolph 博士在燕京大学
资料来源:http://digarc.usc.edu/search/controller/view/impa-m9837.html?x=1239875102090.

1928 年陆志韦(左二)与博晨光(Lucius Porter)(右二)、胡适(右一)等人在燕京大学
资料来源:http://digarc.usc.edu/search/controller/view/impa-m9853.html?x=1239875102090.

在为心理学系的建设筹集资金的过程中,陆志韦一方面积极争取学校的拨款,用来购置仪器和图书;另一方面,他借刘廷芳赴美讲学之机为心理学系筹款,获得美国白兰女士(Mary Blair)9000 多美元(值当时国币 2 万余元)的巨额捐款,充实了心理学系的图书和仪器设备,心理学系的实验室也因此被命名为"白兰氏心理实验室"。

在陆志韦被聘为燕大心理学系教授和系主任后,心理学系增设了包括系统心理学、神经生理学、高级实验心理学、动物心理学、心理统计、心理测验、心理卫生、工业心理学等在内的新课程,且每个学期还举行一次"专题讨论会"和"书报讨论会",要求研究生和高年级本科生必须参加。

陆志韦亲自教授普通心理学、实验心理学、教育心理学、系统心理学,并开设讨论课。他开设的系统心理学课程对心理学主要学派的理论基础进行系统的研究和讨论,当时在国内是绝无仅有的。"在课堂上他从不照本宣科,也不用讲义,而是指定许多阅读材料,讲课时常跟聊天一样,常常是深入浅出,妙趣横生。由于有深厚的哲学和科学根底,因此在授课时,不但对已有的心理学派有极明晰的

---

① 王恺增(1993).陆志韦先生留给我们的……《燕大文史资料》第 7 辑.北京:北京大学出版社.后收入:《燕京大学校长陆志韦》编写组(2006).燕京大学校长陆志韦,78.

分析,还对当时欧美心理学的现状和趋势进行介绍,所作的分析往往一针见血,能一下把貌似复杂的表面现象揭穿,直指其本质","在讲课时他不但明晰地介绍心理学各派的理论体系,还进一步深挖它们的文化背景,用更高的视点指出其局限性、怎样为新的实验结果所突破"①。

专栏五

燕京大学心理学系的动物实验

在[燕京大学]心理系的实验室里,饲养着几十只小白鼠。这是供研究实验用的,饲养费用由哈佛燕京学社供给。白鼠是舶来品,它们的饲料也是舶来品,其中就有美国的克宁奶粉。沈迺璋先生在做实验时说:"这小东西比人还贵族!"说着用小匙舀了点奶粉放进自己嘴里。陆志韦笑着说:"你也是小耗子了!"还有一次,心理系的师生在用迷路箱(Maze)测试小白鼠的学习曲线。从下午2点开始,一般的情况只需6小时左右小白鼠就能到达终点。可是这一次到了晚上7点钟,它还没走完一半路程。陆先生来看时,笑着对参加实验的几个人说:"可能这小耗子不够饿,没兴趣找东西吃!"又过了一会儿,他从家里

陆志韦指导燕大心理系学生做实验
资料来源:《燕京大学校长陆志韦》编写组(2006).燕京大学校长陆志韦,5.

---

① 王恺增(1993).陆志韦先生留给我们的……《燕大文史资料》第7辑.北京:北京大学出版社。后收入:《燕京大学校长陆志韦》编写组(2006).燕京大学校长陆志韦,78.

拿来几张葱油饼给没有吃饭、坚持做实验的人吃,说这是对他们忍饥的诱奖(Incentive)。

(来源:《陆志韦传》编写小组(1991).陆志韦传.《文史资料选编第四十辑》,北京:北京出版社,14.)

>>>

在陆志韦的领导下,燕京大学心理学系聚集了一大批名师。1952年高等院校院系调整,燕京大学心理学系调整并入了北京大学哲学系心理学专业。

3. 创立中国心理学会,创办《中国心理学报》

中国心理学会的前身"中华心理学会"于1921年8月在南京高等师范学校成立。在此之前,随着陆志韦和廖世承、陈鹤琴、张耀翔、唐钺等第一批留美专修心理学的学者陆续回国,中国心理学的发展步入了一个重要的阶段。1920年,陆志韦、陈鹤琴、廖世承任教于南京高等师范学校,张耀翔任教于北京高等师范学校、唐钺任教于北京大学。他们纷纷设立心理学课程、筹建心理学实验室,南高师还在陆志韦等人的主持下在其教育科中建立了一个独立的心理学系,这些工作都为中国第一个心理学会的诞生准备了条件。1921年8月,南京高等师范学校组织的暑期教育讲习会结束之前,参加心理学课程的学员签名发起组织"中华心理学会",征求多位教授加入。陆志韦与张耀翔、陈鹤琴、廖世承等教授不仅赞助此事,还拟定了中华心理学会简章,并在南高师临时大礼堂组织召开了成立大会。会议选举张耀翔为会长兼编辑股主任,陈鹤琴为总务股主任,陆志韦为研究股主任。总会及编辑股办公处设在北京高师,总务股和研究股办公处则设在南高师。中华心理学会成立后开展了一些活动,但是在1927年以后因经济困难、时局不宁而停止了活动①。

20世纪30年代,中国心理学有了新的发展。全国有十余所大学设立了心理学系、教育心理学系或心理学组,许多大学相继建立了心理学实验室;中国第一个专门的心理学研究机构——中央研究院心理研究所也于1929年宣告成立;

---

① 赵莉如(1992).中国现代心理学的起源和发展.心理学动态,专辑,33—34.

南京中央大学、上海大夏大学、北平清华大学等多所大学心理学系的师生组织了自己的心理学会。这一时期，其他心理学组织也先后成立。例如，1931年，中国测验学会在南京成立，该学会是由陆志韦和艾伟、陈鹤琴、萧孝嵘等心理学家一起发起倡议并组织成立的，陆志韦还担任该会研究部主任、理事和编译委员会委员；1936年，由南京中央大学的心理学者发起组织的中国心理卫生学会成立。1934年至1936年期间，北平、上海的大学的心理学者就经常采取聚餐会、谈话会等方式组织活动。1937年，上海的暨南、大夏、光华、复旦、沪江等大学的心理学者成立了"上海心理学会"①。

在北平，包括陆志韦在内的北平各大学（清华、北大、师大、燕京和辅仁等）的心理学者从1934年开始每月举办一次聚餐会，讨论中国心理学的现状和出路等问题。就在1935年11月的一次聚餐会上，陆志韦倡议组织中国心理学会，获与会学者一致赞同。大家公推陆志韦（燕京大学）、樊际昌（北京大学）、孙国华（清华大学）负责起草章程。三人11月3日在燕京大学拟定了"中国心理学会章程草案"。经过一年筹备，1936年11月，由北京、上海、南京等地心理学者共32人联名发出正式的发起学会组织启事，提出"现在有重新组织心理学会的必要"，号召大家"各尽其责，用热心与毅力，共同奠定中国心理学会的基础，发扬中国的心理学"②。

1937年1月24日，在南京国立编辑馆礼堂举行中国心理学会成立大会，在心理学界享有盛誉的陆志韦被推选为中国心理学会主席。会上还选举了陆志韦、萧孝嵘、周先庚、艾伟、汪敬熙、刘廷芳、唐钺等7人为学会理事，推定陆志韦、萧孝嵘、蔡乐生、沈有乾、孙国华、周先庚等六人主管出版事务工作③。

在1936年3月的聚餐会上，陆志韦提出报告，建议出版《中国心理学报》，经大家同意推选陆志韦、孙国华、周先庚三人筹备。1936年夏，燕京大学心理学系组织出版了《中国心理学报》，由陆志韦担任主编。在创刊号中明确指出：学报以提倡科学的思想为职志，内容以实验研究的材料为主体。在该期学报的编后语中，陆志韦充分强调了科学心理学研究的重要意义："不复与道闻途说之流计较

---

① 赵莉如(1992). 中国现代心理学的起源和发展. 心理学动态，专辑，33—34.
② 同上.
③ 同上.

得失；而其发扬光大，以树立为我中华民族之心理学，则尚待吾人之努力。"[1]中国心理学会成立后，将《中国心理学报》作为学会会刊。《中国心理学报》共出版了4期(1936年9月至1937年6月)。

4. 其他工作

心理学名词的审查是当时的一件紧迫工作。因为心理学名词很难翻译，所以需要审查后确定一个统一的、适当的科学译名。[2] 1935年12月，陆志韦提出审查普通心理学名词，得到各大学的赞同，于是联名致函国立编译馆，由北平同仁共同审查所发之草案。该草案几经讨论、修改，1937年1月，教育部在南京国立编译馆召开心理学名词审查会议，公推陆志韦为主席，最后于1937年出版了《普通心理学名词》(商务印书馆)一书。

1950年陆志韦与丁瓒、周先庚共同建议筹建中国科学院心理研究所。6月，中国科学院成立心理研究所筹备处，陆志韦担任心理研究所筹备处主任委员，副主任委员为丁瓒、陈立和曹日昌。

1952年7月，全国高等学校院系调整展开后，陆志韦被调往中国科学院语言研究所(即现在的中国社会科学院语言研究所)担任研究员，离开了燕京大学，也离开了心理学研究岗位，转而专门研究语言学。至于担任心理所筹委会主任委员的陆志韦为什么没有就职于心理研究所，而去了语言研究所，中国社会科学院(以下简称为社科院)语言研究所所长刘坚先生的回忆给我们提供了一点线索："中科院在建院之初征求过他本人的意见，请他在心理所和语言所二者之中择一，他选择了语言所"[3]。

陆志韦作为心理学家，所做的工作具有拓荒播种的先导意义，为把科学心理学引入中国作出了重要贡献，成为中国现代心理学的开拓者之一，在国内外心理学界赢得了很高的声誉。

---

[1] 陆志韦(1936). 中国心理学报·编后语,1(1).
[2] 潘菽(1936). 审查心理学名词的原则. 国立中央大学心理半月刊,第3卷第1期. 后收入:中国科学院心理研究所,中国心理学会编(2007). 潘菽全集第二卷,北京:人民教育出版社,139.
[3] 刘坚(1998). 回忆陆志韦先生. 人与文——忆几位师友 论若干语言问题. 北京:北京语言文化大学出版社,31.

四、再创辉煌的语言学家

1. 从心理学转向语言学

陆志韦之所以放弃心理学转而研究语言学,至少有以下两个原因:

其一,对心理学的研究导致其对语言学研究感兴趣。语言学与心理学有着非常密切的关系,他早已由心理学而知语言学之大要。在心理学领域,思维问题是陆志韦最感兴趣的。他认为,可以从语言入手研究思维,因为语言是思维的重要表现形式之一,是可以进行客观观察的,例如通过研究儿童的语言发展过程可以了解其思维发展过程。因此他从1935年起就开始研究语言,最初主要是搜集和研究北京话的单音词。

<<< 专栏六

陆志韦关于语言和思想关系的看法

语言不但是社会的工具,也是社会势力所产生的。社会的势力改变了,语言也得改变。社会上要是发生了很剧烈的变化,最后思想和语言也得发生剧烈的变化。语言的格式也许是社会势力最后才能达到的一种现象。因为在过渡的时候,我们每每看见有的新的思想内容包含在旧的语言格式里。这种情形,好比是中国现今交通工具的杂乱状态。旧的小车可以运输外洋输入的汽油。可是到了有一天我们会用新的运输工具载运汽油,并且那运输工具本身也是得用汽油的,这一段社会的变化可算是完成了。现今的汉语和中国思想可以说是在同时用小车和汽车载运汽油的阶段。

(来源:陆志韦(1938). 汉语和中国思想正在怎样的转变. 社会学界,第十卷,单行本.)

>>>

其二,1937年"七七事变"后时局动荡,经费短缺,心理学实验研究严重受阻,而语言学研究基本不受条件限制。在陆志韦看来,语言学研究"两只耳朵一支笔,随时随地可以作",不必跟着仪器走。因此,陆志韦开始涉猎传统音韵学书籍,把研究方向转向了音韵学。他曾这样谈及自己研究音韵学的缘由以及当时的处境:"二十七年之夏,困处燕郊。自知尔后数年,不复能作实地研究。我生有涯,又不敢为都亭之哭。镇日无聊,辄取古人音书拉杂读之,亦在似解非解之间……余惟排除烦虑,专治音学"①。

由思想而及语言,由心理学而及语言学,陆志韦不但没有让心理学束缚住手脚,反而在前期研究的基础上,将心理学的有关知识在语言学研究中运用得游刃有余,使得他的语言研究特色鲜明,独树一帜。虽然陆志韦涉足语言学研究起步较晚,但是凭借深厚扎实的国学根底,以及科学的研究方法,其研究范围逐步扩展,不断深化,撰文著述,在现代音韵学、现代汉语构词法研究以及文字改革领域建树颇丰,影响很大。

著名语音学家林焘评价说,陆志韦研究方向的转变,"对于心理学界来说,无疑是无法弥补的损失;但是,对于语言学界来说,则从此多了一位为我们披荆斩棘、探索新的研究方向的前辈和导师"②。

2. 现代音韵学的开创者

1941年,日军对美国珍珠港发动了袭击,并占领了美在华的教会大学——燕京大学。陆志韦等教员被捕入狱。陆志韦因病在德国朋友的帮助下保外就医,但是日军依旧派人进行严密的监视。时局动荡,心理学研究无以为继;身处"囹圄",胸中块垒难消。在这种情况下,陆志韦开始了古代音韵学的研究,一来排遣胸中不快,二来表明专心治学,超然政治。

(1) 音韵学研究方法的创新

陆志韦曾说"治高本汉③学,始恍然大悟于清人之拙于工具。"④作为一名具

---

① 陆志韦(1947).《古音说略》序.《燕京学报》专号二十.后收入:陆志韦语言学著作集(一)(1985).北京:中华书局,1.
② 林焘(1997).陆志韦先生对中国语言学的贡献.《燕京学报》新三期.北京:北京大学出版社.后收入:《燕京大学校长陆志韦》编写组(2006).燕京大学校长陆志韦,70.
③ 高本汉(K. B. Johannes Karlgren,1889—1978),瑞典汉学家。早年利用汉语方言调查材料,写成《中国音韵学研究》,在中国引起极大反响。此外还著有《汉语音韵史纲要》等。
④ 陆志韦(1947).《古音说略》序.《燕京学报》专号二十.后收入:陆志韦语言学著作集(一)(1985).北京:中华书局,1.

有深厚心理学背景知识的语言学家,陆志韦首创性地把心理实验中的概率统计方法运用到了传统的音韵学研究中,为古音韵研究注入了新鲜的血液。

传统汉语音韵学是中国传统语言文字学的一个分支,主要研究汉字语音各个历史时期声、韵、调系统及其发展变化的规律,包括古音学(周秦两汉的语音)、今音学(隋唐宋的语音)、等韵学(汉字字音结构)和现代音等。传统音韵学研究中,主要的研究方法之一是反切系联法。反切是一种传统的汉字注音方法,指用两个字拼合另一个字的音,前一个字称反切上字,后一个字称反切下字。被注音字取上字的声母,取下字的韵母和声调。如"东,都宗切",取反切上字"都"的声母 d,取反切下字"宗"的韵母 ong 和声调,即可拼合成"东—dōng"。通过系联反切上、下字即可归纳出声母、韵母类别。清代学者将此方法广泛用于古代音书研究,取得了很大成功。陆志韦在肯定此法的同时,非常敏锐地指出了它的不足。在他的第一篇音韵学论文中,陆志韦第一次把概率统计法运用到音韵学研究中,全面统计分析了《广韵》[①]中的反切上字,最后根据统计学上的几率关系,得出的结论是《广韵》共有五十一声类。这一结论和著名音韵学家曾运乾[②]所持观点基本相合。其价值不仅在于结论本身,更在于研究方法的创新。"本篇所述,其旨趣在补充系联法之不足,而予《广韵》声系以数理的证明。其结论之新颖与否,无足轻重,若于治学方法万一有得,亦不空此一举矣"[③]。

此外,陆志韦还运用概率统计法讨论了中古语音的构拟,首次针对高本汉"喻化"说提出了尖锐的批评;并运用此法对唐五代韵书的版本做了较为详细的研究。陆志韦在音韵学研究中率先应用概率统计法,将数学方法和语言研究相结合,也开创了中国数理语言学研究的先河[④]。

(2) 中古、上古音韵研究

陆志韦的音韵学研究除了方法上的创新,还在于其研究的广度和深度。其研究范围自唐宋中古音始,前至西周上古音,后至元明清近代语音,时间跨度三

---

① 《广韵》,全称《大宋重修广韵》。北宋陈彭年等奉敕撰。此书为增广隋朝陆法言《切韵》而成,故名。
② 曾运乾(1884—1945),中国音韵学家。历任东北大学、中山大学、湖南大学教授。著有《切韵五声五十一纽考》《喻母古读考》《尚书正读》等书。
③ 陆志韦(1939). 证《广韵》五十一声类.《燕京学报》第二十五期. 后收入:陆志韦语言学著作集(二)(1999). 北京:中华书局,399.
④ 冯志伟(1998). 二十世纪中国的数理语言学. 刘坚主编,二十世纪的中国语言学. 北京:北京大学出版社,776.

千余年,可谓广矣,成为"对三千年语音发展史的三个重要发展阶段进行全面研究的第一人"[①];他是"第一个在高本汉的研究基础上,用新的观点建立起自己新的中古和上古音系的中国学者"[②],造诣颇深。

因隋唐时期已有较为完整的韵书,据此向前可推上古音,往后可系近代语音,研究较易入手。和其他音韵学家一样,陆志韦首先从隋唐中古音着手,自1939年起,他撰文多篇研究中古音的声类、韵类、语音构拟以及《切韵》[③]的体例、韵书版本等问题。1942年其音韵研究集大成之作《古音说略》一书出版。在该书的卷首陆志韦对中古音研究作了较为全面系统的总结。

>>> 专栏七

《古音说略》卷首语(1947年)

卷首语
献于我妻

唇齿相依廿二年　几从磨折识贞坚
叱嗟缧绁堪余任　薪米经营赖子贤
蹀躞权门归怆恻　逢迎缇使出珍鲜
何当重覩清明日　白首扶将作地仙

三十二年九月八日初稿讫
时居成府槐树街以乞卖为生
寇侦问数日一至

>>>

在中古音研究的基础上,陆志韦把研究范围向前推至西周两汉上古音领域。在《古音说略》的第一章中,陆志韦就考订上古音的常识谈了自己的认识,这些看法对今天的音韵学研究仍有启发和指导意义。陆志韦运用统计法对《诗经》和

---

① 邵荣芬(2003).《陆志韦集》.序言.北京:中国社会科学出版社,3.
② 同上。
③ 《切韵》,隋朝陆法言著,中国现存最早的韵书,唐宋韵书之祖。原书已散佚。

《说文解字》[①]做了细致深入的研究,相当完整地构拟了上古音的语音系统。

依据自己所构拟的上古音系统,陆志韦编写了《诗韵谱》,这是第一部依个人见解为《诗经》注音订谱的专著,在国内亦属首创;此外,他还撰写多篇论文对《楚辞》等做了相当深入的专题性研究。在对上古语音系统的认识至今仍众说纷纭的情况下,陆志韦以其新颖的研究方法及研究成果客观上进一步推动了后来的上古音研究。

(3) 近代音韵研究

在对中古音和上古音都做了较全面的研究后,陆志韦把视角转向了较少有人问津的近代汉语语音研究。他对近代汉语语音分别从声、韵、调三个方面进行了全面系统的研究,为近代语音的研究起了奠基和开创之功;宋代以后流传的韵书、韵图较多,陆志韦选取了其中最能代表古代官话[②]的八种进行了详细的研究,分别为元代的《中原音韵》、北宋的《皇极经世》、明初的《韵略易通》和《重订司马温等韵图经》、明末的《韵略汇通》和《西儒耳目资》以及清代的《五方元音》和《三教经书文字》;最后以《国语入声演变小注》收官,共成文九篇,统称"古官话音史"。

陆志韦的近代语音研究自北宋开端,延至现代北京话,勾勒出了六百年间官话语音发展的概貌,为近代语音的研究奠定了坚实的基础,开创了音韵学研究的全新局面。

陆志韦虽然是从心理学转而研究音韵学,但是其研究广度和深度着实令人惊叹。著名语言学家俞敏在《陆志韦语言学著作集(一)》的前言中说到:"一看先生的书,不由得顺脊梁沟儿里冒凉气:先拿《切韵》音作核心,斟酌妥当,上溯《诗经》音,下论古官话、北京口语,这么大的气魄就足够把我这门儿里出身的吓一跳了。"[③]陆志韦做到如此境界,真可谓博古通今,有胆有识,气魄非凡。

(4) 良师益友,桃李满天下

虽然是半道转向语言学研究,但陆志韦在语言学界的成就是巨大的,堪称一

---

① 《说文解字》,东汉许慎著。中国第一部以"六书"理论系统分析字形、解释字义和辨识声读的字书。世界最古的字典之一。首创部首编排法。

② 官话:(1) 旧指明清时期在北方话特别是北京话基础上形成的汉民族共同语。因原在官场中通用,故名。(2) 汉语北方话诸方言的统称。如官话区(北方方言区)、西南官话(西南方言)、下江官话(江淮方言)。

③ 俞敏(1985).《陆志韦语言学著作集》(一)前言.北京:中华书局,3.

1930年燕京研究院师生合影

资料来源:《燕京大学校长陆志韦》编写组(2006).燕京大学校长陆志韦,5.

代大师。他在社科院也很受敬重。罗常培[1]见到陆志韦打招呼都是用"您"。吕叔湘[2]在东南大学读书时曾选修陆志韦的课,即使当了语言所的所长,吕叔湘在陆老面前还是"执弟子礼",出了书都送请"志韦夫子诲正",署名:"受业吕叔湘"[3]。

  陆志韦学识渊博,思维敏捷,循循善诱,但又不失幽默风趣。他在北大讲课时常常是座无虚席,很受欢迎。他对年轻人的培养也是倾注了毕生的心血,在帮助他们安排好研究工作的基本训练内容和步骤后,他就参加进来和学生一起干。"培干,培干,陪着干",这是陆志韦培养学生的真实写照。"名师出高徒",再加上他为人谦和,平易近人,对年轻人既热心帮助,又不失严格要求,真正是年轻人的

---

  [1] 罗常培(1899—1958),著名语言学家。满族。毕业于北京大学中国文学系。曾先后任教于西北大学、厦门大学、中山大学、西南联合大学、北京大学。1950年后历任中国科学院语言研究所所长、中国科学院哲学社会科学部委员等职。主要著作有:《汉语音韵学导论》、《厦门音系》、《语言与文化》等。

  [2] 吕叔湘(1904—1998),著名语言学家,教育家。毕业于东南大学外国语文系,后赴牛津大学和伦敦大学学习。曾先后担任金陵大学、清华大学教授,中国社科院语言研究所研究员、所长。1955年被聘为中国科学院哲学社会科学部委员。1980年当选为美国语言学会荣誉会员。主要著作有:《中国文法要略》、《语法修辞讲话》、《现代汉语语法讲话》、《现代汉语八百词》、《文言虚字》、《汉语语法论文集》。

  [3] 刘坚(1998).回忆陆志韦先生.人与文—忆几位师友 论若干语言问题.北京:北京语言文化大学出版社,31.

良师益友。他培养出来的几个学生在北京三大语言研究重地(社科院语言研究所、北京大学、北京师范大学)都是音韵学研究领域的领军人物。由于各种原因,陆志韦自己虽然没有能够培养出更多的学生,但是他的这几个优秀的弟子已足以使他"桃李满天下"了。如王显和杨耐思(中国社科院语言研究所)、林焘(北京大学)和俞敏(北京师范大学)。

<<< 专栏八

俞敏忆陆志韦(节录)

提起我拿不着助学金的时候,他比我还着急、惋惜;出起主意来他比我还想得周到。他图什么呢?小时候念《孟子》,念过"思天下有饥者,由己饥之"。长大了光在大夫的匾上看见过这种字眼儿。活人么,没见过。这一次我算开了眼界了,真见着有这种品行的真人儿了。从那以后,我认准了先生是位"婆心"的大人物。

1946年,燕大复校。先生给我往台北国语会写信,叫我回北京。47年回到燕大,这才有机会多来往,些微熟悉先生的为人。平等待人是最容易发现的。在我那冰房冷屋里和我们夫妇一块儿吃蒸白薯啦,抱我那个胖乎乎的大孩子直到污了袂袖子啦,这种场面过了卅六七年了。闭上眼一想,仿佛就像昨日的事。

(来源:俞敏(1985).《陆志韦语言学著作集》(一)前言.北京:中华书局,1—2.)

>>>

3. 汉语构词法研究的奠基者

对思维研究的兴趣,以及研究条件的限制,陆志韦开始了通过语言研究思维的工作。陆志韦注意到汉语的一个重要特点是以单音词为基础的。自1935年,陆志韦就开始了单音词汇的收集、整理和研究工作,花了很大力气收集了满满几盒子的卡片。他曾说"要是房子着了火,我第一个要抱起来跑的就是这几盒卡片。"可见他是多么重视这些材料。1938年,陆志韦将已作的研究撰文刊印成册,并向同行散发征求意见。文中的部分理论和观点引起赵元任等人的重视,其研究方法受到美国结构主义语言学领袖人物之一哈里斯①的称引和赞同。书中对字和词的讨论、形式和意义等语言研究方法问题的分析,对后来的语法研究极具启发意义。陆志韦对口语词汇的研究也开了风气之先。

1950年,其研究成果以《北京话单音词词汇》一书出版。要收集单音词,一个重要的前提就是确定词的界限,什么样的语言单位是词?陆志韦在书中提出了汉语分词领域内著名的"同形替代法"。

1955年,在《北京话单音词词汇》的"重印说明"中,陆志韦对"同形替代法"的不足和局限做了相当客观的分析。虽然"同形替代"有其局限性,但是这种方法为后来汉语构词法的研究方法的发展起了其历史作用。此外,该书保存了大量同时期的北京口语语料,对以后的口语、语法研究等提供了重要的参考资料。

1952年,陆志韦到社科院语言研究所工作。为解决拼音文字的连写问题,自1953年冬始,陆志韦主持了汉语构词法的研究工作。在对四万余条语料进行整理、分析的基础上,1957年完成研究报告,《汉语的构词法》一书正式出版。陆志韦负责审查全书并写了其中的大部分章节(除后补格和动宾格两章)。此书对汉语的各种词类和虚字做了极其详尽的分析;而且在否定"同形替代法"的基础上提出的"扩展法",已经成为现代汉语构词法研究中常用的重要方法之一。但陆志韦对扩展法的缺陷和局限性也毫不讳言。

《汉语的构词法》虽然"极力想做到平淡无奇,尊重各家的结论,不求自立门户",但是该书"是第一部专门研究汉语构词法的著作,利用材料覆盖面之广,分析的深入和细致都是前所未有的。对语法研究、文字改革和词典编纂等都有重要参考价值。"②此外,该书也是第一本用"构词法"为名的书,并第一次提出了离合词③的概念。

此外,他撰写的《汉语的并立四字格》、《构词学的对象和手续》、《试读汉语语法学上的"形式与意义相结合"》等文章,也是汉语词汇学和语法研究的重要参考

---

① 哈里斯(Zellig Sabbettal Harris,1909—),美国结构主义语言学家。1934年获宾夕法尼亚大学博士学位。其代表性著作有《结构语言学的方法》、《语言的数理结构》等,对美国的语言学影响很大。
② 杨耐思(1989). 陆志韦. 当代中国社会科学名家. 北京:社会科学文献出版社,139.
③ 离合词:现代汉语中一种较为特殊的词类,如"吃饭、洗澡、睡觉"等。这种词既可以合起来用(如:吃饭了没?),又可以拆开来用(如:吃了饭再去吧。)。

资料。

陆志韦汉语构词法的研究特色在于资料的详尽性,方法的独创性,合理运用西方理论研究汉语,并敢于结合实际提出新的见解。在汉语构词法的研究领域,他是当之无愧的开拓者和奠基者。

专栏九

集邮家——陆志韦

陆志韦曾是中华邮票会会员、甲戌邮票会永久会员。在国外读书期间开始集邮,以收集、研究中国邮票为主,兼集外国邮票。其藏品十分丰富,有中国早期邮票新旧各1套,其中有大龙邮票70多枚;万寿全套销"1894.11.19"上海海关蓝色小圆戳票。变体票有蟠龙票中缝漏齿多种;北京新版帆船1分全张无齿,以及新疆帆船木戳加盖"航空"票实寄封多件;贴1元面值票销"留守营"邮戳1枚等。陆志韦的集邮活动在20年代中期较为活跃,邮识精湛。在国内外发表的邮学文章有《帆船新版半分直缝漏齿票之发现》、《谁是先烈?》、《三分暂作一分票之小变体》、《新疆帆船木戳加盖航空票之注释》(与Dean合写)等。50年代集邮中断,其藏品全部售于姜治方,姜又将其中的大龙邮票全部转让给了夏衍。

(来源:集邮者之家 http://www.stampol.com/Get/news06/0542715421397261.htm.)

4. 文字改革运动的积极参与者

新中国成立后,周恩来指出,文字改革的三大任务是简化汉字,推广普通话和制定《汉语拼音方案》。其实,自新文化运动以来,文字改革就已经成为中国知识界的一大问题。自1894年以来,中国屡遭列强侵略,西方文化也随之涌入。面对中国的柔弱和西方的强大,中国的文人将其归咎于汉字,认为汉字是中国前进的最大阻碍。

处于时代潮流中的陆志韦持有同样的激进观点。他认为汉字是封建性的,封建文字具备双重枷锁:不许人说话,必须写文言;只能用方块汉字,不能用拼音文字[①]。在《谈中国语文改革》[②]一文中,他列举了汉字的三宗罪:(1)汉字根本不能用来表达真实的思想;(2)学汉字太困难,太费时间,即使学一千个简化汉字也非容易,一般老百姓决负不起使用汉字所需的经济的负担;(3)文化的负担太重,使用艰深的汉字,必致影响一般文化的发展,学术思想的发展永远跟不上别的国家。文章认为"一面保存汉字,一面用注音符号更是白费钱";"必须废掉汉字,新文艺才能有前途"。一句话:中国要发展,必须废除汉字,实行拼音文字。陆志韦认为实行拼音文字不仅是为了扫除文盲,而且是创造新文化的工具;改汉字为拼音文字应该主要考虑广大人民群众的方便和利益。

但是随着研究和改革的深入,陆志韦对文字改革的态度发生了转变。

"推行拼音文字,要等到普通话推广到相当程度之后才有把握,这一点我们认识了。就是到了那个时候,我们也并不想去废除汉字,只希望凡是愿意用拼音文字的人,有一套拼音规则可以使用……汉字和拼音文字会永远并存。"

"汉字是相当成功的社会交际工具。它有它的长处,也有它的短处。拼音文字得尽量采纳它的长处,扬弃它的短处。作为日常应用的工具,拼音文字得跟汉字争取地位。玩具的飞机不能代替真正的牛车。"[③]

尽管陆志韦的文字改革研究仍然主要集中在汉语拼音化,以及拼音汉文的联写方面,虽然没有取得重大突破,但是由此展开的研究却为《汉语拼音方案》的制定提供了支持,他对联写和词的认识,有关北京语音系统的讨论,以及北京话声母、韵母拼合表和北京话音节表的绘制等等,对拼音方案的研制及其应用有着重要的参考价值。

1955年中国文字改革委员会拼音方案委员会成立,陆志韦任委员。他与周

---

① 陆志韦(1949).五四纪念再谈谈新文字.进步日报.后收入:倪海曙(1979).拉丁化新文字运动编年纪事(上),248—250.
② 倪海曙(1949).中国语文的新生:拉丁化中国字运动二十年论文集.北京:时代出版社,423—425.
③ 陆志韦(1958).关于简体字和拼音方案.文字改革,第2期,19—21.

有光①、叶籁士②共同起草了《汉语拼音方案（草案）》，并参与了《关于拟定汉语拼音方案（草案）的几点说明》以及《汉语拼音方案修正草案要点（草案）》等的起草、制定工作。1958年2月11日，《汉语拼音方案》获第一届全国人民大会第五次会议批准。

此外，陆志韦在语言所工作期间，除组织制定了英、德、俄、法几种外国语人名、地名译音统一标准方案，还先后担任了《中国语文》、《文字改革》编辑委员会委员、普通话审音委员会委员、中国科学院哲学社会科学部委员、《现代汉语词典》审定委员会委员等职。

<<< 专栏十

周有光忆陆志韦

陆志韦和我的关系非常好。（他）在"文化大革命"中受到不合理的待遇，人家欺负他。那是一个不讲道理的时代。陆志韦是很有水平的，我很钦佩他。在文字改革之前就和他认识了。解放以后，（他）在社科院语言研究所。当时我在上海就和他有联络讨论一些问题。陆先生是一个天才，对很多问题的看法比普通人深一层。

拼音文字委员会有几个人（只）是挂个名，十二个人当中大概有五六个人比较感兴趣，对一个个小问题进行讨论，讨论得非常细致。陆志韦在这些讨论都是参加的。应该说，核心的工作，陆志韦都是参加的。他的学术观点和我的很合拍的，在一起工作很愉快的。陆志韦虽然没有（在字母学上）花过功夫，但是他的理解完全符合字母学。应该说我和他在学术观点上是十分接近的，许多事情非常谈得来。从大（问题）到小（问题），陆志韦和我不同意见很少，我们是最谈得来的。我想陆先生的贡献很大。他每天都来，他把参加方案制定作为他的重要工

---

① 周有光(1906—)，语言文字学家。原名周耀平，笔名王仁、徐进文等。曾先后就读于上海圣约翰大学、光华大学。三、四十年代曾先后留学日本、美国。1949年前曾任上海复旦大学、上海财经学院经济学教授。1949年后曾任中国文字改革委员会第一研究室主任。主要从事文字改革研究。代表性著作有：《中国拼音文字研究》、《汉字改革概论》、《中国语文的现代化》等。

② 叶籁士(1911—1994)，原名包叔元，笔名叶籁士、罗甸华等。建国后，曾任上海人民出版社社长、人民出版社副社长、中国文字改革委员会副主任、顾问和中华全国世界语协会副理事长。主要论著有：《中国话写法拉丁化——理论·原则·方案》、《世界语文选》等。

作来做。他一直参加(整个汉语拼音方案的制作工作),而且他是认真的。

陆志韦他是到了语言所,我觉得他应当也是幸运的,因为搞心理学的人,很多受到不合理的待遇,说搞心理学的人都是唯心主义。心理学是受破坏很厉害的,他到了语言所呢,受冲击也就少了,假如他一直搞心理学,受冲击就更厉害就更麻烦了。

(根据2009年3月23日拜访周有光先生时的谈话节录,转录时文字略有调整变动。)

五、命运多舛的燕京大学校长

1. 众望所归,代理燕大校长

陆志韦本一心学术,无心政治活动,但是因各种条件所促,自1933年起担任燕大临时代理校长,到国立燕京大学校长,前后主持校政共计15年,见证了燕大后半世的盛与衰。作为校长,陆志韦因其正直进步、坚贞不屈、富有爱国心和正义感的高尚品格而受人尊敬。

1933年,燕京大学的内部出现了不和,陆志韦正是在这种情况下"临危受命",担任了临时代理校长,自此也开始了其政治生涯。对代理校长一事,陆志韦曾撰文如下:

"其时吴雷川校长突然坚决辞职,内情是跟司徒雷登校务长不能相处。内部正闹着将相不和,不得不三顾茅庐,找个又'清高'又无用的人来装个面子。说的是众望所归,暂行挂牌三个月。我一无办法,做了代理校长。那年夏天,我就离开燕京,去美国做了一年研究工作。周贻春先生当了正式校长,不久又跟司徒闹翻了。一九三四年的春天,司徒雷登就摆布了龙门阵,等我秋天回来,非要我再当代字号不成。明知我是无意当校长的,领个名倒是大家方便。明知我的脾气十分顽强,可是兴趣不在乎行政,容易蒙蔽。哪知道我真的代理校长来了,不让我管的事情我偏要管,特别要管美国人。我做了两年'有实无名'的校长,又延长了一年,直到一九三七年六月,死也不愿意再干了。过了几个星期,日本人进了北京,校长问题无形解决,名实全归于司徒。"①

司徒雷登首选陆志韦作为代理校长,自然不是因为陆志韦所谓的"又清高又无用"。虽然不知道司徒雷登的具体考虑,但是以下几方面的原因使得陆志韦似乎更加符合他的标准:(1)陆志韦在基督教大学东吴大学本科毕业,在芝加哥大学博士毕业,深受美国教育的影响;(2)陆志韦是一名虔诚的基督徒,无党无派,既符合燕大基督教学校的性质,又无关派系纷争,利于校政管理;(3)陆志韦学术能力十分优秀,在学界很有影响和号召力;(4)陆志韦为人正派,乐于助人,刚直不阿;在燕京大学,他敢于反驳美国人,替中国人说话,维护中国师生利益,因而深受欢迎。此外,司徒雷登曾经担任陆志韦和刘文端的证婚人,又亲自到南京邀请陆志韦北上燕大,可见,司徒雷登对陆志韦的印象很好,两人私交也是不错。这种情况下,陆志韦也就成了代理校长的最佳人选,可谓众望所归。

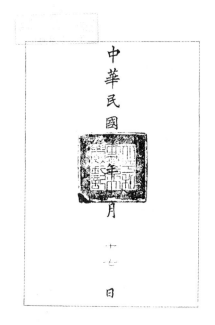

---

① 陆志韦.燕京大学受到的美帝国主义文化侵略.光明日报,1951-2-13.

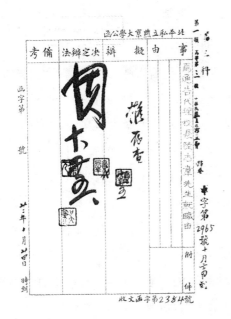 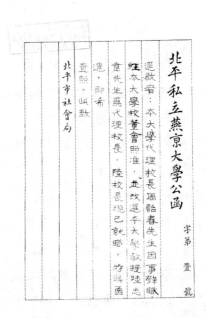

私立燕京大学关于代理校长陆志韦就职致社会局的公函
资料来源：北京市档案馆，档案号：J002-003-00213。

2. 支持抗日，狱中巍然不屈

在抗日期间，陆志韦利用自身权利和影响，全力保护学生安全，积极支持学生运动。他大力支持燕大学生自办《燕大周刊》，宣传抗日救国。1935年12月，燕大学生组织北京高校联合发起了"一二·九"爱国学生运动。为支援、保护学生，陆志韦派雷洁琼等3名中外教员跟随学生队伍以防不测。黄华等进步学生被捕后，陆志韦积极组织营救保释。"七·七"事变后，在日军的黑暗统治下，孤岛中的燕大为进步学生提供了积极的庇护和支持。对要去前线或延安参加抗日工作的同学，陆志韦等人为他们饯行，并资助路费。

1940年，燕大学生冯树功在西直门白石桥外骑自行车时，被日军军车无辜撞死。陆志韦得知消息以后，立即组织校方向当局提出抗议，要求严惩凶手，并在校内召开追悼会。陆志韦在追悼会上当着日本人的面，毫不惧怕，讲话慷慨激昂，句句似箭，打击了日本人的嚣张气焰，鼓舞了学生的抗日热情。

敢作敢为、不畏强暴的陆志韦，早已被日军视为肉中刺、眼中钉。日军占领燕大后，陆志韦等燕大教员被捕入狱。面对日军的百般威逼和利诱，陆志韦以坚强的民族气节超然视之,始终保持着昂扬的斗志和不屈的精神。意志无法摧毁,但在敌人的迫害下,陆志韦的健康状况开始恶化,疾病缠身①。日军想借此时机让他写"悔过自新"书以换取自由。陆志韦拿起敌人的笔,写下了"无过可悔"四个大字。刘文端从探监取回的衣服发现丈夫的健康状况不断恶化,在德国朋友的帮助下,陆志韦获准保外就医,但是依旧生活在日特的严密监视下。不久,陆志韦再次被通知"受审",实际上是被逼为日伪政权服务,遭他断然拒绝。日寇一怒之下,以"违反军令"为由,判处他一年半徒刑,缓刑两年。陆志韦回家后,日军除了派遣特务监视外,还派人前来做"说服"劝降工作。对日本特务的软磨硬逼,他都严词斥责,毫不畏惧。

<<< 专栏十一

为燕大29届毕业生题词(1946年)

盖闻十年树木,枯杨生梯有时;
半亩回春,浊酒论文之夜。
然而橐驼满都,狐狼在邑,
一衿羞涩,两袖郎当。
故闻鸡而感征尘,歌以当哭,
倚马而题别思,破涕为欢而已。

(来源:《燕京大学校长陆志韦》编写组(2006).燕京大学校长陆志韦,143.)

>>>

3. 反对内战,营救进步学生

抗战胜利以后,国民党发动了内战。反对国民党独裁腐败统治的学生运动如火如荼。陆志韦始终站在学生的一方,给予了大力的支持和保护。每次游行示威,陆志韦都会派部分外国教师跟随,以防不测;并派车为学生提供饮水、食品

---

① 赵紫宸记载"志韦病痢,一日一夜,泻七八十次,濒死的时候,为其夫人设法求了出去。"见赵紫宸文集(2004).北京:商务印书馆,475.

和医疗支持；活动结束，校方还会派校车接回体弱的同学，可谓关怀备至。

1948年8月19日，国民党在北平逮捕进步学生，并出动军警包围燕大，企图强行进入搜捕。陆志韦挺身而出，一方面积极安排学生逃离躲避，一方面与军警积极周旋。在安排妥当，并与军警约法三章后，陆志韦才准许其进校搜查。在21日的全校集会上，他大义凛然，义正辞严，与国民党反动派进行了坚决的斗争，也保护了进步学生的安全。

<<< 专栏十二

丁磐石忆陆志韦[①]

（1985年8月21日）下午4点钟，学校通知同学们在大礼堂集合，许多教师也来了。带领警察入校的是驻扎在西苑的青年军的林团长。陆先生当场作了义正词严的讲话。他把这次警察进校捕人比作是1941年12月8日日寇解散燕大并抓人的恶行，说这也是一次校难，而那一次是敌寇，这次却是自己的政府。他又说："我并不是怕事的，我出生入死，是为中华民族经历过苦难的。……我对同事们负责，特别是外国教员，因为用民主的眼光来看，今天你们会看见看不惯的事。我作为中国人，只有惭愧。同学们要守纪律，有话事后才说，一切由我负责。……凡不属于本案的人（指这次上黑名单的）今天不许逮捕。警察要在校园内搜查，我已让一些中外籍教员跟着去了，有个见证也好嘛！"陆先生的讲话像一支利箭直刺国民党反动派。警察拿着名单上同学的照片一一查对，又在校园内搜查，结果一无所获地退出了学校并解围。

（来源：丁磐石(2008).忆燕京大学校长陆志韦.炎黄春秋，第4期，49—54.）

>>>

[①] 丁磐石(1927—)，1945年入燕京大学历史系，1948年毕业。曾任中国社会科学院中国社会科学杂志社副总编辑等职，现为《燕京学报》副主编。作为燕大学生自治会的负责人之一，丁磐石是8.19事件的见证者，在帮助黑名单上的同学突围中，起了重要的作用。国民党于1948年8月19日公布进步学生黑名单，包围燕大等校三天之久，逮捕进步学生，史称"8·19"事件。陆志韦是在帮助黑名单上的同学安全突围后，于8月21日下午才将全校师生集合，并发表讲话。

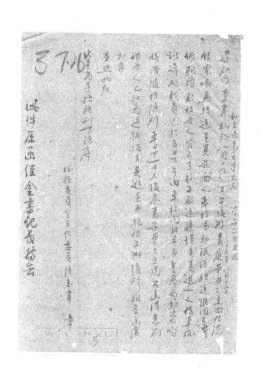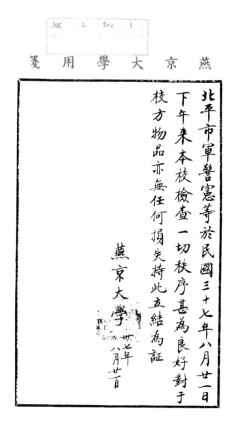

燕京大学关于释放羁押学生、军警宪来校检查证明的函
资料来源：北京市档案馆，档案号：J185-002-9010。

国民党的倒行逆施，早已使陆志韦对其失去了信心。1936年，鲁迅逝世，国民党当局下令禁止北平举行追悼会，但陆志韦却冲破当局禁令，在燕京大学召开了鲁迅先生追悼大会；1937年，蒋介石召集全国各大学校长赴庐山"集训"，他托故拒绝参加。抗战胜利后，国民政府曾邀请他去庐山参加会议，陆志韦明确表示不去。蒋介石为表彰陆志韦在抗日中的民族气节，派人为他颁发勋章一枚，陆志韦却将它扔到了楼下，并写文谴责蒋介石的所作所为。1948年初，时任国民党要职的好友胡适造访陆家，劝其南迁，陆志韦明确表示不可能，也结束了两人二十年的友情。在解放前夕，国民党仍然致电陆志韦，希望他离开大陆去台湾。陆志韦态度依旧：对国民党已经彻底失去了信心，而对共产党和新的政府抱有积极的希望。

4. 思想进步,办学为国为公

虽然是虔诚的基督教,无党无派,但是陆志韦思想进步,对共产党十分友好。早在东南大学任教期间,陆志韦就曾将黄野梦、徐先兆二人隐藏家中,以躲避军阀孙传芳的搜捕。事后,陆志韦还亲自买票送他们前往上海。

执管燕大以后,陆志韦和共产党员等进步人士有了进一步的接触,对共产党也有了更深的了解;对埃德加·斯诺(Edgar Snow)、林迈可等国际友人的活动也是大力支持。陆志韦曾与斯诺一起将患病的邓颖超同志安排在燕大疗养休息,并积极掩护她转赴解放区。

陆志韦在保外就医期间,在日特的监视下,环境十分恶劣。这种情况下,陆志韦依然关心时局,对共产党的抗日革命活动十分关注,并积极协助与共产党有关的地下工作者费璐璐、刘仁树等人储藏药品,以便转送解放区。蓝公武先生前去解放区时,曾与陆志韦促膝长谈,并希望可以一同前往。陆志韦对解放区的自由向往已久,期盼逃出日寇桎梏,但是考虑到家人以及保人张子高先生的安全,最终只好放弃了这种念头。

1949年春,陆志韦应邀去西郊机场迎接毛泽东等高层领导;也曾受邀参加五一、十一的天安门庆祝活动。党政高层领导对他十分尊重。教育部张宗麟[①]司长曾是陆志韦在东南大学任教时的学生,他经常向陆志韦请教有关教育管理、改革问题。清华、北大的暂时管理办法,就是周扬和张宗麟在他家草拟的。陆志韦还受邀参加建国前的政协会议,并任1951年的西南土改分团副团长。

解放后,纽约托事部对共产党虽不十分信任,但是对陆志韦却抱有积极的希望,并任命他为燕京大学的校长。但是陆志韦却谢绝了这一任命,不想做美国人的幌子,而只愿做真正的燕大校长。他说中国共产党给中国带来了新的生命和光明的未来,认为共产党的政府是三千年来未有过的好政府。他一直和共产党有关人士保持密切接触,希望可以把燕大交由政府主管,改为国立。但是当时经济拮据的政府无力接管,只好让陆志韦维持现行局面,等条件成熟再改为国立。

---

① 张宗麟(1899—1978),早年毕业于东南大学教育系,协助陈鹤琴办南京鼓楼幼稚园,是中国第一位男性幼儿教师。历任延安大学教育系副主任,北京大学文教学院院长和华北大学教育研究室主任。新中国成立后,历任北京军管会文教接管部副部长、教育部高等教育司副司长、高等教育部计划财务司司长等职。

陆志韦深知政府的难处,虽然不想用美国人的钱办学,但是为了千余师生的生活和学习,他必须承担起筹措经费的责任,只好不情愿地再向托事部争取经费支持。在争取托事部经费的同时,陆志韦还通过各种途径筹借钱粮。在陆志韦的苦心经营和努力下,燕大的学生从1949年春的400人增长到1951年的近1200人。

虽然接受了美国托事部的拨款,但陆志韦认为"盗泉之水,可以解渴",燕大是美国人办的学校,但不是为美国人办的学校,而是为中国人办的学校,就应该根据中国的需要对教育内容等做及时的调整。托事部对此颇有微词,但是陆志韦依然进行着教育改革。他提出燕大兴办工业教育,开设工程课,为民族工业的发展提供人才和技术支持;对燕大的家政系,有人要求撤销,但是陆志韦指出,家政系的目标不是培养育婴员和美食家,而是培养儿童生长、教育和食物化学方面的高端人才;关于政治课,张宗麟司长曾建议私立大学暂不开设政治课,但是陆志韦认为政治课应该作为必修课,先后在燕大成立了政治课委员会、时事学习委员会和教员政治学习委员会;并在社会系率先开设马克思主义等选修课程。

5. 政治变迁,离开美丽燕园

朝鲜战争爆发以后,国内反美情绪日益高涨。1950年12月,郭沫若做了"关于处理接受美国津贴的文化教育部门、救济机关及宗教团体的报告",认为应该"分别情况或由政府予以接办改为国家事业"。政府决定接管燕大,改为国立。陆志韦对此决定十分高兴,并代表全体师生致信政务院,表示坚决拥护。1951年2月12日,燕大正式改为国立,由中央教育部接管。当时任职于教育部的钱俊瑞[①]对陆志韦把学校完整保存下来并交给人民和政府表示感谢,并对解放后曾用美国经费办学的原因做了解释。20日,中央人民政府政务院通过决议,任命陆志韦担任国立燕京大学校长,毛泽东签署了任命状。

---

① 钱俊瑞(1908—1985),中国农村经济和世界经济学家、教育家,中科院院士。解放前曾先后担任中共中央文委委员、新华社北平分社社长兼总编辑、华北大学教务长等。建国后,历任教育部党组书记、副部长,文化部党组书记、副部长等职。

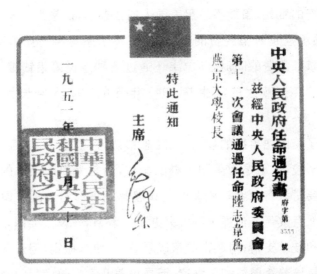

毛泽东签署任命陆志韦为燕京大学校长的中央人民政府通知书
资料来源：《燕京大学校长陆志韦》编写组（2006）．燕京大学校长陆志韦，2．

但是在 1952 年开始的"三反"运动中，陆志韦却蒙受了不白之冤。这年 3 月，在燕大"控诉美帝文化侵略罪行大会"上，陆志韦成为主要的批判对象。无奈中接受的托事部拨款，为帮助外籍教员经军管会同意临时设立的发报机，在此时都成了批判的靶子。批判会上还组织他的学生和女儿对其进行揭发批判。陆志韦被污蔑为"美帝国主义文化侵略的忠实执行者"、"司徒雷登一手栽培的继承人"等，他本人也曾被迫跟着群众高喊"打倒陆志韦"等口号。昔日的"座上客"而今变为"阶下囚"，曾经的政治荣耀也已光环尽逝，于事无补。一次一次的折磨，一次一次的批判，使得昔日爽朗乐观的陆志韦变得沉默寡言，谨小慎微。

1952 年，根据重工业优先发展的方针，为适应高等教育满足培养社会建设急需的专门人才的需要，适应计划经济体制和统一分配毕业生制度的需要，中央教育部开始大规模进行高等院校院系调整。燕京大学工科各系并入清华大学，文、理、法各系并入北京大学，燕京大学撤销，陆志韦被调离燕大。

六、心灵自由的诗人

陆志韦既是学识渊博、治学严谨的学者和为人敬仰的大学校长，也是才华横溢、心灵自由的诗人,在诗歌翻译、白话诗创作等方面成就较大。

陆志韦的诗歌生涯最早起于外国诗歌翻译,虽然数量较少,但是在中国早期的诗歌翻译史上仍然占有一席之地[①]。在东吴大学附中任教期间,他曾任东吴学社机关刊物《东吴》的实际负责人。1913、1914两年间,他曾在该刊上发表译诗《野桥月夜·调寄浪淘沙》等六首[②]。内容上既有贫穷阶级的生活和被压迫者的反抗,反映了当时的国情;也有的是表达自己的思想感情。形式上,陆志韦全部采用了古体诗翻译,用古代词调的格式来表现西方诗歌的意义。"旧瓶装新酒",令人耳目一新。

相较诗歌翻译,陆志韦在白话诗创作方面的成就更大。他是中国文坛运用西洋格律创作新诗的先驱。朱自清在《中国新文学大系·诗集导言》中说,"第一个有意实验种种新体制,想创新格律的,是陆志韦氏。"自1920年至1940年,从东南大学到燕京大学,二十年间陆志韦创作白话诗百余首,诗集五部:《不值钱的花果》、《渡河》、《渡河后集》、《申酉小唱》、《杂样的五拍诗》。其诗歌创作贯穿了"现代文学三十年"(1917—1949),前后风格在自由中寻求变化。此外,他还有诗论著作《中国诗五讲》(*Five Lectures on Chinese Poetry*)及文章多篇。他是一位理论"自觉"的诗人,对诗学、新文化运动等都有自己的独特见解[③]。

陆志韦认为科学和诗歌之间并没有明确的界限,"上马杀贼,下马论文"不是互相矛盾的,"精确的小数点"和"抒情的啊"是可以融为一体的。而"语言是抒情最妙的工具……最能抒情的文字是与语言相离最近的文字"。陆志韦对语言和思想、语言和社会关系的认识,决定了他的诗歌创作舍弃文言,化白话为诗。在"学衡派"[④]阵地东南大学,他是特立独行的歌者。但是他又不称其诗为胡适等所谓的新诗。陆志韦对诗歌形式的理解是独特的。

陆志韦早期从心理学角度认为"音的强度一抑一扬,是论节奏最根本的现象。其次是长短,再次才是高低",因此主张"舍平仄而采抑扬"。对节奏的重视主要是受英文的影响。"听元任说,北平话的重音的配备是最像英文不过。仔细

[①] 郭延礼(2001).中国近代翻译文学概论.武汉:湖北教育出版社,92—93,96.
[②] 张旭(2005).意识形态与近代英诗汉译.中外文学,第34卷第6期,142—143.
[③] 范钟锋(2007).陆志韦诗与诗论研究.清华大学硕士论文.
[④] 学衡派:五四新文学运动中提倡国粹、宣传复古的一个派别。以1922年创办《学衡》杂志而得名。主要成员有梅光迪、胡先骕、吴宓等。

一比较,他的话果然不错。"30、40年代陆志韦致力于化欧为中的实验,集中体现在《杂样的五拍诗》中。五拍诗即英语诗歌中常用的"五音步"诗行,一般采用"抑扬格"、重音音律。由于它与英语词汇的自然节奏相吻合,所以是英语诗歌中最普遍、最常用的节奏形式。陆志韦将这种形式引入到汉语诗歌中,并极力使其中国化。结合同时进行的语言学探索,1937年陆志韦在《论节奏》里他还详细地论述了汉字的抑扬问题,认为四音节一组、一轻一重的节奏是汉语诗歌最自然的结构。相对前几部诗集,《杂样的五拍诗》在白话诗的实验形式上更加纯粹;其现代性显示了欧美诗歌的影响。

陆志韦主张破除四声——其实就是破除汉语的平仄;押韵格式不定——不拘于韵脚押韵,可以是每行的倒数第二个字,甚至可以一行两韵,语言为重,形式为轻;破除死韵,只押活韵——用韵不拘于韵书,可以普通话或者方言为准,他曾根据王璞的《京音字汇》将北平音并为二十三韵,以此作为用韵的根据。

陆志韦无意成为诗人,他说"我的做诗,不是职业,乃是极自由的工作……我决不敢用我的诗做宣传任何主义或非任何主义的工具"(《渡河》序);他也从不标榜自己属于什么派别;在现代文学三十年,他是孤独的,是非主流的;但是开创性的。他对白话、节奏和押韵的认识都是建立在其心理学和语言学研究的背景之上的。他独特的学术背景给予了他创新的空间、源泉和活力,使得他在中国诗歌史上独树一帜。

<<< 专栏十三

陆志韦译诗选录

The Bridge

作者:朗费罗

陆志韦翻译 1913

野桥月夜·调寄浪淘沙
夜静小桥横,远树钟声。
浮图月色正三更。
桥下月轮桥上客,沉醉金觥。
潮水打空城,举目沧瀛。

浮萍逐浪野花迎。

两岸芦花斜月影,似溯空明。

<<< 专栏十四

陆志韦新诗选录

罂粟花

呜呼！罂粟花,

我但愿忘了这世界的罪恶,

同你陌路相逢,便成兄弟。

将近黄昏,我独自来看你,

来同你享一刻寻常的快乐。

闲静的时候,

我看你像一只纯赤的珊瑚杯,

前面的紫荆山是天然的葡萄酒。

天呀,还是让我痛饮这一口。

我醉了,管不得这世界有没有罪。

一到黄昏,

罂粟花变成一盏豆油灯,

紫荆山上的暮烟变成毒雾。

我再不敢回看记忆的路,

那路上横卧一个半死的人。

七、结束语

1966年"文革"开始,本已无心过问政治、专心学术研究的陆志韦再次遭到残酷的批斗,除了原来"三反"时期的"美帝国主义文化侵略的忠实执行者"等罪名外,又增加一项"反动学术权威"的帽子。1970年,76岁高龄的陆志韦被下放到河南"五七"干校,后因病①回北京医治,但医治无效,于1970年11月21日去世,终年76岁。

1979年陆志韦追悼会

资料来源:《燕京大学校长陆志韦》编写组(2006).燕京大学校长陆志韦,10.

1979年12月11日上午,中国社会科学院在北京八宝山革命公墓礼堂为陆志韦举行了隆重的追悼会,邓小平、方毅等送了花圈,追悼会由中国社会科学院院长胡乔木主持,中国社会科学院语言研究所所长吕叔湘致悼词,方毅、周建人等600多人参加了追悼会。悼词不但称陆志韦为"我国著名心理学家、语言学家、教育家、诗人",赞扬他"为我国的教育事业和科学事业贡献了毕生的精力",而且高度评价了他作为具有正义感和爱国心的燕大校长面对日寇时表现的坚贞不屈的民族气节、面对国民党反动势力时表现的大义凛然的高尚品格。12月13日,《人民日报》报道了追悼会的消息。

高规格的追悼会,虽然姗姗来迟但客观公允的评价,不知是否能使这位为人正直、追求进步的著名心理学家、语言学家、燕京大学校长和诗人含笑于九泉之下。

---

① 据陆志韦的学生杨耐思回忆,陆志韦在下放前就患有轻微的老年痴呆症,下放后因病而受到特殊照顾,并没有参加体力活动。有书提及陆志韦曾被分配养猪、看厕所,这些是不实之词。后陆志韦因病情加重而返回北京。

虽然陆志韦没有把毕生的精力都贡献给心理学,而是在其后期离开心理学转而研究语言学,并且由于语言学研究的巨大影响,在某种程度上淡化了他曾经是一名心理学家的身份,但是,这一切并没有削弱他在中国现代心理学发展史上具有的重要地位和深远的影响。陆志韦在中国现代心理学所作的贡献是开拓性、奠基性的,具有拓荒播种的先导意义,他是当之无愧的著名心理学家。

作者感谢杨耐思先生仔细阅读书稿并提出宝贵的修改意见,感谢周有光先生接受我们的采访,感谢丁磐石先生提供重要的参考资料,感谢郭凤岚教授、罗卫东教授、张宝林教授对部分书稿提出修改建议,感谢吕婵博士帮助我们查找陆志韦先生的博士论文等英文资料。

后　　记

　　2008年9月28日，中国心理学界巨星陨落！国际著名心理学家、发展中国家科学院院士、带领我国心理学走向国际的卓越领导人，荆其诚先生因突发心脏病，经抢救无效，於2008年9月28日12时45分逝世于北京中国人民解放军第二炮兵医院，享年82岁。

　　荆先生学术功力湛深，治学严谨，是一位成就卓著、蜚声中外心理学界的科学家。先生从不居功自傲，而是以博大的学术襟怀和不断进取的科学精神与同事和学生们合作，睿智大度，兼蓄包容，谦逊友善，淡定从容。先生对晚辈们平等相待，用心提携，慰勉有加，寄予厚望。近几年，承蒙先生垂爱，得近水楼台之便，我和我的一些弟子有幸跟随在先生身边，聆听先生谆谆教导，接受先生无私帮助，并在先生指导下做些事情，与先生合作发表数篇中英文文章。先生80岁高龄时踌躇满志，计划主编完成三卷本的《心·坐标——当代心理学大家》，但令人倍觉伤感的是，先生只完成了一卷半，还没有来得及完成第二卷就突然离开了我们。2008年8月面世的《心·坐标——当代心理学大家》第一卷竟成了先生留给世人的一曲绝唱！

　　酝酿已久，斟酌再三，先生选定了《心·坐标》第一卷的10位心理学大家，我们又一起确定了作者，第一卷的撰写工作于2006年11月23日正式启动。历时一年，介绍8位心理学大家的书稿陆续修改定稿，提交给北京大学出版社陈小红编辑。先生旋即开始策划第二卷。2007年12月20日，新选的9位加上第一卷延后的2位，先生确定了第二卷的11位心理学大家。我们确定了作者，第二卷的撰写工作于2008年4月3日正式启动。

　　《心·坐标》倾注了先生的满腔心血，凝聚了先生的过人才识。先生先后与第一卷和第二卷的每一位作者反复沟通与交流，悉心指导，严格要求，并协助作者多方收集资料。正是凭借先生前期奠定的坚实基础,以及作者的不懈努力,介绍 10 位心理学大家①的第二卷也得以付梓出版。掩卷叹息,删繁似昨日,先生音容竟去;望云洒泪,提耳犹今天,恩师惠泽永存。

在此,我缅怀和感谢先生。同时,我感谢每一位作者,感谢张侃研究员和张厚粲教授的指导和支持,感谢汪兴安老师的鼓励,感谢禤宇明副研究员和陈文锋副研究员帮助我审阅部分初稿。第二卷难免存在诸多问题,观点偏颇之处,还请读者指正。

先生飘然驾鹤而去,悠悠仙风,不带走一丝尘世牵绊,留下我们空自嗟叹。叹苍天无情,叹人生无常,叹先生满腹学识随之西去,学生再难得先生之谆谆教诲。

经纶满腹　学贯中西　负重托　诺千斤　提掖后学
其诚仁德　克勤允恭　奠基础　促交往　群流仰敬

谨在先生逝世一周年之际,将在先生精心指导下完成的《心·坐标——当代心理学大家》第二卷献给先生,凭吊先生的仁德允恭,告慰先生的在天之灵!

傅小兰
中国科学院心理研究所
2009 年 7 月 16 日

---

① 因 1 位执笔者的写作延后,因此,第二卷中收录 10 位心理学大家。